汽车电器设备与维修技术

主　编　熊　新
副主编　张建峰　提　艳　王　健　石小龙
参　编　郑竹安　刘绍娜

中南大学出版社
www.csupress.com.cn

图书在版编目(CIP)数据

汽车电器设备与维修技术/熊新主编.—长沙:中南大学出版社,2016.8(2021.1重印)

ISBN 978-7-5487-2384-4

Ⅰ.汽…Ⅱ.熊…Ⅲ.汽车－电器设备－车辆维修－高等学校－教材　Ⅳ.U472.41

中国版本图书馆 CIP 数据核字(2016)第 168497 号

汽车电器设备与维修技术

主编　熊　新

□责任编辑	刘颖维		
□责任印制	周　颖		
□出版发行	中南大学出版社		
	社址:长沙市麓山南路	邮编:410083	
	发行科电话:0731-88876770	传真:0731-88710482	
□印　　装	长沙鸿和印务有限公司		

□开　　本	787 mm×1092 mm　1/16	□印张 15.5	□字数 394 千字		
□版　　次	2016 年 8 月第 1 版	□印次　2021 年 1 月第 2 次印刷			
□书　　号	ISBN 978-7-5487-2384-4				
□定　　价	48.00 元				

应用型本科院校汽车服务工程专业"十三五"规划教材

学术委员会

主　任

张国方

专　家

（按姓氏笔画排序）

邓宝清	孙仁云	张敬东	李翔晟
苏铁熊	胡宏伟	徐立友	简晓春
鲍　宇	倪骁骅	高俊国	

应用型本科院校汽车服务工程专业"十三五"规划教材

编委会

主 任

张国方

副主任

（按姓氏笔画排序）

于春鹏　　王志洪　　邓宝清　　付东华

汤　沛　　邬志军　　李军政　　李晓雪

胡　林　　赵　伟　　高银桥　　尉庆国

龚建春　　蔡　云

前　言

　　汽车电器是汽车的重要组成部分之一，其性能的好坏直接影响汽车的安全性、舒适性等各项性能。随着汽车工业的迅速发展，汽车新技术、新工艺的开发与应用不断加快，汽车电器设备也在不断地改进、发展，这就对现代交通现代化建设需要的汽车类专业人才提出了更高的要求。为了培养厚基础、宽口径的汽车类专业人才，以适应市场人才知识结构的需求，在总结几年来教学和科研经验、广泛收集资料和原有课程讲义的基础上，编写了《汽车电器设备与维修技术》。

　　本书共7章，全面、系统地阐述了汽车电器设备在车辆上的应用情况。其中，第1章至第6章着重讲授汽车电源系统、交流发电机、启动系统、点火系统、照明与信号系统、汽车仪表及指示灯系统、车身与辅助电器设备，以及以上部分内容的检测与维修。第7章重点讲授汽车电器系统配电装置及总线路图，包括汽车电器线路故障的检测与诊断。本书条理清晰、层次分明、语言简练、图文并茂、重点突出、特别注重理论与实践的紧密结合，内容具有极强的针对性和实用性，着重于培养和提高学生的电路分析和应用能力，是一本具有鲜明特色的实用型规划教材。

　　本书由熊新(盐城工学院)主编。具体编写情况为：熊新编写第1章、第2章、第6章；张建峰(南通理工学院)编写第3章、第4章；提艳(盐城工学院)编写第5章、第6章；王健(山东交通学院)编写第6章；石小龙、郑竹安、刘绍娜(盐城工学院)编写第7章。全书由熊新负责统稿，由倪骁骅负责审稿。本书的编写得到了赵日成、黄元宵同学的帮助，在此深表谢意。

　　本书在编写过程中，参考了大量的著作、文献和相关资料，在此对有关作者和同行致以衷心的感谢。

　　限于编者的水平，书中差错、疏漏之处在所难免，恳请广大读者批评指正。

编　者

2016 年 5 月

目　录

第1章　汽车电源系统

内燃机汽车电源系统的组成包括蓄电池、发电机及调节器等，如图1-1所示。发电机是汽车的主要电源，在发动机正常工作的情况下，汽车的用电设备主要靠发电机供电；同时，当蓄电池存电不足时，发电机又是蓄电池的充电电源。汽车早期使用的是直流发电机。随着现代汽车动力性、安全性、舒适性的提高，用电设备的数量及功率都日趋增大，相应地对发电机的容量、性能指标要求也越来越高。因此传统的直流发电机已经完全被硅整流发电机取代。电压调节器的作用是使发电机的输出电压保持恒定。本章主要介绍铅酸蓄电池（以下简称蓄电池）、交流发电机与调节器。

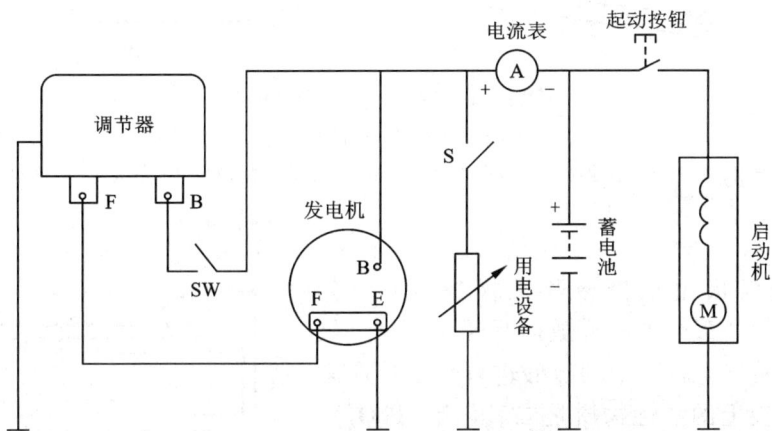

图1-1　内燃机汽车电源系统的组成

1.1　蓄电池的结构及工作原理

电能可由多种形式的能量转化得来，其中把化学能转换成电能的装置称为化学电池，一般简称为电池，电池有原电池和蓄电池之分。放电后不能用充电的方式使内部活性物质再生的称为原电池，也称为一次性电池。放电后可以用充电的方式使内部活性物质再生，把电能储存为化学能，需要放电时再次把化学能转换为电能的电池，称为蓄电池，也称为二次电池。一个蓄电池（组）由一个或几个电化学单元电池组成，单元电池是组成蓄电池（组）的结构元。

1

这一结构元从技术角度来看，实际上也是一个蓄电池。不过实际使用时一个单元电池无论电压还是能量都相对较低，因此应用范畴受到局限。蓄电池（组）这一概念往往是指一个或多个电化学单元电池按照一定电路连接方式（并联、串联）组合起来的直流电源装置。本节介绍的蓄电池就属于二次电池。

1.1.1 蓄电池的结构及型号

1. 蓄电池的结构

一般的蓄电池是由正、负极板，隔板，壳体，电解液和接线桩头等组成的，其结构如图 1-2 所示，其放电的化学反应是依靠正极板活性物质（二氧化铅）和负极板活性物质（海绵状纯铅）在电解液（硫酸溶液）的作用下进行。

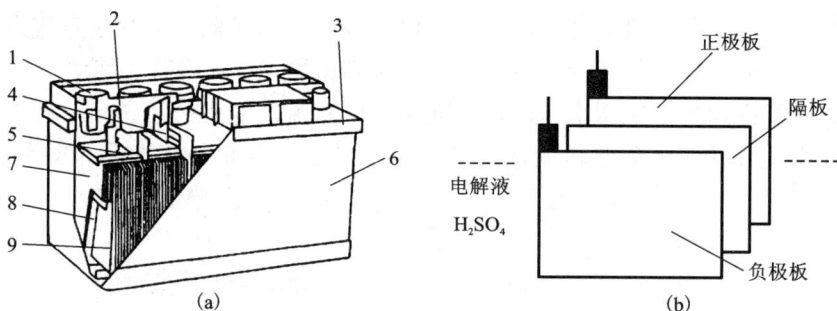

图 1-2 蓄电池的结构示意图

（a）蓄电池结构图；（b）蓄电池基本结构

1—排气栓；2—负极柱；3—电池盖；4—穿壁连接；5—汇流条；6—整体槽；7—负极板；8—隔板；9—正极板

（1）极板

蓄电池的极板由正极板和负极板组成，如图 1-2（b）所示。蓄电池的充放电是通过正、负极板上的活性物质与电解液中的硫酸进行化学反应来实现的。正极板上的活性物质是二氧化铅（PbO_2），呈深棕色。负极板上的活性物质是纯铅（Pb），呈青灰色，海绵状。正、负极板的活性物质 2 分别填充在铅锑合金铸成的栅架 1 上（图 1-3），加入锑的目的是提高栅架的机械强度和浇铸性能。但锑有一定的副作用，锑易从正极板栅架中解析出来而引起蓄电池的自行放电和栅架的膨胀、溃烂，从而影响蓄

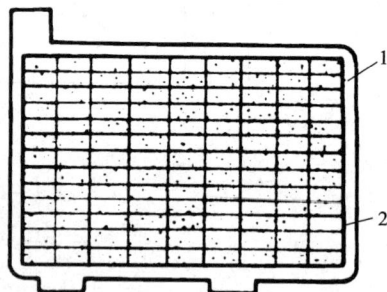

图 1-3 极板

1—栅架；2—活性物质

电池的使用寿命。负极板的厚度为 1.8 mm，正极板的厚度为 2.2 mm。

（2）隔板

为了减小蓄电池的内阻和尺寸，蓄电池的正、负极板应尽量靠近，但为了避免彼此接触短路，正、负极板之间要用隔板隔开［图 1-2（b）］。隔板处在正极板和负极板之间，必须允许离子自由通过而保持电荷平衡（电中性）。隔板材料应具有多孔性，以便电解液渗透；且化

学性能要稳定，即具有良好的耐酸性和抗氧化性。隔板材料有木质、微孔橡胶、微孔塑料等。安装时隔板带槽的一面应面向正极板，且沟槽与壳体底部垂直。因为沟槽能使电解液较顺利地上下流通，使气泡沿槽上升，还能使正极板上脱落的活性物质沿槽下沉。在现代新型蓄电池中，还采用了袋式隔板。使用袋式隔板时，正极板放置在袋式隔板中，脱落的活性物质保留在袋内，不仅可以防止极板短路，而且可以取消壳体底部凸起的筋条，使极板上部容积增大，从而增大电解液的储存量。

（3）壳体

蓄电池的外壳是用来盛放电解液和极板组的，应耐酸、耐热和耐振，早期多用硬橡胶制成。目前国内已开始生产聚丙烯塑料外壳，这种壳体不但具有硬橡胶壳体的优点，而且强度高、壳体壁较薄（一般为 3.5 mm，而硬橡胶壳体壁厚为 10 mm）、质量轻、外形美观、透明。壳体底部的凸筋是用来支持极板组的，并可使脱落的活性物质掉入凹槽中，以免正、负极板短路，若采用袋式隔板，则可取消凸筋以降低壳体高度。壳体为整体结构，壳内由隔壁分成3 个或 6 个互不相通的单格。

（4）电解液

蓄电池的电解液是稀硫酸溶液；胶体蓄电池的电解质是由一定浓度的硫酸和硅凝胶组成的胶体电解质。电解质在蓄电池中的作用是参与电化学反应，传导溶液的正负离子，扩散极板在反应时产生的温度。电解质是影响电池容量和使用寿命的主要因素。电解液由纯净的硫酸与蒸馏水按一定的比例配制而成，其相对密度一般为 $1.24 \sim 1.31$ g/cm^3（15℃）。密度过低，冬季易结冰；密度过高，电解液黏度增加，蓄电池内阻增大，同时会加速极板的腐蚀而缩短使用寿命。

（5）链条

车用 12 V 蓄电池的 6 个单格电池之间的连接方法有两种：一种是用装在盖子上面的铅质链条串联起来，链条露在蓄电池盖表面，这是一种传统的连接方式，不仅浪费铅材料，而且内阻较大，故这种连接方式正在逐渐被淘汰；第二种是采用穿壁式的连接方式。

蓄电池各单格电池串联后，两端单格的正、负极桩分别穿出蓄电池盖，形成蓄电池极桩。正极桩标"＋"号或涂红色，负极桩标"－"号或涂黑色、蓝色、绿色等。

（6）加液孔盖

加液孔盖可防止电解液溅出，上有通气孔，便于排出蓄电池内的氢气和氧气，以免发生事故；还可以避免水蒸气的溢出，减少水的消耗。

2. 蓄电池的型号

根据机械工业部机械行业标准 JB/T 2599—93《铅酸蓄电池产品型号编制方法》规定，蓄电池型号由串联的单格蓄电池数、蓄电池类型、蓄电池特征、额定容量四部分组成，型号采用汉语拼音及阿拉伯数字表示。

①串联的单格蓄电池数指一电池组中包含的单格电池数，用阿拉伯数字表示。

②蓄电池类型是根据其主要用途来划分的，如启动蓄电池代号为 Q，摩托车用蓄电池代号为 M。

③蓄电池特征为附加部分，同类型蓄电池具有某种特征，在型号中必须加以区别，按表1–1 中的代号标示，当蓄电池同时具有几种特征时，应按表中顺序将代号并列标示，如以某一主要特征已能表达清楚时，应以该特征的代号来标示。

表 1 - 1　蓄电池特征代号

序号	1	2	3	4	5	6
蓄电池特征	密封式	免维护式	干式荷电	湿式荷电	防酸式	带液式
代号	M	W	A	H	F	Y

④额定容量是指 20 h 放电率额定容量，单位为 A·h，用阿拉伯数字表示。

⑤在产品具有某些特殊性能时，可用相应的代号加在产品型号的末尾。如 G 表示薄型极板的高启动蓄电池，S 表示采用工程塑料外壳、电池盖及热封工艺的蓄电池。

例如，6 - QA - 60S 型蓄电池是由 6 个单格电池组成，额定电压为 12 V，额定容量为 60 A·h，采用塑料外壳的干荷电启动型蓄电池。

1.1.2　蓄电池的工作原理

蓄电池的基本过程是电极反应过程与电池反应过程。根据双极硫酸盐理论，蓄电池释放能量的过程（即放电过程）是负极进行氧化、正极进行还原的过程；电池补充化学能（充电）的过程则是负极进行还原、正极进行氧化的过程。电池在静置（开路）状态，正极与负极的反应都趋于稳定（即氧化速率与还原速率趋于相等），进而使电极（正电极与负电极）电位达到稳定值，此时的电极称为平衡电极。蓄电池负极和正极平衡电极反应式如下

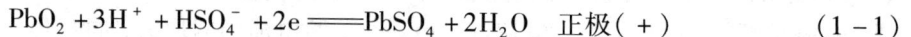

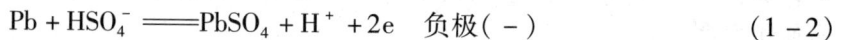

$$PbO_2 + 3H^+ + HSO_4^- + 2e \Longrightarrow PbSO_4 + 2H_2O \quad 正极（+） \quad (1-1)$$

$$Pb + HSO_4^- \Longrightarrow PbSO_4 + H^+ + 2e \quad 负极（-） \quad (1-2)$$

从式（1 - 1）可知自左至右的反应是放电，PbO_2 以极大速率吸取外来电路的电子，并以低价 Pb^{2+} 的形式与电极表面的 HSO_4^- 形成 $PbSO_4$ 覆盖在电极表面。自右至左反应是充电，在外电源作用下 Pb^{2+} 释放电子并与电解液作用生成 PbO_2。

从式（1 - 2）可知自左至右的反应是放电反应，Pb 以最大溶解速率向外电路提供电子的同时，Pb^{2+} 还夺取电解液中的 HSO_4^- 而生成 $PbSO_4$；自右至左是充电反应，电极表面上 Pb^{2+} 以最大速率夺取外来电子，使 $PbSO_4$ 恢复为活性物质 Pb。

合并式（1 - 1）和式（1 - 2）即电池的充放过程的电化学反应。当外接电路未接通时，以上的平衡状态可以认为是蓄电池的静止电动势的建立，如图 1 - 4 所示。

$$Pb + 2H^+ + 2HSO_4^- + PbO_2 \underset{充电}{\overset{放电}{\Longleftrightarrow}} 2PbSO_4 + 2H_2O \quad (1-3)$$

1. 蓄电池的放电过程

当外电路接上负载后，蓄电池在正、负极板间电位差的作用下，电流从正极流出，经负载流向负极，也就是说，负极上的电子经负载进入正极，同时在蓄电池内部产生化学反应，如图 1 - 5 所示。电池向外电路输送电流的过程，称为放电。

从式（1 - 3）的放电反应可知，随着蓄电池放电，硫酸逐渐消耗，电解液的密度逐渐下降。电池放电以后，用外来直流电源以适当的反向电流通入，可以使已形成的新化合物还原成为原来的活性物质；而电池又能放电，这种用反向电流使活性物质还原的过程称为充电。

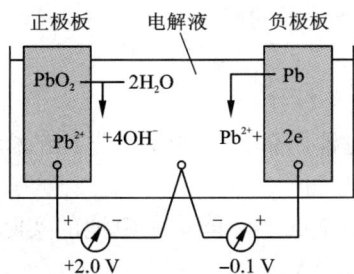

图 1-4　静止电动势的建立过程

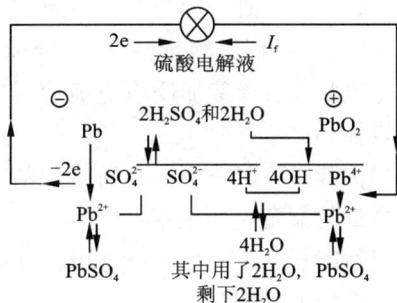

图 1-5　蓄电池的放电过程

2. 蓄电池的充电过程

充电时，应在蓄电池上外接充电电源(整流模块)，使正、负极板在放电时消耗了的活性物质还原，并把外加的电能转变为化学能储存起来。

在充电电源的作用下，外电路的电流自蓄电池的正极板流入，经电解液和负极板流出。于是，电源从正极板中不断取得电子输送给负极板，促使正、负极板上的 $PbSO_4$ 不断地进入电解液而被游离，因此在电池内部产生如图 1-6 所示的化学反应。

从式(1-3)的充电反应看出，当蓄电池充电后，两极上原来被消耗的活性物质复原了，同时电解液中的硫酸成分增加，水分减少，电解液的密度升高。

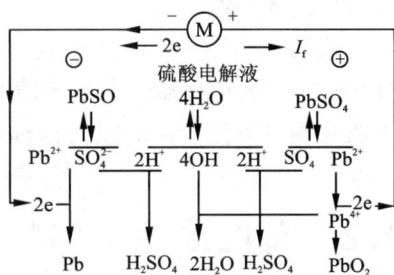

图 1-6　蓄电池的充电过程

1.1.3　蓄电池的性能指标

1. 电压

①电动势：单格电池正、负极之间的电位差。

②开路电压：电池在开路时的端电压，一般开路电压与电池的电动势近似相等。

③额定电压：电池在标准规定条件下工作时应达到的电压。

④工作电压(负载电压、放电电压)：在电池两端接上负载后，在放电过程中显示出的电压，等于电池的电动势减去放电电流在电池内阻 R 上的电压降。

⑤终止电压：电池在标准规定的放电条件下放电时，电池的电压将逐渐降低，当电池不宜继续放电时，电池的最低工作电压称为终止电压。当电池的电压下降到终止电压后，再继续使用电池放电，因受到化学活性物质性能的限制，活性物质会遭到破坏。

2. 电池容量

①理论容量：根据蓄电池活性物质的特性和法拉第定律计算出的最高理论值，一般用质量容量(Ah/kg)或体积容量(Ah/L)来表示。

②实际容量：在一定条件下所能输出的电量，等于放电电流与放电时间的乘积。

③标称容量(公称容量)：用来鉴别电池适当的近似安·时(A·h)值，只表明电池的容

量范围,不是确切值。因为在没有指定放电条件下,电池的容量是无法确定的。

④额定容量(保证容量):在一定标准所规定的放电条件下的容量。

⑤充电状态:指参加反应电池容量的变化。

3. 能量

①标称能量:在一定标准所规定的放电条件下,蓄电池所输出的能量。电池的标称能量是额定容量与额定电压的乘积。

②实际能量:在一定条件下电池所能输出的能量。电池的实际能量是电池的实际容量与平均工作电压的乘积。

③比能量:电池组单位质量所能输出的能量。

4. 电池的内阻

电流通过电池内部时受到阻力,使电池的电压降低,此阻力称为电池的内阻。由于电池的内阻作用,使得电池在放电时端电压低于电动势和开路电压。在充电时,充电的端电压高于电动势和开路电压。

5. 循环次数(次)

蓄电池的工作是一个不断充电→放电→充电→放电的循环过程,按一定的规定标准放电,当电池的容量降到某一个规定值时,就要停止继续放电,然后就需要充电才能继续使用。循环次数是衡量电池寿命的重要指标。

1.2 蓄电池的工作特性

1.2.1 蓄电池的基本工作特性

蓄电池的基本工作特性主要包括蓄电池的电动势、内阻以及充放电特性。

静止电动势是指蓄电池在静止状态(不充电也不放电),正、负极板之间的电位差(即开路电压),用 E_0 表示。它的大小与电解液的相对密度和温度有关。

蓄电池的内电阻大小反映了蓄电池带负载的能力。在相同的条件下,内电阻越小,输出电流越大,带负载能力越强。蓄电池的内电阻为极板电阻、电解液电阻、隔板电阻、链条和极柱电阻的总和,用 R_0 表示。

1.2.2 蓄电池的充放电特性

1. 放电特性

蓄电池的放电特性是指在恒流放电过程中,蓄电池的端电压 U_f 和电解液相对密度 $\rho_{25℃}$ 随放电时间而变化的规律。图 1-7 表示为 6-QA-60 型干荷蓄电池以 3 A 电流放电时的特性曲线。电解液相对密度 $\rho_{25℃}$ 随放电时间 t_f 的延长是按直线规律下降的。这是因为放电电流恒定,电化学反应速度也就恒定,单位时间内消耗的硫酸量恒定。所以蓄电池的放电程度与电解液密度下降量成正比关系变化。一般情况下,电解液相对密度每下降 0.04,蓄电池约放电 25%。

在放电过程中,因为蓄电池内阻 R_0 上有电压降,所以其端电压 U 总是小于蓄电池的电动势 E,即

$$U_f = E - I_f R_0 \qquad (1-4)$$

式中：U_f 为放电时的端电压，V；E 为电动势，V；I_f 为放电电流，A；R_0 为蓄电池的内阻，Ω。

放电开始时，端电压从 2.14 V 迅速下降到 2.1 V，接着在较长时间内缓慢地下降到 1.85 V 左右，随后又迅速下降到 1.75 V，此时停止放电。如果继续放电，那么端电压在短时间内将急剧下降到零，致使蓄电池过度放电，从而导致蓄电池产生硫化故障，缩短蓄电池使用寿命。若适时切断放电电流，则端电压可逐渐回升到 1.98 V。

端电压的变化规律可分为以下三个阶段：

①开始放电阶段。放电开始时，极板孔隙内的硫酸迅速消耗，电解液密度迅速下降。浓差极化显著增大，所以端电压迅速下降。

②相对稳定阶段。随着极板孔隙内电解液密度的迅速下降，硫酸向孔隙内扩散的速度也随之加快，使放电电流得以维持。

当孔隙内消耗硫酸的速度与孔隙外向孔隙内补充硫酸的速度达到动态平衡时，孔隙内外密度差将基本保持一定。这时孔隙内的电解液密度将随孔隙外的电解液密度一起缓慢下降。

③端电压迅速下降阶段。放电接近终了时，孔隙外的电解液密度已大大下降，难以维持足够的密度差，使离子扩散速度下降，浓差极化显著增大；与此同时，极板表面硫酸铅增多，孔隙堵塞使活性物质 PbO_2 和 Pb 的反应面积减小，电流密度增大，电化学极化也显著增大；此外，放电时间越长，硫酸铅越多，内阻越大。

由此可见，当放电临近终了时，由于浓差极化、电化学极化和欧姆极化都显著增大，所以端电压迅速下降。

蓄电池放电终了时的特征是：

①单格电池电压降到放电终止电压（终止电压 1.75 V）。

②电解液密度降到最小许可值。

放电终止电压与放电电流大小有关。放电电流越大，放完电的时间越短，允许的放电终止电压也越低，如表 1-2 所示。

表 1-2 单格电池放电终止电压

放电电流/A	$0.05C_{20}$	$0.088C_{20}$	$0.22C_{20}$	C_{20}	$3C_{20}$
放电时间	20 h	10 h	3 h	25 min	4.5 min
单个电池终止电压/V	1.75	1.70	1.65	1.55	1.50

注：$C20$ 为蓄电池的额定容量。

2. 充电特性

蓄电池的充电特性是指在恒流充电过程中，蓄电池的端电压 U_C 和电解液相对密度 $\rho_{25℃}$ 随充电时间 t_c 而变化的规律。图 1-8 所示为 6-QA-60 型干荷电蓄电池以 3 A 电流充电时的特性曲线图。

充电时，电源电压必须克服蓄电池的电动势 E 和蓄电池的内部压降 $I_C R_0$。因此在充电过程中，蓄电池的端电压 U_C 总是高于电动势 E，即

$$U_C = E - I_C R_0 \qquad (1-5)$$

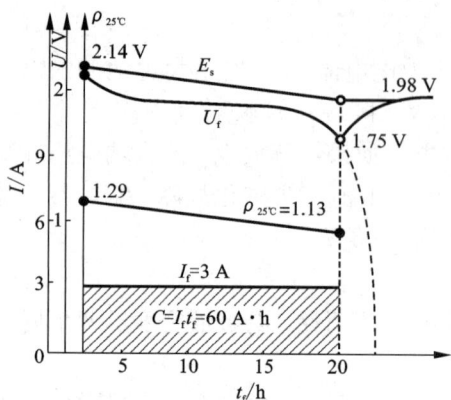

图 1-7　恒流放电特性曲线　　　　　　图 1-8　恒流充电特性曲线

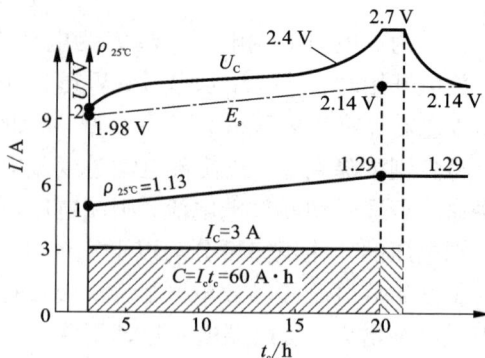

因为充电电流恒定,单位时间内生成的硫酸量相等,因此电解液密度与充电时间成直线关系上升。蓄电池的端电压 U_C 是不断上升的。U_C 的变化规律是:开始充电阶段,电压迅速上升,接着进入稳定上升阶段,电压缓慢上升到 2.4 V 左右;最后,电压又迅速上升到 2.7 V 左右且稳定不变。若切断充电电流,则端电压逐渐下降,直到等于静止电动势。活性物质与电解液的化学反应是在极板上活性物质的表面进行的。在开始充电时,孔隙内迅速生成硫酸,使孔隙中电解液密度迅速增大,浓差极化增大,所以端电压迅速上升。当孔隙内生成硫酸的速度与向外扩散的速度达到动态平衡时,端电压便随整个容器内电解液密度的变化而缓慢上升。

当端电压达到 2.4 V 左右时,电解液中开始冒气泡。此现象说明蓄电池已基本充足电,极板上的活性物质已基本转化为 PbO_2 和 Pb,部分充电电流已用于电解水,产生了氢气和氧气,所以电解液冒气泡。继续充电时,电解水的电流增大,产生的氢气和氧气增多,电化学极化显著增大,所以端电压迅速上升,直到电压上升到 2.7 V 左右,电解液中有大量气泡,形成"沸腾"现象为止,此时电解液密度不再变化。

若电池在使用中,为了观察端电压和电解液密度不再上升的现象,确认蓄电池已完全充足电,往往需要过充电 2 h 左右。活性物质还原反应结束以后的充电过程称为过充电。由于过充电时剧烈地放出气泡会导致活性物质脱落,使蓄电池输出容量降低,使用寿命缩短,因此应尽量避免长时间的过充电。

停止充电后,因为欧姆极化立即消失,电化学极化随之消失,孔隙内硫酸逐渐向外扩散并扩散到与容器内电解液混合均匀为止,所以端电压逐渐下降到静止电动势数值。

蓄电池充电终了的特征是:

①端电压和电解液密度上升到最大值,且 2 h 内不再上升。

②电解液中剧烈地冒气泡,呈现出"沸腾"状态。

1.2.3　蓄电池的容量及影响因素

1. 蓄电池的容量

蓄电池的容量是指在规定条件下蓄电池对外供电的能力,通常表示为蓄电池恒流放电情况下放电电流与放电时间的乘积,即

$$C = I_f t_f \qquad\qquad (1-6)$$

式中:C 为蓄电池的容量,$A \cdot h$;I_f 为恒流放电电流,A;t_f 为放电时间,h。

蓄电池的标称容量有两种：

（1）额定容量

额定容量是指完全充足电的蓄电池在电解液平均温度为 25℃ 的情况下，以 20 h 放电率放电的电流（相当于额定容量的 1/20）连续放电至单格电压降为 1.75 V 时所输出的电量，一般用 C 或 C_{20} 表示。

例如，3 – Q – 90 型蓄电池在电解液平均温度为 25℃ 时，以 4.5 A 放电电流连续放电 20 h，单格电压降为 1.75 V，其额定容量 $C = 4.5 \times 20 = 90$ A·h。

（2）启动容量

启动容量表示蓄电池接启动机时的供电能力，有常温和低温两种启动容量。

①常温启动容量。常温启动容量，即电解液温度为 25℃ 时，以 5 min 放电率放电的电流（3 倍额定容量的电流）连续放电至规定终止电压（12 V 蓄电池为 9 V）时所输出的电量，其放电持续时间应在 5 min 以上。例如，3 – Q – 90 型蓄电池在 25℃ 时，以 270 A 电流放电 5 min，电池的端电压降到 4.5 V，其启动容量为 $270 \times 5/60 = 22.5$（A·h）。

②低温启动容量。低温启动容量，即电解液温度为 −18℃ 时，以 3 倍额定容量的电流连续放电至规定终止电压（6 V 蓄电池为 3 V，12 V 蓄电池为 6 V）时所输出的电量，其放电持续时间应在 25 min 以上。

2. 蓄电池容量的影响因素

蓄电池的容量不是一个固定不变的常数，而与很多因素有关。除了活性物质数量、极板的厚薄、活性物质的孔率与生产工艺及产品结构有关的因素外，主要的影响因素是使用条件，如放电电流、电解液温度和电解液相对密度等。

（1）放电电流

若放电电流过大，则极板表面活性物质的孔隙会很快被生成的 $PbSO_4$ 堵塞，使极板内层活性物质不能参加化学反应，故蓄电池容量减小。

（2）电解液的温度

若温度降低，容量则会减小，这是因为温度降低后，电解液的黏度增加，深入极板内部困难，同时内阻增大，蓄电池端电压下降所致。由于温度对蓄电池端电压和容量均有较大影响，所以在寒冷地区要特别注意蓄电池的保温。通常情况下不同温度下的额定容量可按式（1 – 7）计算。

$$C_{25℃} = C_t [1 - k(t - 25)] \qquad (1 - 7)$$

式中：$C_{25℃}$ 为换算至 25℃ 的容量；C_t 为电解液温度为 t℃ 时的实际容量；k 为容量的温度系数，取 0.01；t 为电解液的温度，℃。

（3）电解液的密度

适当增加电解液的密度，可以提高蓄电池的电动势和容量，减小内阻；但密度过大，又将导致黏度增加和内阻增大，反而使容量减小。一般情况下，采用密度偏低的电解液有利于提高放电电流和容量，同时也有利于延长蓄电池的使用寿命。蓄电池电解液的密度，应根据用户所在地区的气候条件不同而异，冬季使用的电解液，在不致结冰的条件下，应尽可能使用密度稍低的电解液。

（4）电解液的纯度

电解液的纯度对蓄电池的容量有很大的影响，因此电解液应用化学纯硫酸和蒸馏水配置。

电解液中的一些有害杂质会腐蚀栅架,使得附于极板上的杂质形成局部电池产生自放电。

1.3 蓄电池的使用与维护

蓄电池的电气性能和使用寿命不仅取决于蓄电池产品的结构和质量,而且在很大程度上取决于对蓄电池的正确使用和认真、细致的维护。

1.3.1 蓄电池的正确使用

蓄电池的正确使用要求如下:

①不要连续使用启动机,每次启动的时间不得超过 5 s,如果一次未能启动,应停顿 15 s以上再做第 2 次启动。连续 3 次启动不成功时,应查明原因,排除故障后再启动发动机。

②严寒地区在冬季应对蓄电池采取保温措施。

③安装搬运蓄电池时,应轻搬轻放,不可敲打或在地上拖拽。蓄电池在车上应固定牢固,以防行车时振动和移位。

1.3.2 蓄电池的充电

1.蓄电池的充电种类

蓄电池的充电种类有初充电、补充充电和去硫化充电等。

(1)初充电

新蓄电池或修复后的蓄电池在使用之前的首次充电称为初充电。首先按照厂家的要求,并结合当地气候条件选择一定相对密度的电解液;电解液温度不超过 30℃,加注后静置4 ~ 6 h,这期间因电解液深入极板,液面有所下降,应补充电解液使之高出极板 15 mm,等到电解液低于 35℃方可充电。表 1 - 3 为蓄电池初充电、补充充电电流规范。

表 1 - 3 蓄电池的初充电、补充充电电流规范

蓄电池型号	额定容量/(A·h)	额定电压/V	初充电				补充充电			
			第一段		第二段		第一段		第二段	
			电流/A	时间/h	电流/A	时间/h	电流/A	时间/h	电流/A	时间/h
3 - Q - 75	75	6	5	25 ~ 35	3	20 ~ 30	7.5	10 ~ 11	4	3 ~ 5
3 - Q - 90	90		6		3		9.0		5	
3 - Q - 105	105		7		4		1.05		5	
3 - Q - 120	120		8		4		1.20		6	
6 - Q - 60	60	12	4	25 ~ 35	2	20 ~ 30	6.0	10 ~ 11	3	3 ~ 5
6 - Q - 75	75		5		3		7.5		4	
6 - Q - 90	90		6		3		9.0		4	
6 - Q - 105	105		7		4		1.05		5	
6 - Q - 120	120		8		4		1.20		6	

初充电的程序一般分为两个阶段：第一阶段的充电电流约为额定容量的 1/15，充电至电解液中逸出气泡，单个电池端电压至 2.4 V 时为止；第二阶段将充电电流减半，继续充电到电解液沸腾，相对密度和端电压连续 3 h 不变时为止，全部充电时间需要 60 h 左右。

充电过程中应经常测量电解液温度，如果温度上升到 40℃，应将充电电流减半。如果温度继续上升到 45℃ 应立即停止充电，待冷却至 35℃ 以下再进行充电。初充电接近完毕时，应测量电解液的相对密度。如果电解液相对密度不符合表 1-3 中的规定数值，应用蒸馏水或相对密度为 1.4 的电解液进行调整。调整后，再充电 2 h 直至符合规定为止。

（2）补充充电

蓄电池在汽车上使用时，经常有充电不足的现象发生，应根据需要进行补充充电。如果发现下列现象之一的，必须随时进行补充充电。

①电解液相对密度下降到 1.20 g/cm^3 以下。

②单格电池电压下降到 1.7 V 以下。

③冬季放电超过 25%，夏季放电超过 50%，启动无力。

补充充电也要按表 1-3 中规定的电流值充电，分两个阶段进行：第一阶段，充到单格电池电压为 2.4 V；第二阶段充到单格电池电压为 2.5～2.7 V，电解液相对密度恢复到规定值，并且 3 h 保持不变，则说明已经充足。补充充电一般需要 13～16 h。

（3）去硫化充电

蓄电池长期充电不足，或放电后长时间未充电，极板上会逐渐生成一层白色的粗晶粒硫化铅，它在正常充电时不能转化为活性物质，这种现象称为硫化铅硬化，简称硫化。

极板硫化会使蓄电池内电阻增加，汽车启动困难，去硫化充电的方法是：先倒出容器内的电解液，用蒸馏水反复冲洗数次，然后加注蒸馏水，使液面高出极板 15 mm。用初充电电流进行充电，随时测量电解液相对密度。当相对密度上升到 1.15～1.20 g/cm^3 时，要加蒸馏水，继续充至相对密度不再上升，然后进行放电。在 6 h 之内反复进行，到相对密度值不再发生变化为止。最后按初充电的方法进行充电，调整电解液相对密度至规定值。

2. 充电方法

蓄电池的充电方法有定流充电、定压充电、快速脉冲充电等方法。

（1）定流充电

在充电过程中，保持充电电流恒定的充电方法称为定流充电。采用定流充电法可以同时对多个蓄电池进行充电，各蓄电池之间采用串联连接，如图 1-9 所示。充电电流要按照蓄电池的容量确定，如果被充电蓄电池的容量不同，应先按照小容量蓄电池选择充电电流，待小容量蓄电池充足后，将其摘除，再按余下蓄电池的容量重新选择充电电流，继续充电。

图 1-9 所示的定流充电的特性曲线，一般分为两个阶段：第一阶段以规定的充电电流进行充电，单格电压升至 2.4 V，应将允许电流减为一半转入第二阶段的充电，直到电解液的相对密度达到规定值且 2～3 h 不变，并有气泡冒出为止。

（2）定压充电

保持充电电压恒定的充电方法称为定压充电。采用定压充电的方法也可以同时对多个蓄电池进行充电，但要求每组蓄电池端电压相同，各蓄电池组之间采用并联连接，如图 1-10 所示。随着蓄电池的电动势的增加，充电电流会减小。

采用定压充电法，充电电压一般按每单格 2.5 V 选择，如电池组的额定端电压为 12 V，

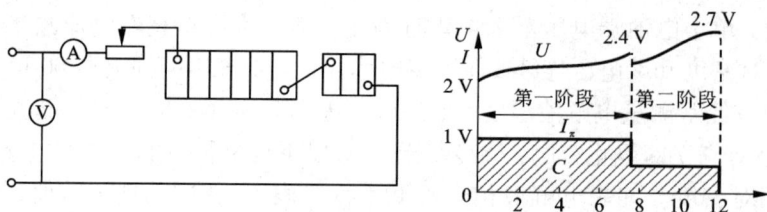

图 1 – 9   定流充电的连接简图和充电特性图

充电电压应选为 15 V，过大的充电电压会使蓄电池温度过高，造成活性物质脱落。定压充电法的特点是充电效率高，在充电开始的 4.5 h 内，就可以获得 90% ~ 95% 的容量，可大大缩短充电时间。蓄电池充足电后，充电电流会趋于零，但采用这种方法不能确保蓄电池完全充足电。

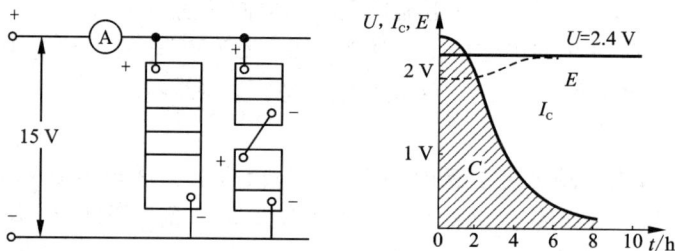

图 1 – 10   定压充电的连接简图和充电特性图

（4）快速脉冲充电

采用常规的定流充电法充电时，由于充电时间太长，因此给使用带来很多不便。若加大充电电流或提高充电电压，虽然会缩短充电时间，但会产生大量气泡，造成极板活性物质脱落，缩短蓄电池的寿命。采用自动控制电路，对蓄电池进行正反向脉冲充电，可以大大提高充电效率，造成的不良影响较小。对蓄电池进行补充充电仅需 0.5 ~ 1 h。快速脉冲充电过程分为充电初期和脉冲期两个阶段，如图 1 – 11 所示。

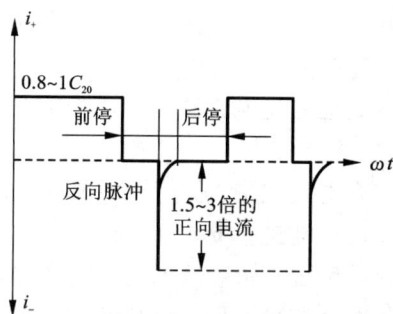

图 1 – 11   快速脉冲充电

充电初期。采用大电流 $0.8C_{20}$ ~ $1.0C_{20}$ 进行定流充电，自充电开始至单格电池电压上升到 2.4 V 左右而且冒出气泡为止，使蓄电池在较短时间内获得额定容量的 60% 左右，然后进入脉冲期。

脉冲期。先停止充电 25 ~ 40 ms，接着反向放电（反充电）150 ~ 1000 μs，脉冲深度（即反向放电电流的大小）为 $1.5C_{20}$ ~ $3C_{20}$，在停止充电 25 ms（后停充），然后正向充电一段时间。这一过程由充电机自动控制，往复不断地进行，直至蓄电池充足电。

1.3.3　蓄电池的维护

蓄电池维护的要求如下：

①经常清除蓄电池表面的灰尘污物，电解液溅到蓄电池表面时，应用抹布蘸浓度 10% 的苏打水或碱水擦净；电极桩和电线夹头上出现氧化物时应及时清除。

②经常疏通加液孔盖上的通气孔。

③放完电的蓄电池在 24 h 内应及时充电。

④常用车辆的蓄电池放电程度冬季达 25% 时每 3 个月进行一次补充充电。夏季达 50% 时即应进行补充充电。

⑤拆卸蓄电池电缆时，应先拆下蓄电池负极，再拆下蓄电池正极；安装蓄电池电缆时，应先安装蓄电池正极，再安装蓄电池负极，以免拆卸过程中造成蓄电池短路。

1.4　改进型蓄电池

1.4.1　干荷电蓄电池

干荷电蓄电池，在使用之前，极板是干燥的，能长期保存电荷。在规定的保存期内使用，只要加入适当密度的电解液，静置 35 min 后，调整电解液至规定浓度，调整液面至规定高度，即可使用，不需要初充电。荷电量为额定容量的 80%，是很好的后备电源，现已大批生产，基本上取代了一般蓄电池。传统蓄电池正极板的活性物质是二氧化铅，化学活性比较稳定；负极板上的活性物质是海绵状铅，表面积大，活性高，易氧化。干荷电蓄电池的极板采用不同于普通负极板的制造工艺，能够保证相空气长期接触时不会氧化。在干荷电池负极板的铅膏中，添加有松香、油酸、硬脂酸等防氧化剂。在化学反应过程中进行一次次深放电循环，或锻炼循环，以使深层活性物质活化。之后，清水冲洗，放入防氧化剂溶液，即硼酸、水杨酸混合液，进行浸泡，使负极板形成一种保护膜。最后，进行绝氧干燥、装配、密封等操作。这样，使负极板的抗氧化能力大大提高。干荷电蓄电池，储存期较长。因极板不是浸泡在电解液中，很难形成自放电。干荷电蓄电池的维护与普通电池基本一样，但如果贮存期限已超过两年，因其极板已有部分氧化，交付使用之前必须补充充电，充电时间为 5~10 h。

1.4.2　免维护蓄电池

因为蓄电池存在放电严重，失水量大，极板易腐蚀，使用寿命短等特点；并且在使用期间，为了保持其良好的技术状态，需要定期维护。诸如检查液面高度、加注蒸馏水等；对蓄电池进行补充充电时，还得将其从车上拆下、装上等。如使用维护不当，还会使蓄电池寿命大大缩短，甚至提前报废。为了减少这些十分麻烦的工作并且避免驾修人员与硫酸接触，各国竞相研制免维护蓄电池，且喜获成功，发展迅猛。自该产品进入市场以来，受到普遍欢迎，现在越来越多的汽车使用免维护蓄电池。免维护蓄电池，在市区车辆上使用，约可行驶80000 km，在长途车上使用，可行驶 400000~480000 km，在此期间，不需要进行维护；通常可以使用 3.5~5 年，不用添加蒸馏水。

由于免维护蓄电池采用铅钙合金栅架，充电时产生的水分解量少、蒸发量低，加上外壳采用密封结构，释放出的硫酸气体也很少，所以它与传统蓄电池相比，具有不需要添加任何液体，对接线桩头、电线腐蚀少，抗过充电能力强，启动电流大，电量储存时间长等优点。

免维护蓄电池因其在正常充电电压下，电解液仅产生少量的气体，极板有很强的抗过充电能力，而且具有内阻小、低温启动性能好、比常规蓄电池使用寿命长等特点，因而在整个使用期间不需要添加蒸馏水，在充电系统正常情况下，不需要从拆下进行补充充电。但在保养时应对其电解液的密度进行检查。

大多数免维护蓄电池在盖上设有一个孔形液体（温度补偿型）密度计，它会根据电解液密度的变化而改变颜色。可以指示蓄电池的存放电状态和电解液液位的高度。当密度计的指示眼呈绿色时，表明充电已足，蓄电池正常；当指示孔显示绿色很少或为黑色，表明蓄电池需要充电；当指示孔显示淡黄色，表明蓄电池内部有故障，需要修理或进行更换。

1.4.3 胶体电解质蓄电池

1. 胶体电解质蓄电池的结构

胶体电解质蓄电池是对液态电解质的普通蓄电池的改进，用胶体电解液取代硫酸电解液，在安全性、蓄电量、放电性能和使用寿命等方面较普通电池有所改善。胶体电解质蓄电池采用凝胶状电解质，内部无游离液体存在，在同等体积下电解质容量大，热容量大，热消散能力强，能避免一般蓄电池易产生的热失控现象；电解质浓度低，对极板的腐蚀作用弱；浓度均匀，存在电解液分层现象。

胶体电解质蓄电池的性能优于阀控密封蓄电池，胶体电解质蓄电池具有使用性能稳定，可靠性高，使用寿命长，对环境温度的适应能力（高、低温）强，承受长时间放电能力、循环放电能力、深度放电及大电流放电能力强，有过充电及过放电自我保护等优点。

目前用于电动自行车的国产胶体电解质蓄电池是在 AGM 隔板中通过真空灌注，把硅胶和硫酸溶液灌到蓄电池正、负极板之间。胶体电解质蓄电池在使用初期无法进行氧循环，这是因为胶体把正、负极板都包围起来了，正极板上面产生的氧气无法扩散到负极板，无法实现与负极板上的活性物质还原，只能由排气阀排除，与富液式蓄电池一致。

胶体电解质蓄电池使用一段时间后胶体开始干裂和收缩，产生裂缝，氧气通过裂缝直接到负极板进行氧循环。排气阀就不再经常开启，胶体电解质蓄电池接近于密封工作，失水很少。所以电动自行车蓄电池主要失效是失水机理作用，采用胶体蓄电池可获得非常好的效果。胶体电解质是通过在电解液中加入凝胶剂将硫酸电解液凝固成胶状物质，通常胶体电解液中还加有胶体稳定剂和增容剂，有些家庭配方中还加有延缓胶体凝固和延缓剂，以便于胶体加注。

2. 胶体电解质的优缺点

胶体电解质和普通液态电解质相比具有如下优点：

①可以明显延长蓄电池的使用寿命。根据有关文献，延长蓄电池寿命 2~3 倍。

②胶体电解质蓄电池的自放电性能得到明显改善，在同样的硫酸纯度和水质情况下，其存放时间可以延长两倍以上。

③胶体电解质蓄电池在严重缺电的情况下，抗硫化性能很明显。

④胶体电解质蓄电池在严重放电的情况下恢复能力强。

⑤胶体电解质蓄电池抗过充能力强，通过对两个蓄电池(一个胶体蓄电池，一个阀控密封蓄电池)同样反复进行数次过充电试验，胶体蓄电池容量下降比较慢，而阀控密封蓄电池因为耗水过快，容量下降显著。

⑥胶体电解质蓄电池后期放电性得到明显改善。

⑦胶体电解质蓄电池不会出现漏液、渗液等现象，逸气量小，对环境危害很小。

虽然胶体电解质具有以上诸多优点，但是也有一定的缺陷，具体表现在以下几个方面：

①胶体电解质相对于普通电解液来说加注比较困难，这一点需要通过改变交替配方、加注缓凝剂来改变。

②如果在胶体的配置过程中生产工艺不合理或控制不好，蓄电池的初容量会比较小。

③胶体电解质蓄电池早期排出的胶粒是含酸的，胶粒容易贴附在蓄电池的外壳上，所以，可以反映出蓄电池假漏酸现象。

④氧循环虽然控制了失水，但也产生热量，使蓄电池内部温度升高，甚至形成热失控。

⑤经实验表明，胶体电解质蓄电池要在极板生产、胶体电解质配方、灌装方法、充电工艺等方面制定一套完整的工艺流程，以保证胶体蓄电池性能的更好发挥。

1.4.4　智慧型蓄电池

蓄电池的主要缺点是寿命短、比能低。根据国外一些汽车协会的统计，汽车需要修理有50%是电池耗损过度所导致的。电池失灵是汽车故障最普遍的原因，如何延长电池的寿命，使电池安全可靠是一个重要的课题。

第二代的蓄电池可以说是免维护电池，它采用了低锑合金和钙铅合金，耗水量少，自放电率也比普通电池要小 1/3 倍，它做成全密封系统，终生不用加水，使用方便，也延长了寿命。

智慧型电池是第三代的蓄电池，它在一个电池箱内有两组电池，并且采用了微电子技术的 EMC 能量管理器进行控制，寿命更长，性能更可靠。

电池的负载有两种：一种是启动机；一种是其他的辅助用电，如照明、风扇、加热器、音响、电动窗的启动机等。这两种负载的性质完全不同，对传统电池要同时兼顾启动和辅助用电的要求，在设计上不得不进行折中，结果降低了它的性能。对启动来说，在短时间里需要大的电流，为此，需要有多片薄的极板以使电池的每一栅格里活性材料有大的表面积，活性材料要具有低密度，电池的内阻必须要小，以维持足够的电压。这样的电池，如果经常充放电或长时间充电容易受损，寿命比较短；面对启动以外的辅助用电，使用的时间相对较长，需要的是中小强度的电流，针对这样的要求，极板的设计应该比较厚，活性材料的密度相对比较大，它的栅格应该选用能经受深度放电而不会严重损坏的合金，这样的合金会增加电池的电阻、气泡率和水分损失，它不适合于启动。

智慧型电池分为启动和辅助两种电池，这样就可以针对各自的特点而进行优化。

1.5　车用交流发电机的构造、工作原理及特性

发电机是汽车的主要电源,在发动机正常工作的情况下,汽车的用电设备主要靠发电机供电;同时,当蓄电池存电不足时,发电机又是蓄电池的充电电源。

车用交流发电机包括一个三相同步交流发电机和数个整流二极管,它利用硅二极管将电机定子绕组中感应的三相交流电整流为直流电。

1. 交流发电分类

按照交流发电机总体结构,交流发电机可分为普通型交流发电机、整体式交流发电机、带泵交流发电机、无刷交流发电机和永磁交流发电机,如表 1−4 所示。

表 1−4　交流发电机的结构类型

基本结构类型	结构特点	应用实例
普通型交流发电机	三相交流发电机:6 个硅整流二极管组成全波整流器;外置式电压调节器	解放 CA1091 汽车用 JF1522A,JF152D 型发电机;东风 EQ1090 型 JF132 型发电机
整体式交流发电机	三相交流发电机:带中性点输出;6 个硅整流二极管组成全波整流器;或增加 2 个中性点二极管;或增加 3 个磁场二极管;内装式电子调节器	奥迪 100、桑塔纳等轿车均用 JFZ1813Z 型发电机,采用 11 个硅整流二极管整流器
带泵交流发电机	带真空制动助力泵的交流发电机	依维柯汽车用 JFZ1912Z 型发电机
无刷交流发电机	无刷交流发电机	JFW1913 型发电机
永磁交流发电机	采用永磁材料转子磁极	农用运输车用小功率发电机

2. 交流发电机型号

根据中华人民共和国行业标准 QC/T 73—1993《汽车电器设备产品编制方法》的规定,汽车交流发电机型号如图 1−12 所示。

图 1−12　汽车交流发电机型号

第 1 部分为产品代号。交流发电机的代号有 JF、JFZ、JFB、JFW 四种,分别表示交流发电机、整体式交流发电机、带泵交流发电机和无刷交流发电机。

第 2 部分为电压等级代号,用 1 位阿拉伯数字表示:1 代表 12 V;2 代表 24 V;6 代表 6 V。

第 3 部分为电流等级代号,用 1 位阿拉伯数字表示,其含义见表 1−4。

表 1-4　电流等级代号

电流等级代号	1	2	3	4	5	6	7	8	9
电流值/A	0~19	≥20	≥30	≥40	≥50	≥60	≥70	≥80	≥90

第 4 部分为设计序号,按产品的先后顺序,用阿拉伯数字表示。

第 5 部分为变型代号。交流发电机是一调整臂的位置作为变型代号,从驱动端看,Y 代表右边;Z 代表左边;无字母则表示在中间位置。例如,桑塔纳、奥迪 100 型轿车用 JF1913Z 型交流发电机,其含义为:电压等级为 12 V、输出电流大于 90 A、第 13 次设计、调整臂位于左边的整体式交流发电机。

1.5.1　交流发电机的构造

汽车用交流发电机,多采用三相同步交流发电机,由 6 个二极管构成三相桥式全波整流器。各国生产的交流发电机都大同小异,主要由定子、转子、电刷、整流二极管、前后端盖、风扇及带轮等组成。有的还将调节器与发动机装在一起,如图 1-13 所示。转子用来建立磁场。定子中产生的交变电动势,经过二极管整流器整流后输出直流电。

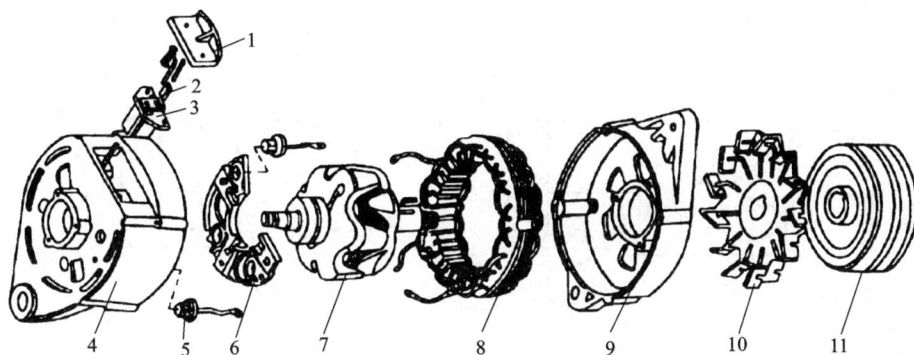

图 1-13　JF132 型交流发电机的组成

1—电刷弹簧压盖;2—电刷;3—电刷架;4—后端盖;5—硅二极管;
6—散热板;7—转子;8—定子总成;9—前端盖;10—风扇;11—带轮

1. 转子

转子是交流发电机的磁场部分,主要由爪极、磁场绕组、滑环等组成,其结构如图 1-14 所示。两块爪极压装在转子轴上,内腔装有磁轭,磁轭上绕有磁场绕组,绕组两端的引线分别焊在与轴绝缘的两个滑环上。两个电刷装在与端盖绝缘的电刷架内,通过弹簧使电刷与滑环保持接触。当发电机工作时,两电刷与直流电源接通,为磁场绕组提供定向电流并产生轴向磁通,使两块爪极分别磁化为 N 极和 S 极,从而形成犬牙交错的磁极对并沿圆周方向均匀分布。磁极对数可为 4 对、5 对和 6 对,我国设计的交流发电记得磁极对数多为 6 对。爪极凸缘的外形呈鸟嘴形,当发电机工作时,可在定于铁芯内部形成近似正弦变化的交变磁场。

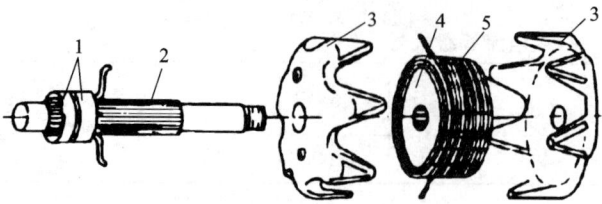

图1-14 交流发电机的转子

1—滑环；2—轴；3—爪极；4—磁轭；5—磁场绕组

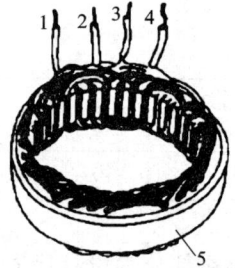

图1-15 定子总成结构

1、2、3、4—绕组引线；5—定子铁芯

2. 定子

定子又称电枢，由定子铁芯和定子绕组组成，如图1-15所示。定子铁芯由一组相互绝缘且内圆带嵌线槽的环状硅钢片叠制而成，定子槽内嵌有三相对称绕组。

三相绕组的连接方法有星形接法（又称"Y"形接法）和三角形接法（又称"△"形接法）两种。"Y"形接法是将三相组的三个末端X，Y，Z接在一起，将三相绕组的首端A，B，C作为交流发电机的交流输出端，如图1-16(a)所示。"△"接法则是将每相绕组的首端和另一相绕组的末端依次连接，因为有3个接点，这三个接点即为交流发电机的交流输出端，如图1-16(b)所示。汽车用交流发电机大多采用"Y"形接法，美国通用汽车公司交流发电机采用"△"形接法。

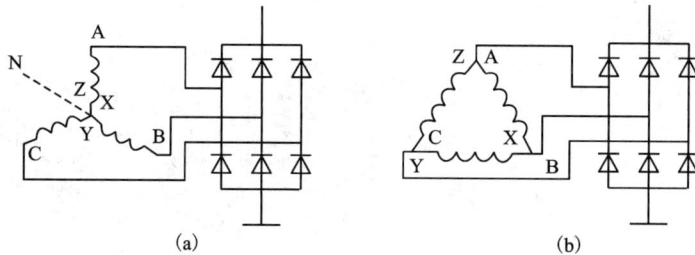

图1-16 交流发电机定子与定子绕组的连接方法

(a)"Y"形接法；(b)"△"形接法

3. 整流器

整流器的作用是将定子绕组产生的三相交流电转换为直流电，并可阻止蓄电池电流向发电机倒流。由6个硅整流二极管组成三相桥式全波整流器，如图1-17所示。硅整流二极管通常直接压装在散热板上或发电机后端盖上。其中压装在散热板上的3个硅二极管，引线为正极，外壳为负极，称为正极管，引线端一般涂有红色标记；压装在后端盖上的二极管，引线为负极，外壳为的正极，称为负极管，引线一端涂有黑色标记。新型的交流发电机将6个硅整流二极管分别安装在不同的散热板上。

为了便于散热，散热板通常用铝合金制成，它与后端盖用绝缘材料垫片隔开，固定在后盖上，用螺栓引至后端盖外部作为发电机的电源输出端，并在后盖上铸有标记"B"或"＋"、"A"、"电枢"。

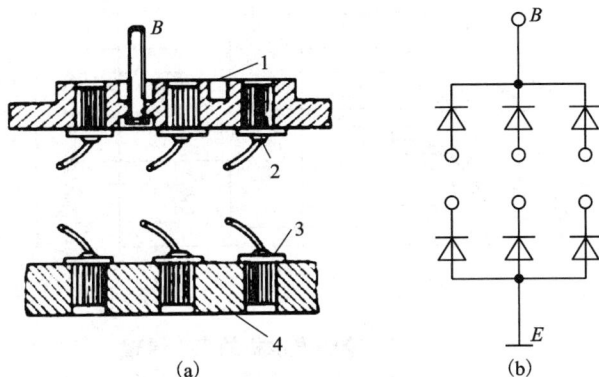

图 1-17　硅二极管安装示意图

(a)整流二极管的安装；(b)整流二极管的电路符号

1—元件板；2—正极管引线(红色标记)；3—负极管引线(黑色标记)；4—后端盖板

4. 端盖与电刷总成

前、后端盖均由铝合金压铸或用砂模铸造而成。铝合金为非导磁材料，可减少漏磁并具有轻便、散热性能良好等优点。为了提高轴承孔的机械强度，增加其耐磨性，有的发电机端盖的轴承座内镶有钢套。

后端盖上装有电刷架，它用酚醛塑料或玻璃纤维增强尼龙制成。两个电刷分别装在电刷架的孔内，借助弹簧压力与滑环保持接触。国产交流发电机的电刷架有两种形式：一种是电刷架，可直接从电机外部进行拆装，如图 1-18(a)所示。另一种则不能直接在电机外部进行拆装，如图 1-18(b)所示，若需要更换电刷，必须将发电机拆开，故这种结构的电刷将被逐渐淘汰。

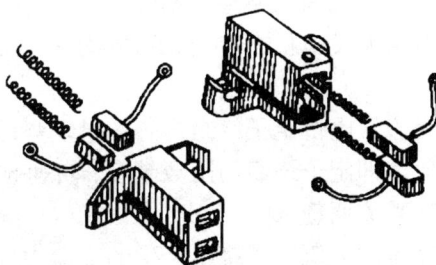

图 1-18　电刷架的结构

(a)能从外部拆除；(b)不能从外拆除

发电机的前端装有皮带轮，其后面装有叶片式风扇，前后端盖上分别有出风口和进风口当发动机的曲轴驱动皮带轮旋转时，可使空气高速流经发电机内部进行冷却。

1.5.2　交流发电机的工作原理

1. 交流发电机的发电原理

交流发电机的工作原理如图 1-19 所示。当转子旋转时，定子绕组与磁力线之间产生相对运动，在三相绕组中产生交变电动势，其频率为

$$f = \frac{p \cdot n}{60} \tag{1-8}$$

式中：p 为磁极对数；n 为发电机转速，r/min。

在汽车用交流发电机中，由于转子磁极呈鸟嘴形，其磁场分布近似正弦规律，所以交流

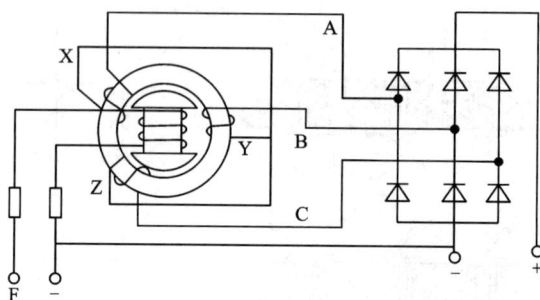

图 1 - 19   交流发电机的工作原理

电动势也近似正弦波形，三相定子绕组按对称分布在发电机的定子槽中，产生的三相电动势也是对称的，所以在三相绕组中产生频率相同、幅值相等、相位互差120°电角度的电动势e_A、e_B、e_C，其波形如图1-20(b)所示。

每组电动势的有效值为

$$E_\varphi = 4.44 KfN\Phi \qquad (1-9)$$

式中：E_φ 为每相电动势的有效值，V；K 为绕组系数（交流发电机采用整距集中绕组时，$K=1$）；f 为感应电动势的频率，Hz，$f = pn/60$（p 为磁极对数，n 为转速）；N 为每组绕组的匝数（匝）；Φ 为每组磁通，Wb。

对定型发电机，式(1-9)中的 K、P、N 均为值，以电机常数 C 代替，这样简化为

$$E_\varphi = Cn\Phi \qquad (1-10)$$

交流发电机定子绕组内感应电动势的大小与每相绕组串联的匝数以及感应电动势的频率成正比。即定子绕组的匝数越多，转速越高，则绕组内感应电动势也越高。

2. 整流原理

交流发电机定子绕组产生的交流电，通过硅整流二极管组成的整流电路转变为直流电。二极管具有单向导电性，当二极管加上正向电压时，二极管导通，呈现低阻状态；当二极管加上反向电压时，二极管截止，呈现高阻状态。利用二极管的单向导电性，即可把交流电转变成直流电。

六管交流发电机的整流装置实际上是一个由6个硅整流二极管组成的三相式整流电路，如图1-20所示。3个二极管 VD_2、VD_4、VD_6 组成共阳极组接法，3个二极管 VD_1、VD_3、VD_5 组成共阴极组接法。每个时刻有2个二极管同时导通，其中一个在共阴极组，一个共阳极组，同时导通的两个管子总是将发电机的电压在负荷两端。

当 $t=0$ 时，C相电位最高，而B相电位最低，所以对应的二极管 VD_5、VD_4 钧处于正向导通。电流从绕组C出发，经 VD_5→负载→VD_4→绕组B构成回路。由于二极管的内阻很小，所以此时发电机的输出电压可视为B、C绕组之间的线电压。

在 $t_1 \sim t_2$ 时间内，A相的电位最高，而B相电位最低，故对应 VD_1、VD 处于正向导通。同理，交流发动机的输出电压可视为A、B绕组之间的线电压。

在 $t_2 \sim t_3$ 时间内，A相的电位最高，而C相电位最低，故 VD_1、VD_6 处于正向导通。同理，交流发电机的输出电压可视为A、C绕组之间的线电压。

在 $t_3 \sim t_4$ 时间内，B 相电压最高，C 相电压最低，VD_3、VD_6 管获得正向电压而导通，B、C 相之间的线电压加在负载 R 上，形成电流回路。

以此类推，周而复始，在负载上便可获得一个比较平稳的直流脉动电压。交流发动机输出电压的值为

$$U_{av} = 1.35U_L = 2.34U_\Phi \qquad (1-11)$$

式中：U_{av} 为输出直流电压平均值，V；U_L 为发电机电压有效值，V；U_Φ 为发电机相电压有效值，V。

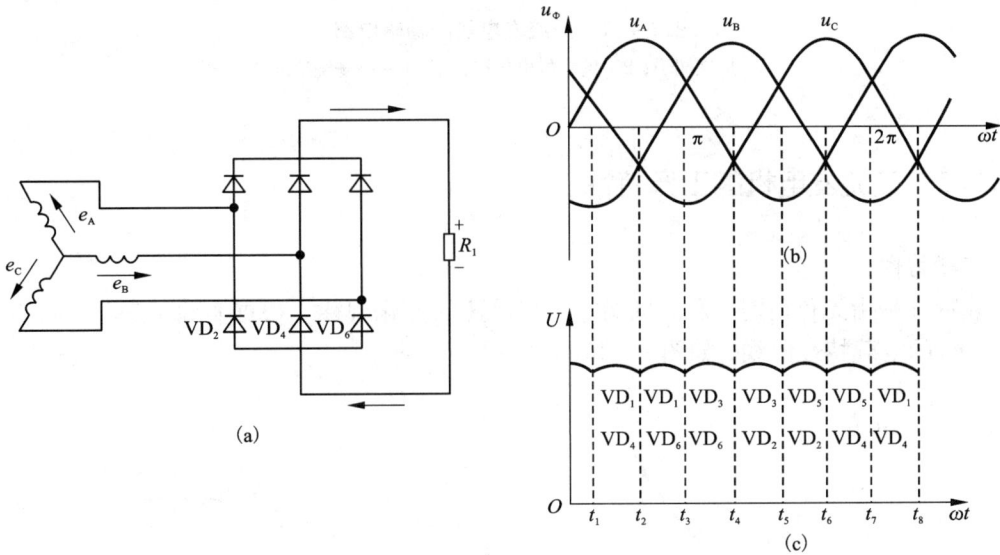

图 1 - 20　三相桥式电路及整流原理

(a)整流电路；(b)三相交流电动势波形；(c)整流电压波形

3. 励磁方式

汽车用交流发电机的励磁方法与一般工业用交流发电机不同。在无外接直流电源的情况下，也可以利用磁极的剩磁自励发电，但由于交流发电机转子的剩磁较弱，发电机只有在较高速时，才能自励发电，因而不能满足汽车用电的要求。为了使交流发电机低速运转时的输出电压满足汽车上用电的要求，在发电机开始发电时，采用他励方式，即由蓄电池提供励磁电流，增强磁场，使电压随发电机转速很快上升。这就是交流发电机低速充电性能好的主要原因。当发电机输出电压高于蓄电池电压，一般发电机的转速达到 1000 r/min 左右时，励磁电流便由发电机自身供给，这种励磁方式称为自励。由此可见，汽车交流发电机在输出电压建立前后分别采用他励和自励两种不同的励磁方式。

一般交流发电机的励磁电路如图 1 - 21 所示。当点火开关 S 接通时，励磁电路是：蓄电池"+"→点火开关 S→电压调节器→磁场绕组→蓄电池"-"。

当发电机电压高于蓄电池电压时，励磁电路是：发电机定子绕组→正极二极管→点火开关 S→电压调节器→磁场绕组→发电机 E 端→负极二极管→定子绕组。

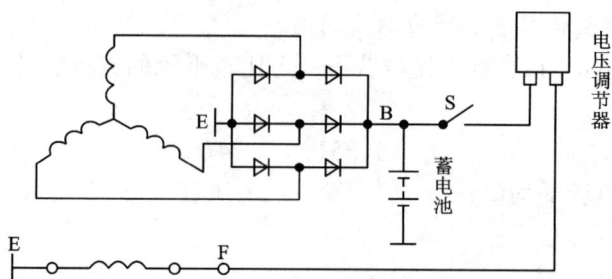

图 1 – 21　交流发电机的励磁电路

E—搭铁端子；B—发电机电压输出端；F—磁场绕组端子

1.5.3　交流发电机的工作特性

1. 空载特性

空载特性是指无负荷时，发电机端电压与转速的变化规律。根据实验结果，可以绘出一条 $U = f(n)$ 的空载特性曲线，如图 1 – 22（a）所示。

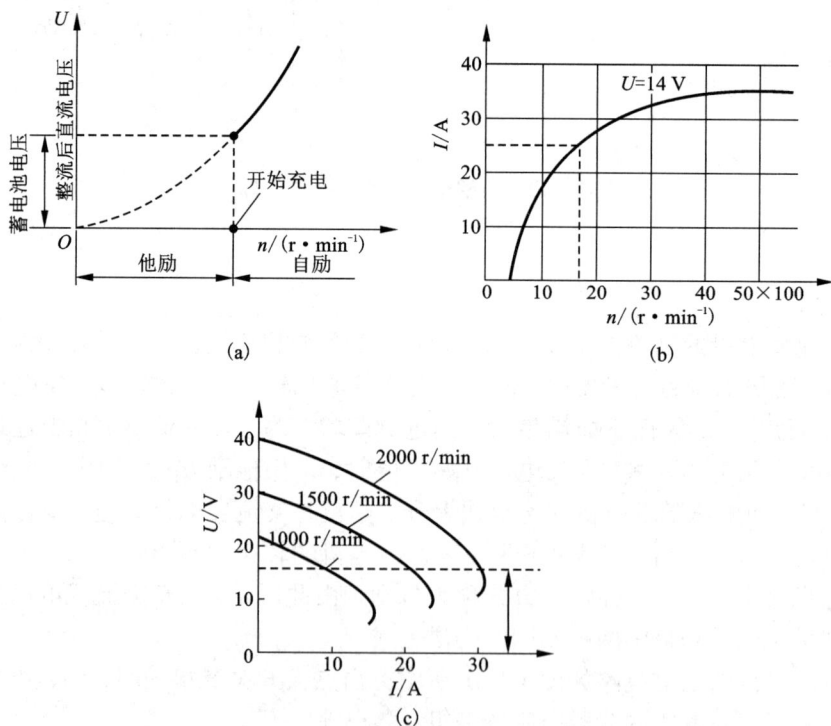

图 1 – 22　交流发电机的工作特性

（a）空载特性；（b）输出特性；（c）外特性

从曲线可以看出，随着转速的升高，端电压上升较快。由他励转入自励发电时，即能向蓄电池进行补充充电。这进一步证实了交流发电机低速充电性能良好的优点。空载特性是判定交流发电机充电性能是否良好的重要依据。

2. 输出特性

输出特性也称负载特性或输出电流特性，是在发电机保持输出电压一定时，发电机的输出电流与转速之间的关系。一般对标称电压为 12 V 的硅整流发电机，其输出电压恒定在 14 V；对标称电压为 24 V 的发电机，其输出电压恒定在 28 V。通过试验可以测得一条 $I = f(n)$ 的输出特性曲线如图 1 – 22(b)所示。

由输出特性可以看出发电机在不同转速下输出功率的情况，它表明：

①发电机只需要在较低的空载转速 n_1 时，就能达到额定输出电压值，因此其具有低速充电性能好的优点。空载转速值是选定发电机的主要依据。

②发电机转速升至满载转速 n_2 时，即可输出额定功率的电能，因此其具有发电性能优良的优点。空载转速值和满载转速值是使用中判断发电机技术性能优劣的重要指标，发电机出厂技术说明书中均有规定。使用中，只要测得这两个数据，与规定值相比即可判断发电机性能是否良好。

③当转速升到某一定以后，输出电流就不在随转速的升高和负荷的增多而继续增大，因此其具有自身控制输出电流的功能，不再需要限流器。交流发电机最大输出电流约为额定电流的 1.5 倍。

3. 外特性

外特性是指转速一定时，发电机端电压与输出电流的变化规律。即 n 为常数时，$U = f(I)$ 的曲线，如图 1 – 22(c)所示。发电机的转速越高，端电压越高，输出电流也越大。转速对端电压的影响较大。

有的交流发电机除具有组成三相桥式整流电路的 6 个二极管外，还具有两个中性点二极管，其接线柱的记号为"N"。中性点对发电机外壳（即搭铁）之间的电压 U_N 是通过 3 个负极管三相半波整流得到的直流电压，所以 $U_N = (1/2)U_0$ 中性点电压一般用来控制各种继电器如磁场继电器、充电指示灯继电器等。

有的交流发电机还利用中性点的输出提高发电机的输出功率，如图 1 – 23 所示。

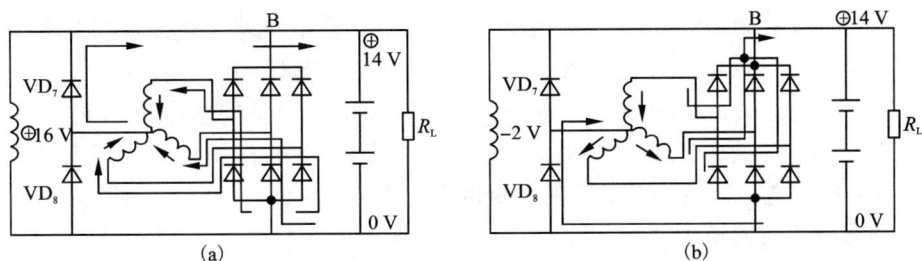

图 1 – 23　中性点二极管的电流流向

（a）当中性点电压的瞬时值高于输出电压时；（b）当中性点的电压瞬时值低于搭铁电位时

发电机高速时，当中性点电压的瞬时值高于输出电压(平均电压 14 V)时，从中性点输出

的电流见图 1 −23(a)，其输出电路为：定子
绕组→中性点二极管 VD_7→负载（包括蓄电
池）→负极管→定子绕组。当中性点电压瞬
时值低于搭铁电位时，流过中性点二极管
VD_8 的电流见图 1 −23(b)，其输出电路为：
定子绕组→正极管→B 接线柱→负载（包括
蓄电池）→中性点二极管 VD_8→定子绕组。

实验证明，加装中性点二极管后，在发
电机转速超过 2000 r/min 时，其输出功率可
提高 11% ~ 15%。当交流发电机输出电流

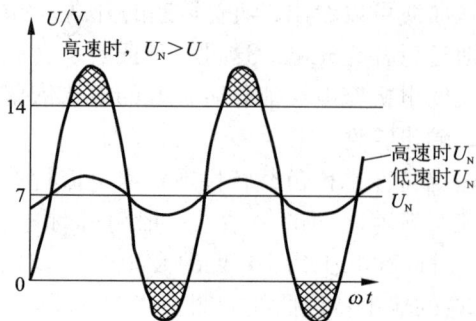

图 1 −24　中性点三次谐波

时，中性点的电压含有交流成分，即中性点三次谐波电压，且幅值随发电机的转速而变化如
图 1 −24所示。

1.6　电压调节器

交流电发电机调节器是把交流发电机的输出电压控制在规定范围内的控制装置，又称为
电压调节器，简称调节器。汽车采用的调节器有触点式和电子式两大类。由于触点式调节器
存在体积大、结构复杂、触点振动频率低、触点易烧蚀及故障率高等缺点，故因不适应现代
汽车对电源系统的要求已被淘汰。取而代之的是电子调节器。本书只介绍电子调节器。

1.6.1　交流发电机调节器的作用及原理

1. 交流发电机调节器的作用

根据公式(1 −10)，发电机各电枢绕组电动势与发电机的转速和磁极的磁通成正比，忽
略发电机内电压降，则发电机的输出电压

$$U \approx E_\varphi = Cn\Phi \qquad\qquad (1-12)$$

汽车用交流发电机是由发动机按固定的传动比驱动旋转，其转速高低取决于发动机转
速。在汽车行驶过程中，由于发动机转速随时都在发生变化，发电机转速随之改变（现代汽
车发电机转速可在 0 ~ 18000 r/min 范围内变化）。因此，发电机输出电压必然随转速的变化
而变化。汽车用交流发电机工作时的转速很不稳定且变化范围很大，若对发电机不加以调
节，其端电压将随发动机转速的变化而变化，这与汽车用电设备要求电压恒定矛盾。因此，
发电机必须有一个自动的电压调节装置。交流发电机调节器的作用就是当发动机转速变化
时，自动对发电机的电压进行调节，使发电机的电压稳定，以满足汽车用电设备的要求。

2. 电压调节原理与调节方法

由于发电机的电动势及端电压与磁极磁通也成正比关系，当发电机转速变化时，如果要
保持发电机电压恒定，就必须相应地改变磁极磁通。磁极磁通的多少取决于磁场电流的大
小，在发电机转速变化时，只要自动调节磁场电流，就能使发电机电压保持恒定。调节器的
调节原理是：通过调节磁场电流使磁极磁通改变来使发电机输出电压保持恒定。

汽车用发电机电压调节器电压调节的方法如图 1 −25(a)所示。调节器动作的控制参量

为发电机电压，即当发电机的电压达设定值上限 U_2 时，调节器动作，使磁场绕组的励磁电流 I_f 下降或断流，从而减弱磁极磁通，致使发电机电压下降；当发电机电压下降至设定的下限值 U_1 时，调节器又动作，使 I_f 增大，磁通加强，发电机电压又上升；当发电机的电压上升至 U_2 时又重复上述过程，使发电机的电压在设定的范围内脉动，得到一个稳定的平均电压 U_e。发电机在某一转速下，调节器起作用后的发电机电压波形如图 1-25(b) 所示。

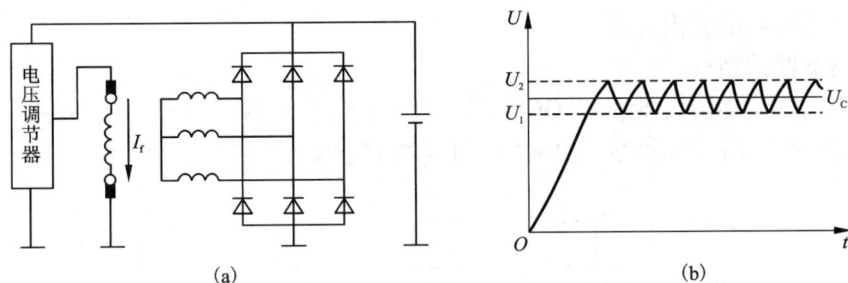

图 1-25　发电机电压调节器基本原理
(a)发电机电压调节器原理；(b)发电机电压调节器工作时的电压波形

各种调节器都是通过调节磁场电流使磁极磁通改变来控制发电机输出电压的。电子调节器调节磁场电流的方法是：利用晶体管的开关特性，使磁场电流接通与切断来调节发电机磁场电流。

1.6.2　交流发电机的分类及型号

1. 电子调节器分类

（1）按结构分类

电子调节器按结构可分为晶体管式调节器和集成电路式调节器。

晶体管式调节器是指由分立电子元件焊接于印制电路板而制成的调节器，如解放 CA1091 型载货汽车用 FTD106 型电子调节器和东风 EQ1090 型载货汽车用 FTD149 型电子调节器。

集成电路式调节器是指用若干电子元件集成在基片上，具有发电机电压调节全部或部分功能的芯片所构成的调节器。目前大多数汽车(如捷达、桑塔纳、天津夏利、奥迪轿车，北京切诺基、长丰猎豹 PAJERO 汽车，东风 EQ2102 型越野汽车和斯太尔 SX2190 等)都采用了集成电路式调节器。

与分立元件的晶体管式调节器相比，集成电路式调节器具有体积小、结构紧凑、电压调节精度高、故障率低等特点。集成电路式调节器多装于发电机的内部，这种发电机也被称之为整体式发电机。

（2）按搭铁形式分类

电子调节器按搭铁形式可分内搭铁型调节器和外搭铁型调节器。

内搭铁型调节器是指与内搭铁型交流发电机配套使用的调节器，其特点是第二级开关电路中的晶体管 VT2 串联在调节器的电源端子(+)与磁场绕组端子(F)之间，如 FTD146 型调节器。

外搭铁型调节器是指与外搭铁型交流发电机配套使用的调节器，其特点是第二级开关电路中的晶体管 VT2 串联在调节器的磁场绕组端子（F）与搭铁端子（－）之间，如 FTD106 型调节器。

内搭铁型调节器只能配用内搭铁型发电机，外搭铁型调节器只能配用外搭铁型发电机，两者不能随意互换，否则，励磁电路不通，发电机不发电。目前，现代汽车已广泛采用整体式交流发电机。随着微机控制技术在汽车上的应用，直接利用微机控制交流发电机的输出电压是电子调节器发展的必由之路。

2. 电子调节器的型号

根据中华人民共和国行业标准 QC/T 73—1993《汽车电器设备产品型号编制方法》的规定，汽车交流发电机调节器的型号组成如图 1－26 所示。

产品代号　电压等级代号　结构形式代号　设计代号　变形代号

图 1－26　汽车交流发电机调节器的型号组成

①产品代号交流发电机调节器的产品代号为 FT、FTD 两种，分别表示发电机调节器和电子发电机调节器。

②电压等级代号与交流发电机相同，如表 1－4 所示。

③结构形式代号调节器的结构形式代号用一位阿拉伯数字表示，数字"4，表示分立元件式：数字"5"表示集成电路式。

④设计代号按产品设计先后顺序，用 1～2 位阿拉伯数字表示。

⑤变形代号以汉语拼音大写字母 A、B、C…顺序表示（但不能用 O 和 I 两个字母）。

例如：FTD152 表示电压等级位 12 V 的集成电路式调节器，第二次设计。

1.6.3　电子调节器的工作原理

不同厂家生产的不同型号的电子调节器，其电路结构和原件组成各有不同，但基本原理相同。电子调节器都是利用晶体管的开关特性，通过晶体管导通和截止相对时间的变化来调节发电机的励磁电流。图 1－27 所示为内搭铁型电子调节器的基本电路。

1. 调节器基本电路的组成

电子调节器（内搭铁型）的基本电路由四部分组成，即分压电路，第一级开关电路、第二级开关电路和辅助元器件等。

（1）分压电路信号电压监测电路

一般由 2～3 个电阻串联或混联而成，接在调节器的"＋"极与"－"极之间。图中电阻 R_1 和 R_2 构成分压电路，其作用是将汽车电源施加于调节器"＋"极与"－"极之间的电压分成两部分，且所分电压与电源电压之间按正比关系变化，即能直接监测发电机输出电压 U 的变化。从分压电阻 R_1 上取出发电机输出电压 U 的一部分 U_{R_1} 作为调节器的输入信号电压，R_1 上的分压为

$$U_{R_1} = \frac{R_1}{R_1 + R_2} U \qquad (1-12)$$

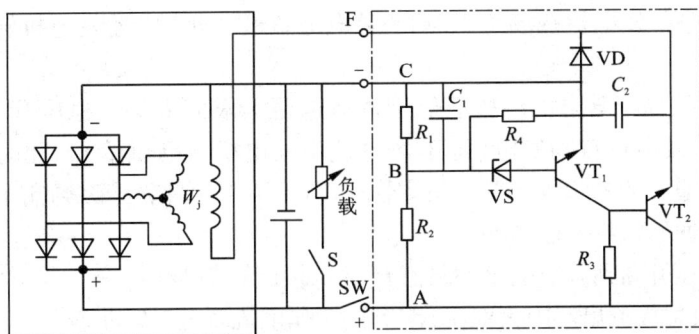

图 1-27　内搭铁型电子调节器的基本电路

（2）第一级开关电路信号放大与控制电路

至少由一个稳压管和一个晶体管组成。稳压管通常经晶体管的发射极反向并接在分压电路的一端，晶体管则串联在调节器"＋"极与"－"极之间。图中稳压管 VS 和晶体管 VT₁ 即构成第一级开关电路，稳压二极管（简称稳压管）VS 是传感元件，其作用是灵敏地感受电源电压变化，使晶体管 VT₁ 交替地导通和截止，以控制第二级开关电路功率晶体管 VT₂ 的导通和截止。第一级开关电路的导通段取决于发电机输出电压的高低。VT₁ 为小功率晶体管，接在大功率晶体管 VT₂ 的前一级，起信号放大作用，也称前级放大。

（3）第二级开关电路信号放大与控制电路

一般由一个大功率晶体管或复合晶体管构成。图中晶体管 VT 即构成第二级开关电路，VT₂ 为 NPN 型大功率晶体管，串联在磁场绕组与搭铁端子之间，这是外搭铁型调节器的显著特点。磁场绕组的电阻为 VT₂ 的负载电阻。VT₂ 导通时，磁场电流接通；VT₂ 截止时，磁场电流切断。因此，通过控制 VT₂ 导通与截止，就可改变磁场电流使发电机输出电压稳定。

（4）辅助元器件及电路

VD 为续流二极管，与发电机磁场绕组反向并联，其作用是吸收 VT₂ 截止时磁场绕组中产生很高的自感电动势，保护 VT₂，防止过电压击穿；C_1 为延时电容，与稳压管 VS 和电阻 R_1 并联，其作用是利用电容的充、放电延时特性即电容两端的电压不会跃变的特性，延迟稳压管 VS 的导通与截止时间，以降低 VT₁、VT₂ 的开关频率，减缓元件老化速度，延长调节器使用寿命；R_4、C_2 构成反馈电路，其作用是提高调节器的灵敏度，加速晶体管导通和截止的变化过程，改善调压质量；R_3 既是 VT₂ 的基极偏置电阻，也是 VT₁ 集电极限流电阻。

2. 调节器的工作过程

电子调节器是利用晶体管的开关特性，将大功率晶体管作为一个开关串联在发电机磁场电路中；根据发电机输出电压的高低，控制晶体管导通与截止来调节发电机磁场电流，从而使发电机输出电压稳定在某一规定的范围之内。发电机电压具有调节过程如下：

①当闭合点火开关 SW，蓄电池电压加载分压电阻 R_1、R_2 连贯。由于发电机电压低于调节电压上限值，因此，分压电阻 R 上的分压值 U 小于稳压管 VS 的稳定电压 U 与晶体管 VT 发射极压降 U 之和，VS 处于截止状态，VT 基极无电流流过而处于截止状态。此时蓄电池经点火开关、电阻 R 向晶体管 VT 提供基极电流，VT 导通并接通磁场电流 I，发电机他励发电（既磁场电流由蓄电池供给）。其电路为：蓄电池正极→点火开关 SW→晶体管 VT2（c→e）→

调节器磁场端子(F)→发电机磁场绕组 WI→蓄电池负极。此时，若发电机转动，则其电压将随转速升高而升高。

②当发电机电压高于蓄电池电压但低于调节电压上限值 U 时，稳压管 VS 与 VT 仍然截止，VT 保持导通。发电机自励发电(即磁场电流由发电机自己供给)。此时磁场电路为：发电机定子绕组正极管→点火开关 SW→晶体管 VT2(c→e)→调节器磁场端子(F)→发电机磁场绕组 WI→蓄电池负极管→定子绕组。

③当发电机电压升高到调节电压上限值 U 时，稳压管 VS 导通，其工作电流从晶体管 VT 基极流入，并从 VT 发射极流出。因为稳压管 VS 的工作电流就是 VT 的基极电流，所以 VT 导通。当 VT 导通时，VT 发射极几乎被短路，流过电阻 R 的电流经 VT 集电极和发射极构成回路，VT 因无基极电流而截至，磁场电流被切断，磁极磁通迅速减小，发电机电压迅速下降。

④当发电机电压降到调节电压上限值 U 时，稳压管 VS 截止，其工作电流从晶体管 VT 基极流入，并从 VT 发射极流出。因为稳压管 VS 的工作电流就是 VT 的基极电流，所以 VT 导通。当 VT 导通时，VT 发射极几乎被短路，流过电阻 R 的电流经过 VT 集电极和发射极构成回路，VT 因无基极电流而截至，磁场电流被切断，磁极磁通迅速减小，发电机电压迅速下降。

外搭铁型电子调节器的基本电路如图 1-28 所示，其显著特点是接通与切断磁场电流的大功率晶体管 VT 为 NPN 型晶体管，且串联在磁场绕组与调节器搭铁端子(E)之间，其基本工作原理与上述搭铁型电子调节器基本相同。

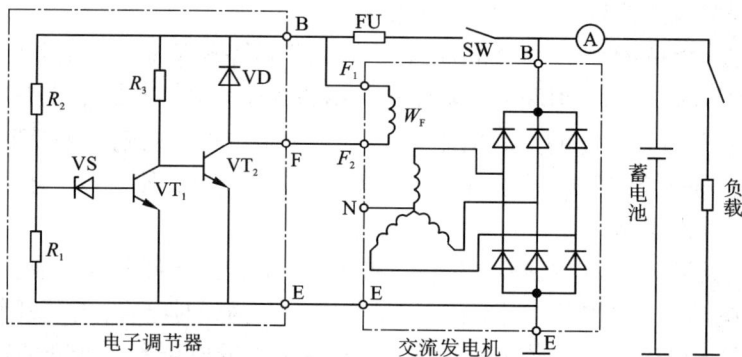

图 1-28　外搭铁型电子调节器的基本电路

将实际测量的调节电压和磁场电流与发电机转速之间的关系绘成曲线，如图 1-29 所示。图中 n_0 为开始工作转速，称为工作下限。当发电机转速超过工作下限时，开关晶体管随转速升高，相对导通率减小，磁场电流减小，从而使发电机输出电压稳定，电子调节器就是；用晶体管的开关特性来调节发电机电压的。当大功率开关晶体管截止时，磁场电流被切断。发电机仅靠剩磁发电，而交流发电机剩磁磁通量很小，所以调节器的

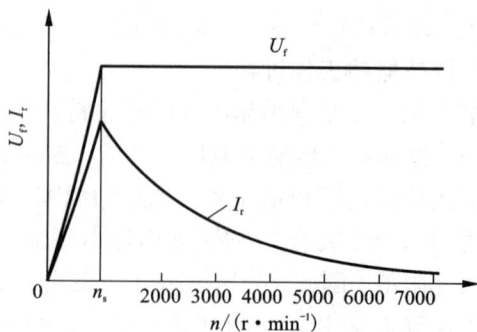

图 1-29　电子调节器工作特性曲线

工作上限很高，调节范围很大。

3.调节器信号电压取样方式

目前，汽车上使用的交流发电机均为集成电路式调节器与发电机配装在一起的整体式交流发电机，其充电性能和工作可靠性与调节器信号检测电路电压采样点的选取密切相关。采样点位置不同，电压采样方法和采样电路也不相同。集成电路式调节器根据电压信号输入的方式不同，可分为蓄电池电压检测方式和发电机电压检测方式两类。

（1）蓄电池电压检测法

如图 1-30 所示，加载分压器 R_1、R_2 上的电压为蓄电池端电压，由于通过检测点 P 加到稳压管 VD_1 上的反向电压与蓄电池端电压成正比，所以该线路称为蓄电池电压检测法线路。

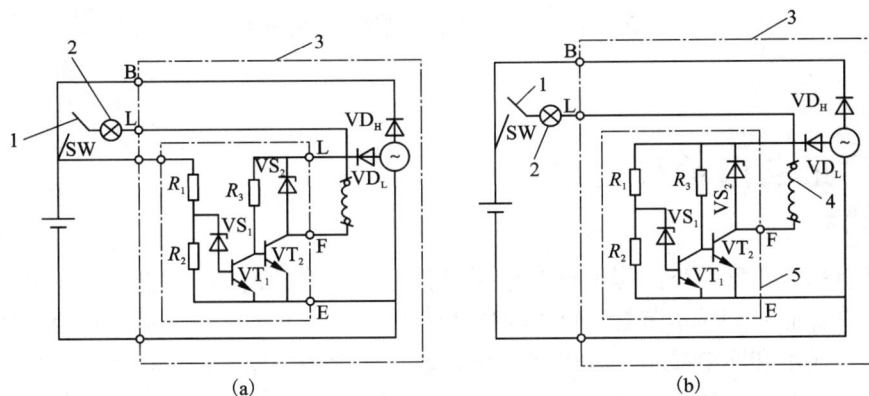

图 1-30　发电机调节器信号电压检测方式

（a）蓄电池电压检测法电路；（b）发电机电压检测法电路

1—点火开关；2—充电指示灯；3—发电机；4—磁场绕组；5—调节器

在采用图 1-30 所示的蓄电池电压检测法线路时，当 B 点与蓄电池正极之间或 S 点与蓄电池正极之间断线时，由于不能检测出发电机的端电压，发电机的电压将会失控。为了克服这一不足，线路上应采取一定的措施。图 1-31 为实际采用的蓄电池电压检测法的线路，在这个线路中，在调节器的分压器与发电机 B 点之间增加了一个电阻 R_6 和一个二极管 VD_2，这样，当 B 点与蓄电池正极之间或 S 点与蓄电池之间出现断线时，由于 R_6 的存在，仍能检测出发电机的端电压 U_B，使调节器正常工作，可以防止发电机电压过高的现象。

（2）发电机电压检测法

如图 1-31（b）所示，加在分压器 R_1、R_2 上的电压是磁场二极管输出端 L 的电压 U_L，而硅整流发电机输出端 B 的电压为 U_B。因为 $U_L = U_B$，调节器监测点 P 的电压加到稳压管 VD_1 两端的反向电压 U_P 与发电机的端电压 U_B 成正比，所以该线路称为发电机电压检测法线路。

发电机电压检测方式的优点是工作可靠性高，即使发电机输出端 VD_H 与蓄电池正极柱 B 之间的导线断路或接触不良时，也不会导致发电机电压失控。其缺点时调节器的负载特性较差，特别是当充电电流较大时，因为发电机 VD_H 端至蓄电池正极柱 B 之间的电压降较大，会造成蓄电池短的电压偏。

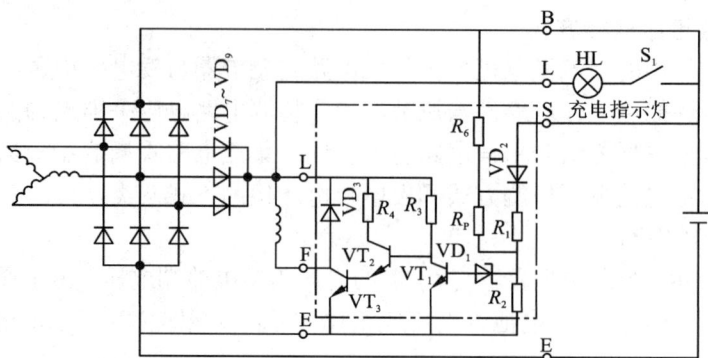

图 1-31　蓄电池电压检测法补救电路

1.7　充电指示灯电路

　　汽车电源系统正常工作是保证汽车电器设备正常工作的前提，因此，对发电机和调节器的工作状态设有监测和显示装置，使驾驶员能随时掌握其工作是否正常。常用的监测和显示装置分为仪表显示和充电显示两种形式。仪表显示即利用电流表或电压表指示发电机工作时的充电电流或充电电压值，由此来监视和判断发电机是否工作正常。充电指示灯则是装在驾驶室仪表板的一个红色指示灯，当发电机正常工作时熄灭，而发电机或调节器出现故障时则点亮以提示驾驶员及时检修。

　　采用电流表或电压表来监测电源系统的工作状况，具有显示准确、可靠的优点，但不醒目直观，同时驾驶员在行车时需要不时监视电流表或电压表的读数变化，因而对驾驶员的工作和行车安全有一定影响，尤其是在高速公路行车时，更是如此。相比之下，充电指示灯就简单多了，只要充电指示灯不点亮，驾驶员只管放心驾车，只在电源系统有故障时它才点亮，而且醒目、直观，设置简单，价格便宜，便于仪表小型化、轻量化。另外充电指示灯还可以在发动机停机后发亮以警告驾驶员及时关掉点火开关，因此充电指示灯逐渐取代了电流表，被广泛用于现代汽车上。

　　充电指示灯按控制原理的不同，目前汽车上最常用的控制方式有以下两种。

1. 利用中性点电压控制充电指示灯

　　发电机定子绕组采用星型接法时，其中性点的直流电压平均值为发电机输出电压的一半，所以，几乎所有采用星型接法的六管或八管交流发电机都是利用该点的电压，通过充电指示灯继电器来控制充电指示灯，其典型电路如图 1-32 所示。充电指示灯继电器 4 磁化线圈的一端接发电机的中性点，另一端搭铁，常闭触点则与充电指示灯串联。充电指示灯 3 既可串联在常闭触点与点火开关之间，也可串联在常闭触点与搭铁之间。

　　工作原理如下：接通点火开关，若不启动发动机，发电机不运转，中性点电压为零，充电指示灯电器不动作，其常闭触点保持闭合，充电指示灯点亮；若发电机不发电或输出电压低于蓄电池电压时，发电机中性点电压也将低于充电指示继电器的动作电压，常闭触点仍闭

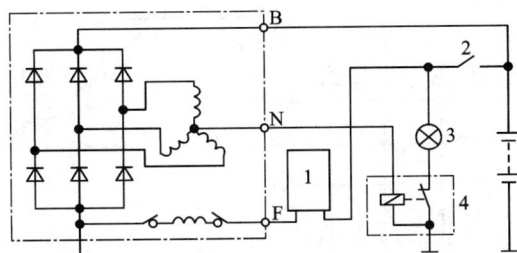

图1-32　中性点控制的充电指示灯继电器电路

1—调节器；2—点火开关；3—充电指示灯；4—充电指示灯继电器

合，充电指示灯点亮，指示蓄电池不充电；若发电机输出电压达到规定值（如13.5～14.8 V），中性点电压使充电指示继电器动作，常闭触点打开，充电指示灯熄灭，表示发电机已达到正常工作电压并向蓄电池充电。

此种控制方式电路简单可靠，指示的准确程度取决于充电指示继电器的调整，对于12 V电系，充电指示灯继电器的动作电压在6～7 V之间，释放电压在6 V以下。

图1-33所示为解放 CA1091 型汽车的充电指示灯电路，与上述电路所不同的是其没有专门的充电指示灯继电器，而是利用复合启动继电器中的启动保护继电器的常闭触点来控制充电指示灯，其工作原理与上述电路相同。

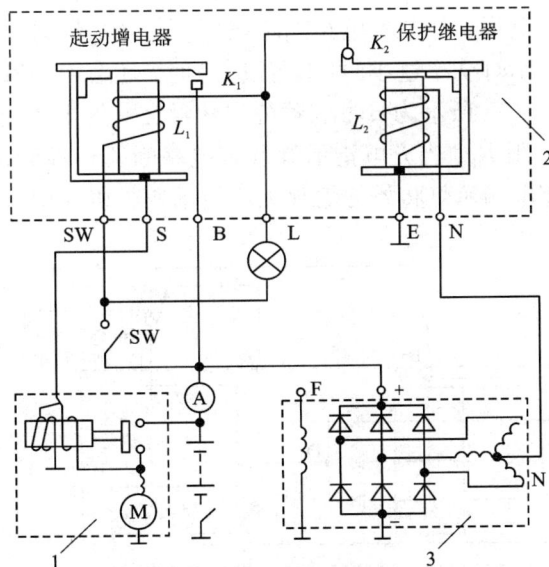

图1-33　解放 CA1091 型汽车的充电指示灯电路

1—启动机　2—复合启动继电器　3—交流发电机

2. 磁场二极管输出电压控制充电指示灯

9管或11管发电机具有3个磁场二极管，因此可利用磁场二极管 D + 的电压 U_{D+} 控制充电指示灯，充电指示灯的典型电路如图1-34所示。

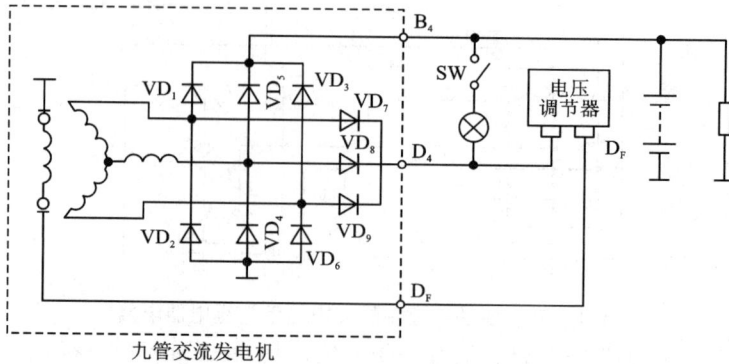

图 1－34　9 管交流发电机充电指示灯电路

接通点火开关 SW，蓄电池电流流经充电指示灯→调节器接线柱"D＋"→调节器→调节器接线柱"D_F"→发电机磁场绕组→搭铁而构成回路。此时充电指示灯点亮，指示发动机被励磁。发电机工作时，充电指示灯是由蓄电池电压与磁场二极管的输出端"D＋"电压的差值所控制。随着发电机转速的升高，由于"D＋"电压增高，充电指示灯的亮度减弱。当发电机电压达到蓄电池电压时，发电机开始自励，此时充电指示灯因两端电位相等而熄灭，表示发电机已正常工作。当发电机转速降低或发电机有故障时、则"D＋"电压降低，充电指示灯两端的电压增大，充电指示灯发亮。

还应注意到在上述电路中发电机的励磁电流是由蓄电池通过充电指示灯和调节器提供给发电机磁场绕组的，若充电指示灯及其电路断路损坏，发电机将因得不到励磁电流而不能自励发电；另外如果充电指示灯功率过小（即电阻过大）时，还会因励磁电流太小而使发电机自励发电的转速升高。图 1－35 所示为日本三菱公司 9 管交流发电机充电系统电路，它在充电指示灯两端并联了一个电阻 R_1，当充电指示灯及其电路断路损坏时，发电机将通过 R_1 获得励磁电流发电，但这时充电指示灯将始终熄火无法指示发电机和调节器的工作情况。

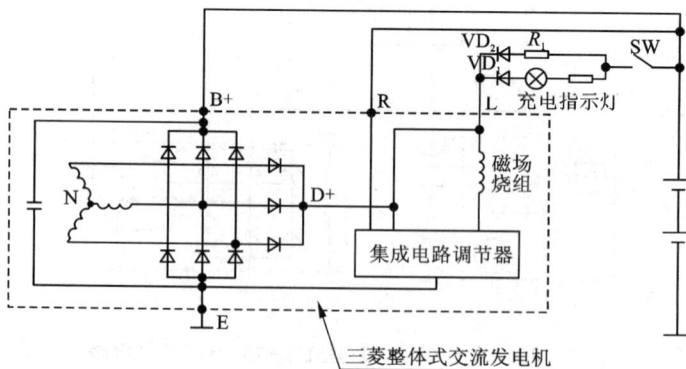

图 1－35　日本三菱公司 9 管交流发电机充电系统电路

1.8 汽车新型电源

1.8.1 汽车新型电源介绍

随着高新技术及其装置在汽车上的广泛应用，传统的 12 V 电源已经不能满足需要。如何提高汽车供电系统的电压，已成为国际论坛中的讨论热点，尤其在欧洲，由于燃油价格较高，因此，将改进汽车效率放在优先地位。欧美的汽车制造商与零部件供应商已达成协议，将汽车的供电系统电压标准由 12 V 提高到 42 V，这是汽车电器系统的巨大变革。

现在的 12 V 汽车电源已经有近 70 年的历史了。在这之前汽车广泛采用 6 V 电源，由于汽车发动机的压缩比的不断提高，启动机的功率也随之增加，6 V 电源已经不能满足需要，所以，从 20 世纪 50 年代开始逐步被 12 V 电源所取代。当时汽车的电器附件较少，12 V 电源完全能满足需要，这一系统一直沿用了 50 年。目前 12 V 电源已制约着汽车电器的发展，已经到了必须改革的时候了。现代汽车电器电子设备越来越多，例如电动转向、电制动、主动悬架、空调系统、导航系统和自娱系统等，12 V 电源的功率在 3 kW 左右，42 V 电源的功率是前者的一倍，这将给汽车电器提供了较大的发展空间。从技术角度看，42 V 电源较易实行，但在实际应用中仍有许多问题需要解决，提高电压后有一系列好处，但对采用灯丝型灯光系统有不利影响。因此，在开始阶段，仍保持 12 V 与 42 V 同存一个时期。不同车型采用 42 V 电源的时间进度将是不同的，高档车型将帅先采用。

1.8.2 42 V 电源系统组成与原理

1. 两种电器系统

新的电器系统有两种类型：一种是双电压的 14/42 V 电器系统；另一种是单一电压的 42 V 电器系统。

目前制造的大量汽车部件不能在 42 V 电源下使用，双电压的 14/42 V 电器系统是过渡阶段的电源。只有当大量的部件都适应 42 V 电源时，才能大批量生产 42 V 电源，因此 42 V 电源将成为最终型的汽车电源。

（1）双电压的 14/42 V 电器系统

图 1-36 是 14/42 V 电器系统的结构框图，它由大功率启动机/发电机、DC/DC 转换器，36 V 吸液性玻璃纤维 AGM（Absorbent Glass Mat）蓄电池和最新型 12 V 锂聚合物蓄电池等组成。

这种双电压电器系统的特点是按电器设备和电子装置消耗功率的大小分为两组。耗电功率较大的为一组，如三元催化转换系统、挡风玻璃加热装置、发动机冷却风机、电控悬架及电磁阀驱动电路等，使用 42 V 电器系统，可大大降低负载电流，减小体积，利于电子元件小型化，便于提高集成度；消耗功率较小的为一组，如传统的照明信号装置、仪表及电动门窗、中央门锁、发动机电控燃油喷射和点火系统等，则采用 14 V 供电系统，可充分利用现有的制造工艺和技术，使其稳定价格，平缓过渡。

图 1-37 是德尔福汽车公司在还没有完全成为 42 V 电器系统之前推出的四种 14/42 V

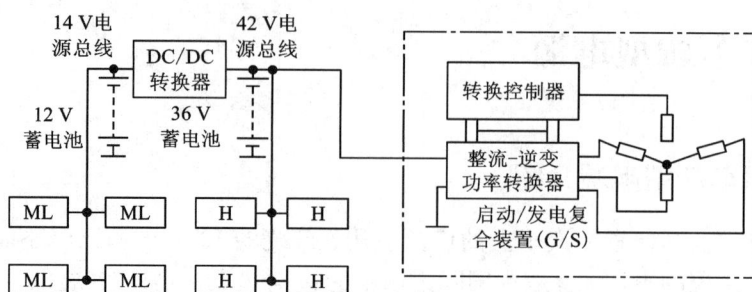

图 1 - 36   14/42 V 双电压电器系统结构框图

ML—中小功率负载；H—高功率负载

电器系统的设计方案。可以看出，14/42 V 电器系统能更快地达到实用化阶段。

（2）42 V 电器系统

单一电压的 42 V 电器系统具有使用效率高、控制系统较为简单、配用电池为一组同等电压的蓄电池等特点。

在功率不变的情况下，电压和电流之间的关系是：如果电压提高到原来的三倍（14 V × 3 = 42 V），则电流下降到原来的 1/3。在选择车用线束时，主要是根据线束传输电流的大小，当然，出于机械强度和接头牢固性的要求，有一个最小尺寸的限制。改用 42 V 电压，不仅能减小线束和接头的尺寸、重量及费用，而且能够更多地使用比传统线束尺寸更小、易于生产的带状电缆。采用 42 V 电器系统可适应更多新型电子装置在汽车上应用，同时可提高燃油经济性和废气排放水平。

采用 42 V 电器系统，其功率预计是 12 V 电源的 3 倍，可达 6 ~ 7 kW。

2. 42 V 电器系统中的关键装置

（1）启功/发电复合装置

由于电器系统中交流发电机具有较大的输出功率，为了合理利用资源，利用交流发电机的可逆性，再配置一套半导体整流 – 逆变功率转换器，将交流发电机和启动机合成为一个启动/发电复合装置。启动发动机时，42 V 蓄电池通过整流 – 逆变功率转换器向启动发电/复合装置供电，复合装置工作在启动状态；当发动机启动后，整流 – 逆变功率转换器工作在整流方式，复合装置在发电状态，向 42 V 蓄电池充电和向其他用电设备供电。在发电状态，可根据需要输出不同的电压。

这种启动/发电复合装置一般安装在汽车传动系统中。目前开发出的电机有感应式、永磁式和开式磁阻等形式。

这种装置以集成式启动机/交流发电机/阻尼器（ISAD）组成，它除了具备强的发电能力之外，还能够在不到 2/10 s 时间内重新启动发动机，能够做到这一点的原因之一就是，它是一种三相交流装置。其中，使用了一个功率变换器，这种功率变换器将采用功率变换能力强、由微控制器控制的金属氧化物场效应晶体管，可将流电能存储在蓄电池中并将其转换为交流电能在交流发电机模式下，这个功率变换器还将是整流系统。这种新型的启动/发电复合装置的效率可达 80% ~ 90 %。这不仅能节省发动机功率，而且还能够消除转换为热源的能量损失，从而还能够提高发电机的可靠性。

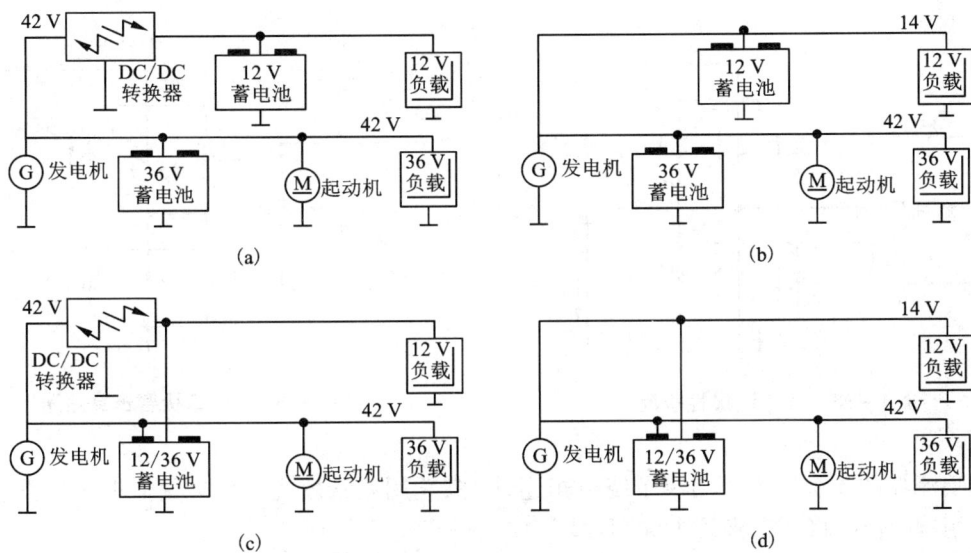

图 1-37　德尔福汽车公司推出 12/42 V 电器系统的设计方案

(a)单电压发电机和单电压能源储存；(b)双电压发电机和单电压能源储存；

(c)单电压发电机和双电压能源储存；(d)双电压发电机和双电压能源储存

(2)DC/DC 转换器

由图 1-37(a)、图 1-37(c)可知，当交流发电机设计为单电压(42 V)输出并且使用双电压系 14/42 V 电器系统时，在高低电源之间及在高电源与低电源负载之间必须加装 DC/DC 转换器，可以讲供电系统分割为两个具有不同电压的供电子系统。它利用一组绝缘门极双极型晶体管 IGBT 工作在脉宽调制器 PWM 方式，通过调整矩形波电压的占空比来改变输出电压的平均值，从而得到理想的电压。

1.9　汽车电源系统的使用与维修

1.9.1　汽车电源的使用

汽车电源系统在使用中应注意如下事项：

①蓄电池极性不可接反，否则，二极管因承受正向电压而导通，蓄电池将通过硅整流二极管放电，强大的电流通过二极管时会立即烧坏二极管，如图 1-38 所示。

②发电机运转时，不要用搭铁试火花的方法检查发电机是否发电，否则易损坏二极管。

③发电机不发电或充电电流很小(蓄电池未充足电的情况下)时，应及时找出故障加以排除，不可再继续运转。因为如果有 1 个二极管短路，发电机就不能发电，继续运转就会引起其他二极管或定子绕组被烧坏。由于二极管击穿短路后，正反向均呈导通状态，如图 1-39 所示，如 B 相的正极管子被击穿短路，A 相绕组感应产生的电流经 B 相正极管子回到 B 相绕组而不经过负载。同样 C 相绕组感应产生的电流经 C 相正极管子回到 B 相绕组也不经过负载。这

样由于绕组内部短路而产生环流，长时间运转，其他两个正极管子和定子绕组就容易烧坏。

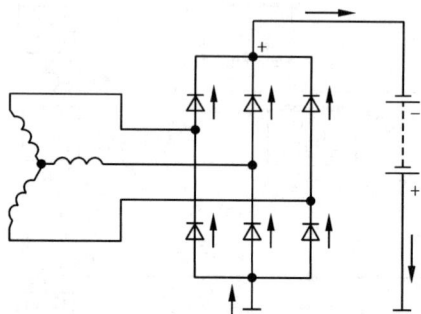

图 1-38　蓄电池极性接反　　　　　　　图 1-39　1 个二极管击穿短路

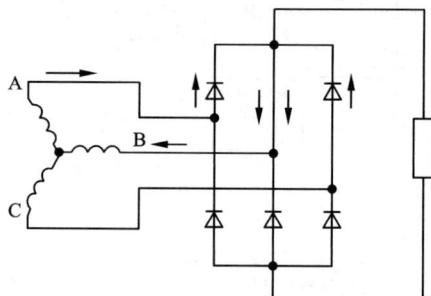

④整流器的 6 个二极管与定子绕组相连时，禁止用兆欧表或 220 V 交流电源检查发电机的绝缘情况，否则将使二极管击穿而损坏。

⑤发动机停转后，应及时断开点火开关，否则蓄电池长时间经磁场绕组和调节器放电，易将线圈烧坏。

⑥发电机与蓄电池之间的导线要连接可靠，如突然断开将会产生过电压，易损坏电子元器件。

⑦发电机应与相应功率和搭铁形式的调节器配套工作。

⑧诊断交流发电机和调节器是否有故障时，不允许在中速或更高转速下短路调节器，以防发电机无故障时电压过高而损坏用电设备。

1.9.2　交流发电机的故障检查与维护

1. 交流发电机的检测

交流发电机的检测可作为检修前故障诊断或修理后性能检查。

（1）单机静态测试

在发电机不解体时，用万用表测量各接线柱间的电阻值，可初步判断发电机是否有故障。其方法是用万用表 R×1 挡测量发电机 F 与 E 之间的电阻值：发电机 B 与 E 之间的电阻值。

若 F 与 E 之间的电阻超过规定值，可能是电刷与滑环接触不良：若小于规定值，可能是励磁绕组有匝间短路或搭铁故障：若电阻为零，可能是两个滑环之间有短路或者 F 接线柱由搭铁故障。

用万用表的黑表笔接触后端盖，红表笔接触发电机电枢（B）接线柱，并以 R×1 挡测量电阻值。若示值在 40～50 Ω 以上，可认为无故障：若示值在 10 Ω 左右，说明有失效的整流二极管，需要拆检：值为零，则说明有不同极性的二极管击穿，需要拆检。

若交流发电机有中性抽头（N）接线柱，用万用表 R×1 挡，测 N 与 E 以及 N 与 B 之间的正、反向电阻值，可进一步判断故障在正极管还是在负极管。

（2）试验台动态检测

可在试验台上发电机空载试验和负载试验，测出发电机在空载和满载情况下发出额定电

压时对应的最小转速，从而判断发电机的工作
是否正常。试验线路如图 1 – 40 所示。

①空载试验。将待试发电机固定在试验台
上，由另外的调速电动机拖动。合上开关 S_1，
由蓄电池供给发动机励磁电流进行他励，当发
电机转速为 1000 r/min（用转速表测量）时，对
12 V 电系发电机电压应为 14 V，对 24 V 电系
发电机电压应为 28 V。

图 1 – 40　交流发电机试验线路图

②负荷试验。断开开关 S_1，发电机转为自励，合上开关 S_2，调节可调电阻 R，在发电机
转速 1000 r/min 时，发电机电压应大于 12 V 或 24 V；在发电机转速为 2500 r/min 时，电压应
达到 14 V 或 28 V，电流应达到或接近该发电机的额定电流。

（3）交流发电机零部件的检查

发电机还可以在汽车上进行试验。将蓄电池搭铁线暂时拆下，把一块 0 ~ 40 A 的电流表
串接到发电机火线 B 接线柱与火线之间，再把一块 0 ~ 50 V 的电压表接到 B 与 E 之间，再恢
复蓄电池的搭铁线，以保证操作安全。启动机启动发电机，并提高转速，当发电机转速为
2500 r/min 时，电压应在 14 V 或 28 V 以上，电流应为 10 A 左右。此时打开照明灯、刮水器
等负荷，电流若为 20 A 左右，则表明发电机工作正常。

2. 交流发电机零部件的检查

将交流发电机按规定拆开后，可进行下面的检查。

（1）硅二极管的检查

拆检二极管时，首先须将每个二极管的心引线从接线柱上拆下或焊下，用万用表 R×1
挡，分别将红表笔和黑表笔与二极管正、负极接触测量，然后更换表笔再测量，若两次测量
值都一次大（大于 10 kΩ）一次小（8 ~ 10 Ω），说明二极管性能良好，若两次均测得在 1 kΩ
以上，说明管子断路，若都很低，则说明此管被击穿。

（2）定子绕组的检查

①定子绕组搭铁的检查。用万用表测量三相绕组 U、V、W 任一端线与铁芯间的绝缘电
阻，阻值应很大。如果电阻值读数很小，说明定子绕组搭铁。

②定子绕组断路的检查。将 6 V 蓄电池串联电流表，分别接到各绕组的首末端，如果三
相绕组电流相同，说明定子绕组正常；如果某相电流为零，说明该相绕组断路。

③定子绕组相间短路的检查。将 6 V 蓄电池串联电流表，分别接到三相绕组的两端线
UV、VW、WU 之间，此时测得的是两相绕组串联时的电流，应为第②步所测单相绕组电流的
一半。如果某两项绕组各自测量时电流相同，而两相串联时的电流大于单相电流的一半，则
说明此两相绕组搭接部分短路。

（3）励磁绕组的检查

检查之前先清除两个滑环之间的炭粉，观察有无明显的断头或烧焦现象。用万用表测量
励磁绕组的电阻值，测量时用 R×1 挡，将红黑两支表笔分别压在两个滑环上。如果电阻值
在规定范围内，则说明励磁绕组良好，如果测量阻值偏小，则说明励磁绕组间有短路存在；
如果测量电阻值为无穷大，则说明励磁绕组断路。测量两滑环与转子轴之间的电阻值，表针
应不动指示无穷大，否则说明励磁绕组有搭铁故障。

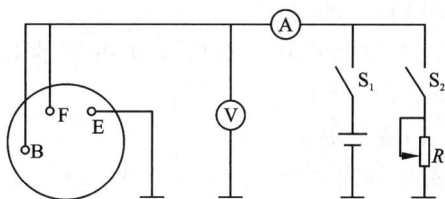

（4）转子轴的检查

交流发电机中，对转子轴的垂直度要求较高，可以用百分表检查，如果摆差超过 0.10 mm，应予校正。

（5）滑环的检查

滑环的圆柱度不得大于 0.25 mm，超差应在车床上进行加工，滑环表面有轻微烧蚀可用 00 号砂纸打磨，有严重烧蚀的要在车床上加工。滑环的厚度小于 1.5 mm 应予更换。用万用表 R×1 挡测量两滑环间电阻，表针应不动指示无穷大，否则说明二者之间有短路故障。

（6）电刷的高度检查

电刷的高度低于 7 mm 时也应更换，更换时注意表刷的规格型号要求一致。

1.9.3　电压调节器的维护

1.晶体管电压调节器的检查

对晶体管电压调节器进行检查前，应先了解调节器的电路特点及搭铁极性，再确定相应的测试方法。

（1）内搭铁式晶体管电压调节器的测试。

将可调直流电源与调节器按图 1-41 所示的线路接好，再逐渐提高电源电压。当电压达到 6 V 左右时，指示灯点亮。继续提高电源电压，当电压达到 13.5～14.5 V 时，指示灯应熄灭，此时电压即为调节器的调节电压。若灯不亮或发电机电压超过规定值后，灯仍不熄灭，则调节器有故障。

（2）外搭铁式晶体电压调节器的测试

外搭铁交流发电机工作时，磁场绕组通过调节器搭铁，具体测试线路连接如图 1-42 所示。由于其测试方法与内搭铁式晶体管电压调节器的测试方法完全相同，具体请参见内搭铁式晶体管电压调节器的测试。

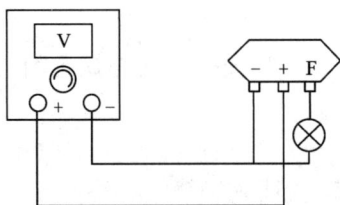

图 1-41　内搭铁式晶体管电压调节器的测试线路　　图 1-42　外搭铁式晶体管电压调节器的测试线路

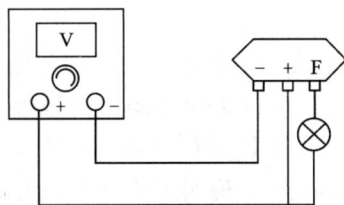

2.集成电路电压调节器的检查

在检查集成电路电压调节器之前，必须弄清楚集成电路电压调节器引出线的根数以及接线方法，以防将电源极性接反。否则加上测试电压以后，调节器会瞬时短路而损坏。有条件的应使用集成电路检查仪测试集成电路调节器。一般情况下可以按下述方法测试集成电路电压调节器。

（1）3 引线集成电路电压调节器的测试

3 引线集成电路电压调节器采用发电机电压检测法，测试电路见图 1-43。

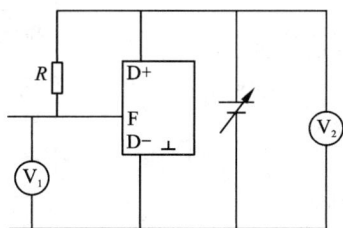

图 1 – 43 3 引线集成电路电压调节器的检测法

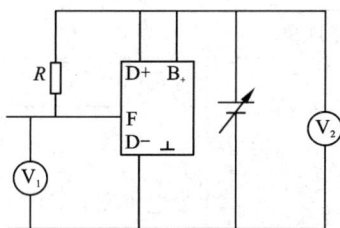

图 1 – 44 4 引线集成电路电压调节器的检测法

图 1 – 43 中 R 为一个 3 ~ 5 Ω 的电阻，可变直流电源的调节范围为 0 ~ 30 V。按图连好线以后，逐渐增加直流电源电压，该直流电压值由电压表 V_2 指示。当 V_2 指示值小于调节器调节电压值时，V_1 电压表上的电压值应在 0.5 ~ 1 V 的范围内；当 V_2 指示值大于调节器调节电压值时，V_1 表上的电压值应为 V_2 的值。调节时，注意 V_1 调节电压值不能超过 30 V。调节器的调节电压值：14 V 的系列的为 14 ~ 25 V，28 V 系列的为 28 ~ 30 V。

（2）4 引线集成电路电压调节器的测试

4 引线集成路电压调节器采用蓄电池电压检测法，测试电路见图 1 – 44。图中元件参数与 3 引线集成电路电压调节器的测试电路中的元件参数相同，测试方法也相同。V_2 读数小于调节电压值时，V_1 读数为 0.6 ~ 1 V；V_2 读数大于调节电压值时，V_1 读数与 V_2 一致。

需要指出是，图中调节器的引出线字母符号多为外国生产厂家采用，对应到实际连接线 B + 与发电机输出端引线相连，D + 与点火开关引出线相连，D - 相当于搭铁线，F 与发电机磁场绕组相连。

发动机运转时，由发电机、调节器、蓄电池等组成的充电系统的工作情况，可通过充电指示灯或电流表来判断，当充电系统出现不充电、充电电流过大或过小、充电电流不稳定等故障时。应及时进行检查并排除。充电系统的故障现象、原因及排除方法见表 1 – 5。

表 1 – 5 充电系统的故障部位、故障原因及其排除方法

故障现象	故障部位		故障原因	排除方法
不充电 （电流表指示放电或充电指示灯亮）	接线		接线断开或脱落	修理
	电流表		损坏或接线错误	更换、改接
	发电机不发电		①二极管烧坏 ②电刷卡死与滑环不接触 ③定子或转子绕组断路、短路绝缘不良	①更换 ②更换、修理 ③更换、修理
	调节器	调节电压过低	①调整不当 ②触点接触不良	①调整 ②修理
			①高速触点烧结在一起 ②内部短路或断路	①更换 ②更换修理
		磁场继电器工作不良	①继电器线圈或电阻断路、短路 ②触点接触不良 ③大功率管断路或其他元件断路、短路	①更换 ②修理 ③更换

续表 1－5

故障现象	故障部位		故障原因	排除方法
充电电流过小 （启动性能变差，灯光变暗）	接线		接头松动	修理
	发电机发电不足		①发电机皮带过松 ②个别二极管损坏 ③电刷接触不良，滑环油污 ④转子绕组局部短路，定子绕组局部短路或接头松开	①调整 ②更换 ③修理 ④更换、修理
	调节器		①二极管烧坏 ②电压调整偏低	①调整 ②修理
充电电流过大 （灯丝易烧坏、蓄电池电解液消耗过快）	调节器		①调整不当 ②触点脏，高速触点接触不良 ③线圈断路、短路 ④加速电阻断路低速电阻烧结 ⑤功率晶体管击穿	①调整 ②修理、更换 ③修理、更换 ④修理、更换 ⑤更换
充电电流不稳定 （电流表指针摆动）	接线		各连接处松动、接触不良	修理
	发电机		①皮带过松 ②转子或定子绕组有故障 ③电刷压力不足，接触不良 ④接线柱松动，接触不良	①调整 ②修理、更换 ③修理、更换 ④修理
	调节器	调节作用不稳定 触点式	①触点脏污，接触不良 ②线圈、电阻有故障	①修理 ②修理
		调节作用不稳定 电子式	①连接部分松动 ②电子元件性能变坏	①修理 ②更换
		继电器工作不良	①继电器线圈或电阻断路、短路 ②触点接触不良	①更换 ②修理、更换
发电机有异响 （机械故障）	发电机		①发电机安装不当，连接松动 ②发电机轴承损坏，转子与定子相碰撞 ③二极管短路、断路、定子绕组断路	①修理 ②修理、更换 ③修理更换

思考题

1. 蓄电池的主要组成部件及其功用是什么？
2. 什么是蓄电池的额定容量和启动容量？
3. 汽车交流发电机的工作原理是什么？由哪几部分组成？各起什么作用？
4. 何谓交流发电机的输出特性、空载特性和外特性？
5. 简述电子式电压调节器的基本原理。
6. 充电指示灯按控制原理分为哪几种？简述其工作原理。

第 2 章　启动机

2.1　概述

汽车发动机从静止状态到工作状态的变化,必须依靠外力驱动发动机的曲轴转动之后才能实现。启动机的作用是将电能转变为机械能,带动发动机曲轴旋转,使发动机启动。发动机启动后,启动机立即停止工作。

2.1.1　启动机的构造

启动机一般由直流串励式电动机、传动机构和控制装置三部分组成,如图 2 - 1 所示。

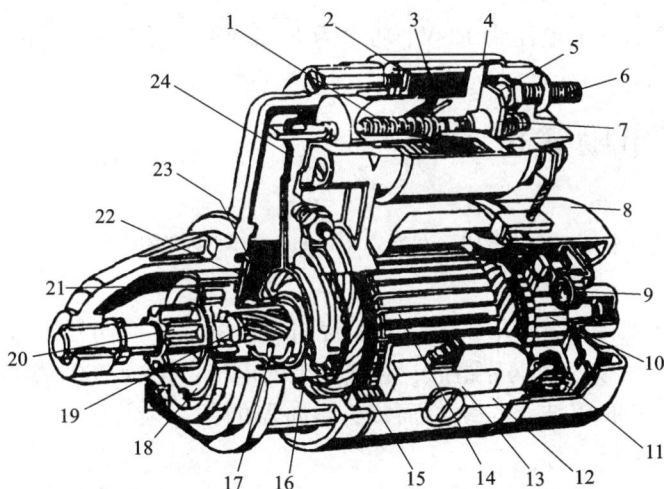

图 2 - 1　启动机结构

1—回位弹簧;2—保持线圈;3—吸引线圈;4—电磁开关壳体;5—触点;6—接线柱;7—接触片;8—后端盖;
9—电刷弹簧;10—换向器;11—电刷;12—磁极;13—磁极铁芯;14—电枢;15—励磁绕组;16—移动衬套;
17—缓冲弹簧;18—单向离合器;19—电枢轴花键;20—驱动齿轮;21—罩盖;22—止动盘;23—传动套筒;24—拨叉

直流串励式电动机的作用是将蓄电池的电能转换为机械能,产生电磁转矩。

传动机构又称离合器、啮合器,其作用是在发动机启动时使启动机小齿轮啮入飞轮齿环,将启动机的转矩传递给发动机曲轴;在发动机启动后又能使启动机小齿轮与飞轮齿环自动脱开。

传动机构分滚柱式、弹簧式、摩擦片式等。

控制装置即电磁开关，其作用是接通和切断电动机与蓄电池之间的电路。有些汽车上的控制开关，还具有接入和除去点火线圈附加电阻的作用。

2.1.2　启动机的分类及型号

根据中华人民共和国行业标准 QC/T 73—1993《汽车电器设备产品型号编制方法》的规定，汽车启动机的型号组成如下：

①第 1 部分表示产品代号，启动机的产品代号 QD、QDJ、QDY 分别表示启动机、减速启动机及永磁启动机。

②第 2 部分表示电压等级代号，1 代表 12 V，2 代表 24 V，6 代表 6 V。

③第 3 部分表示功率等级代号，其含义见表 2－1。

表 2－1　启动机功率等级代号

功率等级代号	1	2	3	4	5	6	7	8	9
功率/kW	0～1	1～2	2～3	3～4	4～5	5～6	6～7	7～8	8～9

④第 4 部分表示设计序号。

⑤第 5 部分表示变型代号。

例如，QD124 表示额定电压为 12 V、功率为 1～2 kW、第 4 次设计的启动机。

2.2　直流串励式电动机

直流串励式电动机由电枢、磁极、外壳、电刷与电刷架等组成。

1. 电枢总成

电枢用来产生电磁转矩，它由铁芯、电枢绕组、电枢轴及换向器组成，如图 2－2 所示。电枢铁芯由多片互相绝缘的硅钢片组成：电枢绕组的电流一般为 200～300 A，因此电枢绕组采用很粗的扁铜线，一般用波绕法绕制而成：换向器的铜片较厚，相邻之间用云母片绝缘，如图 2－3 所示。

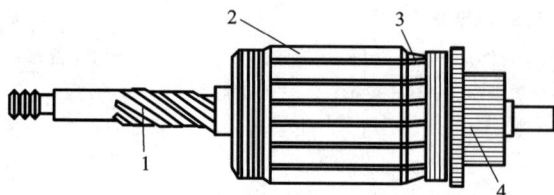

图 2－2　电枢

1—电枢轴；2—电枢铁芯；3—电枢绕组；4—换向器

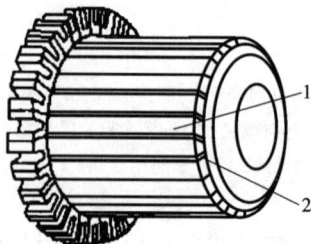

图 2－3　换向器

1—铜片；2—云母片

2. 磁极

磁极由铁芯和励磁绕组构成，其作用是在电动机中产生磁场，磁极铁芯一般由低碳钢制成，并通过螺钉固定在电动机壳体上。磁极一般是 4 个，由 4 个励磁绕组形成两对磁极，并两两相对，如图 2 - 4 所示。

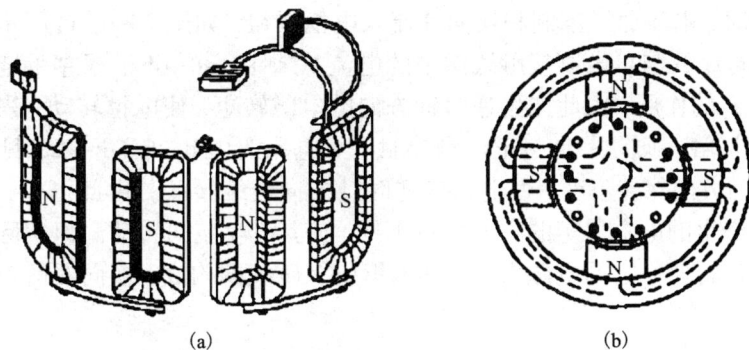

（a）　　　　　　　　　　　　　　（b）

图 2 - 4　磁极

（a）励磁绕组；（b）磁场

常见的励磁绕组一般与电枢绕组串联在电路中，故被称为串励式直流电动机。4 个磁场绕组的连接方式如图 2 - 5 所示。不管采用哪一种连接方式，4 个磁场绕组所产生的磁极应该是相互交错的。

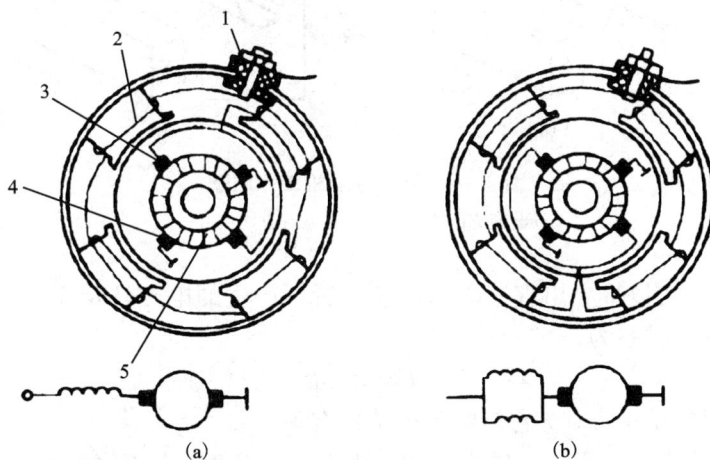

（a）　　　　　　　　　　　　　　（b）

图 2 - 5　磁场绕组的连接方式

（a）四励磁绕组串联；（b）励磁绕组两两串联后再并联

1—绝缘接线柱；2—磁场绕组；3—绝缘电刷；4—搭铁电刷；5—换向器

3. 电刷与电刷架

电刷与电刷架的作用是将电流引入电枢，使电枢产生连续转动。电刷器一般可用铜和石墨压制而成，这两种材料有利于减小电阻及增加耐磨性。电刷装在刷架中，接弹簧压力紧压在换向器上。

通常电动机内装有4个电刷架，其中两个电刷架与外壳直接相连构成电路搭铁，称为搭铁电刷，另外两个连续励磁绕组和电枢绕组，与外壳绝缘。

2.2.1 串励式直流电机的工作原理

电动机工作时，电流通过电刷和换向片流入电枢按钮，如图2-6(a)所示，换向片A与正电刷接触，换向片B与负电刷接触线圈中的电流从a→b→c→d根据左手定则判定绕组两边均受到电磁力F的作用，由此产生逆时针方向的电磁转矩，使电枢转动；当电枢转动至换向片A与负电刷接触，换向片D与正电刷接触时；电流改由d→c→b→a，见图2-6(b)所示，但电磁转矩的方向保持不变，使电枢按逆时针方向继续转动。由此可见，直流电动机的换向器使电枢所产生的电磁力矩的方向保持不变，使其产生定向转动。但实际的直流电动机为了产生足够大且转速稳定的电磁力矩，其电枢由多匝线圈构成，换向器的铜片也随其相应增加。

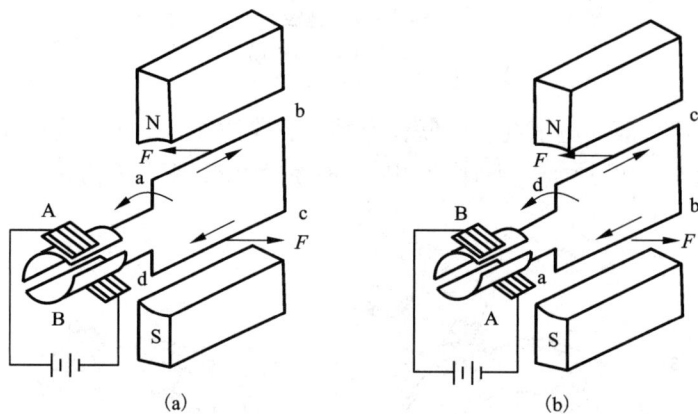

图2-6 直流电动机工作原理
(a)电流方向由 a—d；(b)电流方向由 d—a

根据安培定律，可以推导出直流电动机通电后所产生的电磁转矩 M 与磁极的磁通量 Φ 及电枢电流 I_s 之间的关系为

$$M = C_m I_s \Phi \qquad (2-1)$$

式中：C_m 为电动机的结构常数，它与电动机结构有关。

根据上述原理分析，电枢在电磁力矩的作用下产生转动，由于绕组在转动同时切割磁力线而产生感应电动势，并根据右手定则判定其方向与电枢电流 I_s 的方向相反，故称为反电动势。反电动势的大小与磁极的磁通量 Φ 和电枢的转速 n 成正比，即

$$E_f = C_e n \Phi \qquad (2-2)$$

式中：C_e 为常数；n 为发动机转速。

由此可推出电枢回路的电压平衡方程式，即

$$U = E_f + I_s(R_s + R_j) \qquad (2-3)$$

式中：R_s 为电枢绕组电阻；U 为启动机外加电压；R_j 为励磁绕组电阻；I_s 为电枢电流。

在直流电动机刚接通电源的瞬间，电枢转速 n 为 0，电枢反电动势 E_f 也为 0，此时，电枢绕组中的电流达到最大值，电枢产生最大电磁转矩。若此时的电磁转矩大于发动机的阻力矩，电枢就开始加速转动起来。随着电枢转速的上升，E_f 增大，电枢电流下降，电磁转矩 M 也就随之下降，直至与阻力矩相等为止。可见，当负载变化时，电动机能通过转速、电流和转矩的自动变化来满足负载的需要，使之能在新的转速下稳定工作，因此直流电动机具有自动调节转矩功能。

2.2.2 串励式直流电机的工作特性

1. 直流串励式电动机的特性

（1）转矩特性

电动机电磁转矩随着电枢电流变化的关系，称为转矩特性。串励式直流电动机的磁场绕组与电枢组串联，故电枢电流与励磁电流相等。因此在磁路为饱和时，磁通量 Φ 与电枢电流 I_s 成正比，即

$$\Phi = C_1 I_s \tag{2-4}$$

所以电磁转矩为

$$M = C_m \Phi I_s = C_m C_1 I_s^2 = C I_s^2 \tag{2-5}$$

式中：$C = C_m C_1$。

由上述公式可知，串励式直流电动机的电磁转矩在磁路未饱和时，与电枢电流的平方成正比，只有在磁路饱和后，磁通 Φ 几乎不变，电磁转矩才与电枢电流呈线性关系，如图 2-7 所示。这是串励式直流电动机的一个重要特点，即在电枢电流相同的情况下，串励式直流电动机的转矩要比并励式直流电动机大，特别在启动的瞬间，由于发动机的阻力矩很大，启动机处于完全制动的情况下，$n = 0$，反电动势 $E_f = 0$，此时电枢电流将达最大值（称为制动电

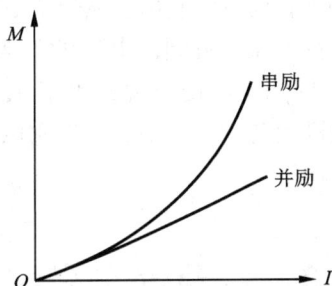

图 2-7 串励式直流电动机转矩特性

流），产生最大转矩（称为制动转矩），从而使发电机易于启动，这是汽车启动机采用串励式直流电动机的主要原因之一。

（2）机械特性

电动机的转速随转矩而变化的关系，称为机械特性，在串励式直流电动机中，由电压平衡方程式可得

$$n = \frac{U - I_s(R_s + R_L)}{C_m \Phi} \tag{2-6}$$

在磁路未饱和时，由于 Φ 不是常数，I_s 增大时 Φ 也增大，故转速 n 将随 I_s 的增加而显著下降，又由于电磁转矩 M 正比于电枢电流 I_s 的平方，所以串励式直流电动机的转速随转矩的增加而迅速下降，如图 2-8 所示，即具有软的机械特性。

由于串励式直流电动机具有软的机械特性，即轻载时转速高、重载时转速低，故对启动发动机十分有利。重载时转速低，可使启动安全可靠，这是汽车启动机采用串励式直流电动机的又一原因。串励式直流电动机在轻载时转速很高，易造成电机"飞车"事故，因此对于功

率较大的串励式直流电动机不允许在轻载或空载下运行。

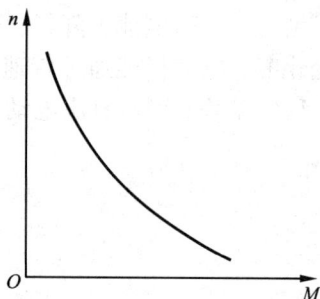

图 2-8　串励式直流电动机机械特性

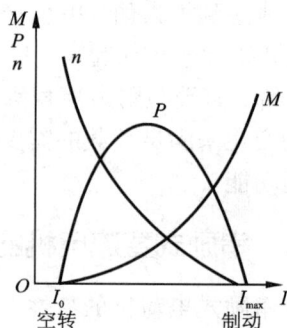

图 2-9　启动机的特性曲线

2. 启动机的特性曲线

启动机的转矩、转速、功率与电流的关系称为启动机的特性曲线，图 2-9 所示的为 QD124 型启动机特性曲线，由图可知：

①完全制动时，即启动机刚接入瞬间，此时 $n=0$，电流最大（称为制动电流），转矩也达最大值（称为制动转矩）。

②在启动机空转时，电流 I_s 最小（称为空转电流），转速 n 达最大值（称为空转转速）。

③在电流接近制动电流的一半时，启动机的功率最大，因此在完全制动（$n=0$）和空载（$M=0$）时启动机的功率都等于 0，当电流为制动电流的一半时，启动机能发出最大功率，由于启动机运转时间很短，允许它以最大功率运转，所以把启动机的最大输出功率称为启动机的额定功率。

2.3　电动汽车交流感应电机

电动汽车交流感应电动机也称为电动汽车电动机（图 2-10），是指依据电磁感应定律实现电能的转换或传递的一种电磁装置。电动机俗称马达，在电路中用字母"M"（旧标准用"D"）表示。电动机的主要作用是产生驱动转矩，作为电动汽车的动力源。

电动汽车电动机可分为交流电动机、直流电动机、交/直流两用电动机、控制电动机（包括步进、测速、伺服、自整角等）、开关磁阻电动机及信号电动机等多种。适用于电力驱动的电动机可分为直流电动机（将直流电能转换为机械能的电动机）和交流电动机（将交流电能转换为机械能的电动机）两大类。目前在电动汽车上已应用的和有应用前景的有直流电动机、交流感应电动机、永磁无刷电动机、开关磁阻电动机。

2.3.1　交流感应电机的结构

一般用途的交流感应电动机的典型结构如图 2-10 所示。

由图 2-10 可知，交流感应电动机和其他类型电动机一样，由三大部分组成：固定部分、转动部分和辅助部分。交流感应电动机组成主要包括定子、转子和辅助部分。定子包括绕组定子铁芯、机座；转子包括铸铝转子、转轴和平衡块等；辅助部分包括端盖、接线盒、风扇和风罩。交流感应电动机有鼠笼式交流感应电动机和绕线式感应电动机，如图 2 – 11 所示。

图 2 – 10　交流感应电动机基本结构

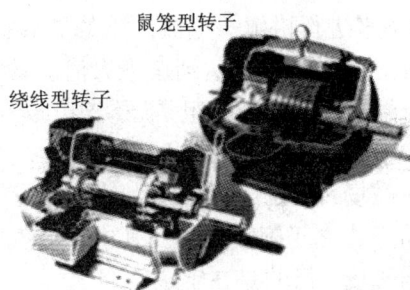

图 2 – 11　鼠笼型转子和绕线型转子

2.3.2　交流感应电动机气隙旋转磁场和感应电动势

交流感应电动机工作时，由定转子共同建立的气隙基波磁场，并与转子绕组的电流形成相互作用产生电磁力（F_e）从而形成电磁转矩。电磁转矩克服负载转矩输出机械功，于是交流感应电动机实现了机电能量转换。交流感应电动机能够正常工作必须满足两个基本条件：电动机的定子、转子基波磁动势必须能合成并在气隙内建立旋转磁场；转子转速必须小于气隙磁场的转速，并且两者保持一个差值。气隙基波旋转磁场也就是主磁场的旋转速度，它与电源频率的关系为

$$n_s = 60f/p \tag{2 – 7}$$

式中：n_s 为同步转速，r/min；f 为定子电源频率，Hz；p 为定子绕组的极对数。

应当指出，交流感应电动机的空载气隙磁场是由定子绕组的交流磁动势建立的。

电动机鼠笼型转子和绕线型转子结构如图 2 – 12 所示。

(a)

(b)

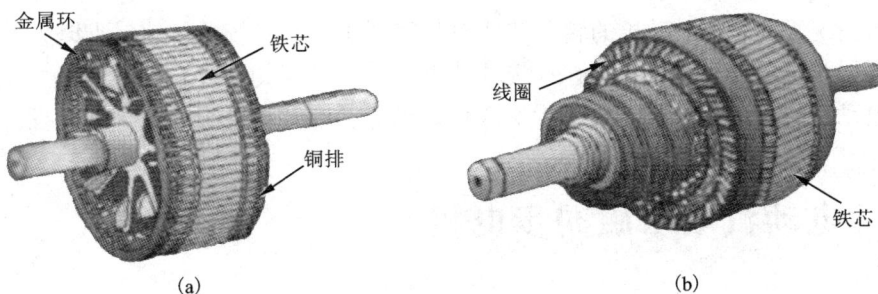

图 2 – 12　绕线型转子

（a）鼠笼型转子；（b）绕线型转子

励磁磁动势：给异步电动机通入对称的三相交流电时，将会在气隙中产生一个旋转的气隙磁场，这个旋转的磁场会同时切割定转子绕组，这样在两个绕组内会产生相应的感应电动

势，但是由于转子绕组是开路的，所以没有电流，即没有磁动势。由此可见，在这种情况下，整个气隙磁场全部是由定子绕组内的三相对称电流产生，为此，定子磁动势又称为励磁磁动势，定子电流也叫励磁电流。由于整个分析过程是完全对称的，所以在分析时仅以一相（A相）为例来进行讲解。电流产生的旋转磁场的磁动势的特点：当 A 相电流达到正最大值时，它所对应的磁动势也达到正最大值。转子不转的三相异步电动机，相当于一台副边开路的三相变压器，其中定子绕组是原绕组，转子绕组是副绕组，只是在磁路中，异步电动机定、转子铁芯中多了一个空气隙磁路而已。

主磁场：当定子三相绕组外施加三相对称电压时，绕组内流过三相对称电流，将产生旋转磁动势建立起旋转磁场。其中穿过气隙到达转子的基波磁场起主要作用，称为主磁场。

漏磁场：指的是在定子绕组上形成闭合回路，未能到达转子的磁场。

2.3.2　交流感应电机的工作原理

电动机定子接三相电源后，电动汽车电机内便形成圆形旋转磁动势，圆形旋转磁密，设其方向为逆时针转。若转子不转，转子鼠笼导体与旋转磁密有相对运动，导体中有感应电动势 E，方向由右手定则确定。由于转子导体彼此在端部短路，于是导体中有电流，不考虑电动势与电流的相位差时，电流方向同电动势方向。这样，导体就在磁场中受力 f，用左手定则确定受力方向，如图 2 – 13 所示。

转子受力，产生转矩 M，为电磁转矩，方向与旋转磁动势同方向，转子便在该方向上旋转起来。转子旋转后，转速为 n，只要 $n < n_1$（n_1 为旋转磁动势同步

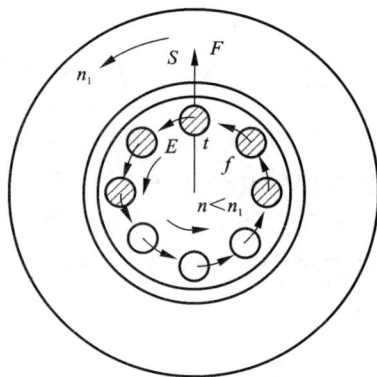

图 2 – 13　导体受力

转速），转子导体与磁场仍有相对运动，产生与转子不转时相同方向的电动势、电流及受力。电磁转矩 M 仍旧为逆时针方向，转子继续旋转，稳定运行在 $M = TL$ 情况下。即为异步电动机转差率：$s = n_1 - n / n_1$。

在正常情况下，异步电动机的转子转速总是略低于旋转磁场的转速（同步转速）。转差率是一个表征异步电动机运行状态的一个基本参数。交流感应电动机的转速随负载的变化而变化。于是电动机实现了机电能量的转换，这就是交流感应电动机运行的基本原理。

2.4　电动汽车永磁同步电机

永磁同步电动机的结构与直流电动机相似，具有结构简单、运行可靠、功率密度大、调速性能好等特点。同时，由于永磁同步电动机采用的驱动方式不同于直流电动机，所以，在噪音以及控制精度环节，永磁同步电动机更胜一筹。

永磁同步电动机的使用对于电动车的乘坐舒适性也有帮助。通常情况下，我们把乘员舱的静音性作为衡量一款汽车舒适性的因素之一，对于一般用户而言，这样的衡量标准对电动

车同样适用。目前的电动车大多只提供一级减速器，所以，电动机的转速较高，受电动机驱动方式、装配精度以及各个部件间的匹配等因素影响，车辆行驶时电动机发出的噪音有可能影响到车内乘员的乘坐舒适性。当然，我们并不能否认整车隔音工程的作用，但仅评价对噪音源的控制，永磁同步电动机还是有一定优势，另外，它布置更为灵活，更轻的自重对整车重量也有所贡献。宝马 i3 所使用的正是永磁同步电动机。

2.4.1　永磁同步电机的结构

永磁同步电机结构如图 2 – 14 所示。

永磁同步电机主要是由转子、端盖、定子等部件组成。一般来说，永磁同步电机的最大的特点是它的定子结构与普通的交流感应电机的结构非常的相似，主要区别在于转子的结构与其他电机不同。和常用的异步电机的最大不同则是转子的独特的结构，在转子上放有高质量的永磁体磁极。由于在转子上安放永磁体的位置有很多选择，所以永磁同步电机通常会被分为三大类：内嵌式、面贴式以及插入式，如图 2 – 15 所示。永

图 2 – 14　永磁同步电机的结构

磁同步电机的运行性能是最受关注的，影响其性能的因素有很多，但是最主要的则是永磁同步电机的结构。就面贴式、插入式和嵌入式而言，各种结构都各有其优点。

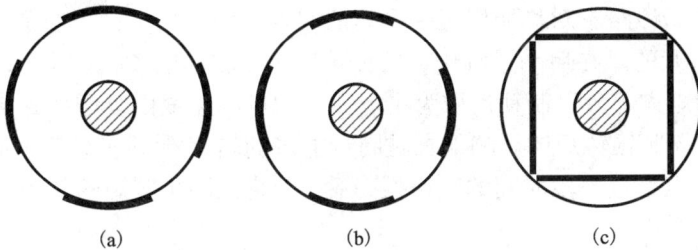

图 2 – 15　永磁同步电机内部结构

(a)面贴式；(b)插入式；(c)内嵌式

面贴式的永磁同步电机在工业上是应用最为广泛的，最主要的原因是其拥有很多其他形式电机无法比拟的优点，例如其制造方便、转动惯性比较小以及结构简单等。并且永磁同步电机更加容易被设计师进行优化设计，其中最主要的方法是设计成近似正弦的分布结构，将其分布结构改成正弦分布后能够带来很多的优势，例如能减小磁场的谐波以及能够很好地改善电机的运行性能。

插入式结构的电机与面贴式电机相比具有很大的改善，是因为它充分地利用了设计出的磁链的结构有着不对称性所生成的独特的磁阻转矩能大大地提高电机的功率密度，并且能很方便的制造出来，所以永磁同步电机的这种结构被较多的应用于在传动系统中。但是其缺点也是很突出的，例如制作成本和漏磁系数与面贴式的相比较都要高很多。

嵌入式的永磁同步电机中的永磁体是被安置在转子的内部，相比而言其结构虽然比较复

杂，但却有几个很明显的优点：因为有着高气隙的磁通密度，所以和面贴式的电机相比就会产生很大的转矩；因为转子永磁体的安装方式是选择嵌入式的，所以永磁体在被去磁后所带来的一系列的危险的可能性就会很小，因此电机能够在更高的旋转速度下运行，并不需要考虑转子中永磁体是否会因为离心力过大而被破坏。

为了体现永磁同步电机的优越性能，与传统异步电机来进行比较，永磁同步电机特别是最常用的稀土式的永磁同步电机，具有结构简单、运行可靠性高、体积小、质量轻、损耗相对较少、效率较高、电机的形状以及大小可以灵活多样的变化等比较明显的优点。所以应用范围非常广泛，几乎遍及航空航天、国防、工农业的生产和日常生活等的各个领域。永磁同步电机与交流感应电机相比，可以考虑不输入无功励磁电流，因此可以非常明显的提高其功率因素，进而减少了定子上的电流以及定子上电阻的损耗，而且在稳定运行的时候没有转子电阻的损耗，进而可以因总损耗的降低而减小风扇（小容量的电机甚至可以不用风扇）以及相应的风磨损耗，从而与同规格的交流感应电动机相比较其效率可以提高 2 ~ 8 个百分点。

2.4.2　永磁同步电机的工作原理

永磁同步电机的工作原理如下：在电动机的定子绕组中通入三相电流，在通入电流后就会在电动机的定子绕组中形成旋转磁场，由于在转子上安装了永磁体，永磁体的磁极是固定的，根据磁极的同性相斥、异性相吸的原理，在定子中产生的旋转磁场会带动转子进行旋转，最终达到转子的旋转速度与定子中产生的旋转磁极的转速相等，所以可以把永磁同步电机的启动过程看成是由异步启动阶段和牵入同步阶段组成的。在异步启动的研究阶段中，电动机的转速是从零开始逐渐增大的，造成上述的主要原因是其在异步转矩、永磁发电制动转矩、磁阻转矩和单轴转子磁路不对称而引等一系列的因素共同作用下而引起的，所以在这个过程中转速是振荡着上升的。在启动过程中，只有异步转矩驱动电动机，就是以这一转矩来得以加速的，其他的转矩大部分以制动性质为主。在电动机的速度由零增加到接近定子的磁场旋转转速时，在永磁体脉振转矩的影响下永磁同步电机的转速有可能会超过同步转速，而出现转速的超调现象。但经过一段时间的转速振荡后，最终在同步转矩的作用下而被牵入同步。

2.5　启动机的传动结构

2.5.1　单向离合器结构及工作原理

启动机的传动结构包括单向离合器和拨叉两部分。单向离合器的作用是使传递转矩将发动机启动，同时又能在启动后自动打滑脱离啮合，保护启动机不致损坏；拨叉的作用是使单向离合器做轴向移动。现代汽车上常用的单向离合器有滚柱式、摩擦片式和弹簧式三种。

1. 摩擦片式单向离合器

（1）摩擦片式单向离合器的结构

大功率的启动机上多采用摩擦片式单向离合器，是通过摩擦片的压紧和放松来实现离合的，其内部结构如图 2 - 16(a) 所示。

摩擦片式单向离合器的外接合鼓 1 用半圆键固定在启动机轴上，两个弹性圈 2 和压环 3

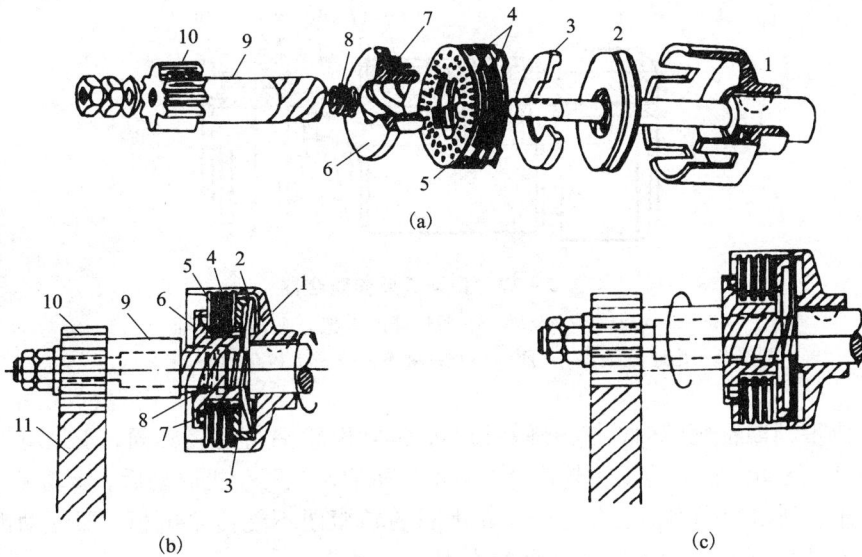

图 2 – 16　摩擦片单向离合器

(a)结构；(b)压紧；(c)放松

1—外接合鼓；2—弹性圈；3—压环；4—主动片；5—被动片；6—内接合鼓；

7—小弹簧；8—减振弹簧；9—齿轮柄；10—驱动齿轮；11—飞轮

依次沿启动机轴装进外接合鼓中，青铜主动片 4 的外凸齿装入外接合鼓的切槽中，钢制的被动片 5 以其内齿插入内接合鼓 6 的切槽中。内接合鼓具有螺线孔，拧在启动机驱动齿轮柄 9 的三线螺纹上，齿轮柄则自由地套在启动机轴上，内垫有减振弹簧 8，并用螺母锁紧以免从轴上脱落。内接合鼓 6 上具有两个小弹簧 7，轻压各片，以保证它们彼此接触。

(2)摩擦片式单向离合器的工作原理

当启动机带动曲轴旋转时，内接合鼓沿螺旋线向右移动，将摩擦片压装，见图 2 – 16(b)，利用摩擦力，使电枢的转矩传给飞轮。

发动机启动后，启动机驱动齿轮被飞轮带动旋转，当其转速超过电枢转速时，内接合鼓则沿着螺旋线向左退出，摩擦片松开，见图 2 – 16(c)，这时驱动齿轮虽高速旋转，但不驱动电枢，从而避免了电枢超速飞散的危险。

摩擦片式单向离合所传速的最大转矩是由于内接合鼓 6 顶住弹性圈而被限制的，因此在压环与摩擦片之间加薄垫片即可调整最大转矩。

2. 弹簧式离合器

(1)弹簧式单向离合器的结构

弹簧式单向离合器的结构如图 2 – 17 所示，启动机驱动齿轮套在启动机电枢轴的光滑部分，连接套筒 6 套在电枢轴的螺旋花键上，两者之间由两个月牙形圈 3 连接。月牙形圈的作用是使驱动齿轮与连接套筒之间不能做轴向移动，但可相对转动。在驱动齿轮柄和连接套筒 6 上包有扭力弹簧，扭力弹簧的两端各有 1/4 圈内径较小，并分别箍紧在齿轮相和连接套筒上。

(2)弹簧式单向离合器的工作原理

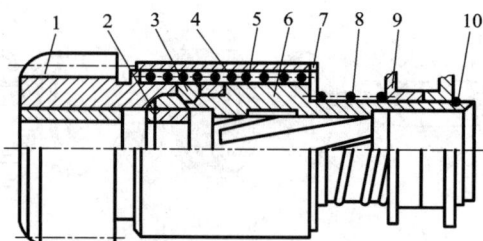

图 2-17　弹簧式单向离合器

1—驱动齿轮；2—挡圈；3—月形键；4—扭力弹簧；5—护圈；
6—花键套筒；7—垫圈；8—缓冲弹簧；9—移动衬套；10—卡簧

当启动机带动曲轴旋转时，扭力弹簧扭紧，包紧齿轮柄与连接套筒，于是电枢的扭矩通过扭力弹簧 4、驱动齿轮 1 传至飞轮齿环，使发动机启动，发动机启动后，驱动齿轮的转速高于启动机电枢，则扭力弹簧放松，这样飞轮齿圈的转矩便不能传给电枢，即驱动齿轮只能在电枢轴的光滑部分上空转而起单向啮合的作用。

这种单向离合器具有结构简单、工艺简化、寿命长、成本低等优点，但因扭力弹簧圈数多，轴向尺寸较长，故只适用于大功率柴油机的启动，而不适宜在小型启动机上装用。

2.5.2　启动机的控制装置

启动机的控制装置分为机械式和电磁式两种，通常称为启动开关。对启动机控制装置的要求是操纵要方便，同时要便于重复启动；要能够确保启动机驱动小齿轮与发动机飞轮齿环先啮合，后接通启动机主电路以免打齿；当切断控制电路后，驱动小齿轮与飞轮齿环能顺利地脱离啮合。

1. 机械式控制装置

机械式控制装置即启动开关是由脚踏或手拉杠杆连动机构，直接控制启动机的主电路开关来接通或切断主电路。这种装置结构简单、工作可靠，但要求启动机、蓄电池应靠近驾驶室以便于操作。由于受安装布局的限制，且操作相对于电磁开关也不方便，因此目前已很少采用。

2. 电磁式控制装置

电磁式控制装置一般称为启动机的电磁开关，与电磁式拨叉合装在一起，利用挡铁控制，可分为直接控制和启动继电器控制两种。

（1）直接控制式电磁开关

黄河 JN150 汽车启动机的电磁开关，就是来用这种直接控制方式，它所用的 ST614 型启动机电磁开关的结构如图 2-18 所示。

当合上启动机总开关 9，按下启动按钮 8 时，吸引线圈 6 和保持线圈 5 的电路接通，其电路如下：蓄电池正极→接线柱 14→电流表 16→熔断丝 10→启动总开关 9→启动按钮→接线柱 7→（一路经保持线圈 5→搭铁→蓄电池负极；另一路经吸引线圈 6→接线柱 15→启动机磁场绕组→电枢绕组→搭铁→蓄电池负极）。

这时活动铁芯在两个线圈电磁吸力的共同作用下，克服回位弹簧 2 的弹力而向右移动，带动拨叉 3 便将小齿轮 1 推出与飞轮齿环逐渐啮合，这时由于吸引线圈的电流流经磁场绕组和电枢绕组，产生一定的电磁转矩，所以小齿轮是在缓慢旋转的过程中啮合的。当齿轮啮好后，接触盘 13 将触头 14、15 刚好接通。于是蓄电池的大电流流经启动机的电枢和磁场绕组，产生正常的转矩，带动发动机旋转，启动发动机。与此同时，吸引线圈被短路，齿轮的啮合位置由保持线圈 5 的吸力来保持。

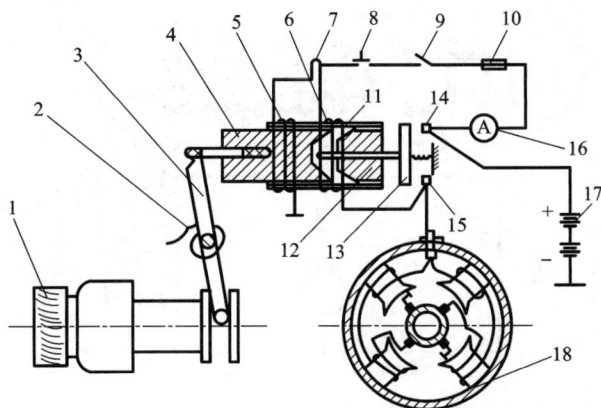

图 2 – 18 ST14 型启动机电磁开关的结构

1—驱动齿轮；2—复位弹簧；3—拨叉；4—活动铁芯；5—保持线圈；
6—吸引线圈；7—接线柱；8—启动按钮；9—启动总开关；10—熔断丝；11—黄铜套；
12—挡铁；13—接触盘；14、15—接线柱；16—电流表；17—蓄电池；18—启动机

当发动机启动后，松开启动机按钮瞬间，保持线圈中的电流只能经吸引线圈构成回路，由于此时两线圈所产生的磁通方向相反，磁力相互抵消，于是活动铁芯在复位弹簧的作用下回至原位，小齿轮退出啮合，接触盘 13 脱离接触，切断启动电路，启动机停止运转。

这种电磁开关是利用挡铁与电磁铁芯之间的一定气隙，保证驱动齿轮先部分啮入飞轮齿环后，才接通启动主电路。它具有操作轻便，工作可靠的优点。

（2）带启动继电器控制的电磁开关

用于东风 EQ140 汽车的 QD124 型启动机就是带启动继电器控制的电磁开关，其电路如图 2 – 19 所示。

启动机发动时，将点火开关钥匙旋至启动位置，启动继电器线圈有电流通过，吸下可动触点臂，使继电器触点关闭，从而接通了电磁开关线圈电路，于是启动机投入工作。

发动机启动后，只需要松开点火开关钥匙，点火开关就自动转回到点火工作位置。启动继电器线圈断电，触点打开，电磁开关也随即断开，使启动机停止工作。

利用启动继电器控制电磁开关，能减少通过点火开关启动触点的电流，避免烧蚀触点，延长使用寿命。

有些汽车上的启动继电器在改进控制电路以后，还能自动停止启动机工作及安全保护作用这种电磁开关在现代汽车上使用最为普遍。

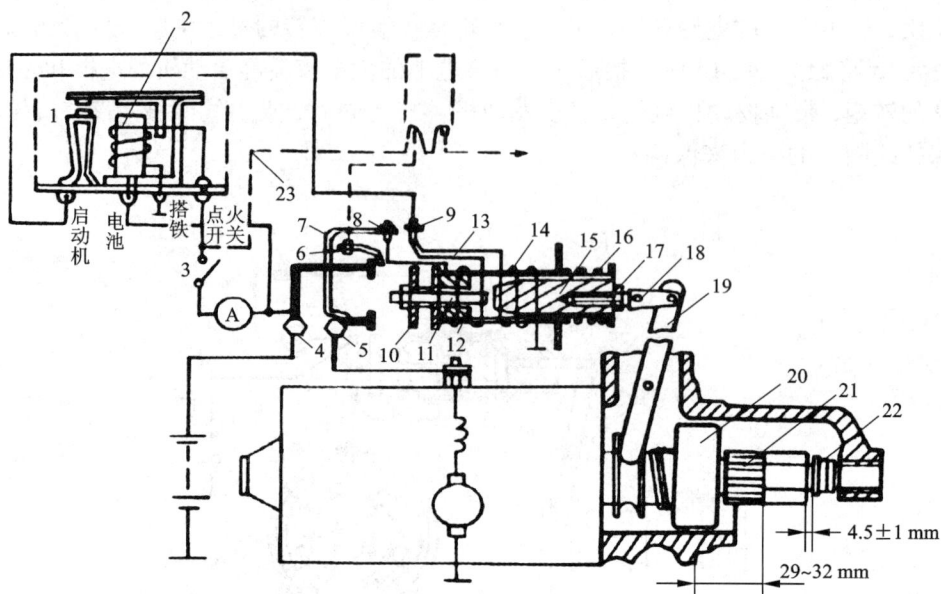

图 2 – 19　QD124 型启动机的电路

1—启动继电器触点；2—启动继电器线圈；3—点火开关；4、5—启动机开关接线柱；
6—点火线圈附加电阻短路接线柱；7—导电片；8—接线柱；9—启动机接线柱；10—接触盘；
11—推杆；12—固定铁芯；13—吸引引线圈；14—保持线圈；15—活动铁芯；16—复位弹簧；17—调节螺钉；
18—连接片；19—拨叉；20—滚柱式单向离合器；21—驱动齿轮；22—限位螺母；23—附加电阻线

2.6　新型启动机

近年来，在汽车上广泛采用体积小、转速高、转矩大的新型启动机。这类新型启动机主要有电枢移动式启动机、齿轮移动式启动机和减速启动机等。

2.6.1　电枢移动式启动机

1. 电枢移动式启动机的结构特点

电枢移动式启动机电路如图 2 – 20 所示。启动机是借磁极磁力，移动整个电枢而使驱动齿轮啮入飞轮齿环的。启动机的电枢 10 在复位弹簧 8 的作用下与磁极 11 错开一定距离，换向器比较长。启动机的壳体上装有电磁开关，其磁化线圈由启动开关 S 控制，活动触点为一触桥 3，触桥上端比较长，下端比较短，使启动机电路的接通分两个阶段进行。启动机有 3 个励磁绕组，其中，匝数少用扁铜条绕制的为主励磁绕组 7，另外两个用细导线绕制的分别为串联辅助励磁绕组 6 和并联辅助励磁绕组 5（又称保持线圈）。启动机单向离合器一般采用摩擦片式离合器。

2. 电枢移动式启动机的工作原理

电枢移动式启动机的工作过程分为两个阶段，串联辅助励磁绕组主要在第一阶段工作，

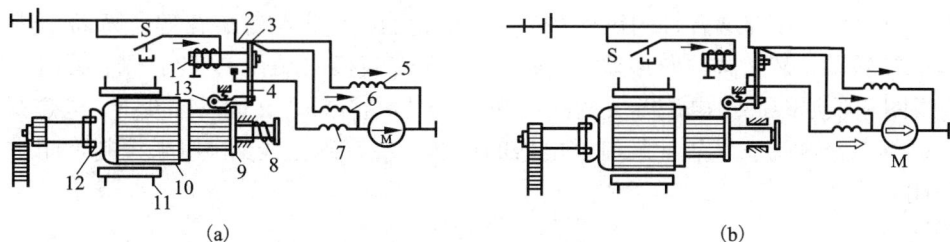

图 2 - 20　电枢移动式启动机的电路图

（a）进入啮合；（b）完全啮合

1—电磁铁；2—静触点；3—接触桥；4—挡片；5—并联辅助励磁绕组；6—串联辅助励磁绕组；
7—主励磁绕组；8—复位弹簧；9—圆盘；10—电枢；11—磁极；12—摩擦片离合器；13—扣爪

第二阶段中由于与主励磁绕组并联而几乎被短路：并联辅助励磁绕组则在两个阶段中都工作，不但可以增大吸引电枢的磁力，而且可以起限制空载转速的作用。

①进入啮合。当接通启动开关 S 时，电磁铁 1 产生吸力，吸引接触桥 3，但由于扣爪 13 顶住了挡片 4，接触桥只能上端闭合，见图 2 - 20（a），接通了串、并联辅助励磁绕组电路，其通路为：蓄电池正极→静触点 2→接触桥 3 的上端→并联辅助励磁绕组→搭铁→蓄电池负极。蓄电池正极→静触点 2→接触桥 3 上端→串联辅助励磁绕组 6→电枢→搭铁→蓄电池负极。5 和6 产生的电磁力克服复位弹簧 8 的反力，吸引电枢向左移动，启动机驱动齿轮啮入飞轮齿环。此时由于串联辅助励磁绕组 6 的电阻大，流过电枢绕组的电流很小，启动机仅以较小的速度旋转，这样电枢低速旋转并向左移动，因此齿轮啮入柔和，这是接入启动机的第一阶段。

②完全啮合。电枢移动使小齿轮完全啮入飞轮齿环后，固定在换向器端面的圆盘 9 顶起扣爪 13，使挡片 4 脱扣，于是接触桥 3 的下端闭合，接通了启动机的主励磁绕组 7，启动机便以正常的工作转矩和转速驱动曲轴旋转，这是接入启动机的第二阶段。

在启动过程中，摩擦片离合器 12 接合并传递扭矩。发动机启动后，离合器松开，曲轴转矩便不能传到启动机轴上。这是启动机处于空载状态，转速增加，电枢中反电势增大，因而串联辅助励磁绕组 6 中的电流减小。当电流小到磁极磁力不能克服复位弹簧 8 的反力时。电枢 10 在复位弹簧 8 的作用下被移回原位，于是驱动齿轮脱开，扣爪 13 回到锁止位置，为下次启动做准备。直到断开启动开关 S 后，启动机才停止旋转。

电枢移动式启动机的不足是，不宜在倾斜位置工作，结构复杂，传动比不能大。此外，当摩擦片磨损后，摩擦力会大大降低，因此需要经常调整，国产 ST9I87、ST9I87A 型启动机采用电枢移动式结构。

2.6.2　齿轮移动式启动机

1. 齿轮移动式启动机的结构特点

齿轮移动式启动机是靠电磁开关推动安装在电枢轴孔内的啮合杆使驱动齿轮与飞轮齿环啮合的。德国博世公司生产的 TB 型启动机采用了这种结构，如图 2 - 21 所示。图中，电枢轴是空心的，内装啮合杆 3，在啮合杆 3 上套有螺旋花键套筒 27，其螺纹上套有离合器 5 的内结合鼓 4。摩擦片式离合器的从动片的内凸齿转入内结合鼓的切槽中，主动片的外凸齿则插入外接合鼓 7 的切槽中，外接合鼓 7 与电机辅固定连在一起。启动机驱动齿轮柄 2 套在啮合杆 3 上，用锁止垫片与啮合杆固定连在一起，齿轮柄 2 用键与螺旋花键套筒 27 连接，螺旋花键套筒既能转动，又能做轴向移动。电磁开关 13 转载换向端盖 19 的右侧，其内有吸引线圈、保持线圈和阻尼线圈。电磁开关的活动铁芯 14 与啮合杆 3 在同一轴线上，电磁开关外侧还装有控制继电器和锁止装置。控制继电器的铁芯上绕有磁化线圈，用来控制常闭常开两对触点的开闭。

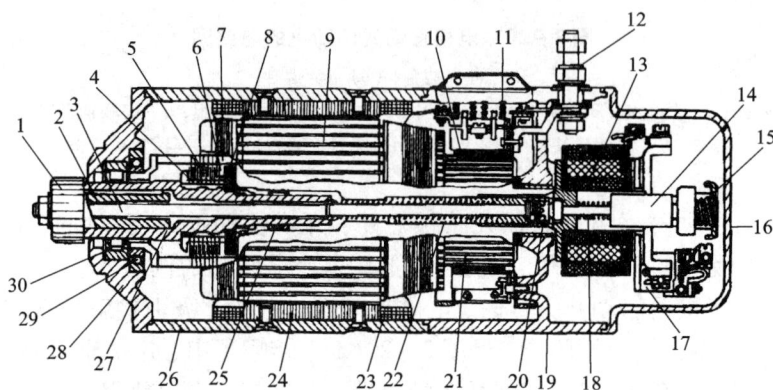

图 2 - 21 博世 TB 型齿轮移动式启动机

1—驱动齿轮；2—齿轮柄；3—啮合杆；4—内接合鼓；5—摩擦片式单向离合器；6—压环；7—外接合鼓；
8—弹性圈；9—电枢；10—电刷；12—接线柱；13—电磁开关；14—活动铁芯；15—开关闭合弹簧；16—前端盖；
18—开关切断弹簧；19—换向端盖；20—滚针轴承；21—换向器；22—复位弹簧；23—励磁绕组；
24—磁极；25—滚针轴承；26—外壳；27—螺旋花键套筒；28—后端盖；29—滚珠轴承；30—滚柱轴承

2. 齿轮移动式启动机的工作原理

为了使驱动齿轮啮入柔和，齿轮移动式启动机的工作过程也分为两个阶段，第一阶段为进入啮合，第二阶段为完全啮合，博世 TB 型移动式启动机的电路图如 2 - 22 所示。

发动机不工作时，控制继电器 5 的常开、常闭触点处与初始状态，电磁开关主触点 K_3 处于打开位置。发动机启动时，接通启动开关 6，蓄电池电流经接线柱 50 流经控制继电器 5 的线圈和电磁开关的保持线圈 12，于是触点 K_1 打开，切断了制动绕组 16 的电路；触点 K_2 闭合，接通了电磁开关中吸引线圈 14 和阻尼线圈 13 的电路，在三个线圈磁力的共同作用下，电磁开关中的活动铁芯 11 向左移动，推动啮合杆 15 使驱动齿轮向飞轮齿环移动。此时吸引线圈 14 和阻尼线圈 13 与电枢串联，相当串入一个电阻，使电枢电流很小，电枢移动缓慢，齿轮啮入柔和。

当驱动齿轮与飞轮齿轮完全啮合时，释放杆 8 立即将扣爪 10 顶开，使挡片 9 脱扣，电磁开关主触点 K_3 闭合，启动机主电路接通，通过摩擦片式单向离合器启动发动机。

发动机启动后，离合器打滑，启动机处于空载状态，断开启动开关 6，驱动齿轮退出啮合，启动机停止转动。此时与电枢绕组并联的制动绕组 16 起能耗制动作用，使启动机迅速停止转动。

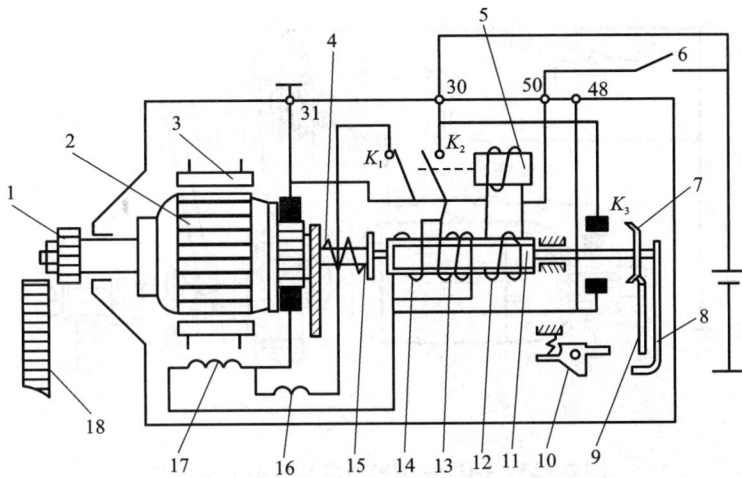

图 2 - 22　博世 TB 型齿轮移动式启动机电路图

1—驱动齿轮；2—电枢；3—磁极；4—复位弹簧；5—控制继电器；6—启动开关；7—接触盘；

8—释放杆；9—挡片；10—扣爪；11—活动铁芯；12—保持线圈；13—阻尼线圈；14—吸引线圈；

15—啮合杆；16—制动绕组；17—励磁绕组；18—飞轮；K_1—常闭触头；K_2—常开触头；K_3—电磁开关主触头

2.6.3　减速启动机

1. 减速启动机的工作特点

减速启动机是在启动机的电枢和驱动齿轮之间，装有减速比为 3 ~ 4 的减速齿轮，将电动机的转速降低后，再带动驱动齿轮，这样，就可以采用转速为 15000 ~ 20000 r/min 的小型高速低转矩的电动机，使启动机的重量减少 35%，总长度缩短 29%，转矩增高，不仅提高了启动性能，而且使蓄电池的负荷减轻。

国产 QD254 型减速启动机的结构原理图如图 2 - 23 所示。电动机为小型高速直流串励电动机，在电枢轴端有主动齿轮 13，它与内啮合减速齿轮 12 相啮合，内啮合齿轮 12 与螺旋花键轴 11 固连，螺旋花键上套有滚柱式单向离合器 10。

2. 减速启动机的工作原理

发动机启动时，接通启动开关 1，蓄电池电流流经启动继电器磁化线圈 2，触点 3 闭合，接通了电磁开关的吸引线圈 6 和保持线圈 7 的电路。在这两个线圈电磁吸力的共同作用下，活动铁芯 8 被吸入，带动拨叉 9 将单向离合器 10 推出，使驱动齿轮啮入飞环。

当驱动齿轮与飞轮齿环完全啮合时，活动销 L18 推动接触盘 5 将主触点 4 接通，于是启动机主电路接通，电机开始离速旋转。电枢的旋转经主动心轮 13、内啮合减速齿轮 12 减速，再经螺旋花键轴 11 传给单向离合器 10，最后通过单向离合器 10 传递给驱动齿轮发动机启动。以后的工作过程与 QD124 型启动机相同。

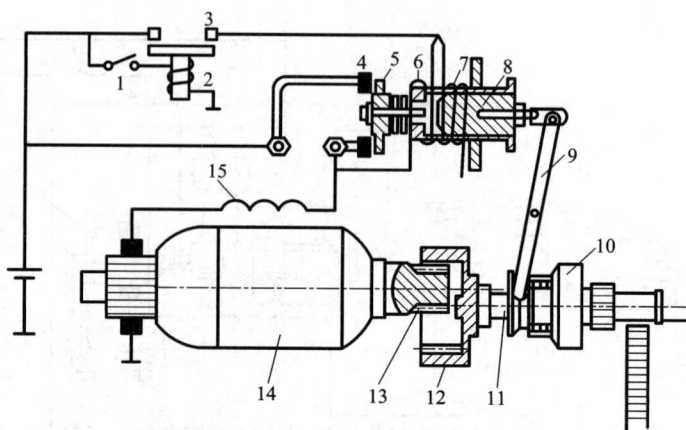

图 2 – 23　QD254 型减速启动机结构原理图

1—启动并关；2—启动继电器线圈；3—启动继电器触点；4—主触点；5—接触盘；
6—吸引线圈；7—保持线圈；8—活动铁芯；9—拨叉；10—单向离合器；
11—螺旋花键轴；12—内啮合减速齿轮；13—主动齿轮；14—电枢绕组；15—励磁绕组

2.7　启动机的使用及故障检修

2.7.1　启动机的正确使用

启动机的正确使用应注意以下几点：

①启动机每次启动时间不超过 5 s，再次启动时应停止 2 min，使蓄电池得以恢复。如果连续第三次启动，应在检查与排除故障的基础上停歇 15 min 以后，再启动。

②在冬季或低温情况下启动时，应采取保温措施，例如先将发动机手摇预热后，再使用启动机启动。

③发动机启动后，必须立即切断启动机控制电路，使启动机停止工作。

2.7.2　启动机的维护

1.启动机的保养

启动机外部应经常保持清洁，各连接导线，特别是与蓄电池相连接的导线，都应该保证连接牢固可靠；汽车每行驶 30 km 时，应检查与清洁器换向器，擦去换向器表面的碳粉和脏污；汽车每行驶 5000 ~ 6000 km 时，应检查测试电刷的磨损程度以及电刷弹簧的压力，均应在规定范围之内；每年对启动机进行一次解体性保养。

2.启动机的调整

（1）电磁开关接通时刻的调整

①主开关接通时间的调整。当接触盘与电磁开关主触头接通而接通主电路时，驱动齿轮与限位螺母之间的距离应为 4.5 ± 1 mm。如不符合要求，可先脱开连接片与调整螺钉之间的

连接，然后旋入或旋出调整螺钉进行调整。

②附加电阻短路开关的调整。一般电磁开关内，短接点火线圈附加电阻式利用主接线柱触头前面的辅助接触片。在主电路接通的同时或略早一点，应短接附加电阻，如有不当，只需要辅助接触片做适当弯曲调整便可以。

（2）启动继电器闭合电压与断开电压的调整

启动继电器在汽车出厂时已调准，并有相应的闭合电压值和断开电压值的规定。如果电压值发生变化时，应作必要的调整，按图 2 - 24 接好调试线路，先将可变电阻 R_P 调到最大值，然后逐渐减小电阻，在继电器触点刚闭合时，电压表所指示的数值为闭合电压。再逐渐增大电阻，当继电器触点打开时，电压表所指示的数值即为断开电压。闭合电压和断开电压值应符合原制造厂规定。调整时，分别调整弹簧拉力与衔铁之间的间隙就可以了。

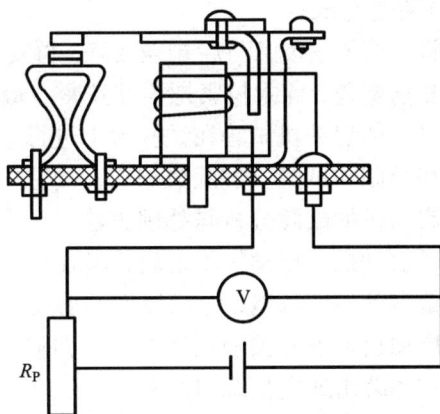

图 2 - 24　启动机继电器的调整

（3）轴承的配合

启动机各轴承与轴径及轴承之间均不得有松旷、歪斜等现象，启动机各轴承的配合应符合技术要求。

（4）单向离合器的调整

将启动机的单向离合器夹紧在台虎钳上，用扭力扳手逆时针方向转动，应能承受制动试验时的最大转矩而不打滑。例如，2201 型启动机的单向离合器应能承受 25.5 N·m 的扭矩而不打滑，否则应拆开进行修理调整。摩擦片式单向离合器在 117.6 N·m 时应不打滑，而在大于 176.4 N·m 时应能打滑。如果不符合规定，可在压环与摩擦片之间增加或减少垫片进行调整。

2.7.3　启动机的检修与调整

1. 启动机的分解与装复

（1）启动机的解体和清洗

先将待修理启动机的外部清洗干净，拆下防尘罩。再用铁丝吊提起电刷弹簧，取出电刷，旋出组装螺栓，使前端盖、启动机外壳、电枢分离开。最后拆下中间轴承板、拨叉和离合器。

在启动机分解过程中，要将所有金属零部件进入汽油、煤油或柴油中洗刷干净，对绝缘部件用干净的布沾少量汽油擦拭。清洗时也可以用金属洗涤剂。清洗完毕，带风干后送检或装复。

（2）检修和修理

①电刷和电刷架。电刷的接触面积应大于 60%，否则应研磨；电刷高度不小于 7 ~ 10 mm，否则应更换。电刷架弹簧压力可用弹簧秤测量，压力应符合原制造厂技术数据，否则应更换。

②电枢。用万用表或试灯检查电枢绕组是否搭铁或短路，绕组故障还可用专用的试验仪（如短路侦察器）检测。如存在故障，要修理绕组。电枢轴用千分表检查，将电枢支撑在平板的两个 V 形铁上，千分表检查轴伸端，中间轴径摆差不大于 0.05 mm，否则应予以校正。换向器铜片应无烧蚀，圆度误差不大于 0.2 mm，铜片厚度不小于 2 mm。

③励磁绕组。用万用表或试灯检查励磁绕组是否搭铁或短路，出现故障应拆开修理。

（3）装复与试验

先将离合器、拨叉与后端盖装好，再安装中间轴承板。然后将电枢轴插入后端盖内，套上外壳和前端盖，穿入拉紧螺栓并拧紧。最后装入电刷，套上防尘罩，带试验合格后在紧固。

装复后的启动机试验在试验台上进行。首先装备好蓄电池，电流表和导线，然后进行空载试验和全制动试验。试验数据应在制造厂规定范围之内。

2. 启动机的故障分析与处理方法

接通启动机后启动机不运转，该故障的原因如下：

①蓄电池过度放电，导线接头松动或太脏。

②启动机电磁开关触点烧蚀或因调整不当而未闭合。

③磁场绕组或电枢绕组断路、短路或搭铁。

④绝缘电刷搭铁。

⑤启动机继电器触点不能闭合。

判断：首先应检查蓄电池充电情况和导线连接情况，如果蓄电池充电足、接线良好，则故障出自启动机或启动机开关。可用起子将启动机开关两接线柱连通，若启动机空转正常，则应对电磁开关、启动继电器、启动开关进行检修；若启动机不转，则故障在启动机内部，应拆下启动机进一步检修。

3. 启动机运转无力

若蓄电池充电足，接线也正常，而启动机运转无力，该故障的原因如下：

①换向器太脏。

②电刷磨损过甚或电刷弹簧压力不足，使电刷接触不良。

③磁场绕组或电枢绕组局部短路。

④启动机电磁开关触点烧蚀。

⑤发动机启动阻力矩过大。

判断：拆下启动机防尘罩，取出电刷，观察换向器表面有无烧蚀与污垢，以及电刷与弹簧是否良好，再视情况对启动机进一步拆检。

4. 启动机驱动齿轮与飞轮不能啮合且有撞击声

该故障的原因如下：

①启动机驱动齿轮或飞轮齿圈磨损过甚或已损坏。

②电动机开关闭合过早，启动机驱动齿轮尚未啮合就已快速旋转。

判断：首先将启动机电磁开关接通时间调迟，缩短活动铁芯臂长度，如故障不能排除，则需要拆下启动机进行检修。

5. 松开启动机开关后启动机仍运转

该故障的原因如下：

①启动机电磁开关在电路接通时因强烈火花将触点烧结在一起。

②驱动齿轮轴变形、脏污，驱动齿轮在轴上滑动阻力过大，或回位弹簧太软。

③因匝间短路造成吸拉线圈和保持垫圈有效匝数比改变。

判断：立即断开蓄电池搭铁使启动机停转，首先检查点火开关导线是否接错及启动机继电器触点是否常开。若都正常，则必须对启动机进行拆检。

思考题

1. 启动机一般由哪几部分组成？各部分的作用是什么？

2. 直流电动机的基本组成是什么？工作过程如何？

3. 汽车启动机为什么要采用直流串励式电动机？

4. 启动机常见单向离合器有几种？各有什么特点？

5. 启动机正确使用的注意事项。

第 3 章　点 火 系 统

点火系统(以下简称点火系)是点燃式发动机用于提供点火能量、控制点火顺序和点火时刻的装置,其具体作用就是把汽车电源系统的低压电转变成高压电,并按发动机气缸工作顺序适时地引入气缸形成电火花以点燃可燃混合气,从而使发动机正常工作。点火系性能的好坏对发动机的工作影响很大。

3.1　汽车对点火系的要求

为了使发动机在各种工况下均能可靠而准确地点火,点火系必须满足以下基本要求。

3.1.1　能产生足以击穿火花塞电板间隙的高电压

点燃式发动机气缸中点燃可燃混合气的电火花是由高压电击穿火花塞电极间隙而产生,点火系中能够击穿火花塞电极间隙的电压称为击穿电压,用字母 U_j 表示。

1. 电火花的形成

在正常状态下,任何气体中都有少量的气体分子游离成正离子和电子,这些电子或独立存在、或与中性分子结合形成负离子。当正负电极两端加有电压时,在电场力的作用下,电极间的正离子便会向负电极运动、负离子和电子便会向正电极运动,如图 3 - 1 所示。离子和电子在运动中会撞击中性分子而形成电流。当正负电极两端施加的电压较低时,离子和电子的运动速度较慢、动能较小,不能将中性分子撞破,气体中只有少量离子和电子导电,因此电流很小,正负电极之间不能形成电火花。当正负

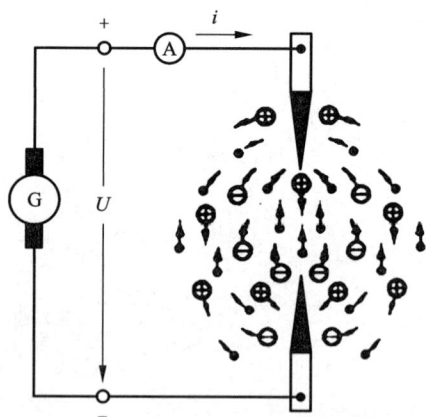

图 3 - 1　电火花形成示意图

电极两端施加的电压增高时,离子和电子的运动速度加快、动能增大;当电压升到足够高时离子和电子便将中性分子撞破,使中性分子分裂成正离子和负离子或电子,新产生的离子和电子在电场力的作用下,也以很高的速度分别向正负两极运动,并又撞击其他中性分子,如此进行链式反应,电极间隙之间的离子和电子骤然增多,大量的离子、电子激烈地运动与碰撞就会发出大量的热,当温度达到一定值时,会产生弧光放电,放电电流强度急剧增大,便

产生了电火花(即电弧光放电现象)。

2. 影响击穿电压 U_j 的因素

击穿电压 U_j 一般与火花塞电极间隙和形状、气缸内混合气压力和温度、电极极性以及发动机工况等因素有关。

(1)火花塞电极间隙的大小

实验证明,火花塞电极间隙越大,所需的击穿电压越高。这是因为当电极间隙增大时,气体中的离子和电子距离电极的路程增大,受电场力的作用减小,碰撞前所获得的动能不足以引起碰撞电离,因此需要较高的电压才能点火。火花塞击穿电压与电极间隙的大小关系如图 3-2 所示。

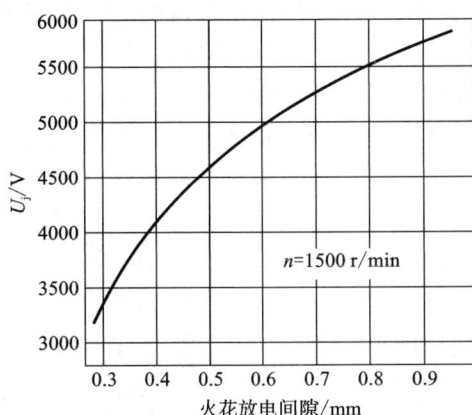

图 3-2　击穿电压与电极间隙的关系

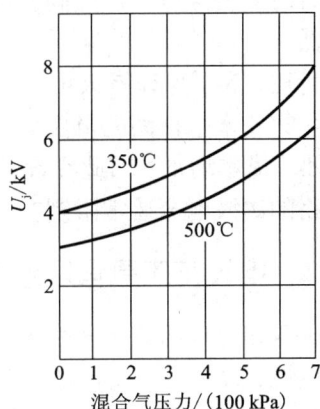

图 3-3　击穿电压与气缸压力和温度的关系

(2)气缸内混合气的压力和温度

火花塞击穿电压与混合气的压力、温度并无直接关系,而是与混合气的密度有关。混合气的密度越大,即每单位体积中气体分子的数量越多,离子自由运动的距离(即两次碰撞之间的距离)就越短,由于加速距离不够,故不易发生碰撞电离作用。只有提高加在电极上的电压,增大作用于离子上的电场力,使离子加速才能发生碰撞电离而击穿火花间隙。因此混合气的密度越大,所需的击穿电压越高。

压力和温度的改变直接影响着混合气的密度;当混合气压力增大时,混合气密度增大,所需的击穿电压增大;当混合气温度增高时,由于混合气密度减小而所需的击穿电压降低。火花塞击穿电压与混合气温度和压力的关系如图 3-3 所示。

(3)电极的温度

实验证明,当火花塞的电极温度高于混合气温度时,击穿电压可降低 30%~50%。这是因为电极温度越高,包围在电极周围的气体密度就越小,越容易发生碰撞电离的缘故。在发动机工作的整个过程中火花塞电极温度几乎均高于混合气温度,只有启动工况不同,所以这也是冬天发动机难以启动的原因之一。

(4)电极的极性

实验证明,如果将温度高的电极作为负极,则同一火花塞所需的击穿电压可降低约

20%。这是因为热的金属表面比冷的金属表面容易发射电子，发动机在工作过程中，由于绝缘层的原因，火花塞中心电极温度较侧电极温度高很多，因而电子容易从中心电极向侧电极发射，使火花塞间隙处离子化程度高，火花塞容易跳火。因此目前无论是哪一种点火系，其高压回路电流都是内侧电极流向中心电极，即高压回路的搭铁极为正极，以此来达到降低火花塞击穿电压的目的。

（5）发动机的工况

发动机工作情况不同时，火花塞的击穿电压也不同，其值随发动机的转速、功率、压缩比、点火提前角以及混合气的成分而改变。

发动机启动时，由于气缸壁、活塞以及火花塞的电极都处于冷态，吸入的混合气温度低、雾化不良，加之火花塞电极之间还可能积有机油或汽油，因此所需的击穿电压最高。另外在汽车加速时所需击穿电压也较高；而在发动机高速运转时和发动机处于大负荷时所需的击穿电压则较低。

综上所述，为了保证点火可靠，点火装置必须具有一定的高压储备，使之在发动机所有工况下送往火花塞电极间的电压均大于该工况下火花塞的击穿电压值。但过高的次级电压造成绝缘困难、成本增加，因此在设计点火系高压电路时尽可能地降低火花塞击穿电压。点火系高压回路的次级电压通常限制在 30 kV 以内。

3.1.2　电火花应具有足够的能量

当高压电在电极间隙之间跳火时，其电能将变成热能，从而点燃可燃混合气。为使混合气能可靠点燃，火花塞产生的电火花必须具有足够的能量。火花能量越大，则混合气越易点燃，发动机的着火性能就越好；反之，火花能量越小，着火性能就越差。

点燃混合气所需的能量与发动机工况、混合气成分和浓度、电极间隙和形状等因素有关。当发动机正常工作时，由于压缩终了时混合气的温度已接近其自燃温度，因此所需的火花能量很小，一般只需 1 ~ 5 mJ。但在发动机启动、怠速和加速时，由于混合气雾化质量较差，需要较高的火花能量。为了提高发动机的燃油经济性而燃烧稀混合气，因此也需要增大火花能量。

在发动机整个工作过程中，启动工况（特别是冬季）是最恶劣工况，所需的点火能量最高，达 50 ~ 80 mJ。因此要使混合气在任何工况都能可靠点燃，点火系提供的电火花应保证具有大于 100 mJ 的点火能量。

3.1.3　点火时刻应与发动机工况相适应

发动机工作时，气缸内混合气从开始点火到完全燃烧需要一定的时间（约千分之几秒）。为了使发动机能发出最大功率，点火时刻不应在压缩行程终了时，而应适当提前。汽油机的点火时刻用点火提前角来表示，点火提前角是指从火花塞电极间跳火开始到活塞运行至上止点为止这一段时间内曲轴所转过的角度。

如果点火过早，则燃烧的大部分在压缩行程进行，气缸内压力急剧升高，活塞上行阻力增大，虽然最大燃烧压力高，但是所做的功并非最大，不仅使发动机功率下降油耗增加，而且发动机运行粗暴，振动和噪音大，甚至还会引起发动机的爆震燃烧。

如果点火过迟，则燃烧大部分在活塞下行时容积增大的情况下进行，燃烧压力损失太大，发动机功率下降，同时由于炽热的燃气与气缸壁的接触面积增大，热损失增多，导致发动机过热，油耗增大。

通常把发动机发出最大功率且油耗最小时所对应的点火提前角称为最佳点火提前角。不同发动机的最佳点火提前角各不相同，即使是同一台发动机，在不同工况下的最佳点火提前角也不相同。影响最佳点火提前角的因素如下。

1. 转速与负荷

发动机转速越高，最佳点火提前角越大。这是因为发动机转速升高时，在同一时间内，活塞将移动较大距离，曲轴也相应地转过较大的角度；而混合气的燃烧速率却几乎不变(或略有增加)。因此当转速升高时，为使发动机同样发出最大功率，最佳点火提前角应随之增大。

此外，在同一转速下，随着发动机负荷的增大，最佳点火提前角应减小。这是由于发动机负荷大即节气门开度大时，吸入气缸的混合气量增多，压缩行程终了时的压力和温度增高，使燃烧速度加快，因此最佳点火提前角随负荷增大应减小。

2. 启动与怠速

当发动机处于启动和怠速工况时，虽然混合气燃烧速度较慢，但混合气的全部燃烧时间却只占较小的曲轴转角。如果点火过早，则燃烧过程可能在活塞运行至上止点以前就结束而使曲轴反转，因此发动机启动和怠速时，应减小点火提前角(一般为 5°~6°)或不提前。

3. 汽油品质

汽油发动机在一定条件下，会出现爆燃现象。爆燃是由于气体压力和温度过高，在燃烧室内离点火中心较远处的可燃混合气自燃而造成的一种不正常燃烧。爆燃时火焰以极高的速度向外传播，在气体来不及膨胀的情况下，温度和压力急剧升高，有时还会形成压力波以音速向前推进，当这种压力波撞击燃烧室壁时就发出尖锐的敲缸声。爆燃会使机件过快磨损，热负荷增加、噪声增大、功率下降、油耗上升，对发动机极为有害。

发动机爆燃与汽油品质有关，辛烷值是评定汽油抗爆性能的指标。我国车用汽油目前采用辛烷值划分其牌号，有 90#、92# 和 95# 等。汽油的牌号越大，辛烷值越高，其抗爆性能越好，越不容易产生爆燃；而汽油的牌号越小，越容易产生爆燃。

因此发动机使用过程中，如果更换燃油品种，应对点火提前角进行调整，如使用低牌号(辛烷值低)汽油时，应适当减小点火提前角；反之，当使用高牌号汽油时，点火提前角应适当增大。使用同一牌号的汽油，如点火过早，混合气的燃烧也容易转为爆燃，这是因为燃烧是在压力增高的时候进行的，燃烧室中先燃烧的部分混合气膨胀而压缩未燃烧的混合气，使其温度急剧上升到自燃温度而突然自行全部着火，形成爆燃。

4. 其他因素

影响最佳点火提前角的因素还有很多，如混合气空燃比、发动机进气压力和冷却水温度等。

当空燃比为理论空燃比($A/F = 14.7$)左右时，所需的最佳点火提前角最小，这是因为此时的燃烧速度最快。因此，当混合气变稀或变浓时，最佳点火提前角都相应增大。

进气压力减小时，由于扰流变弱，压缩终了的压力和温度也相应减小，使燃烧速度变慢，因此最佳点火提前角应增大。如在高原地区，随着海拔高度的增加，空气变稀薄，大气压力变低，应适当增大点火提前角。

发动机冷却水温低时，为尽快暖机，应适当增大点火提前角，而当水温高时，为减少 NO_x 和 HC 的排放量应适当减小点火提前角。

总而言之，为了使发动机在把热能转换成机械能的过程中输出最大功率，点火系必须在适应上述情况下，实现最佳点火。

3.2 点火系的分类

点火系的分类方式有很多，下面根据不同的分类方式对各种点火系的特点进行叙述。

3.2.1 按点火系储存点火能量的方式进行分类

按照点火系储存点火能量的方式可分为电感储能式点火系和电容储能式点火系。电感储能式点火系中，用于产生高压电火花的能量以磁场能的方式储存在点火线圈中，其储能元件是点火线图。发动机工作时，点火系将点火能量以磁场能的形式储存在点火线圈中，在需要点火时再将部分点火能量转换为电场能量并分配到火花塞电极间隙上跳火点燃混合气。

电容储能式点火系中，用于产生高压电火花的能量以电场能的方式储存在电容器中，其储能元件是专门的储能电容器。发动机工作时，点火系先将点火能量以电场能的形式储存在专用电容器中，在需要点火时储能电容向点火线圈初级绕组放电，同时在次级绕组中感应产生高压电并加到火花塞电极上跳火点燃混合气。

电感储能式点火系的结构简单、成本较低.电容储能式点火系的结构复杂、成本较高，其致命的缺点是放电持续时间较短($5 \sim 50$ us；电感储能式为 $1 \sim 2$ ms)，对发动机启动、此主要用于转速较高的赛车发动机，目前汽车上使用的都是电感储能式点火。

3.2.2 按低压回路触发点火信号的装置不同进行分类

按照点火系低压回路触发点火信号的装置不同可分为传统点火系、普通电子点火系和微机控制点火系三种。

1. 传统点火系

传统点火系是利用机械开关(即触点的闭合和打开)来控制点火线圈初级电流的通断而完成点火工作的，其控制点火线圈初级电流通断的装置是断电器。

传统点火系在汽车上应用较早，其应用的持续时间将近一个世纪。但随着对汽车发动机燃油经济性和排放指标等要求的提高，这种点火系已无法适应现代发动机的点火要求，目前已被先进的点火系所取代。

2. 普通电子点火系

普通电子点火系是利用半导体元件点火线圈初级电流而完成点火工作的。

普通电子点火系的发展经历了两个过程，即有触点晶体管辅助点火系和无触点电子点火系。有触点晶体管辅助点火系是一种保留机械开关(触点)的电子点火系，与传统点火系不同的是其机械开关(即触点)不用于直接控制点火线圈的初级电流，而是用于控制点火三极管的基极电流。这种点火系由于无法克服机械触点存在的诸多缺点，很快就被淘汰。

无触点电子点火系则彻底取消了机械开关(触点)，取而代之的是点火信号发生器和点火器。这种点火系主要由点火器、分电器、点火信号发生器、点火线圈和火花塞等组成。点火器是内半导体元件(如三极管、可控硅等)组成的电子开关电路,其主要作用是根据点火信号发生器产生的点火脉冲信号,接通和断开点火线圈初级电路,起着传统点火系中断电器触点的作用。点火信号发生器装在分电器内,它可根据各缸的点火时刻产生相应的点火脉冲信号,控制点火器接通和断开初级电路的具体时刻。

无触点电子点火系在控制点火线圈初级电流的过程中彻底消除了机械触点存在的问题,但是其点火提前角的控制还是由离心式点火提前调节装置和真空式点火提前调节装置来完成,使点火提前角的精确控制受到限制,所以很快就被微机控制点火系所取代。

目前许多在用车辆的点火系还在使用着无触点普通电子点火系。

3. 微机控制电子点火系

微机控制电子点火系是由发动机电子控制单元(ECU)产生点火信号,控制点火线圈初级电流的通断而完成点火工作。这种点火系主要由与点火有关的各种传感器、电子控制单元、点火器、点火线圈、配电器、火花塞等组成。

发动机的最佳点火提前角不仅决定于发动机的工作转速和负荷,而且还与发动机水温、进气温度、可燃混合气的空燃比、燃油的品质等多种运行参数和使用因素有关。前述传统点火系和普通电子点火系的点火时刻均由机械式点火提前装置完成,而且只能对点火提前角作范围有限的、粗略的线性调节,并且仅考虑了发动机转速和进气管真空度两个影响因素,远不能保证发动机的最佳点火时刻。而微机控制的电子点火系其点火提前角的控制则由电子控制单元根据发动机各种传感器的信号进行三维的精确控制,使发动机在任何工况下都能处于最佳的点火时刻,从而最大限度地改善了发动机的动力性和经济性,目前,微机控制的电子点火系已经基本普及。

3.3　点火系的组成及工作原理

3.3.1　点火系的组成

1. 传统点火系的组成

传统点火系是一种电感储能、机械触点式的点火系,主要由电源、点火开关、点火线圈、分电器和火花塞等部件组成,如图 3 – 4 所示。

1)电源及点火开关

电源为蓄电池和发电机,标称电压多为 12 ~ 14 V,其作用是供给点火系所需的电能。点火开关的作用是控制点火系的初级电路,点火开关一旦断开,发动机就会立即熄火。

2)点火线圈

点火线圈的功用是将电源供给的低电压转变为点火所用的高压电,构造与自耦变压器相似,主要由铁芯、初级绕组和次级绕组组成。

3)火花塞

火花塞的作用是将点火线圈次级绕组产生的高压电引入气缸燃烧室,产生电火花点燃混合气。

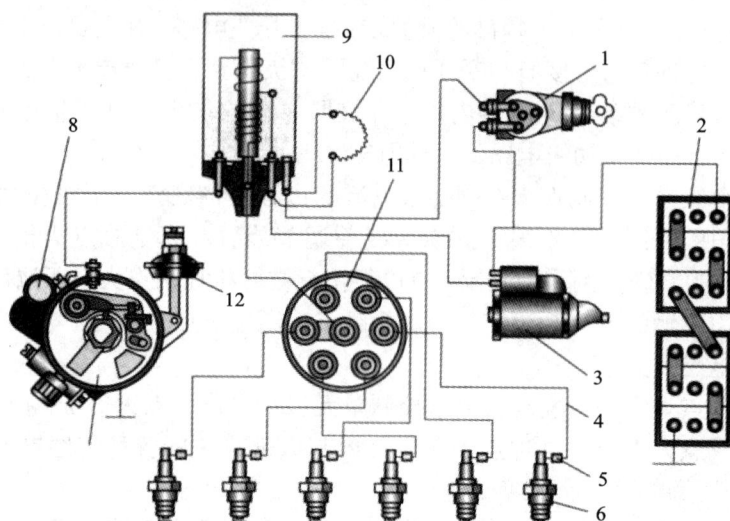

图 3 - 4　传统点火系的组成

1—点火开关；2—蓄电池；3—启动机；4—高压导线；5—阻尼电阻；6—火花塞；7—断电器；
8—电容器；9—点火线圈；10—附加电阻；11—配电器；12—真空点火提前调节装置

4）分电器

传统点火系的分电器主要包括断电器、配电器、电容器和点火提前调节装置等。断电器的作用是接通或切断点火线圈的初级电路；配电器的作用是将点火线圈产生的高压电按气缸工作顺序送往各缸火花塞；电容器与断电器触点并联，其作用是减小断电器触点分开时的火花，延长触点使用寿命；点火提前机构的作用是根据发动机的转速、负荷和汽油品质的变化来改变点火提前角。

2. 普通电子点火系的组成

以使用时间较长、功能比较完善的无触点普通电子点火系为例进行介绍。这种点火系又称为半导体点火系或晶体管点火系，主要由低压电源(蓄电池或发电机)、分电器及安装在分电器内部的点火信号发生器、点火器、点火线圈、火花塞等组成，图 3 - 5 所示为一种电感储能、无触点的普通电子点火系的组成图。

在上述普通电子点火系组成部分中，其电源及点火开关、点火线圈、火花塞的功能与传统点火系完全相同；所不同的是系统中取消了断电器，取而代之的是增加了点火器和点火信号发生器。由于点火信号发生器一般安装在分电器内部，其分电器的结构与传统点火系有所区别。

（1）点火器

点火器又称点火电子组件或点火控制器，由半导体元器件(如二极管、三极管等)组成电子开关电路，主要作用是根据点火信号发生器产生的点火脉冲信号，接通和切断点火线圈初级绕组电路。

（2）分电器

无触点普通电子点火系的分电器由点火信号发生器、配电器和点火提前调节装置组成。

其中配电器和点火提前调节装置的功能与传统点火系相同，只是增加了点火信号发生器。

点火信号发生器装在分电器内，其功用是根据发动机点火时刻要求，产生控制点火的脉冲信号。

点火信号发生器与点火器的共同作用取代了传统点火系中的断电器。具体的工作过程是：点火信号发生器根据各缸的点火时刻产生相应的点火脉冲信号，触发点火器内部的大功率三极管的导通或截止，接通或断开点火线圈的初级电路，完成点火工作。

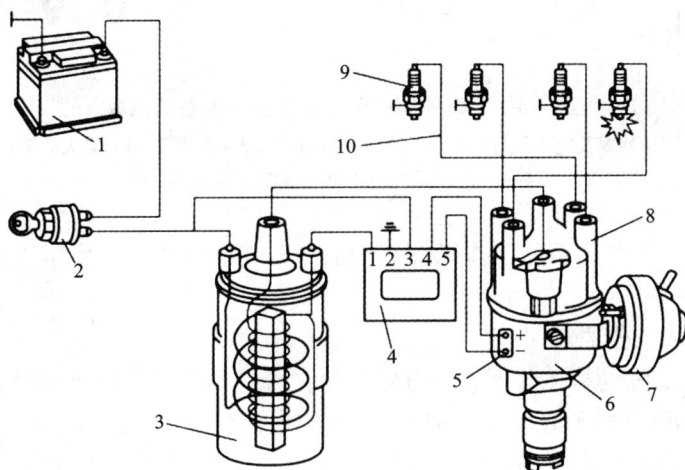

图 3 - 5　无触点普通电子点火系的组成

1—蓄电池；2—点火开关；3—点火线圈；4—点火器；5—点火信号发生器；

6—分电器；7—真空点火提前调节装置；8—配电器；9—火花塞；10—高压阻尼线

3. 微机控制电子点火系的组成

微机控制电子点火系按照是否保留分电器可分为有分电器式和无分电器式两种。有分电器微机控制电子点火系又称为非直接点火系，该系统中，点火线圈产生的高压电经过分电器中的配电器按照点火顺序分配至各汽缸，使各缸火花塞依次点火完成点火工作。无分电器微机控制电子点火系又称为直接点火系，该系统中没有分电器，其点火线圈上的高压线直接与火花塞相连，工作时点火线因产生的高压电直接送到火花塞，点火顺序的控制内发动机电子控制单元 ECU 根据各传感器输入的信息而完成。

有分电器微机控制电子点火系主要由与点火有关的各种传感器、电子控制单元 ECU、点火器、点火线圈、分电器、火花塞等组成，如图 3 - 6 所示。在这种点火系中，分电器只保留了上述分电器中配电器的功能，即将点火线圈产生的高压电按照点火顺序分配至各缸，使各缸火花塞依次点火完成点火工作。这种点火系点火提前角的控制由发动机电子控制单元 ECU 来完成，可以对点火时刻实现精确控制。

3.3.2　点火系的工作原理

点火系的基本原理是利用电磁感应原理，把来自蓄电池或发电机的 12 ~ 14 V 低压电，经点火线圈转变为 15 ~ 30 kV 的高压电，由分电器按一定规律分配到各缸火花塞，击穿其电极间隙而点燃混合气。

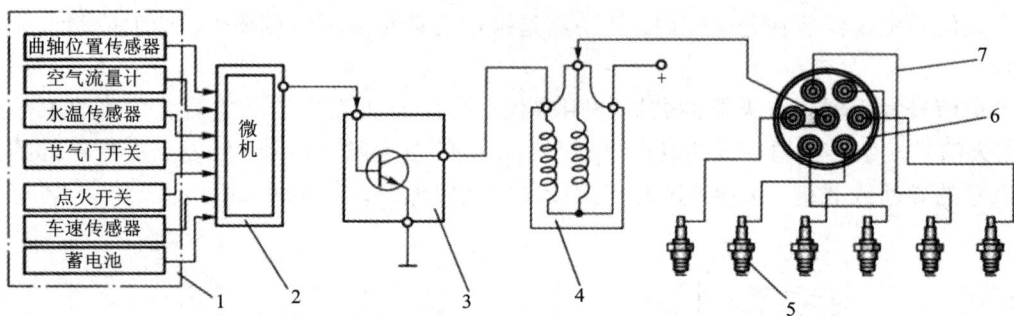

图 3 - 6　微机控制有分电器电子点火系的组成
1—传感器及输入信号；2—电子控制单元 ECU；3—点火器；4—点火线圈；
5—火花塞；6—分电器；7—高压阻尼线

　　传统点火系和电子点火系的工作原理分别如图 3 - 7 和图 3 - 8 所示，无论是哪一种点火系，其工作原理基本相同。

1. 传统点火系的工作原理

　　如图 3 - 7 所示，发动机工作时，断电器凸轮在分电器轴的驱动下旋转，交替地将断电器触点闭合或打开。断电器触点闭合时初级线圈内有电流流过，并在线圈铁芯中形成磁场。触点打开时，初级电流被切断，使磁场迅速消失，此时在初级线圈和次级线圈中均产生感应电动势。由于次级线圈匝数多，可感应出高达 15 ~ 20 kV 的高电压。该高电压可击穿火花塞间隙，形成火花放电。

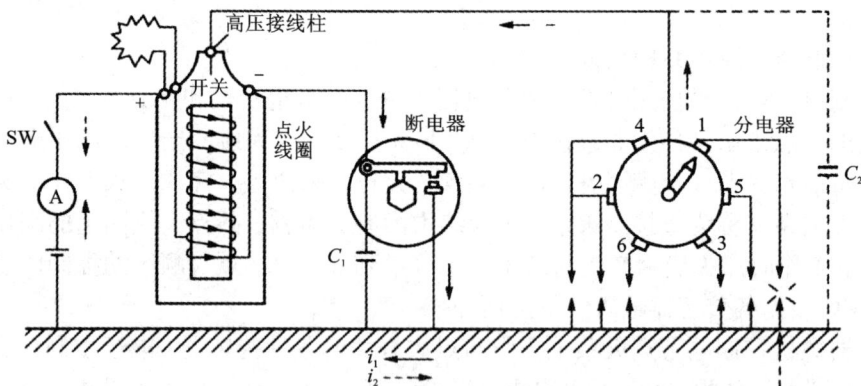

图 3 - 7　传统点火系工作原理示意图

　　在点火开关 SW 接通的情况下，低压电路中初级电流（图中实线箭头所示）的回路为：蓄电池正极→电流表→点火开关→SW→点火线圈"＋"接线柱→附加电阻→"开关"接线柱→点火线圈初级绕组→点火线圈"－"接线柱→断电器触点→搭铁→蓄电池负极。

　　次级线圈中高压电流（图中虚线箭头所示）的回路为：次级绕组→点火线圈"开关"接线柱→附加电阻→点火线圈"＋"接线柱→点火开关 SW→电流表→蓄电池→搭铁→火花塞侧电极、中心电极→配电器旁电极、分火头、中央电极→点火线圈高压接线柱→次级绕组。

发动机工作时，分电器轴在发动机凸轮轴驱动下连续旋转，使断电器触点不断地闭合、打开，点火线圈就不断产生高压电并由配电器按点火顺序轮流分配到各缸火花塞产生电火花点燃混合气，这样的过程周而复始，保证发动机的正常工作。

2. 电子点火系的工作原理

如图 3-8 所示，发动机工作时，信号发生器的转子在分电器轴(或配气凸轮轴)的驱动下旋转而在其感应线圈产生信号电压(微机控制点火系则是由 ECU 根据各传感器信息而产生触发信号)，该信号电压以方波的形式输入点火器后控制其末级大功率三极管的导通与截止，完成点火工作。

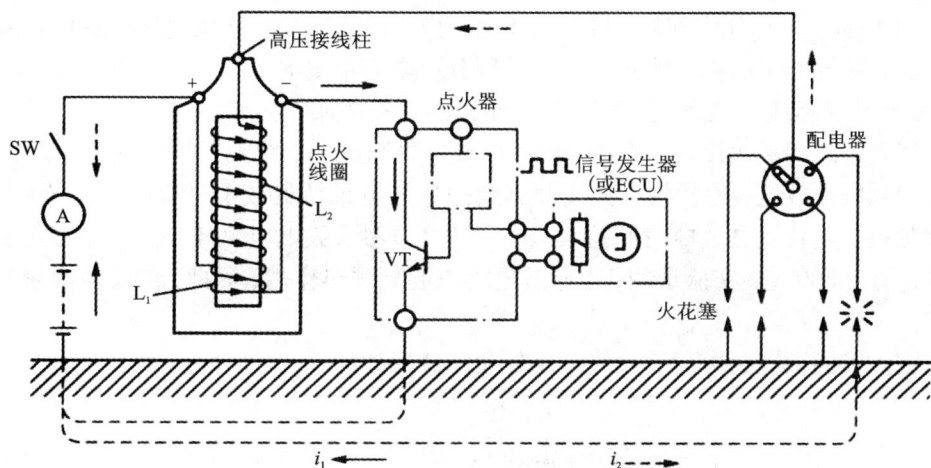

图 3-8　电子点火系工作原理示意图

点火开关 SW 接通时，在信号发生器(或 ECU)触发信号的作用下，当点火器末级大功率三极管 VT 导通时，点火线图初级绕组中有初级电流流过(图中实线箭头所示)，其电路为：蓄电池正极→电流表 A→点火开关 SW→点火线圈"＋"端子→初级绕组 L_1→点火线圈"－"端子→点火器末级大功率三极管 VT→搭铁→蓄电池负极。电流流过点火线图初级绕组时，在铁芯中形成磁场。当点火器大功率三极管 VT 截止时，初级电路被切断，初级电流迅速消失，铁芯中的磁通迅速变化，在初级绕组 L_1 和次级绕组 L_2 中分别产生自感应电动势和互感应电动势。设计时将点火线圈次级绕组的匝数足够多，以保证能够感应出足以击穿火花塞电极间隙的高压电动势。次级绕组产生的高压电流经的路径(图中虚线所示)为：次级绕组 L_2→点火线圈"＋"端子→点火开关 SW→电流表 A→蓄电池→搭铁→火花塞侧电极、中心电极→配电器旁电极、分火头→点火线圈高压接线柱→次级绕组。

点火器的大功率三极管每截止一次，点火线圈就产生一次高压电；分电器轴每转一转，配电器就按发动机的点火顺序，轮流向各缸火花塞输送一次高压电。发动机工作时，信号发生器转子在发动机凸轮轴驱动下连续旋转，并不断产生点火信号控制三极管导通与截止，点火线圈就不断产生高压电并由配电器按照点火顺序分配到各缸火花塞产生电火花点燃混合气，保证发动机正常工作。

综上所述，发动机的点火系有两个电路，初级电流 I_1 流经的电路称为低压电路或初级电路；高压电流 I_2 流经的电路称为高压电路，不论是哪一种点火系，其工作过程都可分为 3 个过程，即：初级电路接通，初级电流 I_1 增长过程；初级电路切断，次级绕组产生高电压的过程；火花塞电极之间产生火花放电过程。

若要停止发动机的工作，只要断开点火开关，切断低压电源的电路即可。

3.3.3 点火系工作过程分析

1. 火花塞电极间火花放电过程

火花塞电极间火花放电过程一般有电容放电和电感放电两部分。电容放电过程是指火花塞间隙被击穿时，储存在电容中的电场能维持的放电过程，其特点是放电时间极短（1us 左右），放电电流大，可达几十安培，放电电压高。由于电火花是在次级电压达到最大值以前发生的，所以电容放电仅消耗线圈磁场能的一部分。电容放电时，伴随有迅速消失的高频电磁振荡波，是产生无线电干扰的主要因素，因此，必须采取抑制措施。

火花塞电极之间跳火以后，火花塞间隙的放电电阻减小，线圈磁场的其余能量将沿着电离的火花间隙缓慢放电，通常将点火线圈剩余磁场能量维持的放电过程称为电感放电过程，又称为火花层。其特点是放电时间持续较长，达几毫秒；放电电流较小，约几十毫安；放电电压较低，约为 600 V。实验证明，电感放电可以起到预热作用，因此，持续时间越长，点火性能越好。

火花塞电极间火花放电过程次级电压的实际波形如图 3-9 所示。

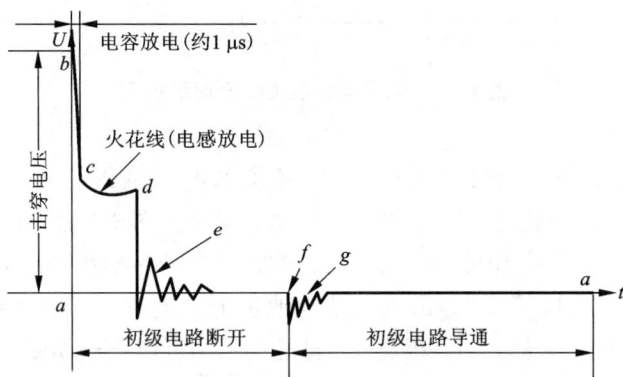

图 3-9 标准次级电压波形

a 点：初级电路导通瞬间。

a—b：次级电压急剧上升段，U_{ab} 为击穿电压值。

b—c：电容放电阶段。

c—d：电感放电阶段。

e 段：火花消失后，剩余磁场所维持的衰减振荡。

f 点：初级电路导通瞬间。

g 段：初级电路刚刚导通时，由于电流突然接通而引起的少许振荡。

a—f：初级电路断开的全部时间。

f—a：初级电路导通的全部时间。

2. 影响次级电压最大值的因素

（1）发动机转速

图 3 − 9 中次级电压可由式（3 − 1）表达。

$$U_{2\max} = \frac{U_B}{R}(1 - e^{-\frac{R120\tau b}{LnZ}})\sqrt{\frac{L}{C_1\left(\dfrac{N_1}{N_2}\right)^2 + C_2}} \qquad (3-1)$$

式中：U_B 为点火系电源电压；R 为点火系初级回路电阻；L 为点火线圈初级绕组电感；n 为发动机转速；Z 为发动机气缸数；C_1 为分电器上的电容；C_2 为分布电容；τ_b 为触点的相对闭合时间；N_1/N_2 为点火线圈初次级绕组匝数比。

由式（3 − 1）可知，次级电压的最大值随发动机转速的升高而降低，这是因为初级电流是按指数规律增长的，当转速升高时，由于三极管导通（或触点闭合）时间缩短，初级电流来不及上升到较大数值，而使初级断电电流 I_p 减小，次级电压最大值 $U_{2\max}$ 降低。

发动机转速对点火系最高次级电压的影响很大。在点火系工作特性曲线（图 3 − 10）中，根据发动机所用火花塞的击穿电压做一条水平虚线，那么此水平虚线与工作特性曲线的交点即为该发动机的极限转速 $n_{\max}$，超过此转速发动机将不能保证可靠点火。因此次级电压最大值随发动机转速升高而降低是发动机高速时容易断火的主要原因。

电子点火系在设计时其大功率三极管的

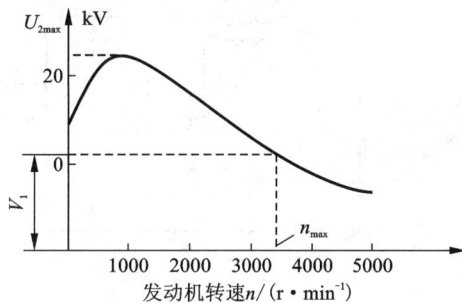

图 3 − 10　点火系工作特性曲线图

相对导通率是按发动机的极限工作转速来选定，可以保证三极管具有足够的导通时间，从而保证发动机高速时能可靠点火。另一方面，为防止大功率三极管在发动机低速时导通时间过长和初级电流过大而导致点火线圈、大功率三极管过热损坏，在点火器（或 ECU）中一般都有导通角控制电路和限流控制电路，将导通率控制在 15% ~ 75%，将初级断电电流控制在某一稳定值。这样使发动机在高速和低速时都能稳定、可靠地点火。

而传统点火系则不然，由于其初级电路的导通是靠断电器的机械触点完成的，在发动机高转速时，触点开闭运动速率高，容易形成颤动，造成触点的机械滞后和磁滞后，限制了发动机的极限转速。另一方面，在发动机低转速范围，由于低速时触点闭合时间长，初级电流较大、触点开启速率低，使触点间容易形成较强的触点火花，造成点火能量损失和初级电流的下降速率减小，也使 $U_{2\max}$ 下降。

（2）发动机的气缸数

同样根据式（3 − 1），当同一个点火线圈用于 4 缸或 6 缸发动机时，如图 3 −11所示。不难看出，在使用相同火花塞的情况下，发动机气缸数越多，次级电压最大值越低，发动机的极限转速越

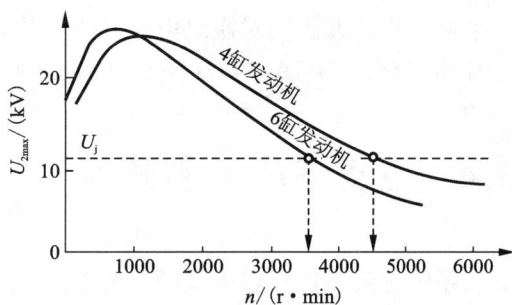

图 3 −11　发动机的气缸数对次级电压的影响

低。这是因为发动机曲轴每转两转，发动机点火的次数就与发动机气缸数相等。发动机的气缸数越多，发动机曲轴每转两转点火的次数就越多，初级回路导通的时间就越小，初级断电电流变小，使次级电压降低。

（3）火花塞积炭

积炭是指燃料和润滑油在高温和氧的作用下所形成的产物。发动机工作时，如果可燃混合气过浓、雾化不良或窜入燃烧室的润滑油过多，燃烧时就会在火花塞电极间以及绝缘体裙部上形成积炭，统称为火花塞积炭。火花塞的积炭层是具有一定电阻的导体，当火花塞间隙形成积炭时，相当于在火花塞电极间并联了一个分路电阻，使次级电路形成闭合回路，如图 3 – 12 所示。这样当初级电路断开，次级电压增长时，所形成的次级电路闭合回路内会产生泄漏电流，消耗部分电磁能，从而使 U_{2max} 降低。当积炭严重，导致泄漏电流严重时，会使 U_{2max} 低于火花塞击穿电压而不能点火，迫使发动机停止工作。

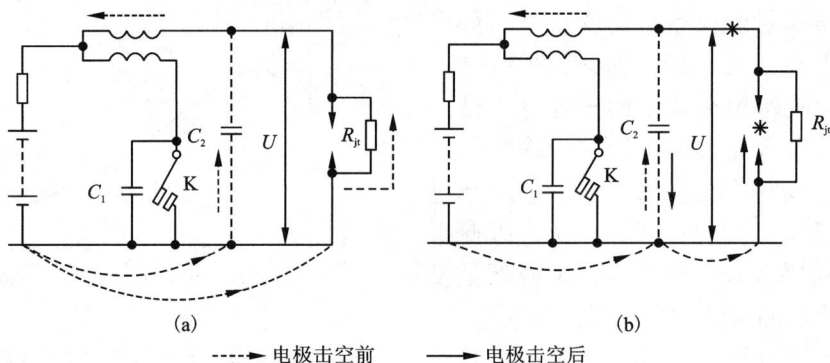

  - - - ▶ 电极击空前 ——▶ 电极击空后

图 3 – 12 火花塞积炭对次级电压的影响

遇此情况，可将火花塞接线端子上的高压导线吊起 3 ~ 4 mm 间隙，使火花塞重新点火，这种方法称为吊火。这是因为吊火后，相当于在火花塞电路中增加了一个附加间隙，使泄漏电流不能产生，只有当次级电压升高到较高值时，才能同时击穿附加间隙和火花塞间隙跳火，并产生电火花点燃可燃混合气。可见火花塞积炭严重时，采用吊火的方法，能改善点火。但这种方法不能长时间使用，只能作为临时应急措施，这是因为击穿两个串联间隙所需的电压比击穿一个间隙所需的电压要高得多，会使点火线圈、火花塞等部件的绝缘负荷加重。此外使用吊火时还应注意防火安全。

为了避免火花塞积炭对次级电压产生影响，目前国内外生产的大多数火花塞在中心电极的上端都预留有 2.54 ~ 6.35 mm 的附加间隙或设置有较大阻值的抗干扰电阻。

3.4 点火系的主要部件

点火系的主要部件有点火线圈、火花塞、分电器，电子点火系还包括点火器。不同类型的点火系其电器的结构及组成相差较大。

3.4.1 点火线圈

点火线圈是点火系的重要部件之一。按照磁路结构的形式不同，点火线圈分为开磁路式点火线圈和闭磁路式点火线圈。

1. 开磁路式点火线圈

开磁路式点火线圈的结构如图 3 – 13 所示、图中序号 8、10、17、18、19、20 只在传统点火系三接线柱式点火线圈中所特有。

点火线圈的中心是用浸有绝缘漆的硅钢片叠成的铁芯，在铁芯外面套有绝缘的纸板套管。次级绕组分层绕在绝缘纸套上，次级线圈直径为 0.06 ~ 0.10 mm 的漆包铜线，匝数为 25000 ~ 30000 匝（传统点火系为 11000 ~ 23000 匝），其内电阻为 2500 ~ 4000 Ω（20℃）（传统点火系一般为 6000 ~ 8000 Ω）为了提高绝缘强度. 每层绕组之间都用绝缘纸隔开。

初级绕组采用直径为 0.5 ~ 1.0 mm 的高强度漆包铜线，分层绕在次级绕组的外面，以利于散热，因为初级绕组流过电流较大、通电时间较长，产生热量较多，初级绕组的匝数为 230 ~ 370 匝，其内电阻约为 0.5 ~ 1.0 Ω（20℃）（传统点火系一般为 1.5 ~ 3 Ω）。绕组绕好后在真空中浸以石棉和松香的混合物，以增强绝缘。绕组和外壳之间装有导磁钢套，用来构成导磁回路。瓷质绝缘座装在壳内底部，以防止高压电向外壳放电。为了提高绝缘强度和防止潮气进入点火线圈，在壳内装好胶木盖、瓷质绝缘座、带铁芯的绕组总成和导磁钢套之后，再用沥青与变压器油的混合物填充密封。

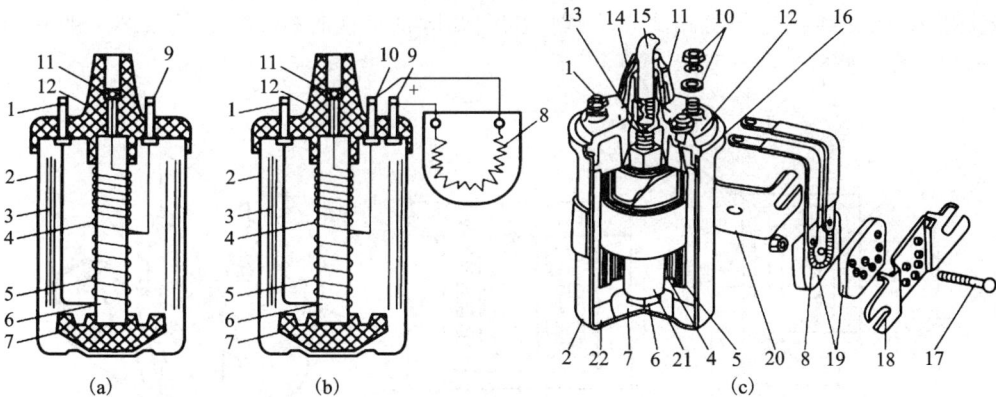

图 3 – 13 开磁路点火线圈

（a）两接线柱式点火线圈；（b）三接线柱式点火线圈；（c）结构图

1—" – "接线柱；2—外壳；3—导磁钢套；4—次级绕组；5—初级绕组；6—铁芯；7—绝缘座；
8—附加电阻；9—" + "接线柱；10—"开关"接线柱（接启动机）；11—高压接线柱；12—胶木盖；
13—弹簧；14—橡胶罩；15—高压阻尼线；16—橡胶密封圈；17—螺钉；18—附加电阻盖；
19—附加电阻瓷质绝缘体；20—附加电阻固定架；21—绝缘纸；22—封料

胶木绝缘盖及接线端子采用热模压铸工艺制成，中央铸有高压线插孔；胶木盖与外壳之间采用卷压工艺封装。根据胶木绝缘盖上低压接线端子数目的不同，点火线圈分为两接线柱式和三接线柱式两种，电子点火系普遍采用两接线柱式点火线圈。

两接线柱式点火线圈的绝缘盖上有" + "接线柱、" – "接线柱和高压接线柱，" + "接线柱连接点火开关，"－"接线柱连接点火器(传统点火系采用两接线柱式点火线圈时"－"接线柱连接断电器)。

三接线柱式点火线圈适用于传统点火系，其绝缘盖上一般有"＋"接线柱、"－"接线柱、"开关"接线柱和高压接线柱，它们分别连接点火开关、断电器、启动机附加电阻短路接线柱和配电器中央电极。与两接线柱式点火线圈的主要区别是外壳上装有一个附加电阻，为固定该电阻，增加了一个低压接线柱("开关"接线柱)。附加电阻用低碳钢丝、镍铬丝或纯镍丝制成，具有受热时电阻迅速增大，冷却时电阻迅速降低的特性。附加电阻与点火线圈初级绕组串联，在发动机工作时，可自动调节初级电流，改善启动和高速时的点火特性。

当初级电流流过点火线圈的初级绕组时，使铁芯磁化，磁通内铁芯经导磁钢套构成凹路，其磁路如图 3 – 14 所示。由于磁路的上下部分都是从空气中通过，初级绕组在铁芯上产生的磁通需经壳体内的导磁钢套形成回

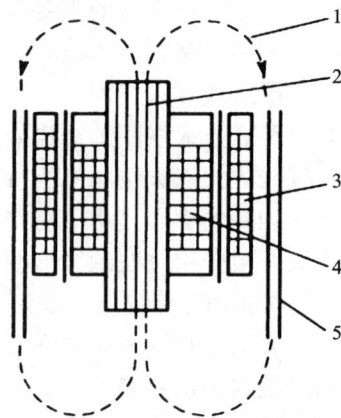

图 3 – 14　开磁路点火线圈磁路图
1—磁力线；2—铁芯；3—初级绕组；
4—次级绕组；5—导磁钢套

路，铁芯与导磁钢套没有构成闭合磁路，所以将这种点火线圈称为开磁路式点火线圈。开磁路式点火线圈磁路的磁阻大，漏磁较多，能量损失多。

2. 闭磁路式点火线圈

闭磁路式点火线圈与开磁路式点火线圈的主要区别是铁芯的形状，其铁芯一般有"口"字形或"日"字形，如图 3 – 15 所示。

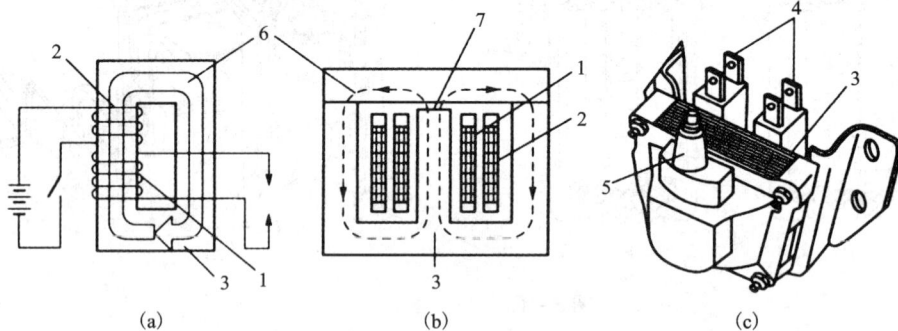

(a)　　　　　　　　　　(b)　　　　　　　　　　(c)

图 3 – 15　闭路点火线圈
(a)"口"字形铁芯磁路图；(b)"日"字形铁芯磁路图；(c)结构图
1—次级绕组；2—初级绕组；3—铁芯；4—初级绕组接线端子；5—高压插孔；6—磁力线；7—气隙

闭磁路式点火线圈的铁芯由浸有绝缘漆的导磁钢片叠合成"口"字形或"日"字形。铁芯内分别绕有次级绕组和初级绕组，其磁路如图 3 – 15 所示。闭磁路式点火线圈的壳体采用热熔性塑料注塑而成，填充剂采用热熔性树脂作为绝缘填充物，其绝缘性、密封性均优于开磁路式点火线圈。因为磁路几乎是闭合的，所以称这种点火线圈为闭磁路式点火线圈。为了减少磁滞现象，"日"字形点火线圈的铁芯设有一个微小的气隙(图 3 – 15 中 7)。

闭磁路点火线圈的优点是漏磁少、磁路的磁阻小，因而能量损失小，其能量转换效率可达 75%（开磁路点火线圈只有 60%）。与开磁路式点火线圈相比，在产生相同次级电压的条件下，绕组匝数大大减少，体积小，结构紧凑。目前，国内外生产的小轿车普遍采用闭磁路式点火线圈。

3.4.2　火花塞

火花塞的作用是将点火线圈产生的高压电引入发动机燃烧室，在其电极间隙中产生电火花，点燃混合气。

1. 火花塞的工作条件及其要求

火花塞的工作条件十分恶劣，发动机工作时将承受很大的机械负荷、化学负荷、热负荷及电负荷。而火花塞工作的好坏对发动机的工作影响极大，因此对火花塞具有较高的要求：

①混合气燃烧时气缸内最高压力可达 5.8 ~ 6.9 MPa，火花塞在气缸内的部分将受到如此高气体压力的冲击，因此要求火花塞在气缸内的主要零件应有足够的机械强度。

②发动机工作时，火花塞裙部将受到高温燃烧产物的作用，由于燃烧产物中含有多种活性气体和物质（如臭氧、氧、一氧化碳、氧化硫和氧化铅等），会使火花塞电极腐蚀，因此火花塞的电极应采用难熔、耐蚀的材料制作。

③混合气燃烧时火花塞下部受到 1500 ~ 2000℃ 的高温燃气作用，而进气时又要受到 0 ~ 500℃ 混合气的突然冷却，因此要求火花塞在气缸内的部分能承受温度剧烈变化引起的热应力；且要求火花塞有适当的热特性，使其裙部保持一定的温度，既不能有局部过热，也不可温度过低。

④发动机工作时产生电火花的电压最高可达 3×10^4 V 以上，这就要求火花塞应能承受冲击性的高电压作用，火花塞的绝缘体应有足够的绝缘强度。

2. 火花塞的构造

火花塞的结构如图 3 - 16 所示。在钢制壳体 5 的内部固定有高氧化铝陶瓷绝缘体 2，使中心电极与侧电极之间保持足够的绝缘强度。绝缘体孔的上部装有金属杆 3，通过接线螺母 1 与高压分线相连，下部装有中心电极 10。金属杆与中心电极之间加装电阻填料或氧化铝陶瓷绝缘材料进行密封。多层密封垫圈 7 起密封和导热作用。为了便于拆装，壳体上部制有 6 角体，下部制有固定螺纹，螺纹下端焊有弯曲的侧电极。火花塞借助壳体下部的螺纹旋入气缸盖中，旋紧时多层密封垫圈 7 受压变形，保证壳体与缸盖之间密封良好。

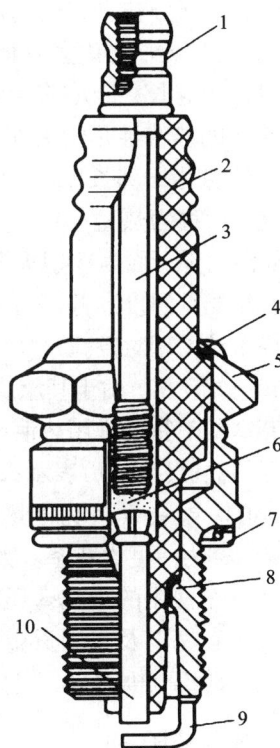

图 3 - 16　火花塞的构造

1—接线螺母；2—陶瓷绝缘体；3—金属杆；
4、8—内垫圈；5—钢制壳体；6—导体玻璃；
7—密封垫圈；9—侧电极；10—中心电极

火花塞的电极一般用镍锰合金制成，具有良好的耐高温、耐腐蚀和导电性能。为了提高耐热性能，有的采用镍包铜电极。普通火花塞的电极间隙（中心电极与侧电极之间的间隙）为

0.6~0.8 mm，采用高能电子点火时，电极间隙可增大至 0.8~1.2 mm。

3. 火花塞的热特性

为了适应不同发动机的需要，火花塞因侧电极的形状和绝缘体裙部长度的不同有多种形式。

火花塞工作时，周期性地受到高温燃气作用，使绝缘体裙部温度升高，这部分热量主要通过壳体、绝缘体、中心电极、金属杆等传至缸体散发到空气中。当吸收和散发的热量达到平衡(实践证明，当火花塞绝缘体裙部的温度保持在 500~600℃时，落在绝缘体上的油滴能立即烧去，不形成积炭，这个温度称为火花塞的自净温度。低于这个温度，火花塞常因产生积炭而漏电，导致不点火；高于这个温度，当混合气与炽热的绝缘体接触时，可能早燃而引起爆燃，甚至在进气行程中燃烧而引起回火现象。

绝缘体裙部温度取决于裙部受热和散热情况。要使裙部经常保持在自净温度，就必须使火花塞吸收的热量与散发的热量趋于平衡状态，并在发动机转速和功率正常变化的范围内保持稳定。火花塞壳体下部的内径越大、绝缘体裙部越长，吸收的热量就越多。绝缘体吸收的热量，除一小部分被进气时的新鲜混合气带走外，其余大部分都要经火花塞壳体与绝缘体之间的密封垫圈传给火花塞壳体，然后再传给发动机气缸盖，还有一小部分则由中心电极传出。所以裙部越长，传热路径就越长，散热就越困难。

火花塞的热特性是指火花塞绝缘体裙部的温度和热传导性能，影响火花塞裙部温度的主要因素是绝缘体裙部长度。绝缘体裙部长的火花塞，受热面积大，传热距离长，散热困难，裙部温度高，称为热型火花塞；反之，裙部短的火花塞，受热面积小，传热距离短，容易散热，裙部温度低，称为冷型火花塞。

火花塞裙部温度高低还与气缸工作温度有关。对于大功率、高压缩比和高转速发动机，由于其燃烧室温度相对较高，为了防止产生炽热点火，应当采用冷型火花塞；对于小功率、低压缩比和低转速发动机，由于其燃烧室温度相对较低，为了防止形成积炭，应采用热型火花塞。

火花塞的热特性常用热值或炽热数表示，其标定方法各国不尽相同。我国是以绝缘体裙部长度标定的热值(1~11)表示火花塞的热特性。热值代号 1、2、3 为低热值火花塞，称为热型火花塞；热值代号 4、5、6 为中热值火花塞，称为中热型火花塞；热值代号 7、8、9、10、11 为高热值火花塞，称为冷型火花塞。数字越小，表示火花塞越热；数字越大，表示火花塞越冷。

现代汽车使用的火花塞还有能抑制电磁干扰的电阻型和屏蔽型火花塞、具有多个旁电极的多电极火花塞以及采用贵金属制作电极的贵金属电极火花塞等。火花塞的发展方向是提高着火性能、延长电极寿命、提高抗污染能力和抗干扰能力。

3.4.3 分电器

传统点火系用分电器主要由断电器、电容器、配电器和点火提前调节装置组成。普通电子点火系用分电器由点火信号发生器、配电器和点火提前调节装置组成。微机控制点火系的分电器则只有配电器，有时将曲轴位置传感器安装在分电器内。

1. 传统点火系用分电器

传统点火系用分电器的结构如图 3-17 所示。分电器外壳由铸铁制成，下部压有石墨青铜衬套；分电器轴由配气机构凸轮轴上的斜齿轮驱动，利用速比为 1:1 的斜齿轮由发动机配气凸轮轴经机油泵轴驱动发动机曲轴与分电器轴转速比为 2:1，即曲轴每转两转分电器轴转一转。

（1）配电器

配电器的功用是分配高压电，安装在分电器的上方（图 3－17），由分电器盖 1 和分火头 2 组成，分电器盖和分火头一般用胶木料热模压铸而成。分电器盖的中央压铸有中央高压线插孔和中心电极，中心电极下部装有带弹簧的炭柱，可使中心电极弹性地压在分火头的导电片上。分火头插装在断电器凸轮顶端，和断电器凸轮一起旋转，其上有金属导电片。沿分电器盖内圆周上铸有与发动机气缸数相等的旁电极，这些旁电极分别与盖上的旁电极高压插孔相通，用于插接各缸高压分线。

当分火头旋转时，它上面的导电片轮流和各旁电极相对，将点火线圈产生的高压电按气缸的工作顺序送往各缸火花塞。导电片距离旁电极有 0.2～0.8 mm 的间隙，当初级电流切断时，次级电路的高压电流将以火花的形式跳过该间隙。

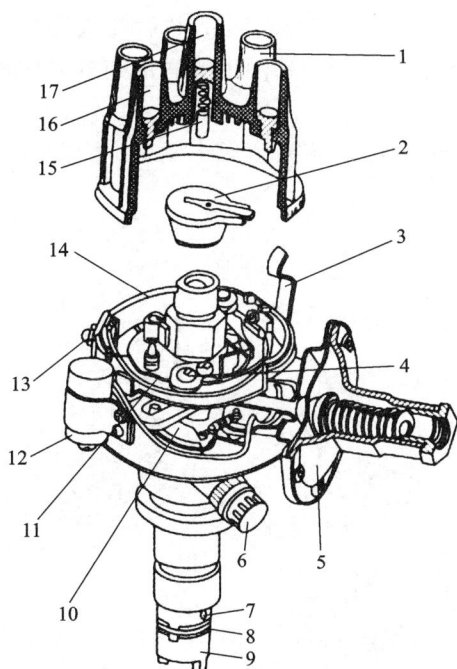

图 3－17　传统点火用分电器构造

1—分电器盖；2—分火头；3—分电器盖弹簧夹；
4—调整螺钉；5—真空点火提前调节器；6—辛烷选择器；
7—固定销及联轴器；8—联轴器钢丝；9—联轴器；
10—离心点火提前调节器；11—断电器底板；12—电容器；
13—断电器接线柱；14—分电器外壳；15—配电器中心电极；
16—旁电极高压线插孔；17—中心电极高压线插孔

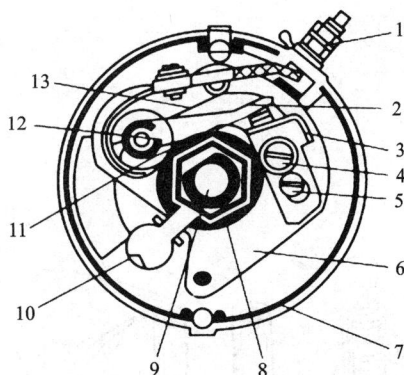

图 3－18　断电器

1—接线柱；2—活动触点臂与活动触点；
3—固定触点与支架；4—固定螺钉；
5—偏心调整螺钉；6—活动底板；7—分电器壳；
8—断电器凸轮；9—分电器轴；10—油毡；
11—胶质顶块；12—销轴；13—活动触点臂弹簧片

（2）断电器

断电器的功能是周期性地接通或切断点火系的初级电路。断电器的结构如图 3－18 所示，它是由一对触点副和断电器凸轮组成。固定触点与支架 3 安装在能相对分电器外壳转动的活动底板 6 上，固定触点搭铁。活动触点固定在触点臂的一端，活动触点与壳体之间是绝缘的，它通过触点臂经触点弹簧片与分电器低压接线柱相通。活动触点臂有孔端松套在活动底板的销轴上，通过触点臂弹簧片的弹力使其靠向断电器凸轮的轴心，活动触点臂中部连有夹布胶木顶块，靠弹簧片 13 压紧在凸轮上。断电器凸轮与拨板制成一体，套装在分电器轴上，经离心点火提前调节器的离心重块由分电器轴驱动。

断电器凸轮的凸角数与气缸数相等，当断电器凸轮旋转至凸轮平面时，断电器触点闭合，初级绕组中有电流流过；当断电器凸轮旋转使凸角顶开触点时，初级电路便被切断。断电器凸轮周而复始地转动，断电器触点就会周期性地开闭。活动触点与固定触点的间隙可借助转动偏心螺钉 5 进行调整。

（3）电容器

电容器与断电器触点并联，其作用是减少断电器触点分开时产生的火花，减少触点的烧蚀积炭，延长触点寿命。电容器装在分电器的壳体上（图 3 - 17 中序号 12），其结构如图 3 - 19 所示。它由两条铝箔或锡箔组成，在两条箔带之间夹以绝缘蜡纸，然后卷成筒状在真空中抽去层间空气、再经浸蜡处理后装在金属外壳 3 中。其中一条箔带的底部与外壳紧密接触；另一条箔带则通过与外部绝缘的导电片由导线引出。

电容器工作时要承受触点打开时初级绕组产生的 200 ~ 300 V 自感电动势，因此要求其耐压为 500 V。

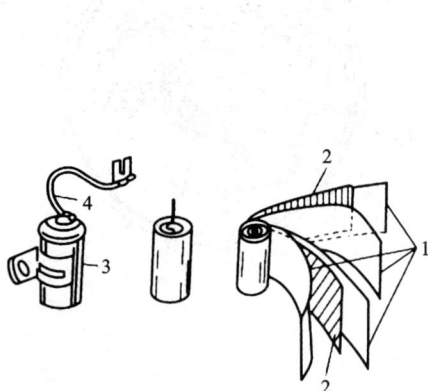

图 3 - 19　电容器

1—蜡纸；2—铝箔；3—外壳；4—引出线

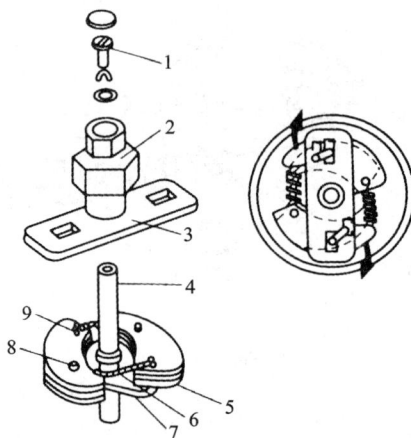

图 3 - 20　离心点火提前调节器

1—固定螺钉；2—断电器凸轮；3—拨板；4—分电器轴；
5—重块；6—弹簧；7—托板；8—销钉；9—销轴

（4）点火提前调节器

在分电器内装有两个调节点火提前角的调节器，它们分别是离心点火提前调节器和真空点火提前调节器。

①离心点火提前调节器。离心点火提前调节器的作用是发动机转速变化时，根据需要自动改变点火提前角。离心点火提前调节器的结构如图 3 - 20 所示。它的离心重块、托板等主要零件装在断电器的下面（图 3 - 18）。调节器的托板 7 固定在分电器轴上，两个重块 5 分别套在托板的销轴 9 上，离心重块可绕销轴转动，其另一端由弹簧拉着，可使重块向分电器轴

靠拢；与断电器凸轮为一体的拨扳 3 松套在分电器轴 4 上。而拨板的长方形孔槽则插在重块的销钉 8 上。重块随分电器轴一起转动，而断电器凸轮则是通过插入拨板扎槽内重块上的销钉带动。

发动机转速增高时，离心块的离心力逐渐增大。自某一转速开始，离心块的离心力便克服弹簧拉力，使离心块向外甩开，离心块上的销钉便推动拨板连同凸轮顺着原来旋转的方向相对于分电器轴转过一个角度，使凸轮提前顶开触点（电子点火系：离心块上的销钉推动拨板带着信号发生器转子沿原来旋转的方向相对于分电器轴转过一个角度），使点火提前角增大。随发动机转速的不断提高，点火提前角不断加大。当转速超过一定值时，销钉靠在拨板长方孔槽的外缘上，重块不能继续甩开，点火提前角达到最大值。如果发动机转速继续升高，点火提前角将不再增大。当发动机转速降低时，重块的离心力相应减小、弹簧将重块拉回，使点火提前角自动减小。

两个重块的弹簧一般由两个不同粗细的钢丝绕成，弹力不同。低速范围内只有细弹簧起作用，点火提前角增大得较快；高速范围内两根弹簧同时工作，点火提前角的增大比较平稳。

②真空点火提前调节器。真空点火提前调节器的作用是当发动机负荷（即节气门开度）发生变化时，根据需要自动改变点火提前角。

真空点火提前调节器装在分电器壳体的外侧（图 3 - 17），主要由外壳、膜片、弹簧、拉杆等部件组成，如图 3 - 21 所示。

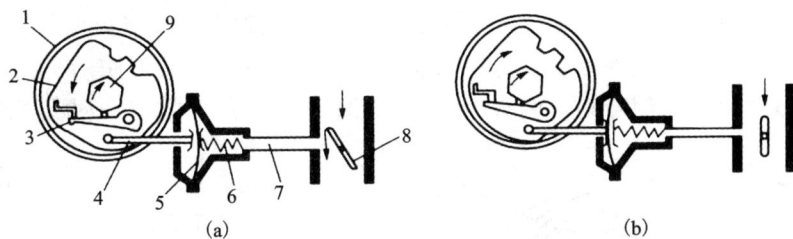

图 3 - 21　真空式点火提前机构工作原理图
（a）节气门开度小；（b）节气门开度大
1—分电器壳体；2—活动板底；3—触点副；4—拉杆；5—膜片；6—弹簧；
7—真空连接管；8—节气门；9—凸轮

在真空点火提前调节器的壳内固定有膜片 5，膜片将其内部分成两个空腔，位于分电器壳体一侧的腔室与大气相通，另一个腔室用管子与节气门下方的小孔连接；膜片中心固装着拉杆 4，拉杆的一端固装一销钉，断电器（或信号发生器）活动底板就套装在拉杆的销钉上，因此拉杆运动可带动断电器（或信号发生器）的活动底板转动，使点火提前角改变。平时膜片 5 在弹簧 6 的作用下拱向分电器壳体一侧，并通过拉杆，带动断电器（或信号发生器）活动底板处于某一位置。

当发动机负荷很小时，节气门开度小［图 3 - 21（a）］，小孔处的真空度较大，吸动膜片向右拱曲，拉杆 4 拉动活动底板带着断电器的触点副逆分电器轴旋转方向转动一定角度，使触点提前开启（电子点火系则是拉杆被动信号发生器活动底板带着信号发生器转子逆分电器轴旋转方向转动一定角度，使点火控制器功率二极管提前截止），点火提前角增大。当发动机负荷加大即节气门开度增大时［图 3 - 21(b)］，小孔处真空度减小，膜片在弹簧作用下向左拱曲，使点火提前角自动减小。

急速时，节气门接近全闭，此时节气门下方的小孔处于节气门上方，该处的真空度几乎为零，于是弹簧推动膜片使点火提前角减小或基本不提前。发动机全负荷工作时，节气门全开，小孔处的真空度也很小，点火提前调节器几乎不起作用，点火提前角调节量很小。真空式点火提前调节器有多种形式，但其点火提前角调节原理基本相同。

2. 电子点火系用分电器

普通电子点火系用分电器内点火信号发生器、配电器和点火提前调节装置组成，微机控制电子点火系的分电器则只有配电器。无论哪种点火系，其配电器的结构和工作原理都完全相同。普通电子点火系和传统点火系中点火提前调节装置的结构和工作原理也都完全相同，前已述及，这里都不再赘述。与传统点火系分电器所不同的是，普通电子点火系中内点火信号发生器和点火器的共同作用来完成控制初级电流通断的任务，取代了传统点火系中的断电器。点火信号发生器一般安装在分电器内(也有个别发动机直接装于配气机构凸轮轴前端或后端)，而点火器则安装在分电器外。微机控制电子点火系控制初级电流通断的任务则内电子控制单元 ECU 和点火器来完成。因此下面只介绍普通电了点火系分电器中信号发生器的结构及工作原理。

普通电子点火系中常见的信号发生器有磁感应式、霍尔式和光电式三种。

(1)磁感应式信号发生器

图 3 - 22 所示为日本丰田汽车 20R 型发动机所装用的磁感应式点火信号发生器，它装在分电器内的活动底板上。主要由装在分电器轴上的信号转子、永久磁铁、铁芯(支座)和绕在铁芯上的传感线圈组成。信号转子内分电器轴驱动，转子的凸齿数与发动机气缸数相等。

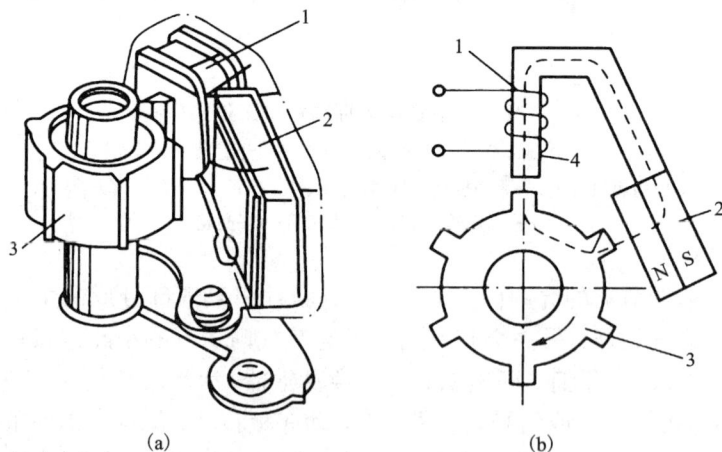

图 3 - 22　磁感应式信号发生器

(a)结构图；(b)磁路图

1—传感线圈；2—永久磁铁；3—信号转子；4—铁芯

磁感应点火信号发生器是利用电磁感应原理工作的。当通过传感线圈的磁通发生变化时，在传感线圈内便产生交变电动势，它相当于一个小的发电机。永久磁铁的磁路如图

3 - 22所示：永久磁铁 N 极→空气隙→信号转子→空气隙→铁芯→永久磁铁 S 极。

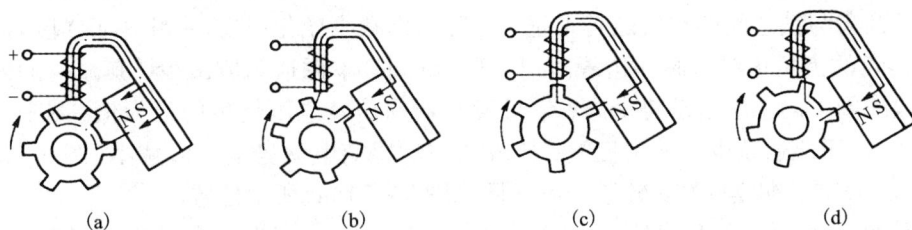

图 3 - 23　磁感应式信号发生器工作原理图

图 3 - 23 是该磁感应式信号发生器的工作原理图，其工作过程如下。当发动机工作时，信号转子内分电器轴带动旋转，这时信号转子的凸齿与铁芯间的空气隙不断发生变化，使通过传感线圈的磁通量发生变化，在传感线圈内便不断产生交变电动势。如图 3 - 23(a)所示，当信号转子的两个凸齿中央正对铁芯的中心线时，磁路中凸齿与铁芯间的空气隙最长，通过传感线圈的磁通量最小，且磁通变化率为零，如图 3 - 24 中的 A 点。

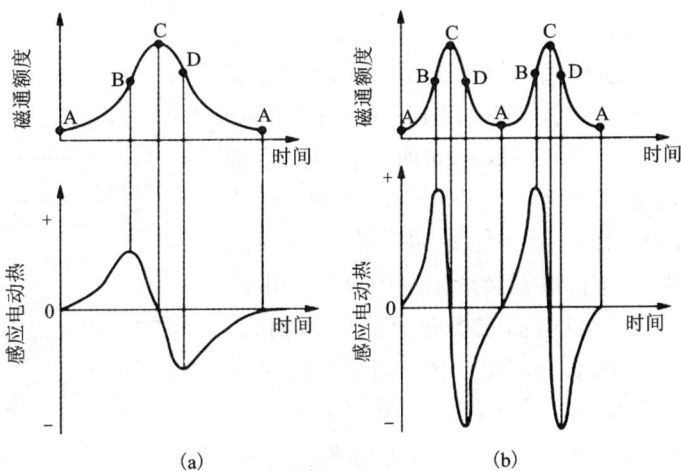

图 3 - 24　传感线圈中磁通量及感应电动势情况

(a)低速时；(b)高速时

信号转子不断地作顺时针转动，它的凸齿逐渐接近铁芯，凸齿与铁芯间的空气隙越来越小(即磁阻逐渐变小)，则穿过传感线圈的磁通逐渐增多，于是在传感线圈中便产生感应电动势。根据楞次定律，其感应电动势的方向总是阻碍磁通的增长，其大小与磁通的变化率成正比。此时的磁通和感应电动势如图 3 - 24 中的 AB 段。信号转子继续转动，当信号转子凸齿的齿角与铁芯边缘相对时[图 3 - 23(b)]，通过传感线圈的磁通量急剧增加，磁通的变化率最大，则所对应的感应电动势最大，如图 3 - 24 中的 B 点，即信号发生器的信号电压有正的最大值。

当信号转子转过图 3 - 23(b)所示位置后，虽然磁通量仍在增加，但磁通变化率降低(图 3 - 24中凹段)；当信号转子的凸齿正好与铁芯对正时[图 3 - 23(c)]，转子凸齿与铁芯间空气隙最小，穿过传感线圈的磁通量最大（即磁阻最小），此时磁通的变化率为零，故传感线圈中的感应电动势为零（图3-24中C点）。信号转子继续旋转，转子凸齿逐渐转离铁芯对正位置，转子凸齿与铁芯间的空气隙越来越大，磁通作减少变化（图3-24中CD段）。当信号转子另一凸齿的齿角正对铁芯的边缘时［图3-23(d)］，磁通急剧减少，其减少的磁通变化率最大，故线圈中的感应电动势最高，信号发生器的信号电压呈负的最大值（图3-24中D点）。此后，由于磁通减少的速率变慢，故线圈中的感应电动势呈负值减小（图3-24中DA段波形）。信号转子继续旋转，转子凸齿又回到图3-23(a)所示位置。

由此可见，信号转子每转过一个凸齿，传感线圈中就会产生一个周期的交变电动势，即电动势出现一次最大值和一次最小值，传感线圈相应地输出一个交变电压信号。信号转子每转一圈（发动机曲轴转两转），传感线圈就会产生与发动机气缸数相同个数的交变电压信号输入点火器。每当信号电压达到一定位时，点火器便切断点火线圈初级电流，次级绕组中就会感应产生高压电使火花塞跳火。

磁感应式信号发生器的突出优点是不需要外加电源，永久磁铁起着将机械能变换为电能的作用，其磁能不会损失。当发动机转速变化时，转子凸齿（或爪极）转动的速度相应发生变化，铁芯中的磁通变化率也将随之发生变化。转速越高，磁通变化率就越大，传感线圈中的感应电动势也就越高。

（2）霍尔信号发生器

霍尔信号发生器是根据霍尔效应制成，霍尔效应是由美国物理学家爱德华·霍尔（Edward H·Hall）在1879年发现的。霍尔效应的原理如图3-25所示，把一个通有电流的长方体形白金导体板放入垂直于磁力线、磁感应强度B的磁场中时，在白金导体的两个横向侧面上（平行于电流方向的两个侧面）就会产生一个垂直于电流方向和磁场方向的电压。当取消磁场时电压立即消失。该电压被称为霍尔电压U_H，霍尔电压U_H与通过白金导体的电流I和磁感应强度B成正比，即

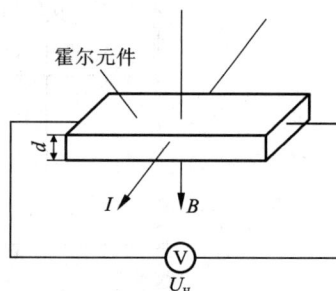

图3-25 霍尔效应原理

$$U_H = \frac{R_H}{d}IB \qquad (3-2)$$

式中：R_H为霍尔系数；d为白金导体（或半导体基片）厚度；I为电流；B为磁感应强度。

由式(3-2)可知，当电流I为定值时，霍尔电压U_H随磁感应强度B的大小而变化。霍尔效应原理在自动控制技术领域直到1947年发现半导体器件之后才得以广泛应用。实验证明，半导体材料也存在霍尔效应，且霍尔系数远远大于金属材料的霍尔系数值，而且价格低廉，因此目前都用半导体基片制作霍尔元件。

霍尔信号发生器的基本结构如图3-26所示，主要由触发叶轮1、霍尔集成块2、带导滋板的永久磁铁3等组成。触发叶轮与分火头制成一体由分电器轴带动，其叶片数与气缸数相等。霍尔集成块的外层为霍尔元件，与同一基板的其他部分制成霍尔集成电路。触发叶轮的叶片在霍尔集成块和永久磁铁之间转动。

霍尔信号发生器工作时，霍尔元件产生的霍尔电压U_H是mV级，信号很微弱，需要进行信号处理，这一任务由集成电路来完成。霍尔集成电路由放大电路、稳压电路、温度补偿电

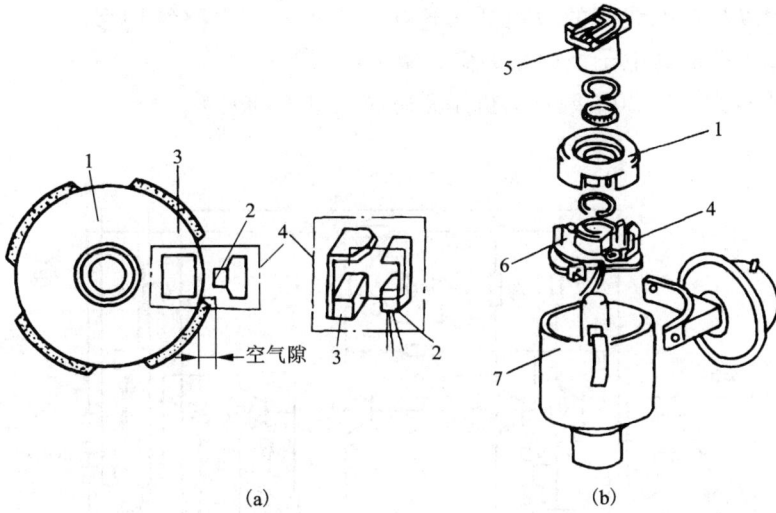

图 3 – 26　霍尔信号发生器

（a）示意图；（b）结构图

1—触发叶轮；2—霍尔集成块；3—带导板的永久磁铁；

4—霍尔传感器；5—分火头；6—触发开关托盘；7—分电器壳体

路、信号变换电路和输出电路等组成。霍尔元件产生的霍尔电压(U_H)信号，经过放大、脉冲整形，最后以整齐的矩形脉冲（方波）信号 U_g 输出，其原理框图如图 3 – 27 所示。

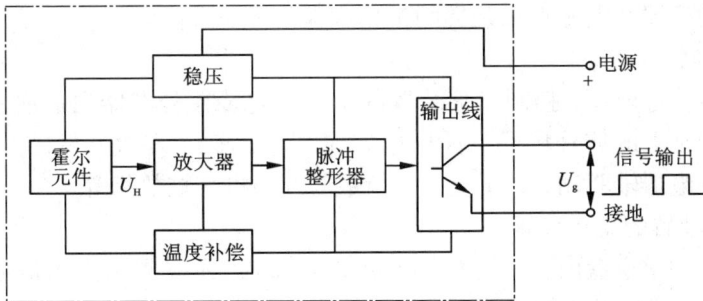

图 3 – 27　霍尔电压集成块电路框图

U_H—霍尔电压；U_g—霍尔信号发生器输出电压信号

3.4.4　点火器

点火器是电子点火系的核心部件，又称为点火电子组件或点火控制器。点火器性能的高低和技术状态的好坏，直接影响点火系的工作性能和工作状态。

点火器的基本功能是根据点火信号发生器送来的脉冲电信号，通过其内部大功率三极管的导通与截止，控制点火线圈初级电路的接通与切断。比较完善的点火器还具有恒流控制、导通角（闭合角）控制、停车断电控制和过压保护控制等功能。

点火器壳体一般用铝材模铸而成，以利于散热；内部电路用导热树脂封装，壳体上封装有一个插座，用以与点火线路的线束插头连接。点火器的电路结构多种多样。下面以丰田20R型发动机用磁感应式电子点火系为例介绍工作原理。

图3－28所示为丰田20R型发动机用磁感应式电子点火系。

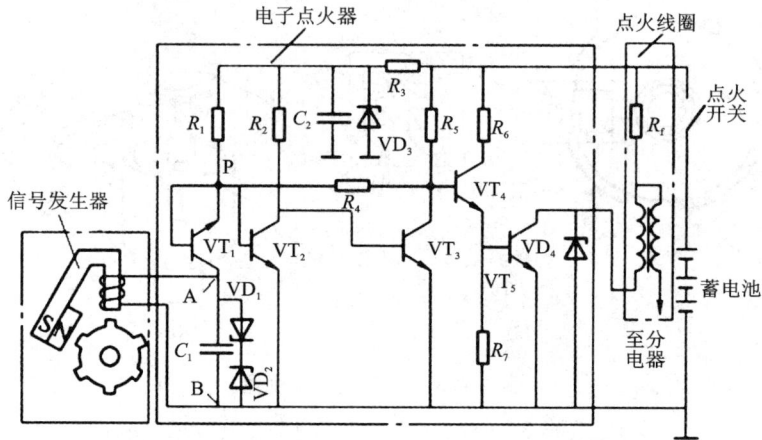

图3－28　丰田20R型发动机用磁感应式电子点火系

丰田车无触点式磁感应电子点火系主要由磁感应式信号发生器、电子点火器、分电器、点火线圈、火花塞、点火开关等组成。该点火系的分电器中仍保留了传统的配电器、离心点火提前机构和真空点火提前机构。

现将其信号发生器和电子点火装置的工作过程分析如下：

（1）信号发生器

其功用是产生信号电压，控制点火装置的工作。它装在分电器内的底版上（图3－24），主要由装在分电器轴上的信号转子、永久磁铁、铁芯（支座）、和绕在铁芯上的传感线圈等组成。信号转子由分电器轴驱动，转子上的凸齿数与发动机气缸数相等。

（2）电子点火装置的工作原理

点火器组装在一个小盒内，其基本电路如图3－28所示。它由点火信号检出电路（晶体管 VT_2），开关放大电路（晶体管 VT_3、VT_4）和大功率晶体管 VT_5 等三部分组成。主要有5个晶体管。其中 VT_1 起温度补偿作用，其发射极与基极相接，相当于一个二极管。只有当图中P点电位高于A点电位时，VT_1 才导通。VT_2 为触发管；VT_3 和 VT_4 起放大作用，将 VT_2 的输出进行放大以驱动 VT_5；VT_5 为大功率管，与点火线圈一次绕组串联，控制一次电流的通断。

点火开关接通后，其基本工作原理如下：

①当发动机未工作，传感器的信号转子不动时，传感器无输出信号，点火线圈一次绕组有电流流过。此时，电流从蓄电池的"＋"极→点火开关→R_4→R_1→P点→VT_1（b．e）→A点→传感线圈→B点→蓄电池的"－"极（搭铁）。于是，电路中的P点电位较高，使 VT_2 的发射极加正向电压而导通，故其集电极电位降低到约等于0，使 VT_3 截止。VT_3 截止时，蓄电池通过 R_5 向 VT_4 提供偏流使之导通，此时，R_7 上的电压加到 VT_5（b．e），使 VT_5 导通。这样，一次电路接通：电流从蓄电池"＋"极→点火开关→附加电阻 R_f→点火线圈→一次绕组 W_1→

$VT_5(c,e)$→搭铁(回到蓄电池"−"极)。此时一次绕组中有电流通过,在线圈中形成磁场。

②启动发动机,分电器开始转动,信号发生器开始产生交变电动势信号。当传感线圈输出"+"信号(即 A 端为"+"、B 端为"−")时,由于 VT_1 的集电极加反向偏压而截止(此时的 VT_1 与二极管的反向截止相同),故 P 点仍保持较高的电位,使 VT_2 导通。于是,VT_3 截止。VT_4 和 VT_5 导通,点火线圈一次绕组仍有电流流过。

③当传感线圈输出"−"信号(即 A 端为"−"、B 端为"+")时,VT_1 则加正向电压而导通。此时 P 点电位降低,于是 VT_2 截止。当 VT_2 截止时,蓄电池通过 R_2 向 VT_3 提供偏流,使 VT_3 导通,VT_4 和 VT_5 立即截止,点火线圈一次电流被切断,磁场迅速消失,二次绕组 W_2 产生高电压。此电压再由分电器分配至各缸火花塞使之跳火,点燃可燃混合气。发动机不断转动,周而复始重复上述过程,点火线圈不断产生高压电。传感器的信号转子每转动一周,各个气缸便轮流点火一次。

④其他元件的作用。VT_1 起温度补偿作用,使 VT_2 的导通与截止时间不受温度影响。稳压管的作用:VS_1、VS_2 两个稳压管反向串联后,与点火信号发生器的传感线圈并联,其作用是当传感线圈产生的信号电压高于稳压管的反向击穿电压时,稳压管立即导通,将传感线输出的正向和负向信号电压被波峰全部削平,使其稳定在一定数值,保护 VT_1 和 VT_2 不受损害。VS_3 与 R_4 组成稳压电路,其作用是保证 VT_1 和 VT_2 在稳定电源电压下工作,因为电源电压升高时,会使 P 点电位升高,造成 VT_2 导通时间增长,点火时间延迟。VD 的作用是保护 VT_5 管:当 VT_5 截止时,VD 可将一次绕组的自感电动势限制在某一值之内,保护 VT_5 不被击穿。

C_1 的作用是消除点火信号发生器传感线圈输出电压波形上的毛刺,使电压平滑稳定,防止误点火,使点火时间准确无误。C_2 与 R_4 组成阻容吸收电路,其作用是吸收瞬时过电压,防止误点火。电阻 R_3 为正反馈电阻,加速 VT_2(也即 VT5)翻转。

3.5　点火系故障诊断和维修

点火系常见故障为发动机不能启动或启动困难、个别缸不点火、点火时间不当、点火错乱等。点火系故障常见部位为火花塞、分电器、电子点火器、点火线圈等。

3.5.1　常见故障人工经验诊断

1. 发动机不能启动或启动困难

故障现象:发动机在行驶途中突然熄火;启动机带动曲轴运转速度正常,但不能启动或启动困难;火花塞湿润。

故障主要原因及处理方法:火花塞潮湿,清洗、烘干或更换火花塞;点火器故障,检查或更换点火器;点火信号发生器性能不良,检修或更换点火信号发生器;断电器故障,检修或更换断电器;电容器击穿,更换电容器;点火开关损坏,更换点火开关;点火线圈断路、短路,更换点火线圈;线路连接不良或搭铁,检修线路;保险丝松动或熔断,紧固或更换保险丝;分火头或分电器盖漏电,更换分火头或分电器盖;分缸线漏电或内部断裂,更换分缸线;中央高压线绝缘性能下降,漏电,更换中央高压线。

发动机不能启动或启动困难故障诊断流程如图 3−29 所示。

发动机不能启动或启动困难(纯属点火系)

拔出分电器中央高压线,距缸体5~8 mm(或将高压线插入一检验用火花塞,并使火花塞搭铁)试火,火花强度是否正常?

否

是

用电压表接在点火线圈"−"接线柱与机体之间,转动发动机,观察电压变化情况

10 V左右不动

<5 V且不动

0~10 V波动

插上中央高压线,拔出火花塞上高压分线(或将高压分线插入一检验用火花塞)试火,火花是否正常?

是

否

检查点火线圈后线路,是否有连接不良或搭铁不良?

点火线圈次级绕组故障

拆下点火线圈"−"接线柱导线,打开点火开关,测量其电压是否在12 V左右?

检查点火正时,点火提前角是否正常?

用试火法检验分火头,分油器盖是否漏电?

是

否

是

否

是

是

否

线路连接不良或搭铁不良

检查点火线圈后线路有无短路或搭铁故障?

检查保险丝是否熔断?

火花塞故障

点火正时不当

分缸线路故障

分火头或分电器盖漏电

否

是

否

有触点点火系

无触点点火系

否

是

断电器触点故障

检查点火信号发生器性能是否不良?****

线路短路或搭铁

点火线圈"−"接柱之前存在断路或短路故障

保险丝熔

否

是

点火器故障

点火信号发生器性能不良

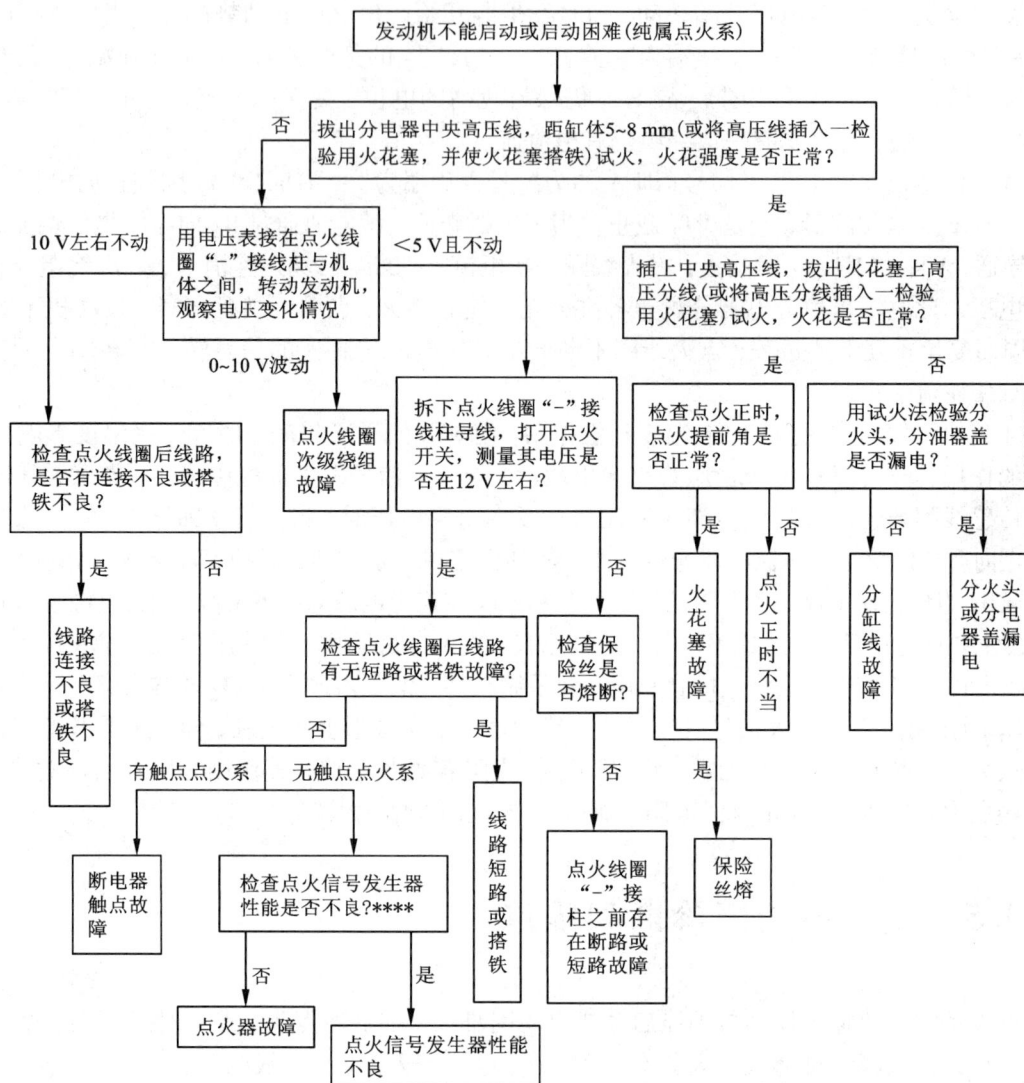

图 3 − 29   发动机不能启动或启动困难故障诊断流程

2. 个别缸不点火

故障现象:发动机运转不稳,在怠速下机体抖动;排气管冒黑烟或白烟,并发出有节奏的"突突"声或放炮声。

故障主要原因及处理方法:个别气缸的火花塞绝缘体破裂、电极间隙不当、油污、积炭,检修或更换损坏的火花塞;分缸高压线脱落或漏电,检修或更换分缸高压线;分电器盖破裂漏电,更换分电器盖;断电器触点烧蚀或间隙不均匀,调整或更换断点器;点火线圈老化,更换点火线圈。

故障诊断方法:个别缸不点火故障诊断流程如图 3 − 30 所示。

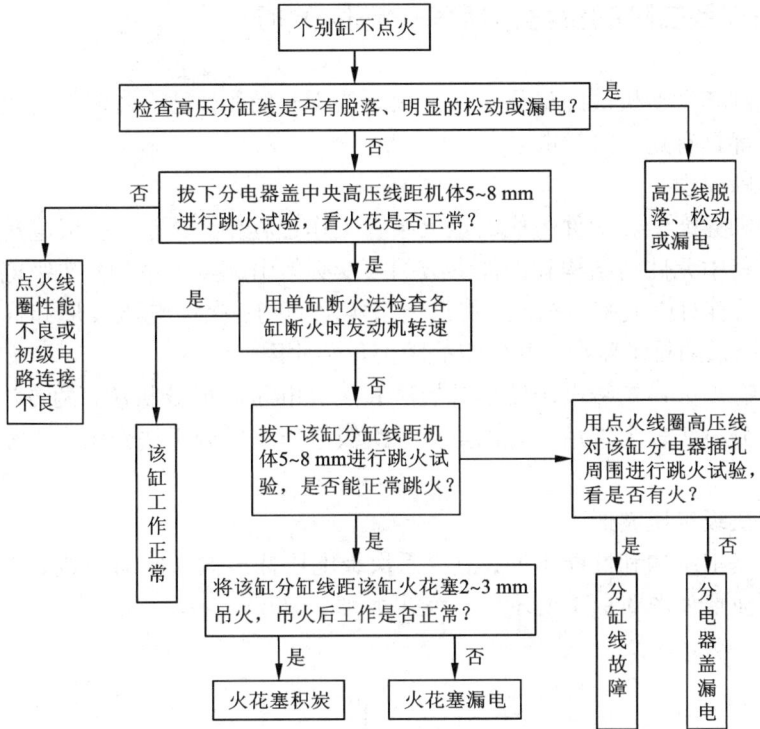

图 3 − 30　个别缸不点火故障诊断流程

3. 点火时间不当

故障现象：发动机动力性不良，运转平稳性差，有爆燃，易过热的现象都有可能是点火时间不当引起，点火时间不当分点火过早和过迟两种情况，发动机启动时有反转，急速和急加速时有爆燃则为点火过早；若发动机发闷无力，易过热，排气管冒黑烟，放炮或化油器的回火则为点火过迟。

故障原因诊断及排除：

故障原因——点火时间不当的主要原因有点火正时调整不当，调整点火正时；分电器上点火提前角离心调节装置失效和真空调节装置失效或管路连接不密封，检修调节装置；其中点火正时调整不当最为常见。

诊断方法——推荐使用点火正时仪进行检测，在无此仪器的情况下可人工调整分电器外壳安装位置，并观察调整对发动机的运行性能的影响。

4. 点火错乱

故障现象：发动机启动困难，启动后工作不稳，排气管放炮和爆燃等现象。

故障原因诊断及排除：点火错乱故障原因是各分缸高压线相对位置搞错或分电器盖绝缘不良漏电。一般诊断时检查各分缸线是否沿分火头转动方向按点火顺序排列，如顺序不对应重新排列；若顺序正确，则应检查分电器盖是否潮湿或有裂纹。若无则进行分电器盖跳火或用新分电器盖进行对比试验，若分电器盖漏电则应更换。

3.5.2 点火系故障的仪器诊断——波形分析法

用仪器诊断汽车发动机故障最早是从点火系故障开始的，目前许多发动机综合分析仪和汽车专用示波器都具有点火系诊断功能。

1. 点火系诊断原理

由一定结构和性能参数元件组成的点火系在工作过程中，其初、次级电压随时间变化呈现一定的规律。其中元件的结构和性能参数的改变必然引起点火系初、次级电压波形发生变化，且两者之间具有对应关系。据此，将点火系实测的初、次级电压波形和标准波形进行对比，就可确定点火系的技术状况，并确定故障部位和原因。

点火系诊断有点火系初级电压波形分析法和次级电压波形分析法，两方法各有特点，其中次级电压波形分析法较为常用。现以点火系次级电压波形分析法介绍点火系故障的仪器诊断方法。

2. 标准单缸次级电压波形

因点火系的基本结构和性能不同，点火系次级电压标准波形略有不同，常见的点火系标准单缸次级电压波形如图 3－31 所示。

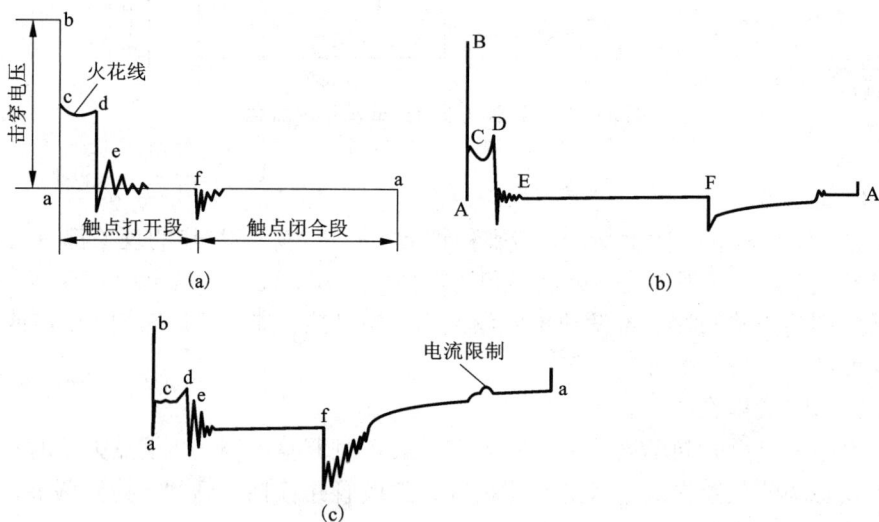

图 3－31　常见点火系标准单缸次级电压波形

（a）有触点点火系；（b）一般电子点火系；（c）Benz 汽车电子点火系

图 3－31（a）中波形上各点的含义如下：

a 为断电器触点打开，二次电压急剧上升；ab 为击穿电压；bc 为电容放电；cd 为电感放电，称为火花线；de 为火花消失后，剩余磁场能维持的衰减振荡；e 点断电器触点闭合，ef 为触点闭合导致的负电压，并引起闭合振荡；从左至右，ae 为触点打开的全部时间，ea 为触点闭合的全部时间。如果时间用分电器凸轮轴转角表示，则 ae 为断电器触点张开角，ea 为断电器触点闭合角。

在电子点火系中，由点火器功率三极管的截止和导通来控制初级电路。与图 3 – 31(a) 波形上各点相对应，图 3 – 31(b) 和图 3 – 31(c) 所示的电子点火系波形上与 a、e 相对应的是点火器功率三极管的截止和导通，ae 为点火器功率三极管截止的全部时间，ea 为点火器功率三极管导通的全部时间。如果时间用分电器凸轮轴转角表示，则 ae 为点火器功率三极管截止角，ea 为点火器功率三极管导通角。

有触点点火系的断电器触点张开角或闭合角取决于断电器触点间隙和凸轮形状，其值与发动机转速无关。而一般电子点火系的导通角(或截止角)随发动机转速的升高而增大(或减小)，这是电子点火器中的导通角控制模块作用的结果。有触点点火系的 ea 触点闭合段正常情况下应连续平整，而一般电子点火系的点火器功率三极管导通段可能有凸起或波动，见图 3 – 31(b) 和图 3 – 31(c)，这是电子点火器中的限流器工作的结果。此外，克莱斯勒汽车公司电子点火系的次级点火波形图线上没有初级电路闭合时所产生的次级电压变阶段，这一点与其他电子点火系的特征明显不同。

3. 次级电压波形故障反映区域及诊断参数

点火系仪器诊断的方法是将点火系实测的初、次级电压波形和标准波形进行对比分析，由于测试工况无法保证完全一致，所以不能要求实测波形和标准波形一模一样。在实际诊断中往往是抓住本质和特征，有触点点火系次级电压波形的故障分析重点观察图 3 – 32 所示的四个区域。

图中 A 区为断电器故障反映区，B 区为电容器、点火线圈和初级电路连接故障反映

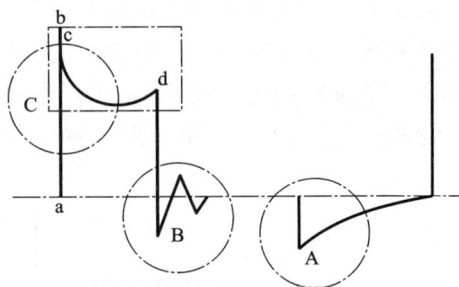

图 3 – 32 次级电压波形故障反映区域

区，C 区为电容器、断电器故障反映区，D 区为配电器、火花塞和次级电路连接故障反映区。

在点火波形分析时，除观察波形形状外，常观测的诊断参数及其正常值为：

①火花塞击穿电压，亦称点火高压，即 D 区 b 点的电压，一般正常值为 8 ~ 15 kV。

②火花持续时间，亦称电感放电时间，即 D 区 cd 段的时间，一般正常值为 0.6 ~ 1.5 ms。

③低频振荡波数，即 C 区可见波峰数，一般正常值为 3 ~ 5 个。

④导通角(闭合角)：点火器功率三极管导通(断电器触点闭合)一次所对应的分电器点火信号发生器转子轴(凸轮轴)的转角。如：SANTANA 的导通角为：$19 \pm 3°$ (800 ± 50 rpm)，$62 \pm 3°$ (3500 rpm)，电子式点火系导通角随发动机转速变化而变化；有触点点火系闭合角与转速无关，一般要求是：四缸发动机是 $50° \sim 54°$，六缸发动机是 $38° \sim 42°$。

⑤离散角，又称重叠角，它是指各缸导通角(闭合角)差值的最大值。有触点点火系要求四缸发动机小于 $4.5°$，六缸发动机小于 $3°$。

⑥单缸次级开路电压，即将某分缸高压线火花塞端悬空时测得的次级电压，一般有触点点火系要求大于 20 kV，电子式点火系要求大于 30 kV。

⑦单缸次级短路电压，即将某分缸高压线火花塞端与机体短路时测得的次级电压，一般要求小于 5 kV。

4. 波形显示方式

为提高故障诊断速度，发动机综合分析仪和汽车专用示波器都具有以下四种实测波形显

示方式：

①多缸平列波形，从左至右按点火顺序将所有各缸点火波形首尾相连在同一屏幕上显示的方式。主要用于各缸火花塞击穿电压的测量，及其一致性初步检查，发现各缸共性问题或找出工作不良的个别缸。

②多缸重叠波形，将各单缸波形之首对齐并重叠在一起在同一屏幕上显示的方式。主要用于观察各缸导通角或闭合角的变化范围，测量分电器的离散角。

③多缸并列波形，将各单缸波形之首对齐且从上到下按点火顺序将所有各缸点火波形在同一屏幕上显示的方式。主要用于观测各缸导通角或闭合角的变化范围，测量分电器的离散角，也可大致观察点火低频振荡波数。

④单缸波形，全屏只显示一个单缸波形的方式。一般用于在多缸平列波形或并列波形上发现问题后，对点火系进行深入分析。

需要说明的是：在实际检测诊断中并非每种波形显示方式都要用到，一般首先用多缸平列波形大致观察各缸情况，若发现个别缸工作不良就用单缸波形进行深入诊断。

5. 点火系故障的波形分析法诊断举例

图 3－33 为几个实测点火系故障的波形，现作分析诊断如下：

图 3－33(a)断电器触点闭合时，第一振荡不是最长。其故障部位和原因是：断电器触点脏污、烧蚀、安装定位未对正；断点器触点臂弹簧弹力弱。

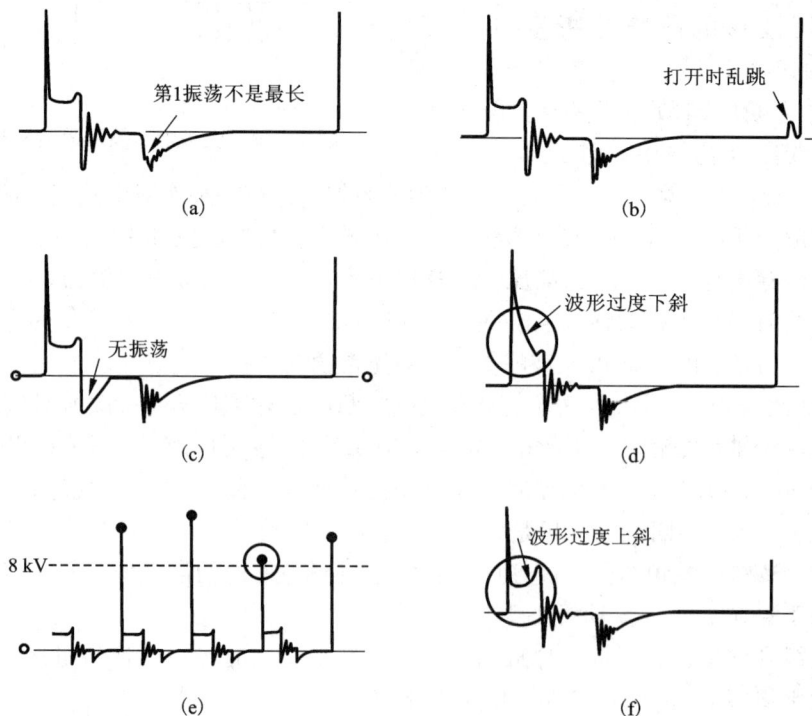

图 3－33　实测点火系故障的波形

图 3－33(b)断电器触点打开前，有多余小杂波。其故障部位和原因是：断电器触点烧

蚀、脏污、凹陷；电容器损坏。

图 3－33（c）无低频振荡波。其故障部位和原因是电容器失效或漏电。

图 3－33（d）火花线波形过度下斜。其故障部位和原因是：次级电路电阻过高；火花塞不良、高压线不良、分电器盖与分火头不良。

图 3－33（e）是分缸线火花塞与机体短路时测得的波形，其单缸次级短路电压过高。其故障部位和原因是：分火头间隙过大、烧蚀；分电器盖损坏。

图 3－33（f）火花线波形过度上斜。其故障部位和原因是火花塞不良。

3.5.4　点火系的维修

1.点火系的维护

（1）维护作业内容

在发动机维护中点火系的主要维护作业内容是：

①检查与调整点火正时。

②检查火花塞电极间隙和积炭，必要时调整火花塞电极间隙至规定值，使用火花塞清洁仪或手工清除其积炭，或更换火花塞。

③检查断电触点的间隙以及表面状况，必要时进行调整、修整或更换。

④检查高低压线路的连接情况，保证插接件牢固可靠，检查高压导线的绝缘性能和电阻，若不合要求则应更换。

⑤清洁分电器内、外部，清除灰尘、油污、积水，润滑分电器各润滑点，保持分电器盖的通气孔畅通。

（2）点火正时的检查与调整

1）点火正时的检查

检查点火正时是否准确，推荐使用点火正时仪器检测，在无检测仪器的情况下也可进行人工经验检测。

点火正时的仪器检测方法有频闪法和缸压法，其中频闪法应用普遍。频闪法检测点火正时使用正时灯（枪），其具体方法是：

检测时，先接上正时灯，再把点火脉冲传感器串接在一缸火花塞与高压线间或外卡在一缸高压线上（感应式传感器），擦拭飞轮或曲轴带轮使其正时标记清晰显露。置发动机于怠速工况下运转，打开正时灯并使之对准正时标记，调整电位计旋钮，使活动标记与固定标记对齐，此时所显示的读数即为怠速工况下的点火提前角。发动机怠速运转时，其离心式和真空式点火提前装置尚未起作用或起作用很小，此时测得的点火提前角称为初始点火提前角。

用同样方法可测出不同工况下的点火提前角，测出的各工况下的点火提前角若符合规定，说明初始点火提前角调整正确，同时说明离心点火提前装置和真空点火提前装置工作正常。还可对各种工况下的离心提前角和真空提前角的修正情况进行检测：拆下分电器真空提前装置的真空软管，用在真空提前装置不起作用时各种转速下的点火提前角减去初始点火提前角，即可得到在各种转速下的离心提前角修正值；在连接真空提前装置真空软管的情况下，用在同样转速下测得的点火提前角减去离心提前角和初始提前角，则又可得到真空点火提前角修正值。

对于计算机控制电子点火系而言，其点火提前角的检测应按制造厂规定的校准点火正时的步骤进行。检测时，一般应先把点火正时检验接线柱短路或将检查连接器 OBD—Ⅱ 相关接口短接，在取代码状态，使计算机控制点火提前不起作用。首先检测怠速时初始提前角（即发动机自动控制点火提前装置不起作用时的初始点火提前角），检测完后再拆除短接线，使发动机在各工况下运转，其提前角即随开度和转速的变化而变化，通过对比来判定提前角的修正质量。具体检测方法和要求应查阅说明书。

点火正时的人工经验检查方法是：启动发动机，使水温上升到 70~80℃ 以上，在发动机怠速旋转时突然加速，如转速不能随节气门的打开而立即增高，感到"发闷"，或在排气管中有突突声，则为点火过迟。如发动机内出现强烈的金属敲击声，则为点火过早。在发动机水温上升到 70~80℃ 后，还可在行驶中进行检查：在平坦的道路上以直接挡行驶，突然将加速踏板踏到底，如在车速急增时能听到微弱的敲击声（爆燃）且很快消失，表示点火时间正确；如听到有明显的金属敲击声，说明点火过早；如加速时感到发闷，且无敲击声，说明点火过迟。

无分电器的直接点火系的发动机，点火正时的调整应检查正时皮带或链条的正时标记是否对齐。

2）点火正时的调整

当分电器重新装在发动机上或发现点火正时失准时，就必须进行正时调整。点火正时调整均以第一缸为基准，一般调整的步骤如下：

①检查断电器触点间隙或点火信号发生器转子凸齿与线圈铁芯磁间隙，若不符合要求，则调整至规定值。

②找出一缸压缩终了前的点火时刻位置。方法是先拆下第一缸的火花塞，用大拇指堵住火花塞孔，转动曲轴，当感到有较大的气体压力时，再根据正时记号慢慢将曲轴转到第一缸压缩终了前的点火时刻位置。

③装入分电器，连接其连线，或松开原分电器的压紧装置和螺栓，有的发动机须使分电器（或凸轮轴位置传感器）的轴与外壳上的标记对正，且外壳上的凸缘长孔与发动机上的安装螺栓孔相对后装入。

④按分火头旋转的方向转动分电器外壳（此时分电器轴不转），转至低压电路接通位置。方法是在点火线圈的"-"接线柱和机体间接入试灯，若该试灯不亮，则说明低压电路接通（点火器功率三极管导通或断电器触点闭合）。

⑤按分火头旋转的反方向慢慢转动分电器外壳，直到试灯刚刚发亮，或高压总线与机体间出现高压火花为止（将高压总线与机体相距 5~8 mm 间隙），此时说明低压电路刚切断（点火器功率三极管刚刚截止或断电器触点刚刚张开），即第一缸火花塞跳火的时刻。

⑥拧紧分电器外壳的夹紧装置和螺栓，此时分火头正对的旁插孔上的高压分线应接至第一缸的火花塞，然后按分火头的转向及点火顺序，依次接好其他缸火花塞的高压分线。一般直列六缸发动机的点人次序为 1→5→3→6→2→4，四缸发动机为 1→2→4→3 或 1→3→4→2，应以发动机的说明为准。

⑦启动发动机，待发动机水温上升到正常温度后，用点火正时仪器或人工经验法检查点火正时。如发现点火过早或过迟，则应停机，转动分电器壳体进行调整。点火过早时，应顺着分电器轴旋转方向转动分电器壳体；点火过迟时，则反向转动分电器壳体。经反复试验，直到合格为止。

（3）分电器的检修：

磁感应式点火信号发生器的检查方法是测量传感线圈的电阻值。先将分电器与线束之间的插接器拆开，然后用万用表电阻挡（Ω 挡）测量与分电器相连接的两根导线之间的电阻值，测量时还可用旋具工具把头轻轻地敲击传感线圈或分电器壳，以检查其内部是否有松旷和接触不良的故障。表 3 - 1 所示为几种常见车型的传感线圈的电阻值。

表 3 - 1　几种常见车型的传感线圈的电阻值

车型	传感线圈电阻/Ω	车型	传感线圈电阻/Ω
解放 CA1092 汽车	600 ~ 800	富康	300
北京切诺基	400 ~ 800	本田	600 ~ 800

若测量结果与标准阻值相差较大，说明传感线圈已经损坏。如电阻值为无穷大，说明传感线圈有断路，一般断路点大都在导线接头处，如焊点松脱等，可将传感线圈拆下进一步检查。如发现焊点松脱，可用电烙铁焊上即可。

检查、调整信号转子凸齿与线圈铁芯之间的间隙值：可用塞尺进行测量，如图 3 - 34 所示，该间隙的标准值为 0.2 ~ 0.4 mm；如不符合，可松开紧固螺钉 A、B 作适当的调整，如图 3 - 35 所示，直至间隙符合上述规定，再将螺钉 A、B 拧紧即可。

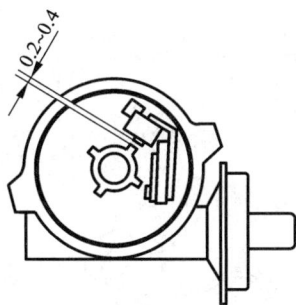

图 3 - 34　信号转子凸齿与线圈铁芯间隙的测量　　图 3 - 35　信号转子凸齿与线圈铁芯间隙的调整

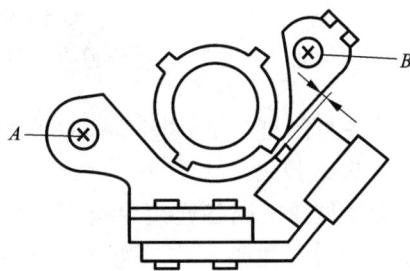

用指针式万用表测量点火信号发生器信号：用指针式万用表的低电压量程挡接点火信号发生器信号输出端，测量信号线圈产生的信号电压（一般不足 1 V，视分电器型号及测试的转速而定），转动分电器轴时应能看到万用表指针明显的摆动，若测得的信号电压为零或比规定值小得多，则表明点火信号发生器有故障。损坏的原因有：信号线圈或其连接导线断路、短路，磁铁磁性消失或减弱，磁路短路或气隙过大。也可用示波器在分电器转动时观察点火信号发生器信号波形。

（4）点火器的检查

对于点火器，由于其配用的点火信号发生器形式不同，点火器所采用的元器件结构形式和电路也有所不同，即使是同一种类型的点火器，其生产厂家不同，电路结构及参数也不同，因此，很难用一种简单而统一的方法（如测量电阻的方法）对其进行检查及测量。所以，对点火器的检查应根据其配用的点火信号发生器形式、点火器的工作原理、电路特点、功能以及在车上的具体连接、工作情况，选用适当的方法进行故障检查和判断。常用的方法主要有以下几种：

1)用干电池电压作为点火信号进行检查

这种方法适用于配用磁感应式点火信号发生器的单功能点火器，如丰田 20R 型发动机配用的点火电子组件，其基本原理是利用干电池的电压作为点火器的点火输入信号，然后用万用表或试灯来大致判断点火电子组件的好坏。点火器的检查方法为：拆开分电器上的线路插接器，接通点火开关，用一个 1.5 V 的 1 号干电池，将它的正、负两极分别接至点火电子组件的两根点火信号输入线上，如图 3 - 36 所示，用万用表电压挡检查点火线圈"-"接线柱与搭铁之间的电压(也可用一个 12 V 试灯接万用表的位置，并观察试灯的亮灭)，然后将干电池的极性颠倒过来，再次测量点火线圈"-"接线柱与搭铁间的电压(观察试灯亮灭)，若两次测量结果分别为 1~2 V(试灯灭)和 12 V(试灯亮)，则该点火器正常；否则说明点火电子组件有故障。

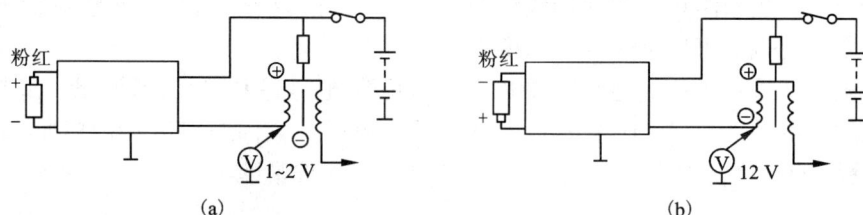

图 3 - 36   用干电池检查点火器

(a)功率三极管导通；(b)功率三极管截止

需要注意的是：加干电池测试的时间应尽可能短，每次不得超过 10 s。

2)跳火试验法

在确认低压电路各连接导线、插接器、点火线圈及点火信号发生器基本完好的情况下，可采用跳火试验法判断点火器是否有故障。对于像东风 EQ1090 汽车装用的 JFD667 型、解放 CA1092 汽车装用的 6TS2107 型具有失速断电保护功能的磁感应式电子点火系等，可将分电器盖拆下，并拔出分电器盖上的中央高压线，使其端头离开缸体 5 ~ 8 mm，接通点火开关，然后用一个旋具头快速

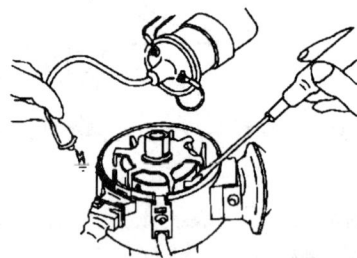

图 3 - 37   磁感应式点火器的跳火试验

地刮碰定子爪，以改变通过传感线圈的磁通而使其产生点火脉冲，触发点火器，如图 3 - 37 所示。若每次刮碰时，高压线端都能跳火，则说明点火器完好，否则说明点火器有故障，应予检修或更换。

对于像桑塔纳、奥迪等汽车装用的霍尔式电子点火装置，可打开分电器盖，拆下分火头和防尘罩，转动曲轴，使触发叶轮的叶片不在霍尔传感器的气隙中，拔出分电器盖上的中央高压线，使其端部距离气缸体 5 ~ 8 mm，然后接通点火开关，用小旋具或钢锯条在霍尔传感器的气隙中插入后迅速拔出，同时在拔出时查看高压线端都是否跳火，见图 3 - 37。如跳火，说明点火器良好；否则，应更换点火器。另外，也可甩开霍尔式点火信号发生器对点火电子

组件做跳火试验,方法是:断开点火开关,拔下分电器盖上的中央高压线并使其端部距离缸体 5~8 mm,再拔下分电器上霍尔信号发生器的插接器,用跨接导线一端接在信号线插头上,然后接通点火开关,将跨接线的另一端反复搭铁,同时观察中央高压线端是否跳火:如跳火,说明点火器完好;否则,说明点火器有故障,应予更换。

思考题

1. 汽油发动机对点火系的基本要求是什么?

2. 传统点火系的基本组成部件有哪些? 其各部分的作用是什么?

3. 影响次级电压最大值的因素有哪些?

4. 分电器上的电容的作用是什么?

5. 发动机转速与负荷变化时,传统分电器如何自动调整点火提前角?

6. 试述磁感应式、霍尔效应式、光电式信号发生器的组成、工作原理。

7. 结合图 3 - 28,描述该电子点火装置的工作原理。

第4章 汽车照明、信号系统

4.1 汽车照明系统概述

1.照明系统的组成及用途

汽车照明系统是汽车夜间行驶必不可少的照明设备,为了提高汽车的行驶速度确保夜间行车安全,汽车上装有多种照明设备,用于夜间行车照明、车厢照明及检修照明。汽车照明系统根据安装位置和用途不同,一般可分为外部照明装置和内部照明装置。汽车照明灯的种类、特点及用途见表4-1。

表4-1 汽车照明灯的种类、特点及用途

种类	外照明灯			内照明灯		
	前照灯	雾灯	牌照灯	顶灯	仪表灯	行李箱灯
工作时的特点	白色常亮远近光变化	黄色或白色单丝常亮	白色常亮	白色常亮	白色常亮	白色常亮
用途	为驾驶员安全行车提供保障	雨雪雾天保证有效照明及提供信号	用于照亮汽车尾部牌照	用于夜间车内照明	用于夜间观察仪表时的照明	用于夜间拿取行李物品时的照明

注:前照灯俗称大灯,装在汽车头部的两侧,用于夜间或光线昏暗路面上汽车行驶时的照明,有两灯制和四灯制之分。为了确保夜间行车安全,前照灯应保证车前有明亮而均匀的照明,使驾驶员能够辩明车前100 m(或更远)内道路上的任何障碍物。前照灯应具有防目眩的装置,以免夜间会车时,使对方驾驶员目眩而发生事故。

雾灯安装在车头和车尾,位置比前照灯稍低。装于车头的雾灯称为前雾灯,车尾的雾灯称为后雾灯。光色为黄色或橙色(黄色光波较长,透雾性能好)。用于在有雾、下雪、暴雨或尘埃等恶劣条件下改善道路照明情况。

牌照灯用于照亮尾部车牌,当尾灯点亮时,牌照灯也点亮。

顶灯用于车内乘客照明,但必须不使司机目眩。通常客车车内灯都位于驾驶室中部,使车内灯光分布均匀。

仪表灯用于夜间照亮仪表盘,使司机能迅速容易得看清仪表。尾灯点亮时,仪表灯也同时点亮。有些车还加装了灯光控制变阻器,使司机能调整仪表灯的亮度。

行李箱灯为行李箱提供照明的小灯。

2. 现代汽车对照明系统的要求

现代汽车对照明系统的具体要求如下：

①夜间行驶应能提供车前道路 100 m 以上明亮均匀的照明（现代高速汽车照明距离应达到 200 ~ 400 m）；在会车时，不应对迎面来车的驾驶员造成目眩。

②驾驶员在夜间倒车时能看清车后的情况。

③在夜间，其他行驶车辆的驾驶员和行人在一定距离内能看清车辆的牌号。

④采用特殊照明，提高能见度，改善雾天及恶劣天气的行车条件。

⑤车内要有足够的照明装置，便于驾驶员操纵车辆、观察仪表、满足乘客阅读等要求。

⑥车厢和发动机罩下面应有照明装置，便于车辆使用和检修。

4.2 汽车前照灯

4.2.1 汽车前照灯的结构

汽车前照灯一般由光源（灯泡）、反光镜、配光镜（散光镜）三部分组成，如图 4 - 1 所示。

目前汽车前照灯所用的灯泡有普通灯泡（白炽灯泡）和卤素灯泡，两种灯泡的灯丝均采用熔点高、发光强的钨制成。玻璃泡内抽出空气，然后充以 86% 的氩气和约 14% 的氮气的混合惰性气体以减少钨丝受热蒸发，延长其使用寿命，灯丝制成紧密的螺旋状。灯泡在长期使用后黑化，表明灯丝的损耗依然存在，因此并不能阻止钨丝的受热蒸发。后者是在惰性气体中加入了一定量的卤族元素（如碘、溴），使得从灯丝上蒸发出来的气态钨与卤族元素反应生成了一种挥发性的卤化钨，在扩散到灯丝附近的高温区域后又受热分解，使钨重新回到灯丝上，如此循环防止了钨的蒸发和灯泡黑化的现

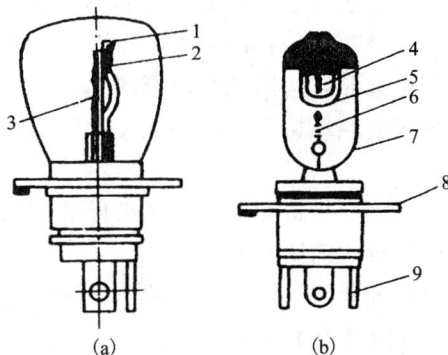

图 4 - 1 前照灯的灯泡

1、7—配光屏；2、4—近光灯丝；3、5—远光灯丝；
6—定焦盘；8—灯壳；9—插片

象。白炽灯泡发光效率一般为 8 ~ 12 lm/W，卤素灯泡发光效率可达 18 ~ 20 lm/W。由于卤钨灯泡体积小、耐高温、发光强度高、使用寿命长，故而目前得到广泛的应用。

反射镜的表面形状呈旋转抛物面，一般由 0.6 ~ 0.8 mm 的薄钢板冲压而成或由玻璃、塑料制成。反射统的内表面镀银、铝或铬，然后抛光处理。目前反射镜内面采用真空镀铝的较多。反射镜的作用是将灯泡的散射（直射）光反射成平行光束（图 4 - 2），使光度大大增强，增强几百倍乃至上千倍，以保证汽车前方 150 ~ 400 m 范围内足够的照明。

配光镜又称散光玻璃，由透光玻璃压制而成，是多块特殊棱镜和透镜的组合，外形一般为圆形和矩形，配光镜的作用是将反射镜反射出的平行光束进行折射使车前的路面有良好而均匀的照明，如图 4 - 3 所示。

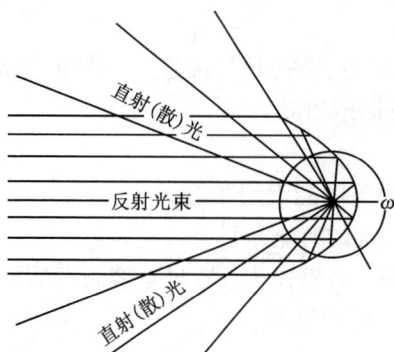

图 4 – 2　反射镜的作用

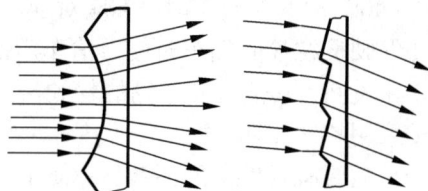

图 4 – 3　配光镜的作用

4.2.2　汽车前照灯的类型

汽车前照灯按照安装数量的不同可分为：两灯制前照灯和四灯制前照灯。前者每只灯具有远、近光双光束；后者外侧一对灯为远、近双光束，内侧一对灯为远光单光束。

汽车前照灯按照安装方式的不同可分为：外装式前照灯和内装式前照灯。前者整个灯具在汽车上外露安装；后者灯壳嵌装于汽车车身内，装饰圈、配光镜裸露在外。

汽车前照灯按照配光镜形状不同可分为：圆形、矩形和异形前照灯三类。

汽车前照灯按照发射的光束类型不同可分为：远光前照灯、近光前照灯和远近光前照灯三类。

汽车前照灯按前照灯光学组件的结构不同，可将其分为以下几种。

1. 可拆式前照灯

可拆式前照灯灯气密性差，反射镜易受湿气和尘埃污染而降低反射能力，严重降低照明效果，目前已很少采用。

2. 半封闭式前照灯

半封闭式前照灯结构如图 4 – 4 所示。半封闭式前照灯的配光镜靠卷曲在反射镜边缘上的牙齿紧固在反射镜上，用橡胶圈密封，再用螺钉固定。灯泡从反射镜的后面装入，所以更换损坏的灯泡时不必拆开配光镜。这种灯具减少了对光学组件的影响因素，维修方便，因此使用比较常见。

3. 封闭式前照灯

封闭式前照灯结构如图 4 – 5 所示。封闭式前照灯（又叫真空灯），其反射镜和配光镜用玻璃制成一体，形成灯泡，里面充以惰性气体。灯丝焊在反射镜底座上，反射镜的反射面经真空镀铝。由于封闭式前照灯完全避免反射镜被污染以及遭受大气的影响，因此其反射效率高，照明效果好，使用寿命长，得到了很快的普及。但当灯丝烧断后，需要更换整个总成，成本高，因此限制了它的使用范围。

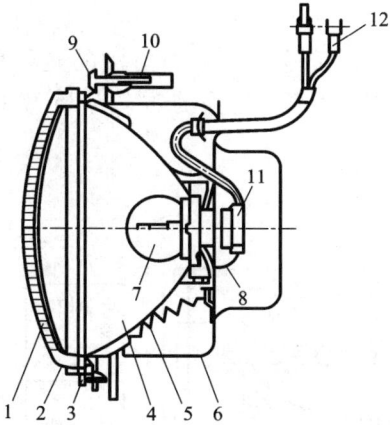

图 4 - 4　半封闭式前照灯

1—配光镜；2—固定圈；3—调整圈；4—反射镜；
5—拉紧弹簧；6—灯壳；7—灯；8—防尘罩；
9—调节螺钉；10—调整螺母；11—胶木插座；12—接线片

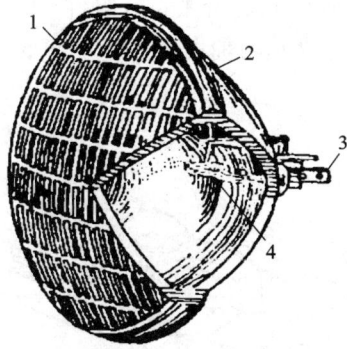

图 4 - 5　封闭式前照灯

1—配光镜；2—反射镜；3—插头；4—灯丝

4. 投射式前照灯

投射式前照灯如图 4 - 6 所示。投射式前照灯的反射镜近似于椭圆形状，它具有两个焦点。第一个焦点处放置灯泡；第二个焦点是由光线形成的，凸形配光镜聚成第二个焦点，再通过配光镜将聚集的光投射到前方，投射式前照灯所采用的灯泡为卤钨灯泡第二个焦点附近设有折光板，可遮挡上半部分光，形成明暗分明的配光。由于它的这种配光特性，因此也可用于雾灯。

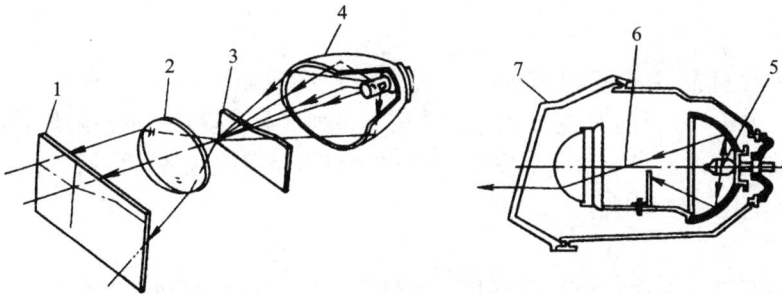

图 4 - 6　投射式前照灯

1—屏幕；2—凸形散光镜；3—遮光镜；4—椭圆反射镜；
5—第一个焦点(F_1)；6—第二个焦点(F_2)；7—总成

4.2.3　其他形式的前照灯

1. 高亮度弧光灯

高亮度弧光灯的结构如图 4 - 7 所示，这种灯的灯泡里没有灯丝，取而代之的是装在石英管内的两个电极，管内充有氙气及微量金属(或金属卤化物)。在电极上加上 5000 ~ 12000 V 的电压后，气体开始电离而导电。由气体原子激发到电极间少量水银蒸气弧光放电，最后转入卤化物弧光灯工作,采用多种气体是为了加快启动。

弧光式前照灯由弧光灯组件、电子控制器和升压器三大部分组成。其灯泡的光色和日光灯相似,亮度是目前卤素灯泡的2.5倍,寿命是卤素灯泡的5倍,灯泡的功率为35 W可节能40%。

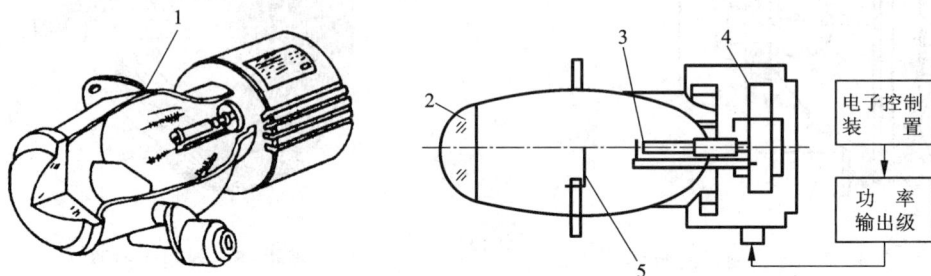

图4-7　高亮度弧光灯

1—总成;2—透镜;3—弧光灯;4—引燃及稳弧部件;5—遮光板

2.气体放电灯

近年德国宝马公司和波许公司携手研制了一种更新式的前照灯——气体放电灯。气体放电灯是由小型石英灯泡、变压器和电子控制器组成的,通过变压器升压到$(0.5 \times 10)^4 \sim (1.2 \times 10^4)$V的高压电,激励小型石英灯泡发亮,其亮度比现在用的卤素灯亮2.5倍,发出的亮光色调与太阳光十分相似,而且气体放电灯发亮并达到规定的工作温度时,功率消耗只有35 W,比卤素灯低1/3,非常经济,很适宜用作轿车前照灯。目前一些中高级轿车已经使用这种气体放电灯。

3.氙灯

氙灯是一种含有氙气的新型前大灯,又称高强度放电灯或气体放电灯(High Intensity Discharge Lamp,HID)。目前奔驰E级车、宝马7系列、丰田凌志、本田阿库拉等高档车都使用了这种新型前大灯。氙灯亮度大,发出的亮光色调与太阳光比较接近,消耗功率低,可靠性高,不受车上电压波动影响。

4.LED车灯

现在汽车照明灯已有白炽灯、卤素灯、氙灯等。除了前大灯外,其他灯具例如小灯、指示灯、厢内照明灯等多是采用白炽灯。但近年也流行LED指示灯,例如刹车指示灯、转向指示灯等。

4.2.4　汽车大灯的发展

汽车大灯(前照灯)有两种功能:一种是照明;一种是装饰。在将来,相信它的主要功能将是照明。在今后几年内,大灯的内部结构将发生一次重大的技术革命,灯具将会装上"脑袋"变成"聪明"的灯,智能化灯光系统将会陆续上市。智能化灯光系统能使汽车大灯随行驶状况的变化而实时变化,将会出现具有10~15种不同光束的大灯,相对行驶速度和路面而"随机应变"。例如当方向盘转向时,会有传感器立即探明车辆要转弯,电脑接到信息后立即发指令指挥大灯内的活动灯组,随方向盘的角度变化来更改灯光的投射角度等。

4.3 汽车信号灯概述

汽车上除照明灯外,还有用以指示其他车辆或行人的灯光信号标志,这些灯称为信号灯。

1. 灯光信号系统

信号灯也分为外信号灯和内信号灯。外信号灯指转向指示灯、制动灯、尾灯、示廓灯、倒车灯。内信号灯泛指仪表板的指示灯,主要有转向、机油压力、充电、制动、关门提示等仪表指示灯。各种信号灯的种类、特点及用途见表4-2。

表4-2 信号灯的种类、特点及用途

种类	外信号灯					内信号灯	
	转向灯	示廓灯	停车灯	制动灯	倒车灯	转向指示灯	其他指示灯
工作时的特点	琥珀色交替闪亮	白或黄色常亮	白或红色常亮	红色常亮	白色常亮	白色闪亮	白色常亮
用途	告知路人或其他车辆将转弯	标志汽车宽度轮廓	标明汽车已经停驶	提示已减速或将停车	告知路人或其他车辆将倒车	表示驾驶员车辆的行驶方向	表示驾驶员车辆的状况

注:转向信号灯用于标示车辆的转弯方向。汽车前后的左右两边各装一个转向信号灯。车身总长超过9 m的(包括汽车带挂车)车辆,车身两侧面前方也应装设侧面转向指示灯。转向灯亮时,其光色为黄色,以每分钟50~120次的频率闪烁,以引起前后车辆及行人的注意(一般白天在100 m以外应能看清)。

示廓灯与尾灯:用于夜间给其他车辆指示车辆位置与宽度。位于前方的称为示廓灯,位于后方的称为尾灯。

制动灯也叫刹车灯,装在汽车尾部,是车辆重要的外在安全标志,以警告后面尾随的车辆或行人,保持安全距离。其光色为红色,功率一般为20W。正常情况下,踩制动灯亮时,车后相距100 m处的其他车辆应看得很清楚,以告诉后车减速或停车。在雾、雨、雪的天气里要注意制动灯的运用,驾驶员在注意前方车辆灯光的同时,可以靠后视镜留意自己后车的位置,若发现后车离自己的车位太近,可轻踩制动,使制动灯亮,以提醒后车适当拉开车距,防止因紧急踩制动,后车措施不及而发生追尾事故。

倒车灯安装于车辆尾部,给司机提供额外照明,使其能在夜间倒车时看清车的后面,也警告后面车辆,该车司机想要倒车或正在倒车。当点火开关接通变速器换至倒车挡时,倒车灯点亮。

2. 声响信号装置

(1)电喇叭

电喇叭的作用是警告行人和其他车辆,电喇叭声级为90~105 dB。

(2)倒车警告装置

由倒车蜂鸣器和倒车灯组成,其作用是当汽车倒车时,发出灯光和音响信号,警告车后行人和车辆。

4.3.1 汽车转向灯及其闪光器

汽车转向灯主要是用来指示车辆的转弯方向,以引起交通民警、行人和其他驾驶员的注意，提高车辆行驶的安全性。另外，汽车转向灯同时闪烁还用作危险警报的指示。汽车转向灯的闪烁是通过闪光器来实现的，通常按照结构的不同和工作原理分为电热丝式、电容式、翼片式、水银式、晶体管式、集成电路式等。

过去汽车转向灯闪光器，多采用电热式结构，由于其工作稳定性差、寿命短、信号灯的亮暗不够明显，因而目前多采用结构简单、体积小、工作稳定、使用寿命长的电子式闪光器。

1. 电容式闪光器

电容式闪光器是利用电容器充、放电延时特性，使继电器的两个线圈产生的电磁吸力时而相同叠加，时而相反削减，从而使继电器产生周期性开关动作，使得转向信号灯及指示灯实现闪烁。图 4-8 所示为电容式闪光器工作原理。

2. 翼片式闪光器

翼片式闪光器是利用电流的热效应，以热胀条的热胀冷缩为动力，使翼片产生突变动作，接通和断开触点，使转向信号灯及转向信号指示灯实现闪烁的。如图 4-9、图 4-10 所示分别为直热及旁热翼片弹跳式闪光器工作原理图。

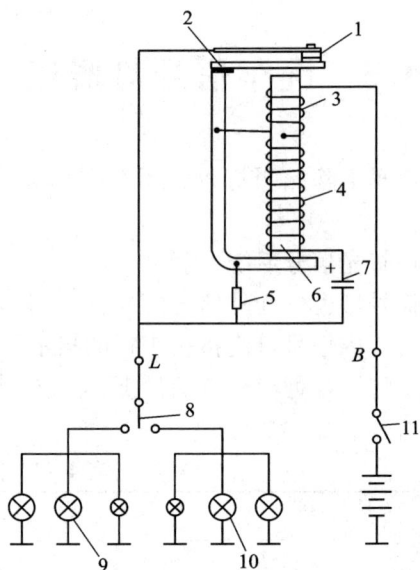

图 4-8　电容式闪光器工作原理

1—触点；2—弹簧片；3—串联线圈；4—并联线圈；
5—灭弧电阻；6—铁芯；7—电解电容；
8—转向灯开关；9—左转向信号灯及指示灯；
10—右转向信号灯及指示灯；11—电源开关

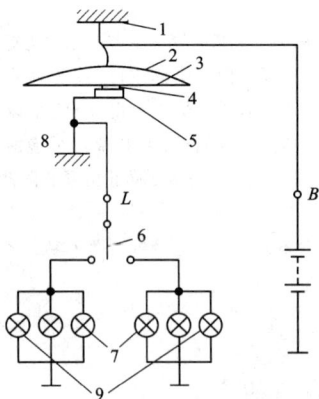

图 4-9　直热翼片弹跳式闪光器工作原理

1、8—支架；2—翼片；3—热胀条；
4—动触点；5—静触点；6—转向开关；
7—转向指示灯；9—转向信号灯

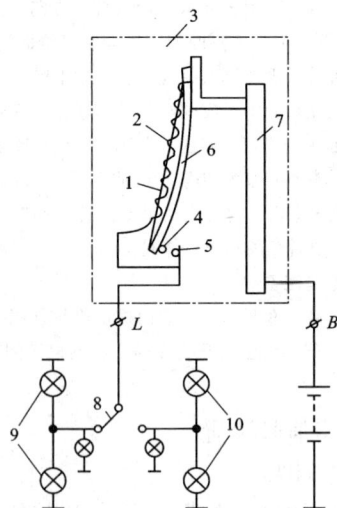

图 4-10　旁热翼片弹跳式闪光器工作原理

1—热胀条；2—电阻丝；3—闪光器；4—动触点；
5—静触点；6—翼片；7—支架；8—转向开关；
9—左转向信号灯及指示灯；10—右转向信号灯及指示灯

3.晶体管式闪光器

晶体管闪光器分有触点式和无触点式两种，触点式晶体管闪光器如图 4 – 11，无触点式晶体管闪光器工作原理如图 4 – 12 所示。

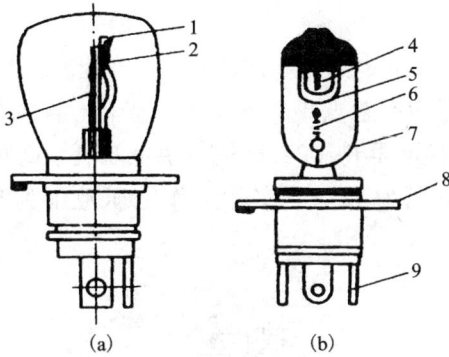

图 4 – 11　触点式晶体管闪光器

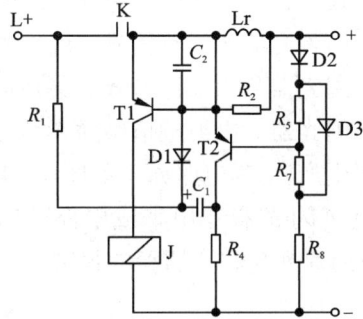

图 4 – 12　无触点式晶体管闪光器工作原理

4.电热丝式闪光器

电热丝式闪光器工作原理主要由电磁铁、触点、电热丝及附加电阻等组成，如图 4 – 13 所示，在胶木底板上固定有工字形铁芯，其上绕有线圈 2，线圈的一端与固定触点 3 相连，另一端与接线柱 8 相连，镍铬丝 5 具有较大的线膨胀系数，其两端分别与活动触点相连，另一端固定在调节片 14 的玻璃球上。不工作时，由于电热丝的拉力使触点处于打开状态。转向开关闭合时，电流经镍铬丝、附加电阻丝和转向信号灯构成回路。镍铬丝通电受热膨胀而伸长，使触点闭合，镍铬丝和附加电阻丝短路。短路后镍铬丝冷却收缩，使触点又重新打开，如此反复循环，直到转向开关复位。当电阻串入电路时，电流很小，转向信号灯发出较弱的光，当电阻被短路后，电流增大，转向信号灯亮度增强，从而通过转向信号灯亮度强弱变化来标示汽车的行驶方向。

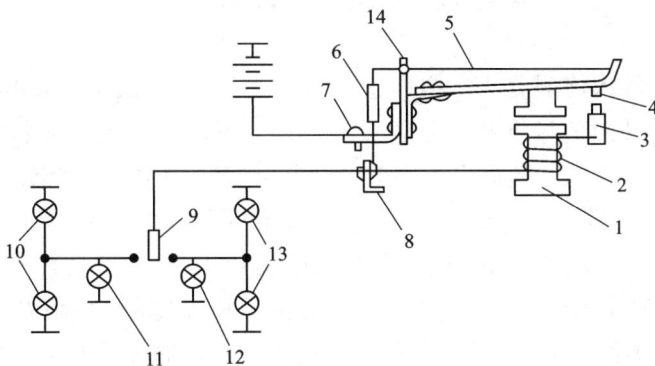

图 4 – 13　电热丝式闪光器工作原理

1—铁芯；2—线圈；3—固定触点；4—活动触点；5—镍铬丝；6—附加电阻丝；

7、8—接线柱；9—转向开关；10—左(前、后)转向灯；11—左转向指示灯；

12—右转向指示灯；13—右(前、后)转向灯；14—调节片转向信号灯的闪光频率为 1.5 ± 0.5 Hz(GB 7258—97)。转向信号灯的闪光频率可以通过调节片 14 改变镍铬丝的拉力及触点间隙来进行调整。

5. 电子式闪光器

电子式闪光器工作稳定可靠,适用电压范围大,使用寿命长,带继电器时发出有节奏的声响可作为闪光器的音响信号,目前广泛应用。

电子闪光器分为晶体管式和集成电路式两类。因集成电路成本的降低,汽车上广泛使用集成电路闪光器。上海桑塔纳轿车装用的电子闪光器为有触点集成电路式闪光器(由德国西门子公司生产),其电路原理如图 4 – 14 所示。它的核心器件 U243B 是一块低功耗、高精度的汽车电了闪光器专用集成电路。U243B 的标称电压为 12 V,实际工作电压范围为 9 ~ 18 V,采用双列 8 脚直插塑料封装。

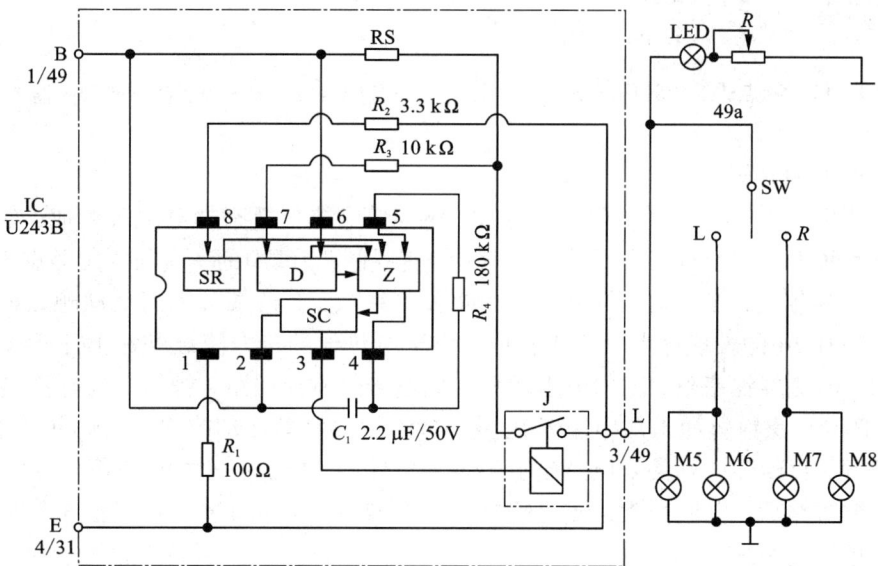

图 4 – 14　集成电路闪光器工作原理

内部电路主要由输入检测器 SR、电压检测器 D、振荡器 Z 及功率输出级 SC 四部分组成。输入检测器用来检测转向信号灯开关是否接通。振荡器由一个电压比较器和外接 R_4 及 C_1 构成。内部电路给比较器的一端提供了一个参考电压(其值由电压检测器控制),比较器的另一端则由外接 R_4 及 C_1 提供一个变化的电压,从而形成电路的振荡。振荡器工作时,输出级的矩形波便控制继电器线圈的电路,使继电器触点反复开、闭,于是转向信号灯和转向指示灯便以 80 次/min 的频率闪烁。如果一个转向灯烧坏,则流过取样电阻 R_s 的电流减小,其电压降减小,经电压检测器识别后,便控制振荡器电压比较器的参考电压,从而改变振荡(即闪光)频率,使转向指示灯的闪烁频率增大一倍,以提示驾驶员及时检修。

无触点集成电路闪光器是将功率输出级的触点式继电器改换成无触点大功率晶体管,同样可以实现对转向灯的开关作用。

图 4 – 15 为带有蜂鸣器的无触点式集成电路闪光器。它在原闪光器的基础上增加了蜂鸣

功能,便构成声光并用的转向信号装置,以引起人们对汽车转弯安全性的高度重视。电路中的晶体三极管 VT,是作为转向灯 M1 和 M2 的开关装置.而三极管 VTZ 则直接控制着蜂鸣器 Y 的发声。当汽车转弯时,只要扳动一下转向开关 K,不仅转向灯发生正常频率的闪光,蜂鸣器也将发出同频率而有节奏的声响,其频率可由电位器进行调节。

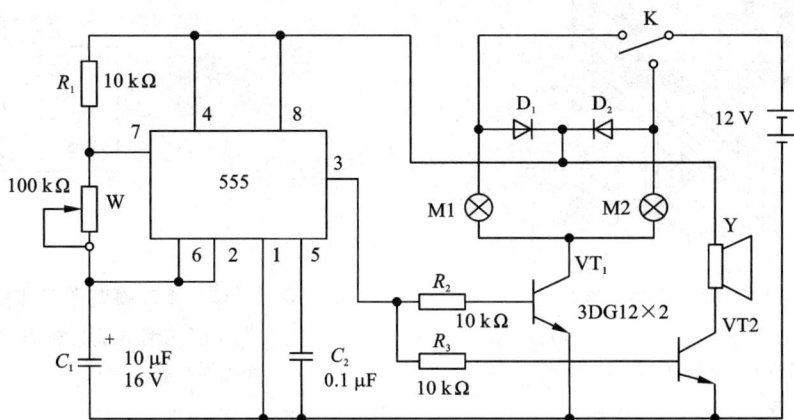

图 4-15　无触点式集成电路闪光器工作原理

4.3.2　倒车信号装置

倒车信号装置由倒车开关、倒车蜂鸣器(或语音倒车报警器)和倒车灯组成,用于倒车时提醒车后和周围的行人或驾驶员注意。挂入倒挡后,装在变速器盖上倒车开关自动接通倒车蜂鸣器和倒车灯电源。

1.倒车开关

变速杆挂入倒挡,钢球 1 被松开,在弹簧 5 的作用下,触点 4 闭合,倒车灯电路接通,倒车蜂鸣器发出断续的声响,倒车开关的结构如图 4-16 所示。

2.倒车蜂鸣器

如图 4-17 所示,倒车开关接通时,倒车灯 3 点亮,喇叭 6 发出声响,同时电流流过线圈 L_1,并经线圈 L_2 对电容器 5 进行充电。由于流过线圈 L_1 和 L_2 的电流大小相等,磁场方向相反,互相抵消,使线圈的电磁力减弱,继电器触点 4 保持闭合。随着电容器的充电,其两端的电压逐渐升高,使流入线圈 L_2 的电流减小以至消失,在线圈 L_1 的磁场作用下触点 4 打开,喇叭断电。电容器又通过线圈 L_1 和 L_2 放电,电流通过线圈产生电磁力,触点保持打开。当电容器两端的电压接近于零时,线圈的电磁力消失,触点再次闭合,喇叭又发出声响。如此反复,倒车蜂鸣器断续地发出声响。

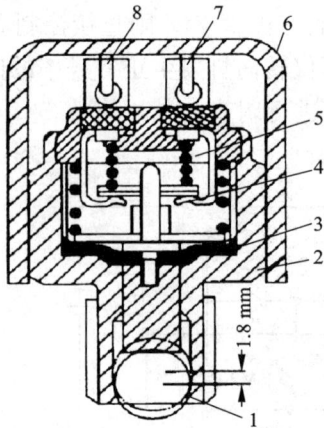

图 4 – 16　倒车开关的结构

1—钢球；2—壳体；3—膜片；4—触点；
5—弹簧；6—保护罩；7, 8—导线

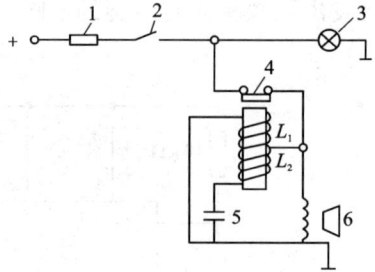

图 4 – 17　倒车蜂鸣器工作原理图

1—熔断丝；2—倒车灯开关；3—倒车灯；
4—继电器触点；5—电容器；6—喇叭

4.3.3　电喇叭

汽车上都装有喇叭，用于在汽车行驶中警示行人和其他驾驶注意交通安全。喇叭按动力可分为电喇叭和气喇叭；按外形可分为筒形、螺旋形（蜗牛形）和盆形喇叭；按声频可分为高音和低音喇叭；按接线方式可分为单线制和双线制喇叭。

电喇叭又可分为普通电喇叭和电子电喇叭。普通电喇叭利用触点的开闭控制电磁线圈激励膜片振动产生音响；电子电喇叭是利用晶体管电路激励膜片振动而产生音响。

中小型汽车，由于空间有限，多采用螺旋形和盆形电喇叭。重型载重汽车上多采用筒形的气喇叭，或电喇叭、气喇叭兼用。

1. 筒形、螺旋形电喇叭

筒形、螺旋形电喇叭主要由振动机构和断续机构两部分组成，结构如图 4 – 18 所示。按下喇叭按钮，电流由蓄电池正极→线圈 4→触点 15→按钮 21→搭铁到达蓄电池负极。电流通过线圈 4，产生电磁力，吸动衔铁 10 下行，中心螺杆 12 压下活动触点臂，触点 15 打开，线圈电流中断，电磁力消失，衔铁在振动膜片 3 和弹簧片 9 的作用下，使触点闭合，电路重又接通。如此反复，膜片不断振动发出一定音调的音波，由扬声筒 1 加强后传出。共鸣板 2 与振动膜片刚性连接，与振动膜片一起振动，振动频率可达 200 ~ 400 Hz，因而使喇叭的声音更加悦耳。

电容器 19（或灭弧电阻）与触点并联，可以减小触点分开时的火花，延长触点使用寿命。

2. 盆形电喇叭

如图 4 – 19 所示，盆形电喇叭的电磁铁采用螺管式结构，铁芯 9 上绕有线圈 2，上、下铁芯间的气隙在线圈中间，能产生较大的吸力。无扬声筒，上铁芯 3、膜片 4 和共鸣板 5 固连在中心杆上。电路接通，线圈 2 产生吸力，上铁芯 3 被吸与下铁芯 1 碰撞，同时衔铁底座压下活动触点臂，使触点分开而切断电路，线圈中电流中断，电磁力消失，衔铁在振动膜片 4 的弹力作用下，返回原位，触点闭合，电路重又接通。如此反复使膜片振动产生较低的基本频率，并激励

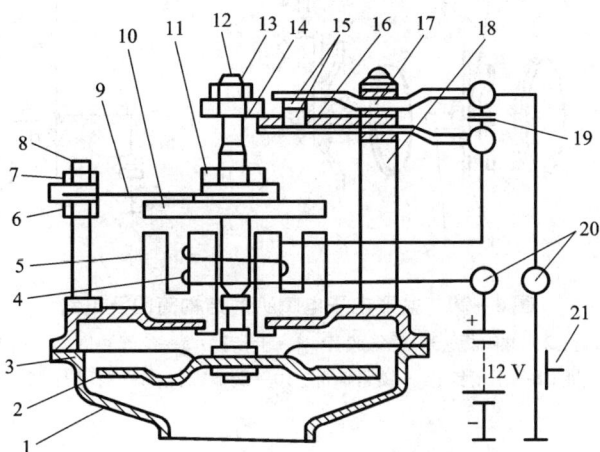

图 4 – 18　筒形、螺旋形电喇叭

1—扬声筒；2—共鸣板；3—振动膜片；4—线圈；5—山形铁芯；6，14—调整螺母；
7，11，13—锁紧螺母；8—螺柱；9—弹簧片；10—衔铁；12—中心螺杆；15—触点；
16—动触点绝缘片；17—动触点臂；18—触点支架；19—电容器；20—接线柱；21—按钮

与膜片成一体的共鸣板产生共鸣，从而发出比基本频率强得多的，而分布又比较集中的谐音。触点 7 之间通常并联一个电容器(或灭弧电阻)，以保护触点，延长其使用寿命。

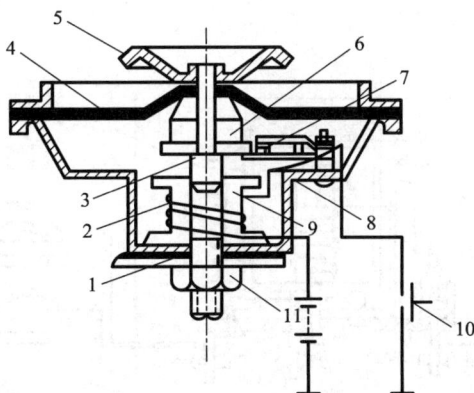

图 4 – 19　盆形电喇叭

1—下铁芯；2—线圈；3—上铁芯；4—膜片；5—共鸣板；6—衔铁；
7—触点；8—调整螺钉；9—铁芯；10—按钮；11—锁紧螺母

3. 电子电喇叭

如图 4 – 20 所示，按下喇叭按钮，接通喇叭电路，由于三极管 V 加正向偏压而导通，线圈 7 中便有电流通过，产生电磁力，吸引上衔铁 4，连同绝缘膜片 3 和共鸣板 2 一启动作，当上衔铁 4 与下衔铁 8 接触而直接搭铁时，三极管 V 失去偏压而截止，切断线圈中的电流，电磁力消失，膜片与共鸣板在其弹力的作用下复位，上、下衔铁又恢复为断开状态，三极管 V 重又导通。如此反复，膜片不断振动，便发出声响。

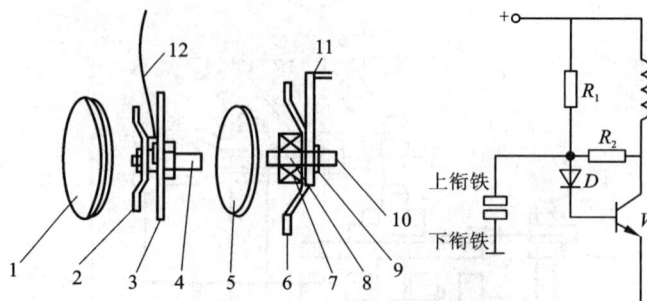

图 4 – 20　盆形电子电喇叭的结构简图及电路

1—罩盖；2—共鸣板；3—绝缘膜片；4—上衔铁；5—绝缘垫圈；6—喇叭体；
7—线圈；8—下衔铁；9—锁紧螺母；10—调节螺钉；11—托架；12—导线

4. 喇叭继电器

汽车上常装用两只不同音调的喇叭（高音和低音），以使喇叭声音更加悦耳。为避免因电流过大(15 ~ 20 A)而烧坏喇叭按钮，在喇叭电路中装有喇叭继电器。

如图 4 – 21 所示，按下喇叭按钮，控制电路电流由蓄电池正极→电流表→熔断器→喇叭继电器接线柱 B→继电器线圈 7→接线柱 SW→喇叭按钮→搭铁→电源总开关→蓄电池负极。电流通过线圈，继电器触点吸合，接通喇叭电路(主电路)，喇叭发出声响。松开按钮，控制电路切断，电磁力消失，触点在弹簧 6 的弹力作用下打开，切断喇叭电路，喇叭停止工作。喇叭继电器利用小电流控制大电流进行工作，使大电流不再通过喇叭按钮，起到有效保护喇叭按钮的作用。

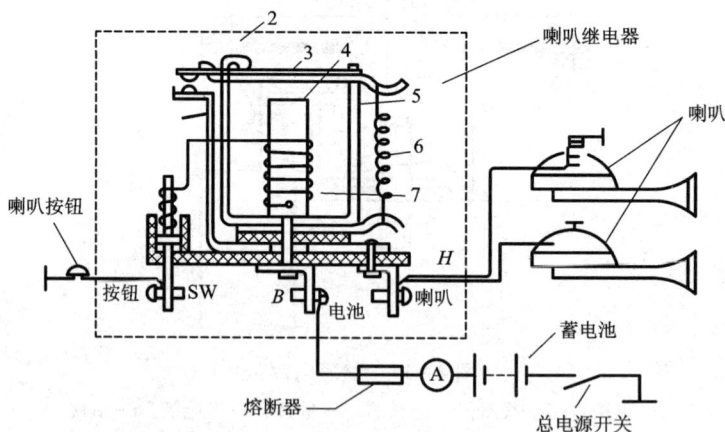

图 4 – 21　喇叭继电器电路

1—固定触点支架；2—活动触点臂限位钩；3—活动触点臂；
4—线圈铁芯；5—托架；6—弹簧；7—线圈

5. 电喇叭的调整

调整内容：音调调整和音量调整。调整部位：改变铁芯间隙和改变触点压力。不同形式的电喇叭其调整原理基本相同。

（1）音调调整

音调的高低取决于膜片振动的频率，改变铁芯间隙可以改变膜片的振动频率，从而改变音调。间隙增大，则音调降低；间隙减小，则音调升高。筒形、螺旋形电喇叭是改变衔铁与铁芯的间隙；盆形电喇叭是改变上、下铁芯间的间隙。衔铁与铁芯的间隙一般为 0.5 ～ 1.5 mm。筒形、螺旋形电喇叭（图 4 - 18）：先松锁紧螺母 7、11，再松调整螺母 6，并旋转衔铁 10，调至合适时，旋紧锁紧螺母即可。盆形电喇叭（图 4 - 19）：松开锁紧螺母 11、旋转下铁芯，调至合适时，旋紧锁紧螺母即可。

（2）音量调整

音量的大小与通过线圈的电流大小有关，通过的工作电流越大，喇叭发出的音量也就越大。改变触点的接触压力即可改变喇叭的音量。压力增大（接触电阻减小，触点闭合的时间较长），通过线圈的电流增大，喇叭的音量增大，反之音量减小。筒形、螺旋形电喇叭（图 3 - 16：松开锁紧螺母 13、调整调整螺母 14，至合适时，旋紧锁紧螺母即可。盆形电喇叭（图 3 - 17）通过旋转调整螺钉 8 进行。

4.3.4　其他信号装置

1. 制动信号装置

制动信号装置由制动信号灯和制动开关组成。车辆制动时，制动开关接通制动灯电源，制动灯点亮，警示车后行人和车辆。制动开关有液压式和气压式两种。

（1）液压式制动灯开关

液压式制动灯开关用于液压制动系统的汽车，通常安装在液压制动主缸的前端，其结构如图 4 - 22 所示。当踩下制动踏板时，由于制动系统的液压增大，膜片 2 向上拱曲，接触片 3 同时接通接线柱 6 和接线柱 7，接通制动灯电源，制动灯点亮。松开制动踏板时，制动系统液压降低，接触片在回位弹簧 4 作用下复位，切断制动灯电源。

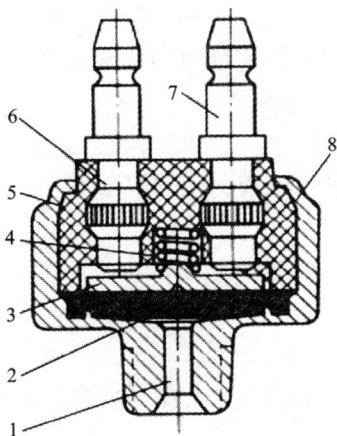

图 4 - 22　液压式制动灯开关

1—通制动液管；2—膜片；3—接触片；4—弹簧；
5—胶木底座；6，7—接线柱；8—壳体

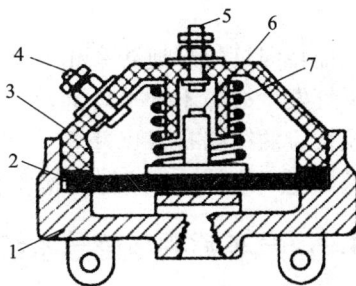

图 4 - 23　气压式制动灯开关

1—外壳；2—膜片；3—胶木壳；
4，5—接线柱；6—触点；7—弹簧

（2）气压式制动信号灯开关

气压式制动信号灯开关，用于采用气压制动系统的汽车，通常安装在制动阀上，其结构如图4-23所示。制动时，制动压缩空气推动橡皮膜片上拱，使触点闭合，接通制动灯电路。

防抱死制动系统采用的制动开关安装在制动踏板上方，踏下制动踏板时制动开关接通制动灯电源，制动灯和防抱死制动系统工作，使开关触点闭合，接通制动信号灯电路。

2. 示廓灯

示廓灯用于汽车夜间行车时标志汽车的宽度和高度，因此也相应地被称之为示宽灯和示高灯。示廓灯采用单丝的小型灯泡，但有的示廓灯则与转向灯和制动灯共用一个灯泡。

汽车在行驶时，示廓灯由车灯开关控制，在车灯开关的1挡和2挡时，汽车前、后、左、右的示廓灯均点亮，用以标示汽车的轮廓。

在一些汽车上示廓灯可用停车灯开关控制。当点火开关处在关断位置时，停车灯开关与电源接通，此时可用停车开关接通一侧（左前、左后或右前、右后）的示廓灯，这时示廓灯被当作停车灯使用。

4.4 汽车照明与信号系统的维护、检修

4.4.1 汽车照明与信号系统的维护

汽车照明与信号系统的维护应注意以下几点：

①安装车灯时，应根据标志及使用维修说明书要求，不得倾斜侧置。

②要按车型，配套使用灯泡等光学组件。

③车灯应注意装配固定，以保证其密封性能，防止水分及灰尘进入车灯。

④注意灯的搭铁极性，尤其对没有明显标记的灯泡，注意判别远光、近光灯丝及搭铁极性。

⑤保证车灯电路接触良好并保持清洁。

⑥更换灯泡前，应先切断电源，更换的灯泡要选择与原车型号和功率相同规格的原厂件。

⑦更换灯泡时，手指不能触及镜面，以免留下汗水或油印使反射镜失去光泽，降低反光效率。

⑧保证转向灯的灯泡功率相等并与闪光器配合一致。

⑨车灯发生故障不外乎灯泡及线路断、短路。排除时可检查相应的熔断丝和灯泡的技术状况以及相应的线路是否良好。

⑩做好定期维护，并按标准检验和调整，以保持灯光的技术状况完好。

4.4.2 汽车照明与信号系统的检修

汽车照明和信号系统的故障分为两类：一类是器件本身的故障；另一类是线路存在的故障。

1. 汽车灯光的常见故障

汽车灯光的常见故障一般有灯光不亮、灯光亮度低、灯泡频繁烧坏等。在进行故障诊断时，应根据电路图对电路进行检查，判断出故障的部位。

（1）灯光不亮

引起灯光不亮的原因主要有灯泡损坏、熔断丝熔断、灯光开关或继电器损坏、线路短路

或断路故障等。如果只有一个灯不亮，一般为该灯的灯丝烧断，可将灯泡拆下后检查。如果是几个灯都不亮，再按喇叭，喇叭也不响，则是总熔断器熔断。若同属一个熔断丝的灯泡都不亮，则可能是该支路的熔断丝被熔断。处理熔断器熔断故障时，在将总熔断器复位或更换新的熔断丝之前，应查找出超负荷的原因。具体方法是：将熔断丝所接各灯的接线从灯座拔掉，用万用表电阻挡测量灯与搭铁之间的电阻，若电阻较小或为 0，则可断定线路中有搭铁故障。排除故障后，再把熔断器复位或更换新的熔断丝。另外，其他部位的检查方法有：①继电器的检查：将继电器线圈直接供电，可检查出继电器是否能正常工作，如不能正常工作，应更换继电器。②灯光开关的检查：可用万用表检查开关各挡位的通断情况，若与要求不符，应更换灯光开关。③线路的检查：在检查线路时，可用万用表或试灯逐段检查线路，以便找出短路或断路故障的部位。

（2）灯光亮度下降

若灯光亮度不够，多为蓄电池电量不足或发电机和调节器的故障所致。

另外，导线接头松动或接触不良、导线过细或搭铁不良、散光镜破损或反射镜有尘垢、灯泡玻璃表面发黑或功率过低及灯丝没有位于反射镜的焦点上，均可导致灯光暗淡，需要逐一检查排除。检查时，首先要检查蓄电池和发电机的工作状态，若不符合要求，应先恢复电源系统的正常工作电压。在电源正常的状态下，再检查线路的连接情况及灯具是否良好。

（3）灯泡频繁烧坏

灯泡频繁烧坏的原因一般是电压调节器不当或失调，是发电机输出电压过高所致，应重新将输出电压调整到正常工作范围。此外，灯具的接触不良也是造成灯泡频繁损坏的原因。

2. 转向信号灯电路的常见故障

（1）转向开关打到左侧或右侧时，转向指示灯闪烁比正常情况快

这种故障现象说明这一侧的转向灯灯泡有烧坏的，或转向灯的接线、搭铁不良。

排除方法：若灯泡烧坏则更换灯泡；若接线搭铁不良时，视情况处理。

（2）左、右转向灯均不亮

这种故障的原因可能是熔丝烧断、闪光器损坏、转向开关出现故障、或线路有断路的地方。

排除方法：①检查熔丝，断了更换。②检查闪光器。③若以上正常，检查转向灯开关及其接线，视情况修理或更换。

左、右转向灯均不亮，除以上检查方法外，还可以先打开危险警告开关，若左、右转向、灯不亮，说明闪光器有故障。

思考题

1. 简述汽车照明系统的组成和用途。

2. 简述汽车前照灯的组成和结构类型。

3. 简述汽车转向信号装置的作用和组成。

4. 简述图 4-20 所示的电子电喇叭的工作原理。

5. 汽车灯光有哪些常见故障？应如何进行诊断？

第5章 汽车仪表及指示灯系统

汽车仪表(图5-1)用来指示汽车运行以及发动机运转的状况,以便驾驶员随时了解汽车的工作情况,保证汽车安全可靠的行驶,同时它也是维修人员发现和排除故障的重要工具。

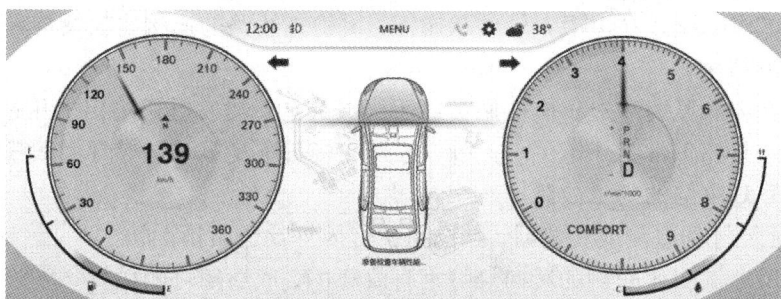

图5-1 汽车仪表示意图

汽车仪表应结构简单、耐振动、抗冲击性好、工作可靠。在电源电压允许的变化范围内,仪表示值应准确,且不随环境温度的变化而变化。

5.1 仪表板总成

仪表板总成一般由面罩、表框、标新、表座、底板、印制线路板、插接器、报警灯及指示灯等部件组成。有些仪表还带有仪表稳压器和报警蜂鸣器。

组合式仪表板可方便地进行分解,单独更换。照明、报警或指示用灯泡损坏则从仪表板外面就可将其更换。

不同汽车装用的仪表个数及结构类型不同,常见车型仪表板型号及类型如表5-1所示。

表 5 - 1 常见车型仪表板结构类型

车型 表芯	BJ2020S	CA1092	EQ1092	夏利	桑塔纳	奥迪	切诺基	五十铃 N 系列
仪表板型号	8108	8005	EQ1 - 2		801 - ST			ZB103、001 - 004
充电指示	电磁电流表	动磁电流表		充电指示灯		电磁电压表		充电指示灯
油压指示	电热式表芯 + 电热式传感器			油压过低报警灯		电磁 + 变阻		油压报警灯
水温表	电热 + 电热	电热式表芯 + 热敏传感器				电磁 + 变阻		电磁 + 变阻
燃油表		电热式表芯 + 变阻传感器				电磁 + 变阻		电磁 + 变阻
仪表稳压器	无	电热式			电子式		无	无
转速表					电子式		电子式	
车速里程表		机械式			电子式		机械式	机械式

5.1.1 汽车电器仪表板的类型

仪表板总成又称为仪表盘总成,分为垂直安装式和倾斜安装式两类,二者又各有组合式和分装式两种。

1. 分装式仪表板总成

分装式仪表板总成是由薄钢板先冲压成一块仪表板,然后将每只单个仪表用夹板及螺栓固装在仪表板上。图 5 - 2 所示为汽车分装式仪表板总成,此种结构已趋淘汰。

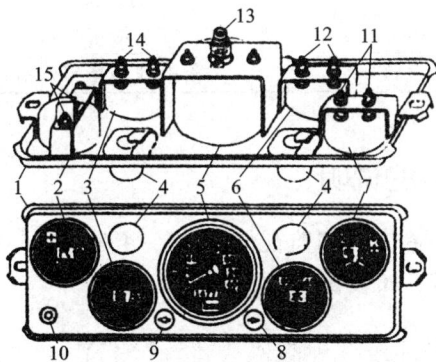

图 5 - 2 分装式仪表板总成

1—仪表板;2—燃油宝;3—油压表;4—仪表照明灯;5—车速里程表;6—水温表;7—电流表;8、9—右、左转向指示灯;10—前照灯远光指示灯;11—电流表接线柱;12—水温表接线柱;13—车速里程表接头;14—油压表接线柱;15—燃油表接线柱

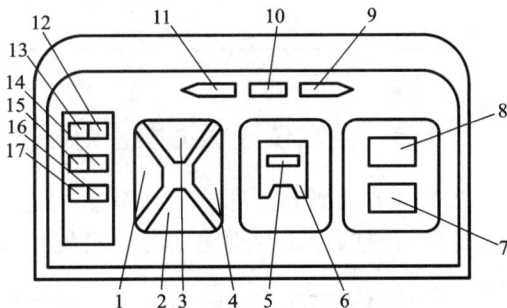

图 5 - 3 CA141 汽车组合式仪表板总成

1—水温表;2—电流表;3—燃油表;4—油压表;5—里程表;6—车速表;7、8—后、前贮气筒气压表;9—右转向指示灯;10—前照灯远光指示灯;11—左转向指示灯;12—充电指示灯;13—驻车制动指示灯;14—低油压报警灯;15—低气压报警灯;16—燃油过少报警灯;17—机油滤清器堵塞报警灯

2. 组合式仪表板总成

现代汽车均采用组合式仪表板总成。它是将各种仪表及仪表照明灯合装在一个表壳内,共用一块玻璃密封,如图 5 - 3 所示。

5.1.2　组合仪表板上开关机字母说明

现代汽车的仪表盘上，除了安装一些基本的仪表外(如电流表、机油压力表、燃油压力表、水温表车速里程表等)，还将各种警告灯和监视灯也集成在仪表盘内，由此就形成了组合式仪表盘，这也是现代客车、轿车上使用较多的一种新型组合仪表。

由于组合仪表上的可用空间有限，对各种开关和仪表名称大都采用缩写字母来表示，各种开关和仪表上的缩写字母含义，如表 5 - 2 所示。

表 5 - 2　组合式仪表开关和仪表上缩写字母的含义

编写记号	名称	编写记号	名称
ACC	附件	ACC	附件
ST	启动	ST	启动
IG	点火	IG	点火
CHG	充电警告灯	CHG	充电警告灯
OIL	油压警告灯	OIL	油压警告灯
BRAKE	刹车警告灯	BRAKE	刹车警告灯
TURN	转弯信号指示灯	TURN	转弯信号指示灯
BEAM	主光指示灯	BEAM	主光指示灯
IL. L	照明灯	IL. L	照明灯
DOOR	半门警告灯	DOOR	半门警告灯
EXH. TEMP	排气温度警告灯	EXH. TEMP	排气温度警告灯
TEMP	水温表	TEMP	水温表
BELT	安全带警告灯	BELT	安全带警告灯
BAT	蓄电池液量警告灯	BAT	蓄电池液量警告灯

5.1.3　组合仪表板上警告灯和监视灯符号的说明

现代汽车上使用了很多警告装置，使用最多的是警告灯和监视灯，图 5 - 4 是这些灯的符号，这些符号的含义及所使用的灯泡及所指示的内容，如表 5 - 3 所示。

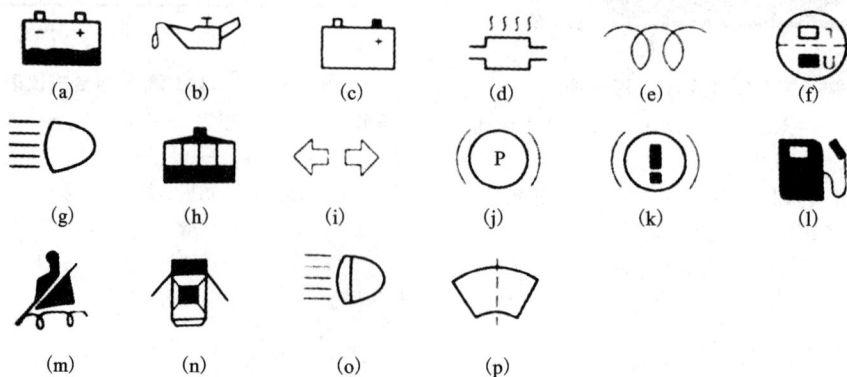

图 5 - 4　仪表板上常见警告灯和监视符号

表 5 - 3　组合仪表上警告灯和监视灯符号的含义及使用灯泡和检查方法

序号	名称	表示		灯泡 /W	内容	灯泡短路检查方法
		图形	颜色			
1	蓄电池液量警告灯	图 5 - 4(a)	红色	1.4	蓄电池的液量比规定量低时亮	发动机停止时，由于钥匙开关闭合，亮灯
2	油压警告灯	图 5 - 4(b)	红色	1.4	发动机油的油压在 0.3 kg/m² 以下时亮灯	发动机停止时，由于钥匙开关闭合，亮灯
3	充电警告灯	图 5 - 4(c)	红色	1.4	交流发电机不发电时亮灯	发动机停止时，由于钥匙开关闭合，亮灯
4	排气温度警告	图 5 - 4(d)	红色	1.4	排气温度异常高时亮灯	钥匙开关，启动时亮灯
5	辉光警告灯	图 5 - 4(e)	黄色	1.4	点火/闭合时，亮灯，预热完了灭灯	
6	过滤器警告灯	图 5 - 4(f)	红色	1.4	燃料过滤器内有水积存时，亮灯	发动机停机时，钥匙开关闭合而亮灯
7	主光灯指示灯	图 5 - 4(g)	蓝色	1.4	使用主前照灯时亮灯	
8	散热器热量警告灯	图 5 - 4(h)	黄色	1.4	散热器的液量比规定的少时，亮灯	发动机停止时，钥匙开关闭合而亮灯
9	转弯信号指示灯	图 5 - 4(i)	红色	1.4	转变信号动作时亮灯	
10	停车闸警告灯	图 5 - 4(j)	红色	1.4	停车闸动作时亮灯	
11	制动器液量警告灯	图 5 - 4(k)	红色	1.4	制动器液量比规定量少时，亮灯	发动机停止时，将钥匙开关闭合，亮灯
12	燃料余量警告灯	图 5 - 4(l)	黄色	1.4	燃料余量约10L以下时，亮灯	发动机停止时，将钥匙开关闭合，亮灯
13	皮带罩警告灯	图 5 - 4(m)	红色	1.4	不管是否装上皮带罩，发动机启动后约 7 s，灭灯	发动机停止时，将钥匙开关闭合，亮灯
14	半门警告灯	图 5 - 4(n)	红色	1.4	车门打开或半开时，亮灯	发动机停止时，将钥匙开关闭合，亮灯
15	停车信号灯或尾灯警告灯	图 5 - 4(o)	黄色	1.4	停止信号灯或尾灯警告灯的灯泡中断时，亮灯	发动机停止时，将钥匙开关闭合，亮灯
16	清洗机液量警告灯	图 5 - 4(p)	黄色	1.4	清洗机液量比规定量少时，亮灯	发动机停止时，将钥匙开关闭合，亮灯

除了国产汽车上采用这些警告装置外，日本和欧美等国家的汽车上也在用这些装置，其表示方法基本相同。

5.2　汽车电器仪表

5.2.1　电流表

电流表又称安培表，汽车上用的是直流电流表。国产车均装有电流表，国外汽车大多不装电流表而使用充电指示灯；CA141 汽车两者都具备。电流表的主要用途是指示蓄电池的充放电电流值，同时还监视电源工作是否正常。

电流表连接在充电电路中，用来表示蓄电池充放电的电流值。因而它是双向的，表盘的中间为"0"，两旁各有读数 20 A(或 30 A)，并有"＋"、"－"标记。发电机向蓄电池充电时，示值为"＋"，蓄电池向用电设备放电时，示值为"－"。

电流表根据结构形式可分为电磁式和动磁式两种。目前，国产汽车多使用电磁式电流表，东风牌汽车装有动磁式电流表。

1. 电磁式电流表

解放 CA1092 型汽车装用电磁式电流表的结构及工作原理如图 5－5 所示。

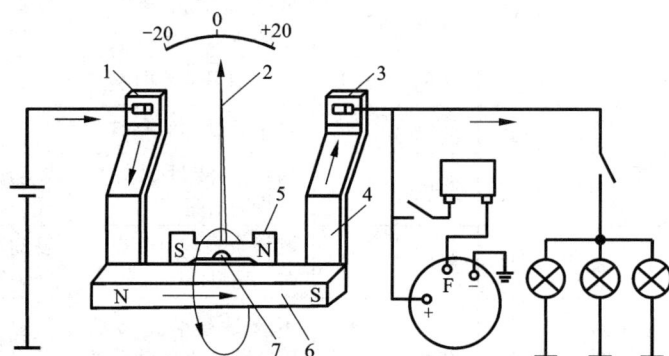

图 5－5　电磁式电流表的结构及工作原理
1、3—接线柱；2—指针；4—黄铜半条；
5—软钢转子；6—永久磁体；7—转轴

固定在绝缘底板上的"U"形黄铜板条 4 通过其两端的接线柱 1 和 3，分别与蓄电池、发电机及用电设备连接，黄铜板条的下端固定有条形永久磁铁 6，在其内侧的转轴 7 上还装有带指针 2 的软钢转子 5。软钢转子 5 在永久磁铁 6 的作用下被磁化，由于其磁场的方向与永久磁铁的相反，在无电流通过电流表时，指针 2 保持在中间位置，示值为零。

当从蓄电池流向用电设备的放电电流通过电流表时，流经黄铜板的电流将产生一个垂直于永久磁铁磁场的环形磁场，形成向逆时针方向偏转的合成磁场是软钢转子也向逆时针方向偏转一个角度，指针指向"－"侧。放电电流越大，合成磁场越强，转子偏转角度越大，指针指示值也就越大。当发电机向蓄电池充电时，流经电流表的电流方向相反，合成磁场偏转的方向相反，使指针向"＋"侧偏转。

2. 动磁式电流表

东风 EQ1092 型汽车装用动磁式电流表结构如图 5 – 6 所示。

黄铜导电板 2 固定在绝缘底板上,两端与接线柱 1 和 3 相连,中间夹有磁轭 6。与导电板 2 固装在一起的针轴上装有指针 5 和永久磁铁转子 4 总成(称磁钢指针)。没有电流通过电流表时,永久磁铁 4 通过磁轭 6 构成磁回路,使指针保持在中间"0"的位置。当放电电流通过导电板 2 时,在它的周围产生磁场,使装在导电板中心的磁钢指针向"–"向偏转,示出放电电流安培数。电流越大,偏转越多,则示出安培数越大。

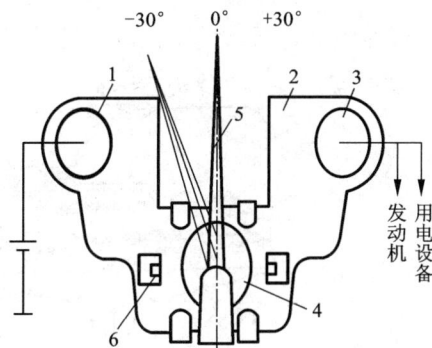

图 5 – 6　动磁式电流表结构
1、3—接线柱;2—导电板;4—永久磁铁转子;
5—指针;6—磁轭

若充电电流通过导电板 2 时,则指针偏向"+",示出充电电流的大小。

电流表的接线柱是有极性的,接线时不可接错,其"–"接线柱与蓄电池组相接,"+"接线柱与发电机的输出接线柱(B^+、A 等)相接。

近年来,对蓄电池充放电状态的检测方法多用安装在仪表板上的充电指示灯显示,在发动机运转时指示灯表示充电正常,如果红色指示灯点亮表示充电系统有故障。充电指示灯醒目、直观,设置简单,价格便宜,也便于仪表小型化、轻量化,一次,充电指示灯已逐渐取代电流表。

5.2.2　机油压力表及油压指示系统

1. 机油压力表

机油压力表用来指示发动机机油压力的大小和发动机润滑系统工作是否正常。机油压力表由油压指示表和装在发动机主油道中或粗滤器上的传感器两部分组成,按其工作原理可分为电热式、电磁式和动磁式油压力表,其中,电热式机油压力表应用最为广泛。

图 5 – 7 所示的电热式机油压力表,传感器内装有膜片 2,膜片 2 的内腔 1 与发动机主油道相通,膜片 2 的中心顶着弯曲的弹簧片 3。弹簧片 3 的一端与膜片固定并搭铁,另一端焊有触点,且经常与上面的 Ⅱ 型双金属片 4 的触点接触,双金属片 4 上绕有与本身绝缘的加热线圈。线圈 4 的一端直接与双金属片的触点相连,另一端经接触片 6 和接线柱 7 与指示表相连。校正电阻与加热线圈并联。机油压力表双金属片 11 的一端固定在调节齿扇 10 上,另一端与指针 12 相连,其上也绕有加热线圈。

油压很低时,传感器中膜片 2 作用在接触点上的压力较小,电流流过加热丝时间很短,温度略有上升,双金属片就弯曲,使触点分开,电路被切断。经过一段时间后,双金属片冷却伸直,触点又闭合,电路又接通,电热丝又开始加热,如此反复循环。开闭频率每分钟为 5 ~ 20 次。油压指示表中,双金属片因温度较低而弯曲变形,指针 12 向右偏转角度小,指示较低油压。

当油压升高时,膜片向上弯曲,加在触点上的压力增大,这样只有加热线圈通过电流较大时,双金属片温度高,触点才能断开。此时,触点断开时间短,双金属片稍一冷却又很快闭合,频率增高。通过绕于双金属片 11 上的加热线圈的电流有效值增加,使双金属片弯曲变形增大,指针指示较高油压。

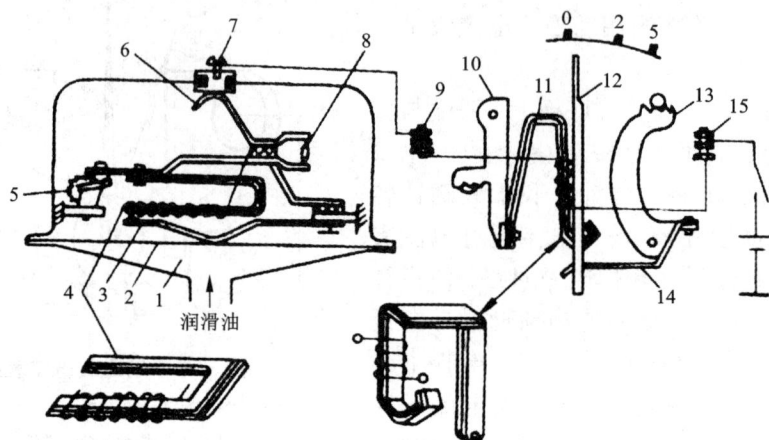

图 5 – 7　电热式机油压力表

1—油腔；2—膜片；3—弹簧片；4—双金属片；5—调节齿轮；
6—接触片；7，9，15—接线柱；8—校正电阻；10，13—调整齿扇；
11—双金属片；12—指针；14—弹簧片；15—点火开关

　　电热式机油压力表设有精度调整机构。机油压力表若"0"位有误差，可用起子或专用工具转动机油压力表中调节齿扇 10，使指针指到刻度盘上的"0"位。若在"5"位置(0.5 MPa)有误差，应转动调节齿扇 13，使指针指到"5"的刻度上。

　　为使油压的指示值不受外界温度的影响，双金属片 4 制成Ⅱ字形，其上绕有加热线圈的一边称为工作臂，称为补偿臂。当外界温度变化时，工作臂的附加变形被补偿臂的相应变形所补偿(温度与补偿臂的变化两者作用在工作臂的端部是相反的)，使指示表的示值不变。在安装传感器时，应使盒上的箭头(↑)向上，不应偏出垂直位置30°，使工作臂位于补偿臂之上。这样，工作臂产生的热气不致对补偿臂产生影响，造成示值不准确。

　　2. 油压指示系统

　　一些车型的仪表板上没有机油压力表，采用油压指示系统监视润滑系统的机油压力。当油压过低或过高时，通过油压报警灯和蜂鸣器报警。桑塔纳轿车的油压指示系统由低压传感器(低压油压开关)、高压传感器(高压油压开关)、油压检查控制器、油压指示灯和油压报警蜂鸣器等组成，如图 5 –8 所示。

　　低压传感器 4 安装在发动机主油道上，其常闭触点通过壳体直接搭铁，工作压力为 30 kPa，当油压低于 30 kPa 时触点闭合，高于 30 kPa 时触点分开。高压传感器 5 固定在机油滤清器的支撑上，其触点为常开触点，也通过壳体搭铁，工作压力为 180 kPa。当油压低于 180 kPa 时触点断开；高于 180 kPa 时触点闭合。油压报警蜂鸣器安装在车速里程表罩壳内。安装在仪表盘上的油压报警灯为闪动型红色发光二极管。

　　接通点火开关，发动机未启动时，油压报警灯应闪亮，油压报警蜂鸣器不响；发动机启动后，油压报警灯应熄灭，蜂鸣器也不响。汽车运行中，当机油压力低于 30 kPa 或高速(转速高于 2150 r/min)低于 180 kPa 时，油压报警灯以一定的频率闪亮发出报警信号，高速时蜂鸣器还将发出声响报警信号。

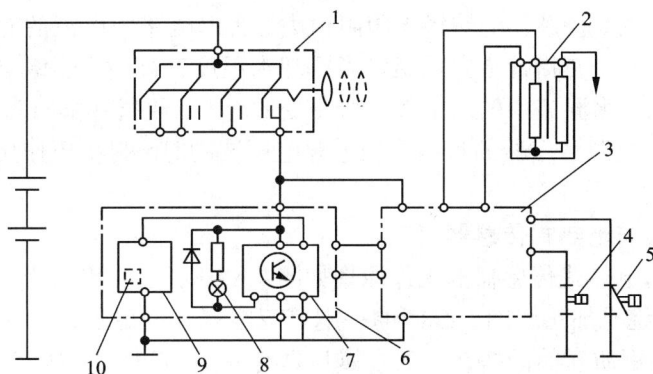

图 5 - 8 桑塔纳轿车油压指示系统的组成

1—点火开关；2—点火线圈；3—中央线路板；4—低压传感器；5—高压传感器；

6—仪表盘(部分)；7—油压检查控制器；8—油压指示灯；9—车速里程表；10—蜂鸣器

5.2.3 水温表

水温表的作用是指示发动机冷却水的温度。正常情况下，水温表指示值应为 85 ~ 95℃。水温表与装在发动机水套上的水温传感器(水温感应塞)配合工作。通常有电热式水温表与热敏电阻式传感器、电热式水温表与电热式传感器、电磁式水温表与热敏电阻式传感器、动磁式水温表与热敏电阻式传感器等。

1. 电热式水温表与热敏电阻式传感器

带有稳压器的电热式水温表与热敏电阻式传感器的工作原理及结构如图 5 - 9 所示。热敏电阻式水温传感器(又称感温塞)主要元件为负温度系数的热敏电阻(由镍、钴、锰、铜烧结而成)，其特性是温度升高时，电阻值减小。利用热敏电阻可以将水温的变化转换成电阻的变化，从而控制电路中电流的大小，使水温表指针指出相应的温度。

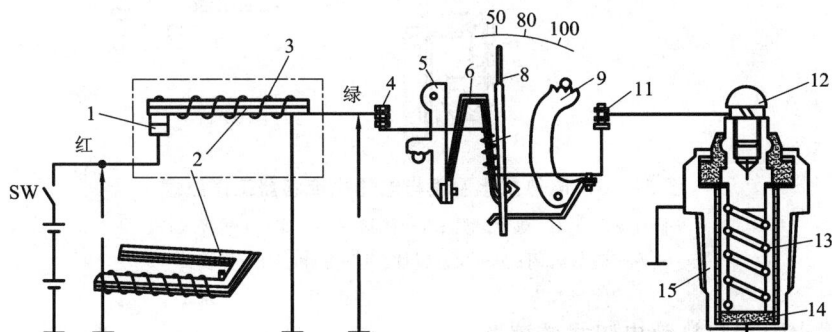

图 5 - 9 双金属式水温表与热敏电阻式传感器

1—触点；2—双金属片；3—加热线圈；4、11、12—接线柱；5、9—调整齿扇；

6—双金属片；7—加热线圈；8—指针；10、13—弹簧；14—热敏电阻；15—外壳

接通点火开关，电流由蓄电池正极经点火开关到达稳压器触点 1 后分为两路，一路经稳

压器加热线圈搭铁构成回路,另一路经指示表的加热线圈7、热敏电阻14等构成回路。当发动机冷却水温度较低时,传感器的热敏电阻阻值大,所以电路中电流的有效值小,则水温表中双金属片弯曲变形小,使指针指向低温。当冷却水温度升高时,热敏电阻阻值变小,电路中电流的有效值变大,水温表中的双金属片弯曲变形增大,使指针指向高温。

电路中串接一个电源稳压器的目的是当电源电压波动时,起稳压作用,以保证仪表度数的准确性。

2. 电热式水温表与电热式传感器

电热式水温表与电热式传感器的工作原理如图5-10所示。传感器的铜质套筒内装有条形双金属片2,其上绕有加热线圈。线圈的一端接双金属片的触点,另一端与接触片3相连接,固定触点1通过铜质套筒的搭铁。双金属片具有一定的初始压力,当水温升高时,向上弯曲使触点间的压力减弱。当水温较低时,双金属片变形不大,触点间压力较大,触点闭合时间长(双金属片需经一段较长时间加热),且触点分离后,由于温度低,双金属片冷却较快,触点分离的时间减少,因此电路中电流的有效值较大,指示表的双金属片7变形也大,指针向右偏转,指向低温。当水温较高时,传感器中双金属片2向上弯曲,触点压力减弱,线圈通电加热使触点断开所需时间变短,而双金属片的冷却则变慢(触点分离的时间延长),使触点的相对闭合时间缩短,电路中的电流的有效值减小,指示表中双金属片7变形减小,指针偏转角小,指向高温。

电热式水温表和电热式水温传感器,其本身具有稳定电压的功能,所以不需要电源稳压器。

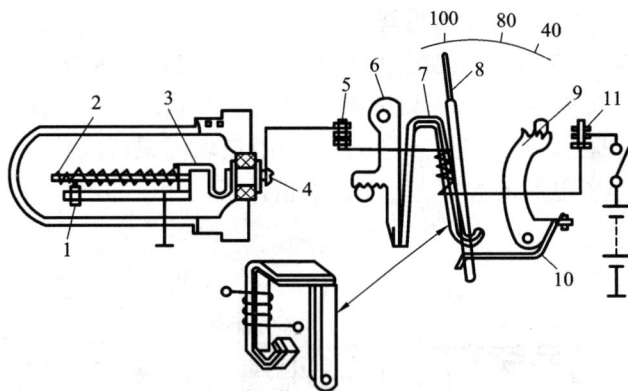

图5-10 电热式水温表与电热式传感器工作原理
1—固定触点;2—双金属片;3—接触片;4、5、11—接线柱;
6、9—调节齿扇;7—双金属片;8—指针;10—弹簧片

3. 电磁式水温表与热敏电阻式传感器

电磁式水温表与热敏电阻式传感器工作原理如图5-11所示。电磁式水温表内有左、右两只铁芯,铁芯分别绕有左线圈1和右线圈2,其中左线圈1与电源并联,右线圈2与传感器串联。两个线圈中间置有软钢转子3,转子上连有指针4。当电源电压不变时,通过左线圈1的电流不变,所形成的磁场强度是一个定值。而通过右线圈2的电流则取决于与它串联的传感器热敏电阻值的变化。热敏电阻为负温度系数。当水温较低时,热敏电阻值大,右线圈电

流小，磁场弱，合成磁场主要取决于左线圈，使指针在低温处。当水温升高时，传感器的电阻减小，右线圈中的电流增大，磁场增强，合成磁场偏移，转子便带动指针转动，指向高温。

4. 动磁式水温表与热敏电阻式传感器

动磁式水温表结构及工作原理如图 5－12 所示，主要由永久磁铁 1、指针永久磁铁 2、三个电磁线圈 3、5、6 和安装在指针永久磁铁上的指针所组成。不通电时，指针在永久磁铁作用下使指针回零。

接通点火开关，电流从蓄电池正极出发，一路经线圈 6 和 5 通过电阻 7 搭铁构成回路；另一路经线圈 3、传感器热敏电阻搭铁构成回路。这时三个线圈各形成一个磁场同时作用于指针永久磁铁，指针永久磁铁 2 便在合成磁场的作用下转动，使指针指在某一刻度上。水温较低时，热敏电阻阻值大，线圈 3 中电流小，磁场弱，合成磁场主要取决于线圈 5 和线圈 6，使指针指在低温处。水温升高时，传感器的电阻减小，线圈 3 中的电流增大，磁场增强，合成磁场偏移，转子带动指针指向高温处。

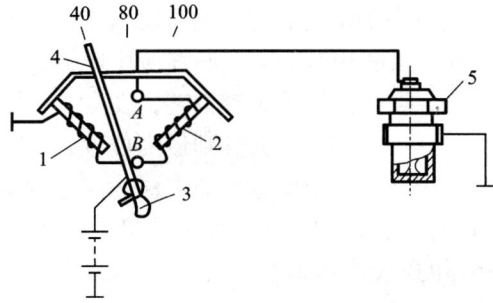

图 5－11　电磁式水温表与热敏电阻式传感器工作原理

1—左线圈；2—右线圈；3—软钢转子；

4—指针；5—热敏电阻

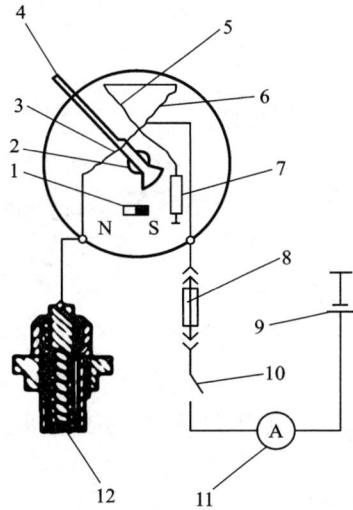

图 5－12　动磁式水温表结构及工作原理

1—永久磁铁(使指针回零)；2—指针永久磁铁；

3、5、6—线圈；4—指针；7—电阻；

8—熔断丝；9—蓄电池；10—点火开关

5.2.4　燃油表

燃油表由装在仪表板上的燃油指示表和装在燃油箱上的油量传感器组成，用于指示汽车燃油箱中所储存的燃油量。驾驶员根据燃油表的示值情况估计汽车续驶里程，判断是否需要加油。燃油表也分电磁式、电热式和动磁式三种。传感器一般为可变电阻式。

1. 电磁式燃油表

(1) 双线圈式燃油表

双线圈燃油表的结构和电路图如图 5－13 所示，其燃油表有左、右两只线圈(线圈内有铁芯)，中间置有转子，转子上连有指针。可变电阻式传感器由电阻器、滑片、浮子等组成。浮子漂浮在油面上，随油面的高低而起落，带动滑片使电阻器的阻值随之改变。

当邮箱内无油时，浮子下降到最低位置，传感器上的电阻器被短路。同时右线圈也被短路，而左线圈在电源电压的作用下，电流达到最大，产生的电磁强度也最大，吸引转子带动指针偏向最左端，指针在"0"刻度上。

123

当向油箱中加油时,随着油量的增多,浮子也上升,电阻逐渐增大。左线圈中的电流逐渐减小,电磁强度相对减弱。右线圈中电流逐渐增大,电磁强度相对增强,两线圈的合成磁场偏向右方,吸引指针顺时针偏转,致使油量增多。

当油箱注满时,浮子上升到最高位置,传感器的电阻被全部接入,这时左线圈中的电流最小,而右线圈中的电流最大,电磁力也达到最大,在两线圈的合成磁场作用下,带动指针偏向最右端指在"1"刻度上,表示油箱已盛满油。

传感器的可变电阻末端搭铁,可避免滑片与可变电阻接触不良时产生火花,引起火灾危险。

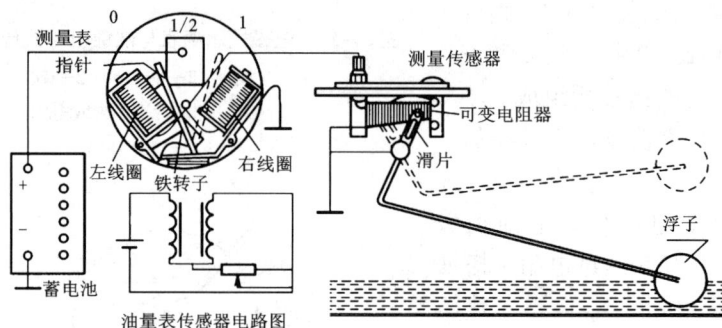

图 5 – 13　双线圈燃油表的结构和电路

（2）三线圈式燃油表

三线圈式燃油表的结构（图 5 – 14）与三线圈式水温表的结构基本相同。当燃油表通电后,线圈 E（空）与线圈 F（满）产生的磁场成 90° 的夹角,其合成磁场的方向决定永磁转子的偏转角度。线圈 B（补偿）产生的磁场极性与线圈 E 相反。传感器与线圈 F、B 并联。

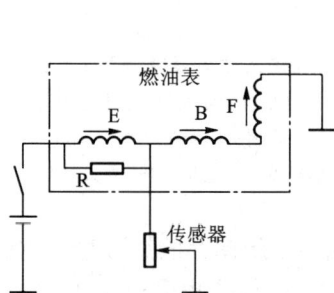

图 5 – 14　三线圈式燃油表的结构（五十铃 N 系列）

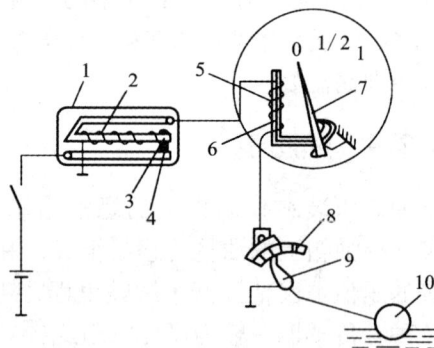

图 5 – 15　双金属式燃油表的结构

1—双金属片；2—加热线圈；3—动触点；4—静触点；
5—指示表加热线圈；6—双金属片；7—指针；
8—传感器电阻；9—滑片；10—浮子

2. 电热式燃油表

电热式燃油表又称双金属式燃油表,它的传感器与电磁式燃油表相同。另外,为了稳定电源电压,在电路中串接了一个稳压器,其结构如图 5 – 15 所示。

当油箱中无油时,传感器浮子 7 在最低位置,而将传感器可变电阻 8 全部接入电路,加热线圈 5 中电流最小，所以双金属片 6 几乎不变形，指针指在"0"处，表示无油。

当油箱的油量增加时，传感器的浮子 10 上浮，滑片 9 移动，使部分电阻被接入电路，于是流入接热线圈 5 的电流增大，双金属片 6 受热弯曲变形带动指针向"1"移动，指示出油量的多少。

由于流经加热线圈的电流，除与可变电阻值有关外，还与供电电压有关。汽车的电源是蓄电池与发电机并联，两者的电位差一般为 2 V 左右，且发电机的端电压，虽然经调节器调整，但受负载电流的影响较大。因此，电源电压变化必然影响双金属片电热式仪表的测量精度。因此，凡是双金属片做指示表的，都必须加稳压器。

图 5 - 15 左边长方形框内所示即为双金属片式稳压器。当电源电压提高时，稳压器中加热线圈 2 的电流增大、双金属片 1 温度升高，使触点 3、4 间接触压力减小，闭合时间缩短，打开时间增长，从而使加热线圈中的电流减小，端电压下降；反之，当电源电压下降时，稳压器中加热线圈的电流减小，双金属片温度降低，触点闭合时间增长，打开时间缩短，线圈中平均电流增大，端电压提高。这样，就使仪表始终在一个比较稳定的电压下工作，减少了电源电压波动的影响。

由于传感器和指示仪表都是双金属片的，其本身就具有稳定电压的功能，所以不需要电源稳压器。

3. 动磁式燃油表

动磁式燃油表与电磁式燃油表的主要不同之处在于两个线圈不是绕在铁芯上，而是互相垂直地绕在同一个矩形塑料架上，塑料套筒轴承和金属轴穿过交叉线圈，金属轴上装有永久磁铁转子，转子上连有指针，其结构如图 5 - 16 所示，工作原理与电磁式燃油表基本相同。油箱无油时，浮子下沉。可变电阻上的滑片移至最右端。可变电阻被短路，右线圈 2 也被短路，永久磁铁转子在左线圈磁力作用下偏转，带动指针指示油位为"0"。随着油位的升高，浮子上升，可变电阻部分接入，使左线圈中的电流相对减小，右线圈中的电流相对增大，永久磁铁转子在合成磁场作用下转动，使指针向右偏转，指出与油箱相应的刻度。

电磁式、动磁式燃油表的优点是当电源电压波动时，通过左、右两线圈的电流比例的增减，使指示值不受影响。动磁式燃油表由于线圈中没有铁芯，因此没有磁滞现象，指示误差小。

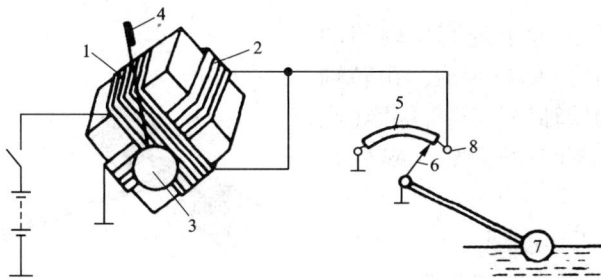

图 5 - 16　动磁式燃油表与可变电阻式传感器的结构

1—左线圈；2—右线圈；3—永久磁铁转子；4—指针；5—可变电阻；6—滑片；7—浮子；8—接线柱

5.2.5　车速里程表

车速里程表是用来指示汽车行驶速度和累计行驶总里程数的仪表。车速里程表有磁感应式和电子式两种类型。现代汽车一般采用电子式车速里程表。

1. 磁感应式车速里程表

磁感应式车速里程表也称永磁式车速里程表，由车速表和里程表两部分组成，如图 5 – 17 所示。

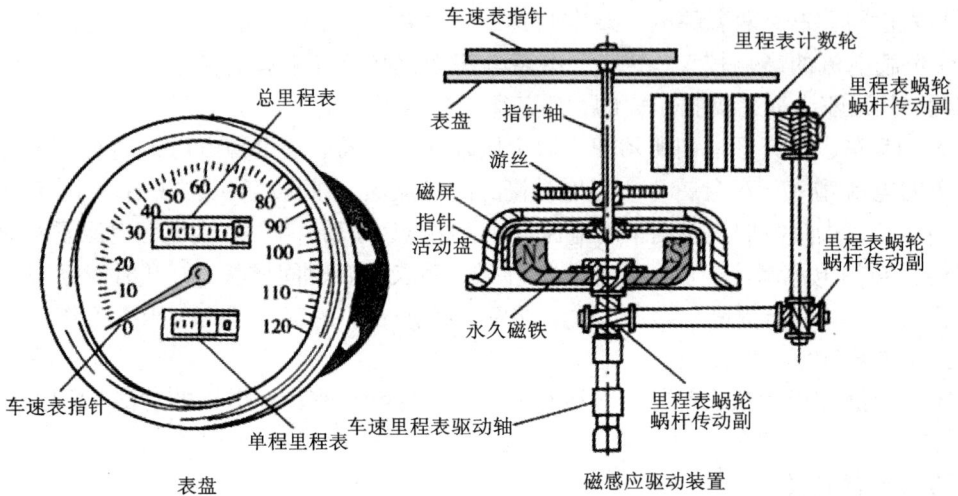

图 5 – 17　永磁式车速里程表

（1）车速表

车速表主要构件为一"U"形永久磁铁，它固装在主动轴顶端。永久磁铁的上面装有指针活动盘（或称感应罩），一般为铝质或铁质材料制成，可以转动；指针活动盘的上方罩着一个磁屏，与底板固定。

在可以转动的指针活动盘中心垂直固装着指针轴，指针轴的中部有一盘游丝（又称盘形弹簧），顶端装着车速表指针。指针的下面有黑色表盘，并用白色标度线和数字注明 0、20、40、60、80、100、120 等车速值，单位为 km/h。

（2）里程表

里程表主要由 7 个接近十进制位内传动的数字轮，以及三对涡轮、蜗杆组成。由转轴驱动旋转，转轴用传动软轴与汽车变速器（或分动器、差速器）输出轴上的涡轮、蜗杆相连，如图 5 – 18 所示。

（3）车速里程表的工作原理

汽车行驶时，由变速器输出的转速经涡轮、蜗杆及软轴传至车速里程表的转轴，一方面带动"U"形永久磁铁旋转，在指针活动盘上产生涡流磁场和转矩，克服游丝的弹力使指针活动盘朝永久磁铁转动方面转动一个角度。于是，带动指针指在表盘上的相应车速值。车速越高，永久磁铁旋转越快，指针活动

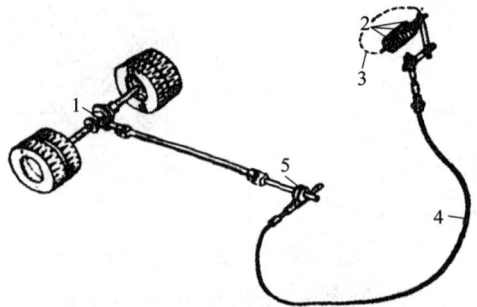

图 5 – 18　车速里程表传动示意图

1—差速器主传动齿轮；2—里程表数字轮组；
3—标度盘；4—传动软轴；
5—变速器第二轴传动涡轮、蜗杆

盘上的涡流转矩越大，指针偏转角大，指示的车速值也越大。反之则指出低速值。停车后，由于永久磁铁停止转动，指针活动盘上涡流转矩消失，在游丝的作用下使指针回到"0"的位置。

2. 电子式车速里程表

电子式车速里程表主要由车速传感器、电子电路、车速表和里程表四部分组成。

（1）车速传感器

车速传感器由变速器驱动，能够使其产生正比于汽车行驶速度的电信号。车速传感器由一个舌簧开关和一个含有四对磁极的塑料磁铁转子组成（图 5－19）。

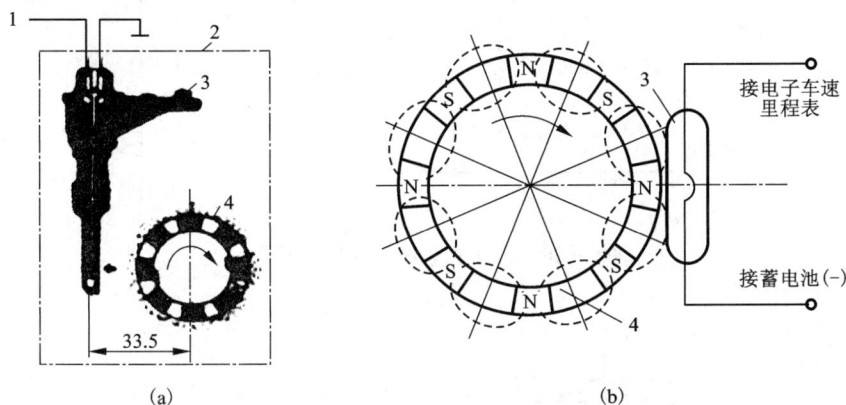

（a）　　　　　　　　　　　　　　（b）

图 5－19　车速传感器工作原理图
1—接车速里程表 IC 电路；2—车速传感器；3—舌簧开关；4—塑料磁铁

舌簧开关中的触点在磁场作用下闭合（N 极、S 极的磁力线作用于舌簧开关触点），远离磁场时断开（N 极、S 极交点对准舌簧开关触点，无磁力线通过）。四对磁极的塑料磁铁每转一周，舌簧开关中的触点闭合 8 次，产生 8 个脉冲信号，汽车行驶 1 km，车速传感器输出信号 1274 个脉冲。

（2）电子电路

电子电路将车速传感器送来的具有一定频率的电信号，经整形、触发输出一个与车速成正比的电流信号。主要由车速里程表 IC 集成块和外部电子电路组成，如图 5－20 所示。

IC 集成块包括单稳态触发电路、恒流源驱动电路、64 分频电路和功率放大电路。

外部电路有：调整输出脉冲宽度决定仪表精度的电阻 R_1 和电容 C_1，调整仪表初始工作电流的电阻 R_2，电源滤波电阻 R_3 和电容 C_3。另外还有车速表和里程表步进电动机。

（3）车速表

车速表实际上是一个磁电式电流表，从电子电路 IC 接线端 6 输出的与车速成正比的电流信号驱动指针偏转，指示出相应的车速。

（4）里程表

电子式车速里程表的结构如图 5－21 所示，它主要由动圈式车速测量机构 8、行星齿轮减速传动机构带动的十进制记录历程数字轮 4、处理与速度有关的脉冲信号的线路板组合 5、接收与速度有关的霍尔型转速传感器以及步进电动机 6 等组成。

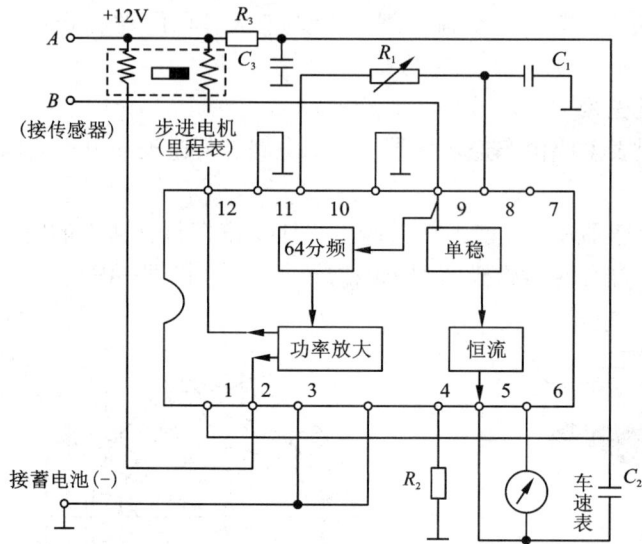

图 5 – 20　电子式车速里程表电子电路

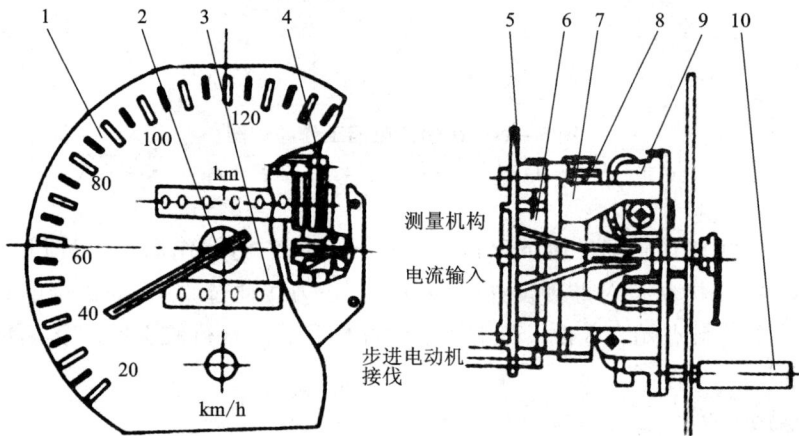

图 5 – 21　桑塔纳 2000 系列轿车电子车速里程表

1—刻度盘；2—指针组合；3—里程计数器；4—行星齿轮系；5—线路板组合；
6—步进电机；7—座架；8—动圈式测量机构；9—计数器组合；10—日程复位机构

　　安装在变速器后部的车速传感器将车速转化为脉冲信号，经由电子元器件组成的电路处理后，输出电流驱动动圈式测量机构，带动指针偏转一定的角度。由于车速传感器产生的脉冲频率经电路处理后，与输出的电流相对应，所以指针指示相应的车速。将输入的脉冲频率由电路分频处理后，驱动步进电动机，经行星齿轮减速累计行驶里程。

5.2.6　发动机转速表

　　发动机转速表用来指示发动机曲轴转速，驾驶员可根据发动机转速表的示值监视发动机的工作状况，更好地掌握换挡时机和利用经济车速等。转速表按其结构不同可分为机械式和电子式，其中应用广泛的是电子式。电子式转速表转速信号的获取方法主要有两种：转速传感器输出的脉冲（或交变）信号；点火系初级电路的电压脉冲信号（只限于汽油机）。

图 5 - 22 所示是利用电容器充放电的脉冲式电子转速表的工作原理。转速信号取自点火线圈初级绕组的脉冲电压。当发动机工作时，分电器触点不断开闭，其开闭次数与发动机转速成正比，即四冲程发动机，曲轴转两圈，分电器轴转一圈，分电器触点开闭次数等于发动机汽缸数。

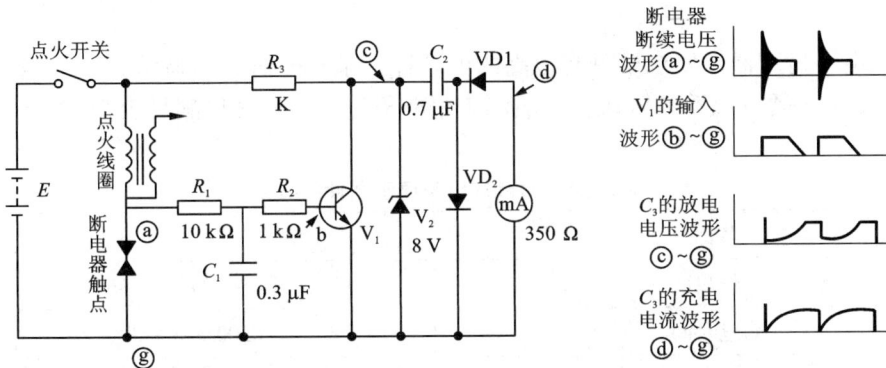

图 5 - 22　汽油机用电子转速表

当触点闭合时，三极管 VT_1 无偏压而处于截止状态，电容器 C_2 被充电。充电电路为：蓄电池"＋"→点火开关→电阻 R_3→电容器 C_2→VD_2→蓄电池"－"。

当触点断开时，三极管 VT_1 的基极电位接近电源正极，VT_1 饱和导通，充满电荷的电容器 C_2 通过 VT_1 的集电极和发射极放电。放电电路：电容器 C_2 正极→VT_1 集电极→VT_1 发射极→毫安表 mA→VD_1→电容器 C_2 负极。触点反复开闭，电容器 C_2 反复充放电。在电源电压稳定、电容器充放电时间常数不变的情况下，通过毫安表的电流平均值与触点的开闭频率成正比，即与发动机转速成正比。

5.3　汽车电子仪表及显示装置

随着微电子计算机和电子传感器等汽车电子技术的蓬勃发展，汽车仪表以及显示装置已进入电子化时代。近年来，在世界范围内已有多种汽车装置电子显示器件的电子仪表盘，将取代常规的指针式仪表，其优点是：

①汽车电子仪表能提供大量、复杂的信息，适应汽车排气净化、节能、安全性和舒适性的要求。

②能满足小型、轻量化的要求，使有限的驾驶室空间尽可能的宽敞些。

③显示图形设计的自由度高，造型美观实用。

④具有高精度和高可靠性，免除机电式仪表中的那些可动部分。

⑤具有一表多用的功能，用一组显示器进行分时显示，并可同时显示几个信息，使组合仪表得以简化。

5.3.1 电子显示器

电子显示器件大致分为发光型和非发光型两大类。

发光型的显示器件有发光二极管(LED)、真空荧光管(VFD)、阴极射线管(CRT)等离子显示器件(PDP)和电致发光显示器件(ELD)等。

非发光型的有液晶显示器件(LCD)、电致变色显示器件(ECD)等。

目前,用作汽车电子显示器件最多的是 VFD 和 LCD,其次是 LED。CRT 虽然容量大,但体积太大。

对汽车电子显示器件要求要具有很高的可靠性,即各种信息的显示必须准确、可靠、及时、清晰,便于驾驶员观看和辨认。一般汽车用电子显示器件必须满足表 5-4 所列要求。

表 5-4　对汽车电子显示器件的要求

名称	要求
工作温度	$-30℃ \sim +85℃$
响应时间	500 ms($-30℃$)
对比度	10:1
视角范围	$\pm 45°$
亮度	$1713cd/m^2$
显示颜色	红色、绿色、蓝色
工作电压	5 V
显示面积	100 mm × 200 mm
寿命	10^5 h 以上

(1)LED

LED 发出的颜色有红色、绿色、黄色、橙色等,可单独使用,也可用来组成数字。在使用中,常把它焊接到印制电路板上,以形成数字显示或带色光杆,如图 5-23 所示。

图 5-24 所示为由七个 LED 管组成的数码显示装置。有些仪表则用 LED 所组成的光点矩阵型显示器。

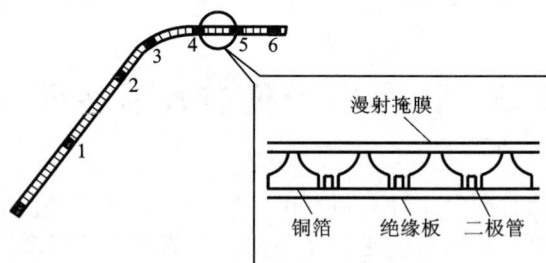

图 5-23　发光二极管光杆显示

LED 较适用于作为汽车指示灯、数字符号段或点数不太多的光杆图形显示。

(2)VFD

VFD 实际上是一种低压真空管,它由玻璃、金属等材料构成。真空荧光显示是一种主动显示,其发光原理与电视机中的显像管相似。

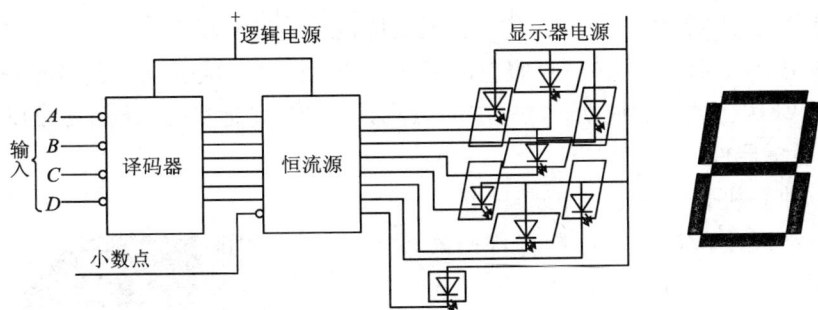

图 5 - 24　LED 数码显示

VFD 的结构和工作原理如图 5 - 25 所示。

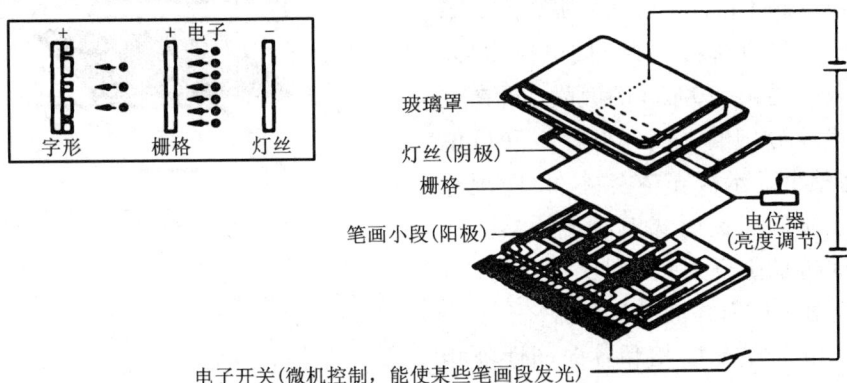

图 5 - 25　数字式车速表的真空荧光管显示屏

汽车用数字式车速表的真空荧光显示屏(图 5 - 25)可显示三位数字。其阳极为 20 个字形笔画小段,上面涂有荧光体(或磷光体),各与一个接线柱相接,且笔画内部相互连接;其阴极为灯丝,在灯丝与笔画小段(阳极)之间插入栅格,其构造与一般电子管相似。

整个装置密封在一个被抽成真空的玻璃罩内。当阳极(字形)接至电源" + "极,而阴极(灯丝)与电源" - "极相接时,便获得一定的电源电压,其灯丝作为阴极发射电子(在电场力的作用下),栅格便控制电子流加热并加速,使其射向阳极(字形)。

由于玻璃管(罩)内抽成真空,前面装有平板玻璃并配有滤色镜,故能使通过栅格轰击阳极(字形)的电子激发出亮光来,因而能显示出所要看到的内容。

真空荧光显示具有色彩鲜艳、可见度高、立体感强等特点,是最早引入汽车仪表中的发光型显示器件。但由于做成大型的、多功能的 VFD,成本较高,故现在大多由一些单功能、小型的 VFD 组成汽车签字式仪表盘。

VFD 有如下特点:

①其发光的荧光粉接近于白色,使显示段与非显示段之间的对比度降低。

②由于 VFD 是一种真空管,为保持一定的强度,必须采用一定厚度的玻璃外壳,故体积

和质量较大。

③驱动电路与显示器件难于一体化，实现大量显示的难度较大。

作为汽车用显示器件，还必须克服它的某些缺点，设法组成多功能复合型显示装置。目前国外大型的 VFD 已经试制成功，能构成显示汽车车速、发动机转速等信息的彩色显示器。

（3）液晶显示器件

液晶是一种有机化合物，由长形杆状分子构成。在一定温度范围内，它具有普遍液体的流动性质，也具有晶体的某些特征。人们认识液晶材料已有 80 多年的历史了，但是一直到最近 10 年内，才考虑用它来作为显示材料。液晶显示器件是一种新型的非发光型平板显示器件。其结构如图 5-26 所示。

它有两块厚约 1 mmde 玻璃基板 2、8，基板上涂有透明的导电材料，以形成电极图形，两基板间注入一层 5~20 μm 的液晶，再在玻璃基板的外表面分别贴上前偏振片 1 和后偏振片 9，并将整个显示板安全密封，以防湿气和氧侵入，这便构成透射式液晶显示器。在玻璃基板后面再加上反射镜（即反射透射片）10，便组成反射—透射式液晶显示器。

液晶相是介于结晶固相和各向同性液相之间的一种中间相。在液晶上加一个电场时，

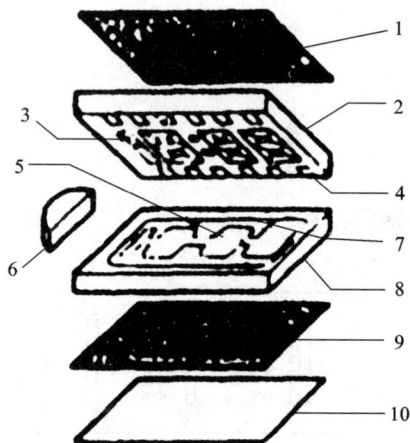

图 5-26 液晶显示器件的结构
1—前偏振片；2—前玻璃板；3—笔画电极；
4—接线端；5—后（背）板；6—端部密封件；
7—密封面；8—后（背）玻璃板；
9—后偏振片；10—反射镜

其杆状分子的长轴方向发生变化，而液晶的光化学性质是随分子的排列方向的变化而变化的。因此，它的光化学性质也发生变化。

显示板的两个电极上密纹的方向彼此垂直，这样，液晶分子在一个电极上有一定的排列方向，而在相反的电极上分子排列方向转过 90°，从而使液晶材料具有这样一种化学性质：在液晶不加电压时，光线穿过液晶到达反射镜后反射回米，观察者可看到反射回来的光线。当加上电压时，液晶分子方向改变，通过垂直偏振镜后收到水平检偏镜的阻断不能到达反射镜，因此光线进入已通电的笔画的晶粒不能返回前面，这时笔画不亮（黑色）。

如果偏振镜和检偏镜的方向一致，则情况与上相反，即不加电压，液晶不透射光；加上电压时，液晶方向改变，是光透射出来。

液晶显示的优点：

①即使自然光很强，也不影响它的对比度。

②工作电压低，约 3 V，功耗小。

③它是一种单独的组装件，易于安装、保养。

④可用于多种形式的显示。

⑤电路板图形设计自由度极高，工艺简单，成本低。

液晶显示的缺点：

①在黑暗时，需要外部光源，这与 LED 显示刚好相反。

②低温响应特性较差。即在低温时不能很好工作，一般工作温度为 0～60℃，这就限制了它在汽车上的某些应用。

液晶显示器在国外的汽车上已得到推广应用。如美国研制的液晶显示汽车驾驶员信息中心就是一个例子。该中心实际是自动显示故障的装置，系统用以监视的内容有：

①监视 20 个前后各种车灯。

②显示汽车的各种功能或状态。如油压、冷却液温度、冷却液面、充电电压、燃油液面、风窗玻璃喷洗液面以及发动机罩、行车箱盖、四个车门的开闭状态等。

③维修提示系统的监视。当需要进行维修时，控制器报警。如更换机油、更换滤芯、更换和调整轮胎等。同时还能显示出在维修前尚允许行驶的公里数。

信息中心实际上是由显示器及信息处理机两部分组成的。液晶显示器装置在汽车仪表板总成内，它由多色液晶构成的上述三个信息去和一个图像区组成。

液晶显示器件是一种潜在的，将会得到广泛应用的车辆显示器件。

(4)阴极射线显示

阴极射线管亦称显像管或电子束管，它是一种特殊的真空管。

CRT 是显示信息和图像最灵敏的显示系统。因 CRT 具有全色彩显示，图像显示的灵活性大，分辨率和对比度高的特点，且具有 −50℃～+100℃ 的工作温度范围，有微秒级以下的响应速度，所以它是显示图像质量最高的一种显示器件。它已广泛用于示波器、电视显像管和微机显示系统。

但是，CRT 作为汽车仪表盘显示用器件，则体积太大，即便已经是实用化的扁平型 CRT，但仍嫌太长，太重；还要采用 10 kV 以上的高压，安全性差；对其他电子电器有很大的无线电干扰等。CRT 作为汽车电视机用，也还存在一些缺点。CRT 在汽车上的应用还处于试验阶段，带 CRT 进一步小型化之后仍有在汽车上采用的可能。实际上，日本各大汽车公司所推出的新产品中也有采用 CRT 的。CRT 是值得了解的具有潜在优势的显示系统。

图 5 – 27 所示为阴极射线管的结构示意图。电子束在荧光屏上产生光电，其亮度与电子束电流成正比，该电流由视频信号电压 Vc 控制。电子束借助于专门的定位电磁场在光栅上扫描。磁场由扫描线圈产生使之发生偏转，总的偏转量与流经该线圈的电流成正比。

扫描与要显示的信号源同步进行，每次水平扫描末尾，一个同步脉冲使电子束迅速向左偏转，然后再以匀速向右扫描。同样，当电子束位于 CRT 的下面时，产生一个同步脉冲，该脉冲使电子束迅速回到 CRT 的上面，然后向下匀速扫描。

被显示在 CRT 屏幕上的信息或图像，由 Vc 控制，该电压是水平和垂直同步脉冲有关的时间函数。因此，CRT 显示的信息，是由同步脉冲相关的时刻产生一个专门的光栅电压 V_c，该电压与视频电压有关。

视频电压和脉冲由 CRT 控制器产生。图 5 – 28 为典型的 CRT 显示装置，检测计算机的输出，通过 CRT 控制器控制 CRT 显示。

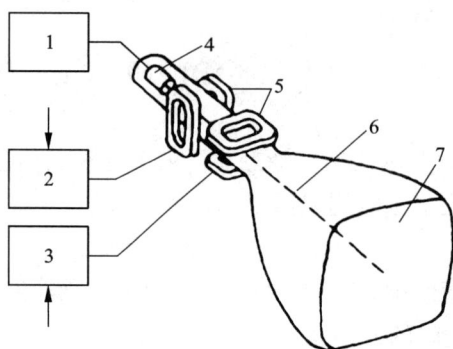

图 5-27 CRT 示意图

1—视频信号；2—水平偏转电路；3—垂直偏转电路；
4—电子枪；5—偏转线圈；6—电子束；7—屏幕

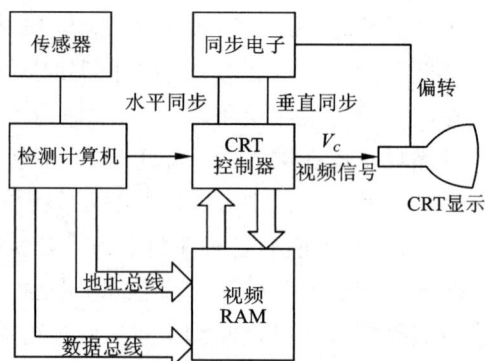

图 5-28 汽车 CRT 检测系统

(5)电致发光显示器件

电致发光显示器件是一种将电能转换为光能的固体发光器件，它是利用某些固体材料在电场的作用下发光的特性来进行显示的。

具有这种性质的发光材料有硫化锌（ZnS）、硫化镉（CdS）、硒化锌（ZnSe）和硒化镉（CdSe）等。通常使用以 ZnS 为主体的化合物，并掺入激活剂铜、锰等元素，经过一定比例配料、高温灼热处理后就形成了以铜晶体为主体的发光中心。在电场的作用下，即可发光，通过变化激活剂的质量分数，在可见光谱范围内可得到不同颜色的光。

按照激励方法和发光材料的形式不同，电致发光技术分为交流粉式、直流粉式、交流薄膜式和直流薄膜式四种。

图 5-29 所示为交流粉式电致发光显示器件的结构原理图。在玻璃基板 1 上有一层用化学方法在 480℃ 左右温度下形成的二氧化锡透明的导电薄膜 2，又称为第一电极。在导电薄膜上面喷上一层 15~20 μm 的发光层 3。在发光层上是铝、锡或银用真空镀膜方法制成的第二电极 4，两层电极分别引出

图 5-29 交流粉式电致发光

1—玻璃基板；2—透明导电薄膜（第一电极）；3—发光层；
4—第二电极；5—玻璃；6—密封胶；7—底板；8—电极片

两个电极片 8。用玻璃 5 和密封胶 6 将发光显示屏封装，以防潮湿气侵入发光层起色变而失效。底板 7 是安装显示屏用的，可用胶黏或机械方法固定。工作时，发光层在电场作用下发光时，可在电极层上相应覆盖上一层绝缘薄膜，以便得到文字、数字等显示。

交流电致发光根据发光层的成分及其质量分数的不同，可得到绿光、黄光、红光等光源。其光线柔和、显示清晰、反应速度快、余辉短、无红外辐射，直观感强、性能稳定可靠。

交流电致发光可用于汽车仪表刻度盘及报警信号显示屏等。图 5-30 所示为其原理示意图。

电源驱动部分由振荡变频及变压器组成。汽车的直流电源经振荡器后得到交流输出，再经变压器升压，得到 70 V、500 Hz 左右的电压驱动显示屏。调节直流输入电压或频率都可以改变其发光亮度。

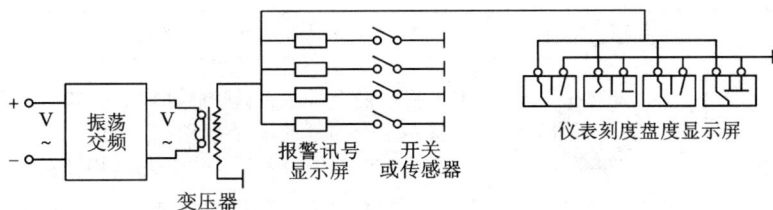

图 5 - 30　电致发光在汽车仪表上应用的原理示意图

5.3.2　仪表盘显示装置

为了警示汽车、发动机或某一系统处于不良或特殊状态，引起汽车驾驶员的注意，保证汽车可靠和安全行驶，防止事故发生，汽车上安装了多种报警装置，主要包括报警灯和监视器两类。

报警灯由报警开关控制，当被检测的系统或总成工作不正常时，开关自动接通而使报警灯发亮，以提醒驾驶员注意，如大灯和尾灯故障报警灯、水温报警灯、机油压力报警灯、燃油不足报警灯、气压不足报警灯、制动灯断线报警灯、液面过低报警灯等。

报警灯通常安装在仪表板上，功率为 1 ~ 4 W，在灯泡前设有滤光片，使报警灯发出黄光或红光，滤光片上通常显示有标准图形、符号。有些汽车报警灯采用发光二极管显示，标准图形、符号标在二极管旁边。

常见的汽车报警灯、指示灯图形、符号及含义见表 5 - 5。

表 5 - 5　报警灯、指示灯的符号及含义

名称	图形、符号	含义
雾灯指示灯		用于指示前后雾灯的工作状态，雾灯点亮时该灯同时点亮，关闭雾灯时，该灯亦随之熄灭
远光指示灯		用于指示远光灯的工作状态，远光灯点亮时该灯同时点亮，关闭远光灯时，该灯亦随之熄灭
示宽指示灯		用于指示汽车示宽灯的工作状态，常态下为熄灭状态，当打开示宽灯时该灯亦点亮，当关闭示宽灯或打开大灯时，该灯熄灭
转向指示灯		用于指示转向信号灯的工作状态，常态下为熄灭状态。当打开左或右转向信号灯时，该灯（左或右箭头灯）亦随之闪烁，当关闭转向信号灯时，该灯亦随之熄灭
车门未关提示灯		用于指示车门的关闭状况。当任意车门未关或未关严时，该灯亮指示出未关的车门，当所有车门均关闭时，该灯熄灭

续表 5－5

名称	图形、符号	含义
安全带指示灯		用于指示安全带是否处于锁止状态。若该灯点亮，说明乘员未将安全带扣紧或安全带锁扣未插到位。有些车型会有相应的提示声响(蜂鸣器鸣叫)，乘员扣好安全带时，该灯熄灭
驻车制动器指示灯		用于指示拉起驻车制动器(手刹)工作状态。拉起驻车制动器时，该灯点亮。放下驻车制动器时，该灯亦随之熄灭，在某些车型(如德国大众车系)中，该灯兼作制动液面过低报警灯
清洗液指示灯		用于指示风窗玻璃清洗液的多少。常态下为熄灭状态，当风窗玻璃清洗液因使用消耗而存量不足时，该灯点亮，提示驾驶人及早补充添加风窗玻璃清洗液
制动器磨损警报灯		用于指示行车制动器的磨损情况，常态下处于熄灭状态。车辆自检时，会点亮数秒，后熄灭，当行车制动器磨损超限时，该灯点亮或闪烁
冷却液温度指示灯		用于指示发动机冷却液的温度情况，常态下处于熄灭状态。车辆自检时，会点亮数秒，后熄灭，当冷却液温度异常时，该灯点亮或闪烁
ABS 指示灯		用于指示 ABS 防抱死制动系统的工作情况。常态下处于熄灭状态。车辆自检时，会点亮数秒，后熄灭。当 ABS 系统异常时，该灯点亮或闪烁。
燃油量指示灯		用于指示燃油量储备情况。常态下处于熄灭状态。车辆自检时，会点亮数秒，后熄灭。当燃油量过少时，该灯点亮或闪烁
充电指示灯		用于指示汽车电源系统的工作情况，发电机工作正常并向蓄电池充电时，该灯熄灭。发电机不工作或蓄电池处于充放电状态时，该灯点亮
机油压力指示灯		用于指示汽油机油压力情况，机油压力正常时，该灯熄灭。机油压力异常时，该灯点亮
气囊系统指示灯		用于指示 SRS 安全气囊系统的工作情况。常态下处于熄灭状态。车辆自检时，会点亮数秒，后熄灭。当 SRS 安全气囊系统异常时，该灯点亮或闪烁
发动机故障指示灯		用于指示发动机电子控制系统的工作情况，常态下处于熄灭状态。车辆自检时，会点亮数秒，后熄灭。当发动机电子控制系统异常时，该灯点亮或闪烁
O/D 指示灯		用于指示 O/D(over drive)挡(即超速挡)的工作状态。常态下为熄灭状态。车辆自检时，会点亮数秒，后熄灭。当驾驶人按下超速挡锁止开关时，该灯点亮。行车中若电控自动变速器电子控制系统异常时，该灯点亮或闪烁

续表 5 − 5

名称	图形、符号	含义
TCS 指示灯		用于指示 TCS（traction control system）系统（即牵引力控制系统）的工作状态。常态下为熄灭状态。车辆自检时，会点亮数秒，后熄灭。当驾驶人按下 TCS 锁止开关时，该灯点亮。行车中若 TCS 电子控制系统异常时，该灯点亮或闪烁
VSC 指示灯	VSC	用于指示 VSC（vehicle stability control）系统（即车辆稳定控制系统，常见于日本丰田车系和德国大众车系）的工作状态。常态下为熄灭状态。车辆自检时，会点亮数秒，后熄灭。行车中若 VSC 电子控制系统异常时，该灯点亮或闪烁
EPC 指示灯	EPC	用于指示 EPC（electronic power control 系统（即电子动力控制系统，亦称电子油门系统。常见于德国大众车系）的工作状态。常态下为熄灭状态。车辆自检时，会点亮数秒，后熄灭。行车中若 EPC 电子控制系统异常时，该灯点亮或闪烁

1. 监视器及控制电路

前照灯（大灯）监视器有光导纤维和感应式两种类型。

（1）光导纤维式前照灯监视器

光导纤维是一种远距离传输光线的装置，由有机玻璃丝制成，它的外部包有具有隔光作用的透明的聚合物质，当灯泡产生的光线通过光导纤维时，能在其内部经多次反射，曲折前进传到末端。

将光导纤维一端接到前照灯反光镜内，接收前照灯灯泡的光线，另一端接到左右挡泥板处的前照灯监视器上，驾驶人便可方便地判断前照灯是否正常发光。当接通前照灯时，监视器在变光前后均应发亮，否则说明该侧前照灯不良。

监视器结构如图 5 − 31 所示。

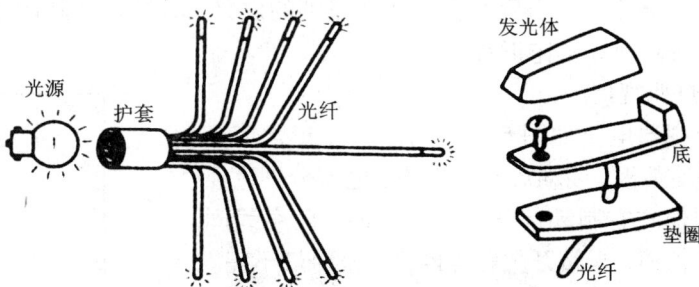

图 5 − 31　前照灯光纤监视器与光纤照明

另外，在只需要微弱光线照明且不便安装灯泡的地方，如仪表表面、烟灰缸、门锁孔等处，也可采用光导纤维照明。

（2）感应式前照灯监视器

感应式前照灯监视器由感应器、灯泡、指示灯等元器件组成，如图 5 − 32 所示。

当大灯开关打开时（四灯制的只有 2 个灯泡，即双丝灯泡对监视器有作用），电流由蓄电

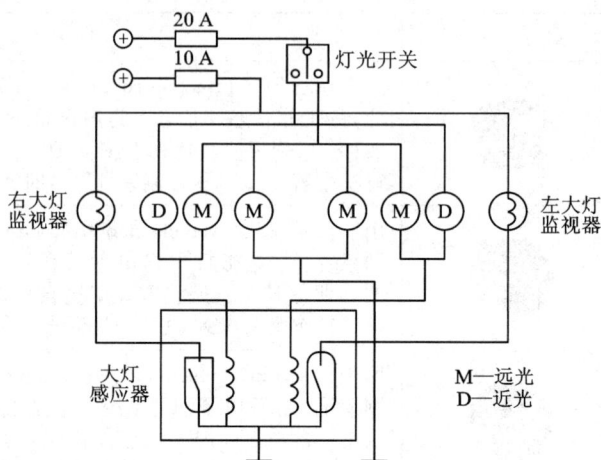

图 5 - 32　感应式前照灯监视器电路

池、灯光开关到大灯灯丝，然后经过感应器线圈搭铁构成回路。线圈通电后产生磁场，磁簧开关接通。于是大灯监视器的小灯泡也有了搭铁回路而点亮，表示大灯正常工作。

如果大灯线路断路或灯丝烧断，则感应器线圈无电磁吸力，磁簧开关也不起作用，监视灯不亮，使驾驶人得知大灯有故障。

2. 尾灯监视器

利用尾灯监视器驾驶人在驾驶座位上即可检查尾灯及制动灯(刹车灯)的工作情况，通常尾灯监视器有两种：一种是采用光导纤维的传光线式；另一种是感应式，采用电路设计，将其警告灯装在仪表板上。

(1)光导纤维式尾灯监视器

光导纤维传光线的一端接到尾灯反光镜内，泳衣引导光源，另一端则接到指示器。指示器大多安装在后挡泥板上方，由后照反射镜观看到的位置。开尾灯或踩制动踏板时，指示器有亮光，表示尾灯或制动灯工作正常。

(2)感应式尾灯监视器

感应式尾灯监视器电路如图 5 - 33 所示。在正常情况下制动时，踩下制动踏板，制动灯开关接通，电流分别流经左右两个电磁线圈使左右制动信号灯亮。此时，两个线圈所产生的磁场相互抵消，干簧开关触点断开，报警灯不亮。

若左(或右)制动信号灯或尾灯线断路或灯丝烧断时，则左(或右)电磁线圈无电流通过，而通电的线圈所产生的电磁吸力吸动干簧开关触点闭合，报警灯点亮，表示一侧制动灯或尾灯电路有断路故障。

3. 机油压力警告灯

机油压力警告灯(EQ1090 和 CA1091 型汽车均有)是当润滑系统机油压力降低到允许限度时，警告灯点亮，以提醒汽车驾驶员的注意。

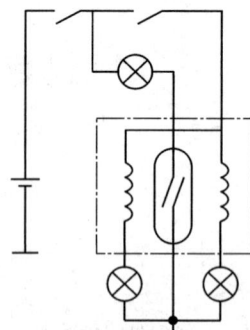

图 5 - 33　感应式尾灯监视器电路

（1）弹簧管式机油压力警告灯

东风 EQ1090 型载重汽车装用的弹簧管式机油压力警告灯的工作原理如图 5 - 34 所示，由装在发动机主油道的弹簧管式传感器和装在仪表板上的红色警告灯组成。传感器为盒形，内有一管形弹簧 3。管形弹簧 3 一端经管接头 6 与润滑系统主油道相通，另一端则与动触点 5 相接，静触点 4 经接触片与接线柱 2 相连。当机油压力低于 0.05 ~ 0.09 MPa 时，管形弹簧 3 变形很小，于是触点 4、5 闭合，电路接通，使警告灯发亮，致使主油道机油压力过低，应及时停机维修。当机油压力超过 0.05 ~ 0.09 MPa 时，管形弹簧 3 产生的弹性变形大，使触点 4、5 打开，电路切断，警告灯即熄灭，说明润滑系统工作正常。

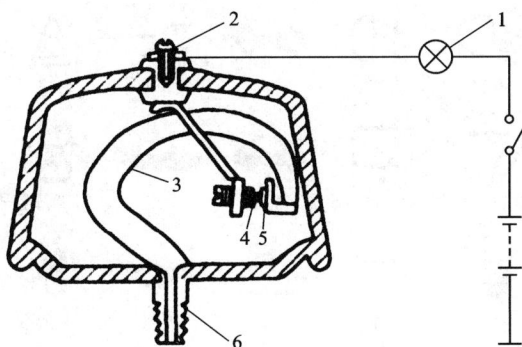

图 5 - 34　弹簧管式机油压力警告灯电路

1—警告灯；2—接线柱；3—管形弹簧；4—静触点；5—动触点；6—管接头

（2）膜片式机油压力警告灯

如图 5 - 35 所示，膜片的上侧面承受弹簧向下的弹力，下侧面承受润滑油路的压力。当润滑系统的压力过低时，膜片在弹簧作用下向下移动，使动触点和静触点接触，报警电路接通，报警灯亮，提醒驾驶员应停机维修。

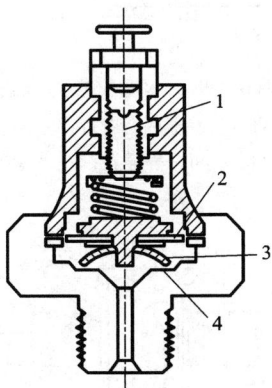

图 5 - 35　膜片式油压报警传感器

1—调控螺钉；2—膜片；3—活动触点；4—固定触点

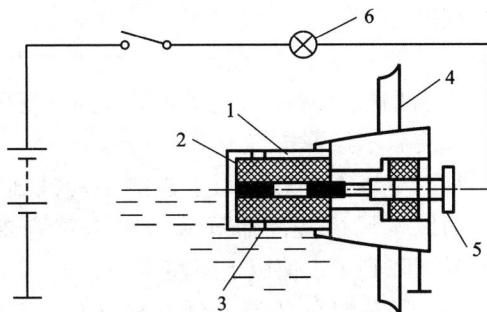

图 5 - 36　燃油油量警告灯电路

1—外壳；2—防爆用的金属网；3—热敏电阻元件；
4—油箱外壳；5—接线柱；6—警告灯

4. 燃油油量警告灯

当燃油箱内燃油减少到某一规定值时，燃油油量警告灯点亮，以告知驾驶员引起注意。热敏电阻式燃油油量警告灯工作原理如图 5-36 所示，由热敏电阻式燃油油量传感器和警告灯组成。

当燃油箱内燃油量多时，负温度系数的热敏电阻 3 浸没在燃油中，散热快，其温度低，电阻值大，所以电路中的电流小，警告灯处于熄灭状态。当燃油减少到规定值时，热敏电阻元件 3 露出油面，其温度升高，电阻值减小，电路中电流增大，则警告灯亮，以示警告。

现代汽车上使用了很多警告灯装置，图 5-37 为仪表板上常见警告灯和监视符号的含义。

图 5-37　仪表板上常见警告灯和监视符号

5. 水温警告灯

水温警告灯的作用是当冷却系统水温升高到一定限度时，警告灯自动发亮，以示警告。

水温警告灯电路如图 5-38 所示。在传感器的密封管 1 内装有条形双金属片 2，双金属片 2 自由端焊有动触点，而静触点 4 直接搭铁。当温度升高到 95~98℃ 时，双金属片 2 向静触点方向弯曲，使两触点接触，红色警告灯便通电发亮。

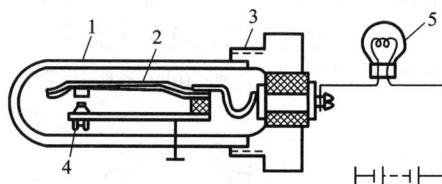

图 5-38　水温警告灯电路

1—水温警告传感器的套管灯；2—双金属片；
3—螺纹接头；4—静触点；5—水温警告灯

6. 液面不足警告灯

液面不足警告灯可用于检测制动液面、冷却液面以及风窗洗涤器等液量是否符合要求，当液面下降到规定值以下时将点亮警告灯报警。液面不足警告灯的传感器装在液罐内，其结构如图 5-39 所示。外壳 1 内装有舌簧开关 3，开关 3 的两个接线柱 2 与液面警告灯电源相连接（图中未表示），浮子 5 上固定着永久磁铁。当浮子 5 随着液面下降到规定值以下时，永久磁

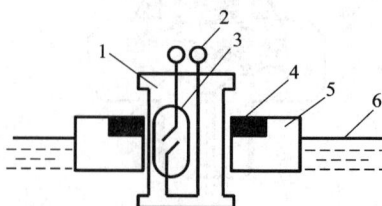

图 5-39　制动液面警告灯传感器

1—外壳；2—接线柱；3—舌簧开关；
4—永久磁铁；5—浮子；6—液面

铁 4 的吸力吸动舌簧开关 2，使之闭合，接通警告灯亮，发出警告；液面在规定值以上时，浮子上升，吸力不足，舌簧开关在自身弹力的作用下，断开警告灯电路。

7. 制动器气压不足警告灯

采用气制动的汽车装有气压不足报警灯，用于气压制动系统压力过低时的报警。气压不足报警灯电路是由安装在制动系贮气筒或制动阀压缩空气输入管路中的气压开关和安装在仪表板上的报警灯组成，采用膜片式气压开关的制动气压不足报警灯电路如图 5 - 40 所示。

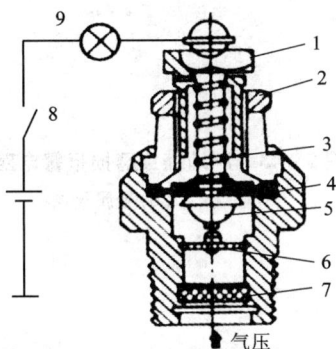

图 5 - 40　制动气压不足报警灯电路
1—调整螺栓；2—锁紧螺母；3—复位弹簧；
4—膜片；5—动触点；6—固定触点；
7—滤清器；8—点火(电源)开关；9—报警灯

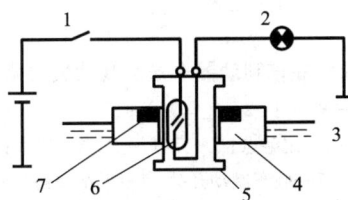

图 5 - 41　制动液面不足报警装置灯电路
1—点火开关；2—报警灯；3—制动液液面；4—浮子；
5—传感器外壳；6—舌簧开关；7—永久磁铁

气压开关内的触点由弹簧力的作用使其保持闭合状态，在制动气压正常的情况下，气压推动膜片上移而使触点断开，气压过低报警灯不亮。当制动系贮气筒内的气压不足(降低到 0.34 ~ 0.37 MPa)时，膜片便在复位弹簧力的作用下向下移动，使触点闭合，这时如果点火开关处于接通状态，制动气压不足报警灯电路就通路，报警灯亮起以示警告。

8. 制动液面不足警告灯

采用液压制动的汽车装有制动液面不足报警灯，用于制动液面低于设定值的报警。制动液面不足报警电路由仪表板上的报警灯和安装在制动液贮液罐中的传感器组成，采有舌簧开关式液面传感器的制动液面不足报警灯电路，如图 5 - 41 所示。

传感器的主要部件是带永久磁铁的浮子和舌簧开关。在制动液面正常时，固定在浮子上的永久磁铁离传感器壳体内的舌簧开关距离较远而不能吸合舌簧开关，制动液面不足报警灯因电路不通而不亮。当浮子随着制动液面下降到设定的最低线位时，永久磁铁离舌簧开关的距离较近而将舌簧开关吸合。这时若点火开关处于接通状态，制动液面不足报警灯就会亮起，以示警告。

9. 驻车制动器未松警告灯

驻车制动器未松警告灯用于提醒驾驶员驻车制动器仍处于制动位置，驻车制动器未松警告灯电路由仪表板上的警告灯和安装在驻车制动操纵杆处的机械控制开关组成。一些汽车的驻车制动器未松警告灯同时还用于制动液面过低报警或制动液压过低报警，警告灯由两个或三个并联的开关控制。兼有驻车制动器未松警告和双制动管路失效报警功能的控制电路，如图 5 - 42 所示。

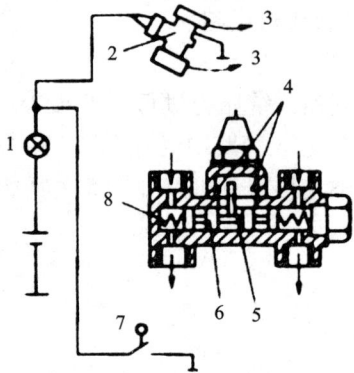

图5-42　驻车制动器未松及制动失效警告装置
1—警告灯；2—差压开关；3—制动管路；
4—固定触点；5—活动触点；6—活塞；
7—驻车制动开关；8—平衡弹簧

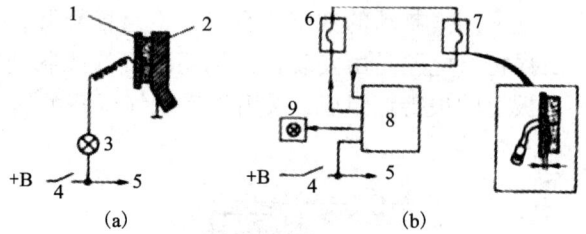

图5-43　制动蹄片磨损报警电路
（a）触点式；（b）金属丝式

当驻车制动器处于制动位置时，驻车制动开关6处于闭合位置，若接通点火开关，则警告灯亮，用以提醒驾驶员在挂挡起步之前，松开驻车制动器。当松开驻车制动器后，指示灯熄灭。

差压开关2连接双制动管路，当双制动管路制动均正常时，差压开关中的活塞处于由平衡弹簧控制的中间位置，警告灯不亮。如果任一管路失效而压力下降，其压差大于1000 kPa时，活塞便会向一侧移动而使触点闭合，警告灯亮起以示警告。

10. 制动蹄片磨损报警灯

制动蹄片磨损报警灯的作用是提醒驾驶员制动摩擦片磨损已到使用极限，两种不同形式的制动蹄片磨损报警灯电路原理如图5-43所示。

图5-43(a)所示的制动蹄片中，将一个金属触点埋在摩擦片的适当位置，当摩擦片磨损至使用极限厚度时，金属触点就会与制动盘（或制动鼓）接触而接通报警灯电路，使仪表板上的报警灯亮起，以示警告。

图5-43(b)所示的制动蹄片中，在摩擦片的适当位置埋设了一段导线，该导线与电子控制装置8相连。当接通点火开关后，电子控制装置向摩擦片内埋设的导线通电数秒钟进行检查，如果摩擦片已磨损到使用极限厚度而将埋设的导线磨断，电子控制装置则会使报警灯9亮起，以示警告。

11. 制动信号灯断线警告灯

在制动信号灯电路中接两个电磁线圈4、6和舌簧开关，警告灯与舌簧开关串联，如图5-44所示。在正常情况下制动时，踩下制

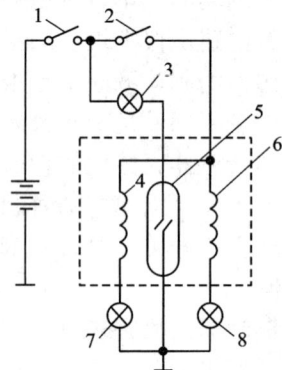

图5-44　制动信号灯断线警告灯电路
1—点火开关；2—制动灯开关；3—警告灯；
4、6—电磁线圈；5—舌簧开关浮子；
7、8—制动信号灯

动踏板, 制动灯开关接通, 电流分别经电磁线圈 4 和 6, 使左、右制动信号灯亮。此时, 两线圈所产生的磁场互相抵消, 舌簧开关 5 在自身弹力作用下断开触点, 警告灯不亮。若左(或右)制动信号灯电路断路(或灯丝烧断)时制动, 则电磁线圈 4(或 6)无电流通过, 而通电的线圈所产生的磁场吸力吸动舌簧开关触点闭合, 警告灯 3 亮, 以示警告。

12. 制动摩擦片检测装置

制动摩擦片检测装置的作用是当制动摩擦片磨损到使用极限厚度时, 自动发出报警信号灯, 图 5 - 45 所示为监测装置两种结构形式的原理图。

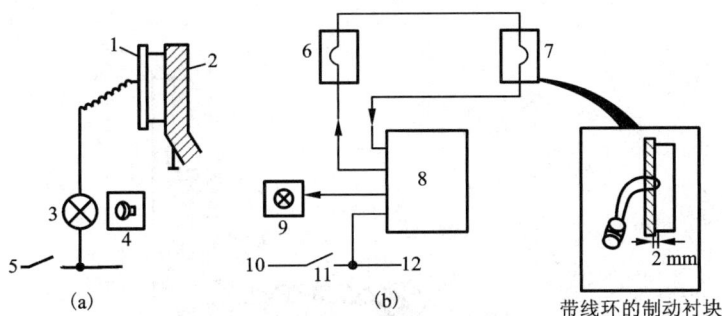

图 5 - 45　制动摩擦片监测装置原理

1—摩擦片衬块; 2—制动盘; 3、9—报警灯; 4—报警图像标志; 5、10—接蓄电池;
6、7—摩擦片; 8—电子控制装置; 11—点火开关; 12—接点火系

图 5 - 45(a)所示的装置是将一个金属触点埋设在摩擦片内部, 当摩擦片磨损到使用极限厚度时, 金属触点就会和制动鼓(或制动盘)接触而搭铁, 使安装在仪表板上的报警灯 3 和报警图像标志 4 亮。这种结构形式比较简单、价格低, 但可靠性较差。

图 5 - 45(b)所示的装置是将一段导线埋设在摩擦片内部, 该导线与电子控制 8 相连, 当摩擦片磨损到使用极限厚度时, 导线便被磨断, 使电路中断。

当接通点火开关后, 电子控制装置 8 便向摩擦片内埋设的导线通电数秒钟进行检查, 若摩擦片已磨损到使用极限厚度, 并且埋设的导线被磨断, 电子控制装置则使报警灯 9 发出警报, 表示制动摩擦片需要更换。

13. 冷却液温度过高报警灯

冷却液温度过高报警灯用于发动机过热报警, 冷却液温度过高报警电路由仪表板上的温度报警灯和安装于发动机缸体冷却水道处的温度开关组成。采用双金属片式温度开关的冷却液温度过高报警电路如图 5 - 46 所示。

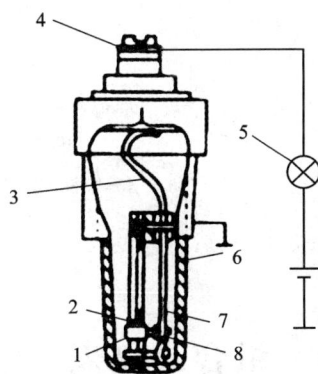

图 5 - 46　冷却液温度过高报警电路

1—调节螺钉; 2—支架; 3—导电片; 4—接线柱;
5—报警灯; 6—传热套; 7—双金属片; 8—触点

温度低或正常时, 温度开关内的双金属片不弯曲或弯曲较小, 触点处于断开状态, 报警灯 5 不亮。当发动机温度达到或超过设定的高限时, 温度开关内双金属片 7 受热弯曲使触点

闭合, 接通冷却液温度过高报警电路, 报警灯 5 亮起, 以示警告。

14. 空气滤清器堵塞警告灯

东风牌汽车在前围上装有空气滤清器堵塞报警传感器, 内部结构如图 5 – 47 所示。外壳的前部装有感受压力差的膜片 7, 并靠底板 8 压固, 底板上开有 3 个小孔与大气相通。外壳的后部设有通气管, 通过输气管与空气滤清器的下部相通, 从而使其壳内成为一个气盒。空气滤清器堵塞时, 气盒内产生真空, 当其真空度达到 5 kPa 时, 在大气压力的作用下, 膜片推动弹簧座移动, 使触点闭合, 点亮警告灯。因此空气滤清器堵塞警告灯发亮, 表示空气滤清器滤芯堵塞。

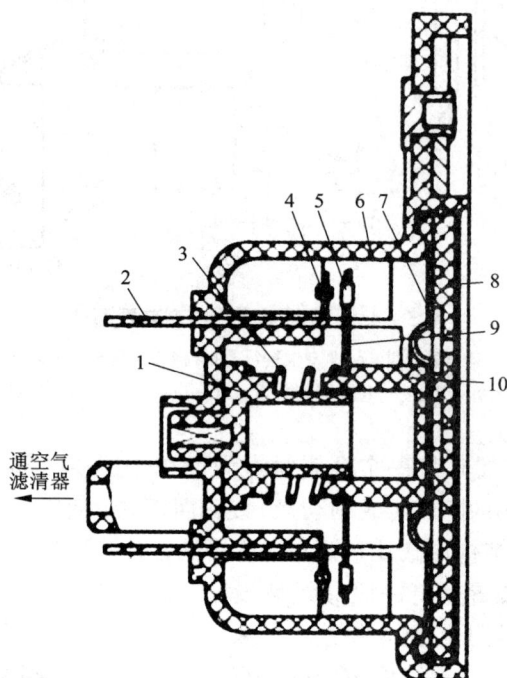

图 5 – 47　空气滤清器堵塞报警传感器

1—螺柱; 2—导电插片; 3—弹簧; 4、5—触点; 6—外壳;
7—膜片; 8—底板; 9—导电板; 10—弹簧座

5.4　组合式仪表

汽车仪表按其结构形式可分为独立式仪表和组合式仪表两种。独立式仪表的指示表都有各自的壳体, 然后各自安装在仪表板上; 组合式仪表的指示表都封装在一个壳体内。组合式仪表可分为机械组合式和电子组合式两类。

5.4.1　机械组合式仪表

机械组合式仪表将各个仪表集中安装在一个仪表壳内, 通常用一个仪表电路板将各指示表与其传感器连接，各个仪表均由其传感器控制独立工作。

组合式仪表的指示灯也是通过仪表电路板连接，仪表及指示灯在仪表板上的布置举例如图 5－48 所示。

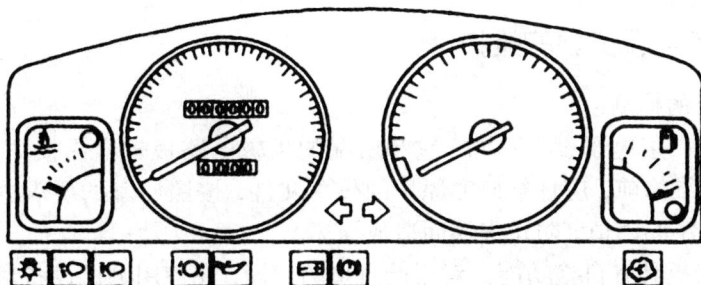

图 5－48　机械组合式仪表各仪表及指示灯的布置

相比于独立式仪表，机械组合式仪表具有结构紧凑、美观、便于观察等特点，因而已被现代汽车采用。

5.4.2　电子组合式仪表

电子组合式仪表是在传统组合仪表的基础上采用新型的电子显示装置和驱动电路发展而成，具有反应快、精度高，显示清晰、醒目，体积小、占用面积少，便于布置，信息量大等优点。随着汽车电子技术和电子显示器件的进一步发展，具有数字、文字和图形等信息量更大、处理能力更强的新型多功能电子化组合仪表，将成为整个汽车的信息处理和显示中心。

ED－02 型电子组合仪表，主要由电压表、燃油表、水温表等电子仪表和各种指示灯、报警灯、警告灯组成，并由发光二极管作 7 段发光显示。其亮度调节旋钮，可对电源电压、燃油、水温等仪表发光二极管显示的亮度进行调节。其各组成仪表及其显示特点如下：

①电压表。用来替代常规汽车上的电流表，不仅可准确地显示出蓄电池的充电状况、汽车启动时的电压降，而且还可用来检查汽车启动电路的故障。量程为 10～16 V，基本误差为 ±0.8 V。

②燃油表。表盘刻度为 E－1/2－F；邮箱存油少于油箱容积 1/6 时，E 显示段发红光，警告燃油存量过少；邮箱存油约占箱容的 1/2 时，燃油表示值为 1/2；油箱充满时，F 显示段发光以示燃油箱满。

③水温表。表盘刻度为 C－80－H；C 表示 40℃，H 表示 100℃，并由发光二极管显示冷却液温度值。

④车门状态指示灯。车门未关紧时，相应车门指示灯发光示警。其他指示灯如雾灯指示灯、倒车指示灯、前照灯远光灯指示灯等，示警时发蓝光；燃油量过少、机油压力过低的警告灯，示警时发红光。

5.5 汽车仪表故障诊断

5.5.1 汽车电子仪表的维护

1. 电子仪表板的检测

电子仪表板和一般电子设备不同，它和所配的逻辑电路板较容易损坏，而且价格昂贵。因此，在进行检查维修前，应仔细研究原厂的技术文件，按照厂家的要求进行检测。在诊断过程中，还要特别小心谨慎，防止失误而造成损坏。

很多电子仪表板具有自检功能。对于能自检的车辆，在使用测试设备对仪表进行检测之前，应先完成仪表板的全部自检。

除有特殊说明外，不能以蓄电池全电压加于仪表板的任何输入端。

电子仪表板要用许多连接器把线束连接到仪表板上，这些连接器一般使用不同颜色，以便于辨识。连接器上有闭锁凸舌，以保证可靠连接。在进行测试时，当必须将测试仪表和线束连接时，要注意防止连接器插头和插座受损。为此，在用仪表测试时通常使用一个备用连接插头。

2. 电子仪表板维修注意事项

电子仪表板上的部件都比较精密，维修和使用要求较高，测试时应遵照厂家维修手册的有关规定，修理工作由专业维修人员进行。维修时一般注意事项如下：

①切断电源。当更换仪表板上的部件时，通常要拆下仪表板总成。在进行这项作业时，应事先切断蓄电池电源。

②静电放电。人身是一个大的静电发生器。静电电压随气候条件的变化不同。高的静电电压将对车上的精密电子设备，如发动机控制装置、仪表和收音机等造成损害。所以，从仪表上卸下母板时，应在干净的地方进行，要注意防止人身上的静电损坏集成电路片。

为清除人身上的静电，应不时接触已知接地点。例如，可以经常触摸办公室内的墙壁、金属门框等。在拆装作业中，只能用手拿仪表板的侧边，不能碰及显示窗和显示屏的表面部分。

③静电搭铁。为了减少维修人员带有的静电，在作业时应使用静电保护装置，最好是戴上防静电手套，一端戴在手上，另一端接车身搭铁端，就可有效地消除静电。

④元器件的保管。仪表板的新元器件存在镀镍包装袋内，应在安装时再从袋内去除而不要提早取出。取出时，注意不要碰触导电接头。需要修理的仪表板也应注意保护，拆下后应立即装进包装袋内，以防再受损害。

⑤车速里程表电路片的处理。在处理车速里程表的电路片时，必须使用原有的塑料盒，以免因静电放电而损坏。如不慎碰及电路片的接头时，会使仪表的读书消除，此时就必须到专门的修理单位经重新编程后才能使用。

5.5.2 汽车组合仪表的拆装与诊断

汽车仪表分模拟式和电子式两种。传统的机电模拟式汽车仪表主要由电流表、燃油表、水温表和油压表、车速里程表等组成。不同的车型所装用的仪表个数及结构类型有所不同。

下面以宝来轿车组合仪表为例介绍轿车组合仪表的拆装。宝来轿车组合仪表的结构如图 5 – 49 所示，宝来轿车所使用的仪表由组合仪表 6 和相应的传感器组成。其中组合仪表不能解体，如需要可在更换周期内更换组合仪表。燃油表传感器 G，安装在油箱内的供油单元上，用于检测油箱中的燃油存量；外部温度传感器 G17，安装在外侧护栅后部的保险杠左前部，用于检测外界空气温度；车速传感器 G22，装在左驱动法兰旁边，用于检测发动机润滑油在油底壳的液面高度和温度；冷却液温度传感器 G2 用来检测发动机冷却液的温度，它随发动机不同安装位置也不同。

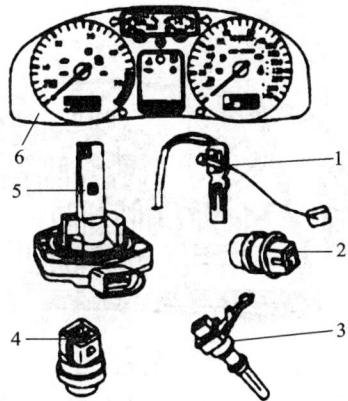

图 5 – 49　组合仪表及传感器

1—燃油表传感器；2—外部温度传感器 G17；
3—车速传感器 G22；4—冷却液温度传感器；
5—机油油面温度传感器 G226；6—组合仪表

1. 组合仪表的拆卸

①将方向盘连同调整装置完全拉出并固定在最下方位置（拆装组合仪表时不需要拆下方向盘）。

②如图 5 – 50 所示，松开组合仪表护板 1，将其放到转向开关护罩上。

③如图 5 – 51 所示，拧下两个螺栓，将组合仪表稍稍拉出一点，拔下组合仪表后部的插头。

④取下组合仪表。

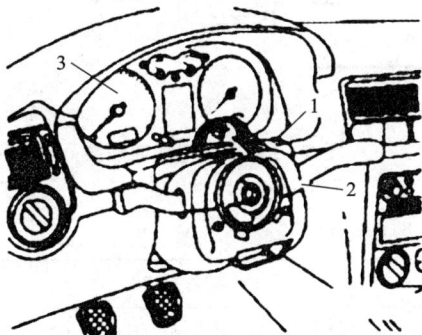

图 5 – 50　拆卸组合仪表之一

1—组合仪表护板；2—转向开关上护罩；3—组合仪表

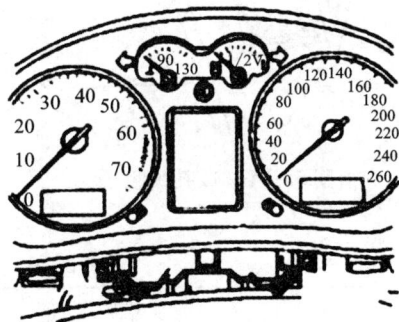

图 5 – 51　拆卸组合仪表之二

2. 组合仪表的安装

①将组合仪表装入仪表板，拔下插头。

②如图 5 – 52 所示，将组合仪表后部的 32 孔插头的线束固定在夹紧装置上。

③按与拆卸相反的顺序进行安装。

3. 组合仪表接线

组合仪表后的视图如图 5 – 52 所示。其中，32 孔蓝色插头各针脚意义见表 5 – 6，插头针脚布置如图 5 – 53 所示；32 孔绿色插头各针脚意义见表 5 – 7，插头针脚布置如图 5 – 54 所示；20 孔红色插头各针脚意义见表 5-8，插头针脚布置如图 5-55 所示。

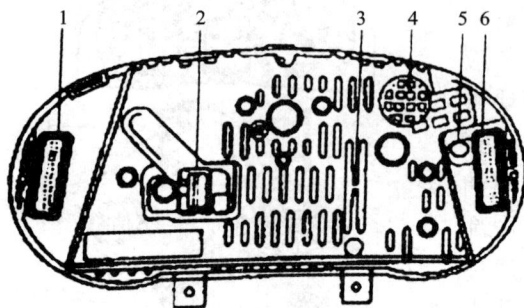

图 5-52 组合仪表后的视图

1—32 孔绿色插头；2—20 孔红色插头；3—线束夹紧装置；

4—蜂鸣器；5—带插座的灯泡

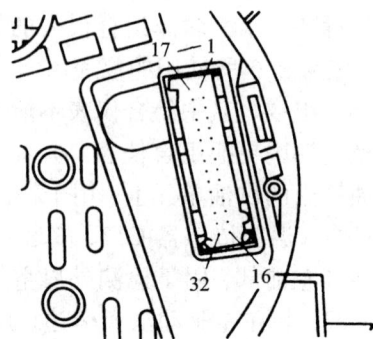

图 5-53 32 孔蓝色插头

注：图中序号指孔的标号

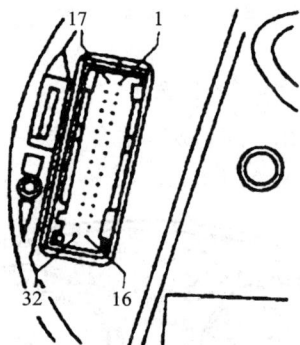

图 5-54 32 孔绿色插头

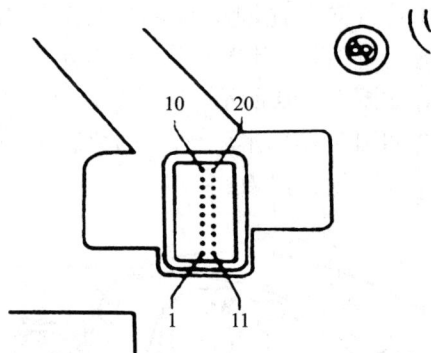

图 5-55 20 孔红色插头

表 5-6 32 孔蓝色插头各针脚说明

针脚号	接线说明	针脚号	接线说明
1	接线柱 15，正极	17	远光灯指示灯，接线柱 56a
2	右转向灯指示灯	18	左转向灯指示灯
3	电子车速表输出信号 1	19	防抱死制动系统（ABS）
4	挂车指示灯	20	组合仪表照明，接线柱 58b
5	燃油量指示	21	驾驶员开门打开信号
6	安全气囊（无安全气囊时接地）	22	冷却液不足显示
7	接线柱 31，传感器接地线	23	接线柱 30，正极
8	冷却液温度显示	24	接线柱 31，地线
9	接线柱 31，地线	25	自诊断 K 线
10	机油压力开关	26	右侧驻车灯，灯光警报蜂鸣器信号

续表 5 - 6

针脚号	接线说明	针脚号	接线说明
11	未使用	27	左侧驻车灯, 灯光警报蜂鸣器信号
12	发电机指示灯	28	电子车速表输入信号
13	后坐椅靠锁止指示灯	29	制动系统指示灯
14	后雾灯指示灯	30	S 触点
15	未使用	31	安全带警报系统
16	行李箱打开指示灯	32	未使用

表 5 - 7　32 孔绿色插头各针脚说明

针脚号	接线说明	针脚号	接线说明
1	未使用	17	防盗器 2 的读出线圈
2	防盗器 1 的读出线圈	18	机油温度及机油液面警报信号
3	停车灯指示灯	19	CAN 数据总线, high 输入信号
4	CAN 数据总线, 用于输入信号屏蔽	20	CAN 数据总线, low 输入信号
5	W 线	21	未使用
6	清洗液不足信号	22	发动机舱盖开关输入信号
7	制动衬块磨损	23	MFA 调出按钮, 上部(显示向后切换)
8	未使用	24	MFA 调出按钮, 下部显示向前切换
9	未使用	25	MFA 存储开关复位
10	未使用	26	外部温度输入信号
11	停车时间信号	27	CAN 数据总线, high 输入信号
12	空调切断信号	28	CAN 数据总线, low 输入信号
13	手制动器指示灯	29	未使用
14	驱动防滑调节(ASR)/车辆稳定装置	30	未使用
15	未使用	31	未使用
16	未使用	32	未使用

表 5 - 8　20 孔红色插头接线情况

针脚号	接线说明	针脚号	接线说明
1 ~ 4	未使用	13	收音机/导航系统 - Data
5	自动通信装置(Telematic)屏蔽地线	14	未使用
6 ~ 11	未使用	15	收音机/导航系统 - Enablc
12	收音机/导航系统 - Clock	16 ~ 20	未使用

4.组合仪表自诊断

组合仪表系统由一个微处理器控制,有较强的自诊断功能。工作中如果被监控的传感器或部件出现故障,那么故障连同说明一同存入故障存储器,最多可以同时存储 4 个故障。对于偶然出现的故障,如果在接下的 50 次行驶循环中不再出现,那么自诊断出故障将被自动消除。

5.5.3 汽车常用仪表的检测与故障诊断

汽车仪表如不能正常工作必须尽快修复,检查的范围主要包括指示表、传感器、导线、电子线路等方面,必须逐一加以分析。

1.电流表的检修与故障诊断

(1)电流表的检查

将被检验的电流表与标准电流表同时串联 0.5Ω、30 A 可变阻值直流电路中。接通电路,改变可变电阻的大小,观察两电流表的读数是否相同。如果误差小于 ±20%,则电流表基本合格。

(2)电流表的调整

如被试电流表读数偏高,可用充磁的方法进行调整,其方法有以下两种。

①永久磁铁法。用一个磁力较强的永磁铁的磁极与电流表永久磁铁的异性磁极接触一段时间,以增强其磁性。

②电磁铁法。用一个"Ⅱ"型电磁线圈通以直流电,然后和电流表的永久磁铁的异性磁极接触 3～4 s,以增强其磁性。

若读数偏低,调整时可使同性磁极接触一段时间,使其退磁。

(3)电流表的故障与排除

电流表的常见故障现象,可能产生的原因与排除方法见表 5 –9。

表 5 –9　电流表的故障、产生原因与排除方法

故障现象	产生原因	排除方法
指针转动不灵活	润滑油老化变质,针轴过紧	取下罩壳,将机件在汽油中冲洗,待干后在轴承处滴入几滴仪表润滑油。若针轴过紧应予调整
通电时,指针有时转有时停	接线螺钉的螺母松动,接触不良	紧固螺母
通电时,指示值过高	存储或使用过久,永久磁铁磁性减弱	对永久磁铁充磁
通电时,指针偏转迟缓或指示值	指针歪斜,碰擦卡住或指针轴和轴承磨损	指针歪斜时用镊子校正,轴承磨
指针不动	电流过量,接线螺钉与罩壳或车架错接,烧坏仪表	更换电流表

2. 油压表的检测与故障诊断

(1)检测指示表与传感器的电阻值

用万用表检测指示表内的线圈和传感器的电阻值,其值应该符合原制造厂的规范,否则应予以更换,并做好记录。

(2)油压表与传感器的校验

校验方法如图 5 - 56 所示,接通开关 5,摇转手柄改变油压,当标准油压指示表 4 的压力与标准油压表 2 的压力对应相同时,则证明被试油压表与传感器工作正常,否则应予以调整或更换。

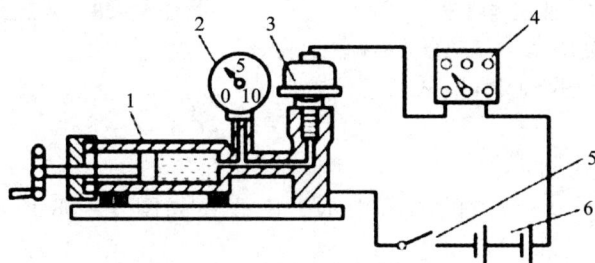

图 5 - 56　油压表与传感器的校验

1—手摇油压机;2—油压表;3—被测试(标准)传感器;
4—标准(被测试)油压表;5—开关;6—蓄电池

几种车型的油压表的技术规格见表 5 - 10。

表 5 - 10　几种车型的油压表的技术规格

车型	指示表电阻/Ω	传感器	
		压力/kPa(kg/cm²)	电阻/Ω
BJ213	36	0	1
		294(3)	46
		530(5.4)	87
三菱	50	0	0
		392(4)	84
		585(8)	110

(3)油压表与传感器的调整

电磁式、动圈式油压表可通过改变左右线圈的轴向位置或夹角来调整,双金属片式油压表可通过拨动表中的齿扇来调整。

调整双金属片式油压传感器可在传感器之间串联电流表。若油压为"0"压力时,传感器输出电流过大或过小,应打开被试传感器的调整孔,拨动调整齿扇 5(如图 5 - 57 所示)进行调整。若油压过高时,输出电流较规定值偏低应更换传感器的校正电阻 8(一般在 30 ~ 360Ω

内调整）；若任何压力下，输出电流均超过规定值，调整齿扇无效时，应更换传感器。

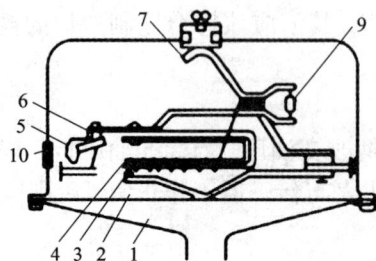

图 5 - 57　油压传感器

1—油腔；2—膜片；3—弹簧片；4—双金属片；5—调整齿扇；
6—接触片；7—接线柱；8—校正电阻；9—电阻；10—熔孔

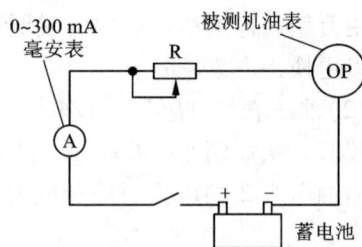

图 5 - 58　被测试指示表串接在电路中

（4）油压指示表的检测

检测油压指示表时，将被测的油压指示表串联在如图 5 - 58 所示油压指示表的检测电路。

接通开关，调整可变电阻，当毫安表分别在规定值时，指示表应指在规定的位置上，误差不应超出 20%。

几种车型的双金属片油压表的检验规范见表 5 - 11。

表 5 - 11　几种车型的双金属片油压表的检验规范

车型	指示表的读数 /MPa	标准电流表的指示数 /mA	电流表指示数的允许偏差 /mA
解放 CA10	0	65	±5
	0.2	175	±3
	0.5	240	±10
东风 140	0	30	±2.5
	0.3	62.5	±1.5
	0.7	90	±4

（5）油压表的常见故障

油压表的常见故障现象，可能的原因与排除方法见表 5 - 12。

表5-12 油压表的常见故障、可能的原因与排除方法

故障现象	故障判断	故障原因	排除方法
发动机工作,指针不偏转且指在"0"位以下	查看电流表和燃油表,并用螺丝刀将传感器接线柱搭铁,若①指针仍指在"0"以下②指针迅速转动至"5"处,检查润滑油量,若润滑油量在规定值以下③若油尺反映润滑油量在规定值以上时,拆下传感器使外壳搭铁,用一根无尖头的铁钉顶压传感器膜片,使指针转到"5"处④若指针仍指在"0"位不动	①熔断丝烧断,表火线断脱,油压指示表损坏,指示表传感器之间连线断脱②发动机严重缺油③润滑油油路有故障④传感器失效(电热线圈烧断或触点氧化而接触不良)	①更换或重新接好②补充润滑油③检查油路故障④更换传感器
接通电源后。尚无润滑油,压力指针已指示一定压力	拆下传感器接线柱的连线:①若指针迅速转到"0"以下②若指针仍指示一定压力	①传感器触点被粘住或内部搭铁②传感器与指示表之间连接线搭铁,指示仪表内部搭铁	①更换传感器②更换导线或指示仪表
指针指示不正确	在传感器与指示表之间接入电流表,测量电路中的电流,此电流值应符合规定值	①接线柱连接不良②指示表电热线圈烧坏③传感器安装位置不对	①重新接好②更换③正确安装

3.燃油表的检测

(1)燃油表与传感器的测量

用万用表分别测量燃油表线圈和传感器电阻值,均应符合制造厂的规定,不符合标准应维修或更换。

常见燃油表线圈和传感器的电阻值见表5-12。

表5-12 常见燃油表线圈和传感器的电阻值

车型	燃油表线圈电阻/Ω	传感器电阻/Ω,传感器浮子中心离底面或水平面的距离/mm		
		0/E(空)	1/2	1/F(满)
夏利 TJ7100	55	1～5/40	28.5～36.5/91	103～117/129
BJ213	55±5	1	44	88
Audi100	—	253		40
三菱 L300	25	113.5～126.5	—	14.9～19.1
日产(蓝鸟)	—	80/205.5	37/121.1	10/30.6
丰田(皇冠)	102	110/136.3	32.5/40.5	3/47.7

（2）燃油表与传感器的检测与调整

先将被测指示表与标准传感器按如图5－59所示接线。然后闭合开关S，将标准传感器的浮子杆与垂直轴线分别成31°、89°角度时，指示表必须对应指在"0（E）"和"1（F）"的位置上，其误差不得超过±10%，否则应予以调整。

若电磁式、动磁式指示表不能指到"0（E）"时，可上下移动铁芯的位置进行调整；若不能指到"1（F）"时，可上下移动铁芯的位置进行调整，或更换新表。

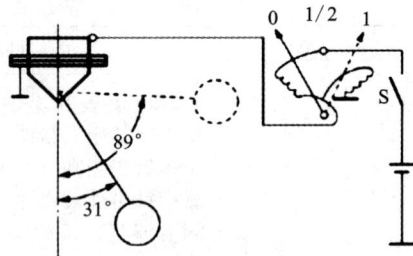

图5－59　燃油表与传感器的检测

若双金属式指示仪表不能指到"0（E）"和"1（F）"时，可转动调整齿扇进行调整。

若标准指示仪表指到如果传感器超过误差值，可改变滑动接触片的位置进行调整，或更换新传感器。

（3）燃油表的常见故障

燃油表的常见故障、可能原因与排除方法见表5－13。

表5－13　燃油表的常见故障、可能的原因与排除方法

故障现象		故障判断	故障原因	排除方法
电磁式、动磁式燃油表	接通点火开关，无论油箱存油多少，指针总指在"0（E）"处不动	①检查燃油表接线②若接线正确，接通点火开关，拆下传感器导线，指针向"1（F）"处移动。若指针仍指在"0（E）"处，将燃油表电源接线柱搭铁试火③有火花④无火花	①燃油表极性接反②传感器内部搭铁或浮子损坏③燃油指示表内部电磁线圈断路④指示表电源线断路	①接好②检修或更换传感器③更换燃油指示表④重接或更换
双金属片式燃油表		接通点火开关，将传感器上的导线搭铁：①指针迅速向"1（F）"处移动。若指针仍不动，将燃油表上的传感器接线柱搭铁②指针指向"1（F）"处移动。若指针仍不动，将燃油表的电源接线柱搭铁试火③无火花④有火花	①传感器损坏或搭铁不良②传感器与燃油表间线路有断路或接线头接触不良③燃油表电源线断脱④电热线圈断路	①更换传感器或重装②更换导线或重新接线③重接或换导线④更换燃油表

154

续上表

故障现象		故障判断	故障原因	排除方法
电磁式、动磁式燃油表	接通点火开关,无论油箱存油多少,燃油指示表指针均指在"1(F)"处不动	接通点火开关,将燃油表传感器导线搭铁: ①指针回到"0(E)"处。若指针仍回不到"0(E)"处将燃油表的传感器接线柱搭铁 ②指针回到"0(E)"处 ③指针仍回不到"0(E)"处	①传感器损坏或搭铁不良 ②燃油表至传感器间线路断路 ③燃油表上的传感器接线柱与电磁线圈脱焊或接触不良	①更换传感器或重装 ②更换导线 ③更换燃油表
双金属片燃油表		接通点火开关,拆下传感器接线: ①指针回不到"0(E)"处。若指针回到"0(E)"处,再拆下燃油表上的传感器接线柱 ②指针回到"0(E)"处 ③指针仍回不到"0(E)"处	①传感器内搭铁 ②燃油表至传感器间线路搭铁 ③燃油表内部短路	①更换传感器 ②更换导线或检修 ③更换燃油表

4. 水温表的检测

（1）水温表与传感器的测量

用万用表分别测量水温表线圈和传感器电阻值,均应符合制造厂的规定,如不符合标准应予以维修或更换。

常见水温表线圈和传感器的电阻值见表5－14。

表5－14　常见水温表线圈和传感器的电阻值

车型	水温表线圈电阻/Ω	传感器	
		水温/℃	传感器电阻/Ω
夏利 TJ7100	25	50	226
		115	26.4
BJ213	35	40	136.5
		105	93.5
		115	55.1
三菱 A163A	55	50	220
		70	102.5~118.5
		115	32.5~26.0

（2）水温指示表的检测与调整

对于双金属片式水温表可将被测试指示表串接在如图 5 – 60 所示的电路中。接通开关，调节可变电阻 R，当毫安表指示 80 mA、160 mA、240 mA 时，指示表应相应指在 100℃、80℃、40℃的位置上，其误差应符合表 5 – 15 的规定（不同型号的水温表有所差异）。若指在与规定电流不符，应予以调整。若指针在"100℃"时不准，可拨动左调整齿扇进行调整。若指针在"40℃"时不准，可拨动右齿扇进行调整，使其与标准值相符，各中间点可不必校验。

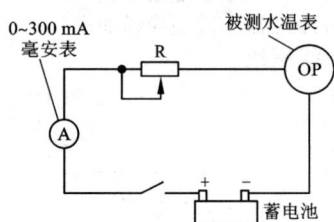

图 5 – 60　水温指示表的检测

表 5 – 15　不同型号的水温表有所差异

测量范围	检测温度值	允许误差
40～120℃	100℃	±4℃
	80℃	±5℃
	40℃	±10℃

（3）水温表与传感器的校验

按如图 5 – 61 所示装好被检测传感器（检测传感器时）或者标准传感器（检测指示表时），并接好线路。接通电路，使加热容器内的水温分别为规定值，并在保持 3 min 不变的情况下观察水温指示表与水银温度计读数，相同则为良好，否则需要对其进行调整或者更换传感器。

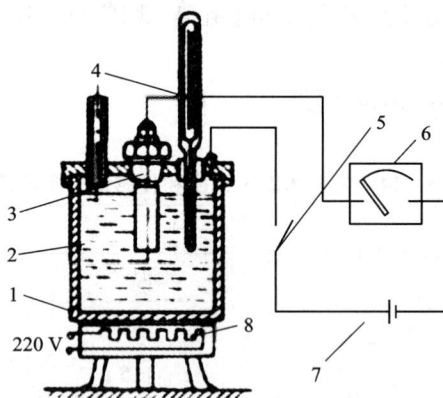

图 5 – 61　水温表的校验
1—加热容器；2—水；3—被检测（或者标准）传感器；4—水银温度计；
5—开关；6—标准（被检测）水温表；7—蓄电池；8—电炉

（4）水温表的故障与排除方法

水温表的常见故障、可能的原因与排除方法见表 5 – 16。

表 5 – 16 水温表的常见故障、可能的原因与排除方法

类型	故障现象	故障诊断	故障原因	排除方法
双金属片电热式水温表	接通点火开关，水温表指示不动或指示数值偏高	将水温传感器接线柱搭铁，指针应移动；若指针不动，再将水温表电接线柱搭铁试火	传感器损坏或搭铁不良	修理或更换传感器
		若无火花	电源接线断路	接通
电磁式、动磁式水温表	接通点火开关，指示表指针不动或指示数值偏低	若有火花，将水温表上的传感器接线柱搭铁，若指针移动正常	水温指示表盘与传感器间的线路断路	更换连接线
		若指针仍不移动	水温指示表电热线圈烧坏或断路	更换指示表
双金属片式水温表，电磁式、动磁式水温表	接通点火开关，指示表指针示数值偏低	将传感器接线柱上的连线拆除，进行断路试验，若水温仍指到低温值	指示表至传感器之间连线有搭铁	修理或更换导线
	接通点火开关，指示表指针指向最高值	若指针转至高温	传感器内部搭铁	更换传感器
	指针指示数值不准	短接稳压器接线柱，指针指示数数值不变	稳压器工作不正常指示表与传感器未正确配套指示表与传感器，使其性能不良	检查稳压器的输出电压并进行调整必须配套应检查或更换

5. 车速里程表的检修与故障诊断

车速里程表的常见故障及排除方法见表 5 – 17。

表 5 – 17 车速里程表的常见故障及排除

故障现象	产生原因	排除方法
车速表和里程表指针均不动	①主轴减速器机构中的蜗杆或涡轮损坏使软轴不转②软轴或软管断裂③主轴处缺油或氧化而卡住不动④表损坏⑤转轴的方孔或软轴的方轴被磨圆⑥软轴与转轴或主轴连接处松脱	①更换零件②更换③清除污物加润滑油④更换⑤更换软轴或方轴⑥连接牢靠

续表 5 - 17

故障现象	产生原因	排除方法
车速表和里程表指示失准	①永久磁铁磁性急减或消失 ②游丝折断或弹性急减 ③里程表的蜗杆磨损	①充磁 ②更换 ③更换
车速表指针跳动、不准,而里程表正常	①指针磨损或已断 ②指针轴转轴的轴向间隙过大 ③感应罩与磁铁相碰 ④游丝失效或调整不当 ⑤软轴与转轴或变速器、分动器输出端的结合处松脱 ⑥软轴的安装状态不合要求	①更换 ②调整 ③检修 ④换游丝或重调 ⑤重装或更换 ⑥改变安装或更换
工作时发出异常	①软轴过于弯曲、扭曲 ②软轴与转轴、变速器或分动器的输入端润滑不良 ③各级涡轮、蜗杆润滑不良 ④磁钢与感应罩相碰	①更换软轴 ②加润滑油 ③加润滑油 ④检修
车速表工作正常,而里程表工作不良	①减速涡轮、蜗杆啮合不良 ②计数轮运转不良	①更换 ②更换
里程表走而车速表不走	①感应罩或指针卡住 ②磁铁失效	①检修 ②充磁

思考题

1. 仪表板总成一般由哪几部分组成?
2. 简述汽车机油压力表的作用和组成。
3. 汽车水温表的作用和组成,按其工作原理分为哪几类?
4. 汽车燃油表的作用和组成,主要分为哪几类?
5. 简述使用液晶显示器的优缺点?
6. 燃油表有哪些常见的故障,出现这些故障的原因是什么?应如何排除?

第 6 章　车身与辅助电器设备

6.1　电动刮水器和风窗玻璃洗涤器

6.1.1　电动刮水器

汽车风窗玻璃刮水器的作用是清除汽车驾驶室前、后风窗玻璃上妨碍驾驶员视线的雨水、雾气、雪花及尘埃等。根据驱动力的不同，刮水器可分为真空式、气动式和电动式三种，现代汽车使用最广的是电动刮水器。

1. 电动刮水器的构造

电动刮水器由刮水电动机和一套传动机构组成，如图 6-1 所示。电动机 5 通电旋转时，带动蜗杆、涡轮 4，摇臂 6 转动，使拉杆 7 往复运动，从而带动刮水片 1 左右摆动。

刮水器的电动机按磁场结构分电磁式（绕线式）和永磁式两种。区别在于，前者的磁场为电磁场（由磁极与绕组构成，绕组通电产生磁场）；后者为永久磁铁（磁极为铁氧体永久磁铁）。永磁电动机具有体积小、质量小，结构简单，工作可靠且廉价，被广泛采用。

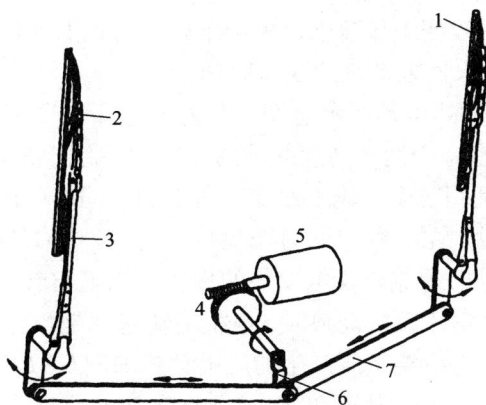

图 6-1　电动刮水器

1—刮水片；2—铰接式刮水片架；3—刮水臂；
4—蜗杆、涡轮；5—电动机；6—摇臂；7—拉杆

2. 电磁式刮水器的工作原理

电磁式刮水器的结构如图 6-2 所示，按不同的使用条件，电磁式刮水器一般有快、慢两挡。直流电动机的转速公式为

$$n = \frac{U - I_a R_a}{KZ\varphi} \qquad (6-1)$$

式中：U 为电动机端电压；I_a 为通过电枢绕组中的电流；R_a 为电枢绕组的电阻；K 为常数；Z 为正负电刷间串联的导体数；Φ 为磁极磁通。

可见，电动机的转速与电源电压成正比，与电枢电阻电压降、磁通和两电刷间串联的导体数成反比。汽车上通常采用改变磁通或两电刷间串联的导体数，对直流电动机转速进行变速。

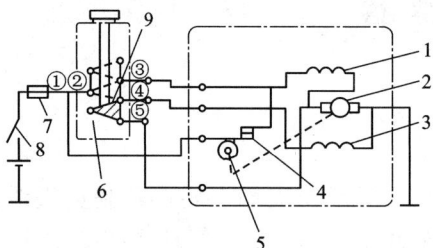

图 6-2　电磁式刮水器电动机结构
1—串励绕组；2—电枢；3—并励绕组；4—触点；
5—凸轮；6—刮水器开关；
7—熔断器；8—电源开关；9—接触片

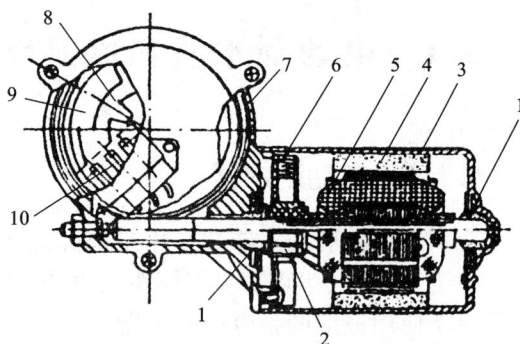

图 6-3　永磁式刮水电动机的结构
1—球轴承；2—换向器；3—壳体；4—磁极；
5—电枢；6—电刷及弹簧；7—减速器；
8—钢环；9—涡轮；10—触点臂

3. 永磁式电动刮水器

永磁式电动刮水器电动机的结构如图 6-3 所示。其磁极 4 为铁氧体永久磁铁，其磁场的强弱是不能改变的，为了改变工作速度可采用永磁三刷式电动机。

（1）永磁三刷式电动刮水器电动机的变速原理

图 6-4 所示为永磁三刷式电动机示意图，电刷 B_3 为高、低速公用，电刷 B_1 用于低速，与电刷 B_1 位置相差 60° 处有一个用于高速的电刷 B_2，电枢绕组采用对称叠绕式。

永磁式三刷电动机是利用三个电刷来改变正负电刷之间串联的线圈数来实现变速的，其原理是：直流电动机工作时，在电枢内同时产生反电动势，其方向与电枢电流的方向相反。如要使电枢旋转，外加电压必须克服反电动势的作用。当电枢转速上升时，反电动势也相应上升，只有当外加电压几乎等于反电动势时，电枢的转速才趋于稳定。

三刷式电动机旋转时，电枢绕组所产生的反电动势如图 6-5 所示。当开关 K 拨向 L 时，电源电压加在 B_1 和 B_3 之间，在电刷 B_1 和 B_3 之间有两条并联支路，一条是由线圈①、⑥、⑤串联起来的支路；另一条是由线圈②、③、④串联起来的支路。即在电刷 B_1、B_3 间有两条支路各 3 个线圈，这两路线圈产生的全部反电动势与电源电压平衡后，电动机便稳定旋转。此时转速较低。当开关 K 拨向 H 时，电源电压加在 B_2 和 B_3 之间，从图中可以看出电枢绕组一条由 4 个线圈②、①、⑥、⑤串联，另一条由两个线圈③、④串联。其中线圈②与线圈①、

⑥、⑤的反电动势方向相反，互相抵消后变为只有两个线圈的反电动势与电源电压平衡，因而只有转速升高，使反电动势增大，才能达到新的平衡。故此时转速较高。可见两电刷间的导体数减少，就会使电动机的转速升高。

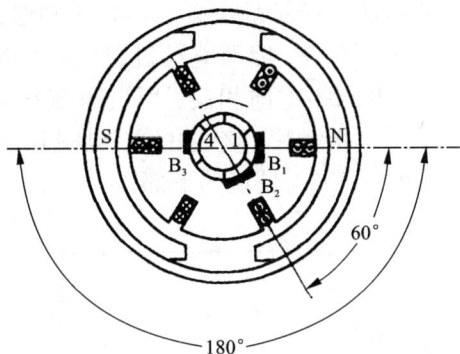

图 6-4　三刷式刮水电动机示意图

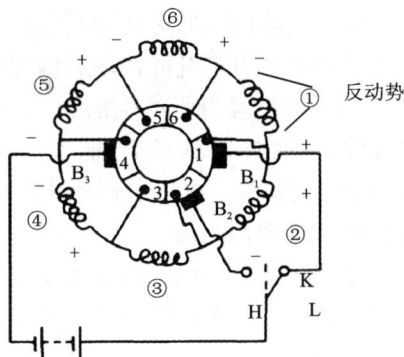

图 6-5　电枢绕组反电动势分析

（2）电动刮水器的自动复位装置

电动刮水器的自动复位是指刮水器橡皮雨刷在任何位置切断电动刮水器开关时，刮水器的橡皮雨刷都能自动停止在风窗玻璃的下部而不影响驾驶员的视线。电动刮水器的自动复位装置结构如图 6-6 所示。在直流电动机减速器的涡轮 8（由尼龙制成）上嵌有铜环。此铜环分两个部分，其中面积较大的一片 9 与电机外壳相连接（搭铁）。触点臂 3、5 用磷铜片或其他弹性材料制成，其一端分别铆有触点 4、6。由于触点臂 3、5 具有弹性，因此当涡轮 8 转动时，触点 4、6 与涡轮 8 的断面（包括铜环 7、9）保持接触。当电源接通，把刮水器开关拉倒 1 挡（低速）时，电流从蓄电池正极出发经电源总成开关 1、熔断丝 2、电刷 B_3、电枢绕组、低速电刷 B_1、接线柱②、接触片、接线柱③搭铁形成回路，电动机以低速运转。当刮水器开关拉倒 2 挡（高速）时，电流从蓄电池正极出发经电源总开关 1、熔断丝 2、电刷 B_3、电枢绕组、

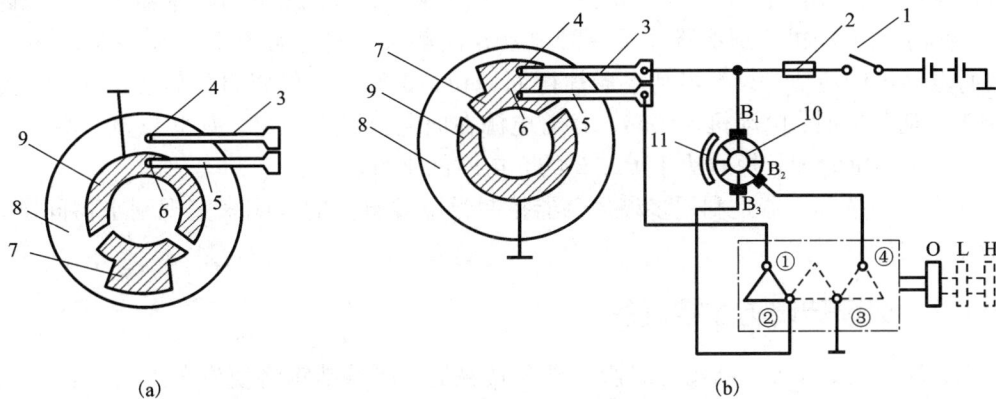

（a）　　　　　　　　　　　　　　　（b）

图 6-6　永磁式电动机自动复位装置的结构

（a）电机继续转动；（b）电枢短路制动

1—电源开关；2—熔断丝；3、5—触点臂；4、6—触点；7、9—铜环；8—涡轮；10—电枢；11—永久磁铁

高速电刷 B_2、接线柱④、接触片、接线柱③搭铁形成回路，电动机以高速运转。当刮水器开关推到"0"挡（停止）时，如果刮水器的橡皮雨刷没有停到规定的位置，由于触点 6 与铜环 9 接通，如图 6-6（a）所示，则电流继续流入电枢。此时电流从蓄电池正极经电源总开关 1、熔断丝 2、电刷 B_3、电枢、电刷 B_1、接线柱②、接触片、接线柱①、触点臂 5、触点 6、铜环 9 搭铁形成回路，电动机以低速运转直至涡轮旋转到如图 6-6（b）所示的位置。触点 4 和触点 6 通过铜环 7 接通，由于电枢转动时的惯性，电机不能立即停下来，因而电动机以发电机运行而发电。因为电枢绕组所产生的反电动势的方向与外加电压的方向相反，所以电流从电刷 B_3、触点臂 3、触点 4、铜环 7、触点 6、触点臂 5、接线柱①、接触片、接线柱②、电刷 B_1 形成回路，产生制动扭矩，电机迅速停止转动，使橡皮雨刷复位到风窗玻璃的下部。

4. 间歇式电动刮水器

雾天或小雨中行驶时，刮水器反复刮动不但没有必要，反而影响驾驶员视线，为此汽车上加置电子间歇系统。

图 6-7 所示为同步式间歇刮水器控制电路。当刮水器开关置于断开位置，间歇开关置于接通位置时，12 V 电源便向电容器 C 充电，充电电路：经自停触点上触头、电阻 R_1、电容器 C、搭铁，形成回路。当电容器 C 两端电压增加到一定值时，三极管 VT_1，VT_2 先后有截止转为导通，继电器 J 因通过

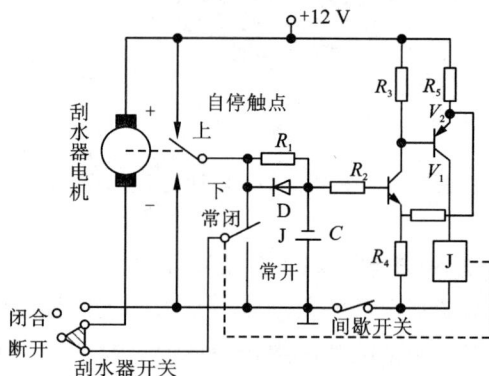

图 6-7　同步式间歇刮水器控制电路

电流而动作，使继电器 J 的常闭触头打开，常开触头闭合，从而接通了刮水器电动机电路：电源正极→刮水器电机→刮水器开关→继电器 J 的常开触头→搭铁→电源负极，刮水器电动机旋转，刮片摆动。当凸轮将自停触点与上触点断开（凸轮与电动机连动，图中未画），与下触头接通时，电容器 C 通过二极管 VD，自停触点下触头迅速放电，此时刮水器电动机通电电路不变，电动机继续转动，电容器 C 放电，使三极管基极电位降低，从而 VT_1，VT_2 转为截止状态，通过继电器 J 的电流中断，常开触点断开，回复到常闭位置，此时刮水器电动机电路：电源正极→刮水器电动机→刮水器开关→继电器常闭触头→自停触点下触头→搭铁→电源负极，因而电动机仍转动。只有当刮水器片摆回原位，正好是凸轮将自停触点与下触点断开，与上触头接通复原时，电动机才停转。接着电源在向电容器 C 充电。如此反复，使刮水器刮片间歇动作，停歇时间长短取决于 R_1，C 的充电时间常数。

非同步式间歇刮水器是利用多谐振荡器控制继电器触头的开闭来实现刮水器间歇动作，与刮水器电机转速无关。

6.1.2　风窗玻璃防冰霜设备

冬天，风窗玻璃结霜，结霜轻时影响驾驶员视野，严重结霜将使汽车无法驾驶运行，因此汽车上一般都装有风窗玻璃除霜装置。目前所用除霜装置的形式有以下几种：

①在前风窗玻璃下面装热风管，向风窗玻璃吹热风以除霜，并防止结霜。

②将电阻丝（镍铬丝）紧贴在风窗玻璃车厢内侧的表面，需要除霜时，通电加热即可。

③在风窗玻璃制造过程中，将含银陶瓷电网嵌在玻璃内，或采用在中间夹有电阻丝的双

层风窗玻璃，通电后即可除霜。

④在风窗玻璃上镀一层透明导电薄膜（一般为氧化铟、氧化铈、氧化镁），通电后产生热量起到除霜功能。

除霜时间可自动控制的后窗玻璃除霜装置电路举例如图 6-8 所示。

驾驶员接通除霜继电器线圈电路，使继电器触点闭合，后风窗上的除霜器通电发热，使风窗玻璃表面的霜雪受热蒸发。控制器中的演示电路 7 可使继电器线圈保持通电 10～20 min 后自动通电

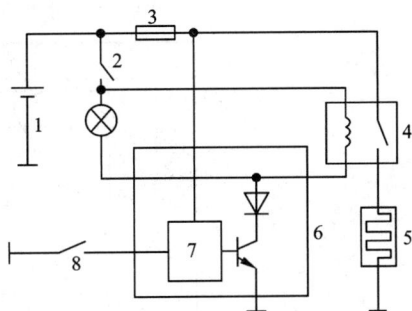

图 6-8　后风窗玻璃除霜装置控制电路

断电，除霜器自动停止工作。若在除霜自动停止工作后还需要继续除霜，可再次接通除霜开关。

6.1.3　风窗玻璃洗涤设备

1. 结构与工作原理

风窗玻璃洗涤器由储液罐、电动泵（微型永磁直流电动机和离心式水泵组成）、软管、喷嘴（直径一般为 0.7～1.0 mm，喷水压力为 70～160 kPa）及刮水器开关等组成，如图 6-9 所示。

喷嘴安装在风窗玻璃下面，其喷嘴的方向可调整，洗涤泵连续工作时间一般不超过 5 s，使用间隔时间不小于 10 s。无洗涤液时，不开通洗涤泵。使用洗涤器时，刮水器也工作且应先喷水后刮水，在喷水停止后，刮水器应继续刮 3～5 次，这样可以把风窗玻璃上的水滴刮干。所以洗涤器电路一般与刮水器开关联合工作。

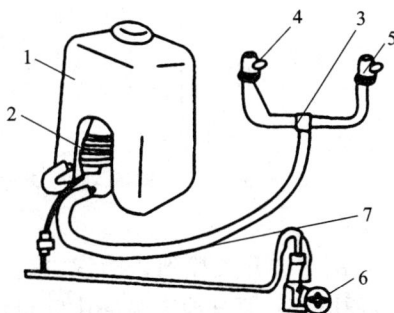

图 6-9　风窗玻璃洗涤器

1—储液罐；2—电动泵；3—三通；
4、5—喷嘴；6—刮水器开关；7—软管

2. 控制电路

图 6-10 所示为桑塔纳轿车风窗刮水器洗涤器控制电路。刮水器控制开关有 5 个挡位：2 挡为高速运转（62～80 r/min）；1 挡为低速运转（42～52 r/min）；F 挡为点动；0 挡为复位停止挡；J 挡为间歇运转。电路受点火开关和中间继电器的控制（点火开关置于 ON，中间继电器触点闭合，接通刮水器洗涤器电源）。

（1）刮水器开关拨到 F 挡（点动挡）

蓄电池通过刮水器开关、间歇继电器常闭触点向刮水电动机供电，其电路为：蓄电池正极→中间继电器触点→熔断丝 S11→刮水器开关 53a 接线柱→刮水器开关 53 接线柱→间歇继电器常闭触点→电刷 B1→电刷 B3→搭铁→蓄电池负极，电动机以低速运转。当手离开刮水器开关时，开关将自动回到 0 位。

（2）刮水器开关拨到 1 挡（低速挡）

蓄电池仍然是通过中间继电器、刮水器开关、间歇继电器、电刷 B1 和 B3 向刮水电动机放电（放回电路与点动时相同），电动机低速运转。

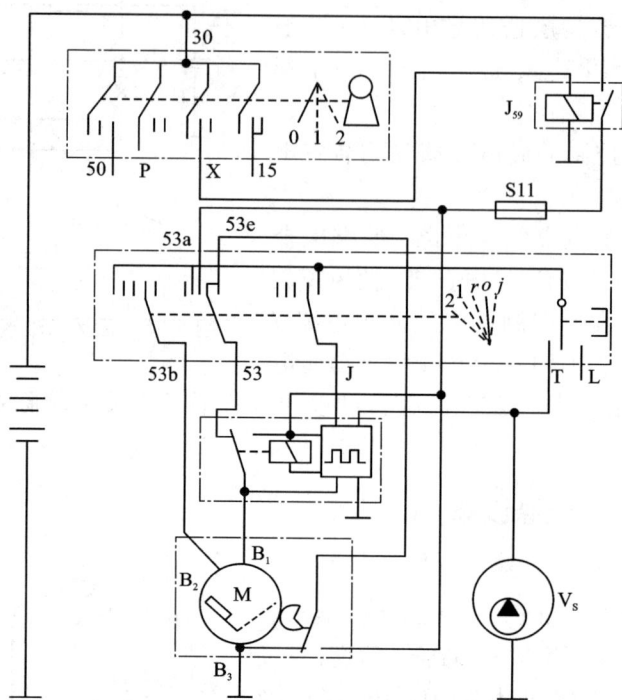

图 6-10　桑塔纳轿车风窗刮水器洗涤器控制电路

（3）刮水器开关拨到 2 挡（高速挡）

接通电路：蓄电池正极→中间继电器触点→熔断丝 S11→刮水器开关 53a 接线柱→刮水器开关 53b 接线柱→电刷 B2→电刷 B3→搭铁→蓄电池负极，电动机高速运转。

（4）刮水器开关拨到 j 挡（间歇挡）

电子式间歇继电器投入工作，使其触点不断开闭。当间歇继电器的常闭触点打开，常开触点闭合时，电路为：蓄电池正极→中间继电器触点→熔断丝 S11→间歇继电器的常开触点→电刷 B1→电刷 B3→搭铁→蓄电池负极，电动机低速运转。当间歇继电器断电，其触点复位（常闭触点闭合，常开触点打开）时，电动机停止运转（自动复位装置工作、制动力矩产生）。在间歇继电器的作用下，刮水电动机每 6 s 使曲柄旋转一周。

（5）洗涤器开关拨到 T 挡（洗涤挡）

蓄电池经中间继电器触点、熔断丝 S11、刮水器开关 53a 接线柱，洗涤器开关 T 接线柱向洗涤器电动机 Vs 供电，喷嘴喷洒洗涤液。与此同时接通间歇继电器电路，继电器工作使刮水器刮片摆动 3~4 次。如果洗涤器开关停留在该挡位，洗涤器将继续喷洒洗涤液，刮水器也继续摆动。

（6）自动复位

刮水器电动机上装有一个由凸轮驱动的一掷两位停机复位开关，当刮水器开关置于 0 挡时，如果刮水片未停到规定位置，自动复位开关的常闭触点打开，常开触点闭合，刮水电动机电枢内继续有电流通过，其电流为：蓄电池正极→中间继电器触点→熔断丝 S11→复位开关的常开触点→刮水器开关 53a 接线柱→刮水器开关 53 接线柱→间歇继电器常闭触点→电刷 B1→电刷 B3→搭铁→蓄电池负极。

6.2　电动辅助装置

6.2.1　电动车窗

电动车窗也称自动车窗，由于其操作简单、可靠，目前在现代汽车上得到广泛应用。

1. 结构组成

电动车窗系统主要由车窗、电动机、电动玻璃升降器、开关等组成。

（1）电动机

电动车窗一般使用双向永磁或绕线（双绕组串联式）电动机，每车窗安装一台电动机，通过开关控制其电流方向，从而实现车窗的升降。另外，为了防止电动机过载，在电路或电动机内装有一个或多个热敏电路开关，用来控制电流，当车窗玻璃上升到极限位置或由于结冰而使车窗玻璃不能自由移动时，即使操纵控制开关，热敏开关也会自动断路，避免电动机通电时间过长而烧坏。

（2）电动玻璃升降器

电动玻璃升降器主要有两种形式：一种是用齿扇来实现换向作用，如图 6-11 所示，齿扇上连有螺旋弹簧。当车窗上升时，弹簧伸展，放出能量，以减轻电机负荷；当车窗下降时，弹簧压缩，吸收能量，从而使车窗无论上升还是下降，电动机的负荷基本相同。另一种升降器是使用柔韧性齿条和小齿轮，车窗连载齿条的一端，电动机带动轴端小齿轮转动，使齿条移动，以带动车窗升降，其结构如图 6-12 所示。

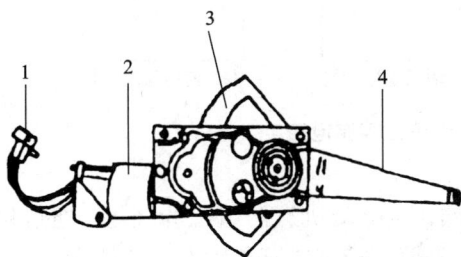

図 6-11　电动车窗齿扇式升降器

1—电缆接头；2—电机；3—齿扇；4—推力杆

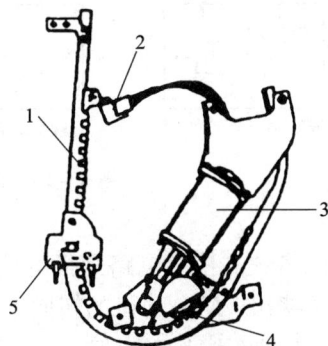

図 6-12　电动车窗齿条升降器

1—齿条；2—电缆接头；3—电动机；
4—小齿轮；5—定位架

（3）开关

开关由主控开关、分控开关等组成，电动车窗控制系统中的主控开关用于驾驶员对电动车窗系统进行总的操纵，一般安装在左前车门把手或变速杆附近；分控开关安装在每个车门的中间或车门把手上，用于乘客对车窗进行操纵。

2. 工作原理

不同汽车所采用的电动车窗的控制电路不同，按电动机是否搭铁分为电动机不搭铁和电动机搭铁两种。

电动机不搭铁的控制电路是指电动机不直接搭铁，电动机的搭铁受开关控制，通过改变电动机的电流方向来改变电动机的转向，从而实现车窗的升降，控制电路如图 6 – 13 所示。

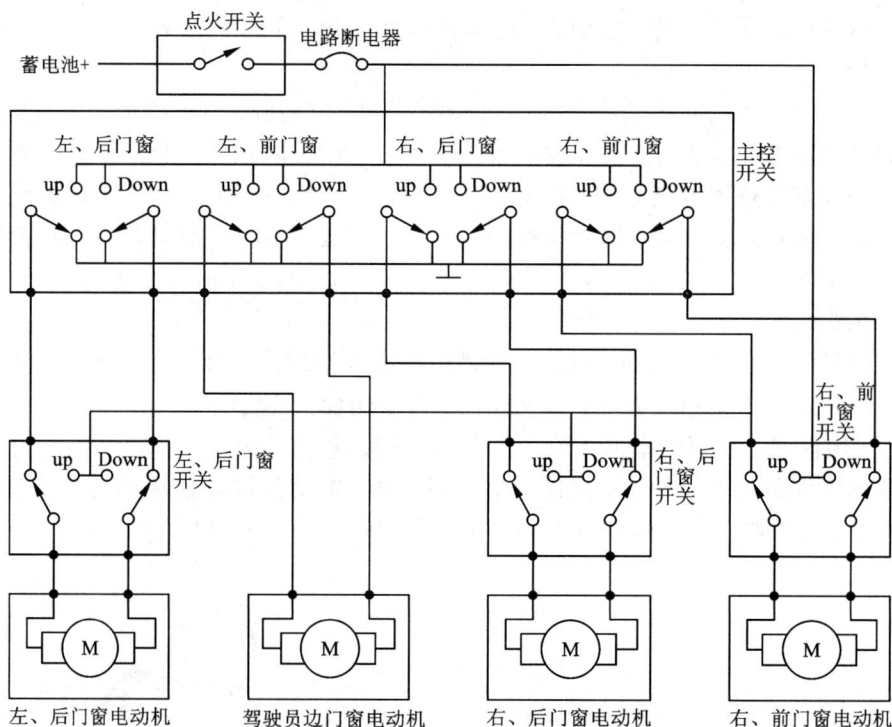

图 6 – 13　电动机不搭铁的电动车窗控制电路

电动机搭铁的控制电路是指电动机一端直接搭铁，而电动机有两组磁场绕组，通过接通不同的磁场绕组，使电动机的转向不同，实现车窗的升降，控制电路如图 6 – 14 所示。

可见，电动车窗控制电路中，一般都设有驾驶员集中控制的主控开关和每一个车窗的独立操作开关，每个车窗的操作开关可由乘客自己操作。但是，有些汽车的中控开关备有安全开关，可以切断其他车窗的电源，使每个车窗的操作开关不起作用，这个开关只能由驾驶员一人操作。

电动机不搭铁的控制方式，由于开关既控制电动机的电源线，又控制电动机的搭铁线，所以开关的结构和线路比较复杂，但由于电动机结构简单，所以应用比较广泛。

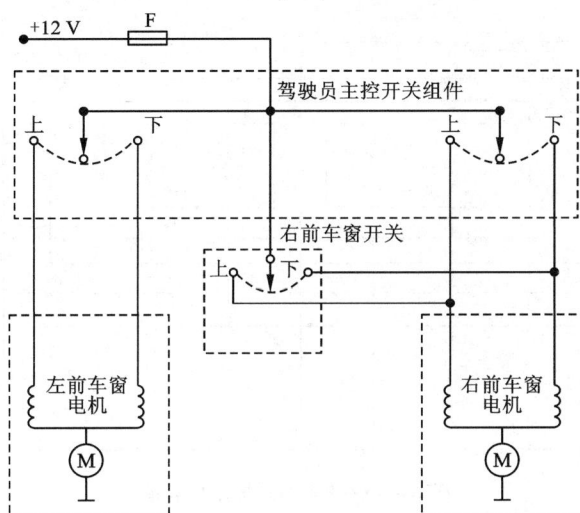

图 6 - 14　电动机搭铁的电动车窗控制电路

6.2.2　电动座椅

1. 电动座椅的组成与类型

电动座椅可利用开关调节座椅的位置，使驾驶员很方便地将座椅调整到最舒适的位置，提高了汽车行驶的舒适性和安全性。电动座椅主要由电动机、座椅调整机构、控制开关等组成。一些电动座椅为防止电动机过载，设置了过载断路开关。

电动座椅也采用双向电动机，有永磁式和双绕组串励式两种，采用永磁式电动机的居多。不同类型的电动座椅其电动机的数量是不同的，两向可调（上—下）的只有一个电动机，四向可调（上—下、前—后）的有两个电动机，六向可调（上—下、前—后、靠背倾角）的有三个电动机，八向可调（前上—前下、后上—后下、前—后、靠背倾角）的则有四个电动机。

座椅调整机构将电机的旋转运动转变为座椅的空间移动。高度调整机构通常是将电动机的高速旋转经涡轮、蜗杆传动减速，再经涡轮内圆与心轴之间的螺纹传动，转换为心轴的上、下移动。前后调整机构则是涡轮、蜗杆减速机构加齿轮齿条传动，使座椅在电动机的驱动下沿导轨前后移动。

2. 电动座椅的工作原理

电动座椅最普通的形式是使用三个电动机实现座椅六个不同方向的位置调整：上、下、前、后、前倾、后倾。三个电动机分别称为前高度调整电动机、后高度调整电动机与前后移动电动机。用这三个电动机控制座椅前部高度、后部高度以及座椅的前后位移实现座椅位置调整，基本控制电路如图 6 - 15 所示。

座椅开关通过控制电动机的搭铁和电源，使用三个电动机按所需的方向旋转。

当座椅控制开关置于上或下的位置时，前与后高度调整电动机同时旋转；当开关位于前倾或后倾位置时，只有一个高度电动机旋转；如果座椅控制开关位于前移或后退的位置时，前进后退电动机旋转。

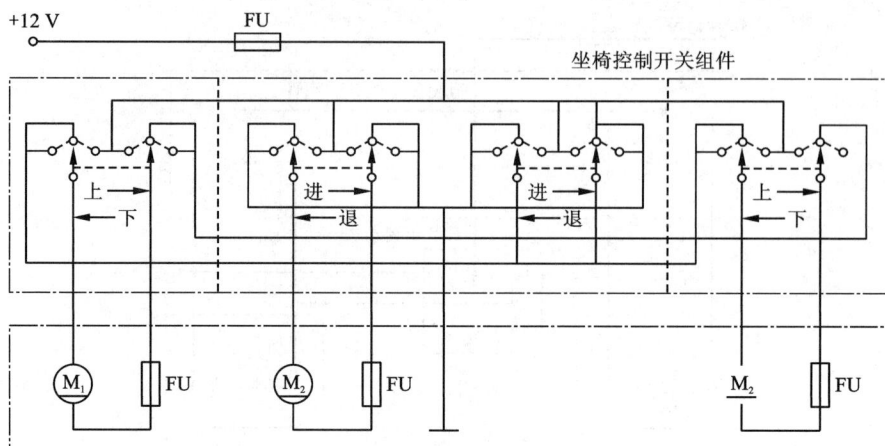

图 6 – 15   电动座椅电路原理

M_1—前高度电动机；M_2—前进后退电动机；M_3—后高度电动机；FU—熔断器

图 6 – 16 是自动座椅控制开关使座椅前方上升时的电流方向示意图。控制座椅后方上升和下降的操作方法与控制座椅前方上升的方法类似。

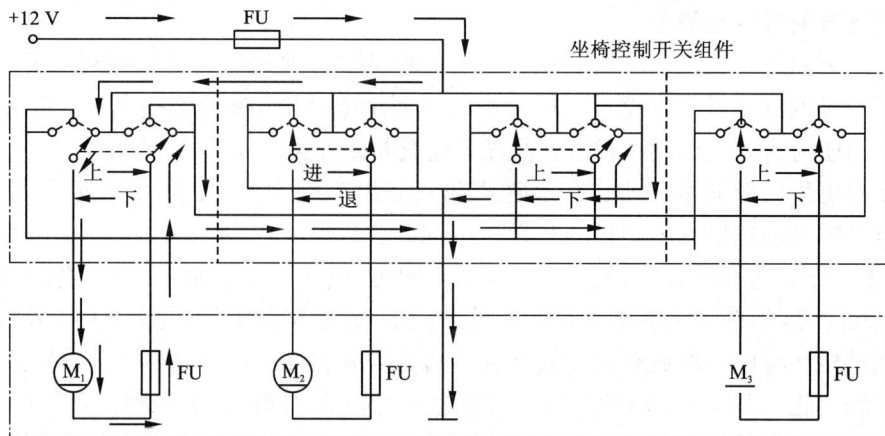

图 6 – 16   电动座椅前方上升时的电流方向

有些轿车电动座椅系统设有存储器，具有储存功能。通过每个座椅的位置传感器（电位器）来反映座椅的调定位置，座椅的位置固定后，驾驶人按下存储器相应的按钮，存储器就将位置传感器的信息存储起来，作为以后自动调整的依据。需要时，只要按存储器相应的按钮，控制单元就能存储各个座椅的位置信息自动调整座椅到适当的位置。图 6 – 17 为由存储器功能的装有四个调整电动机的电动座椅系统示意。

有的汽车在驾驶座旁安装的独立乘客座椅也具有上述相似的控制系统，一般有四个移动方向，分别是前进、后退、座椅的前方上升与下降，通过两个电动机就可以实现调整。

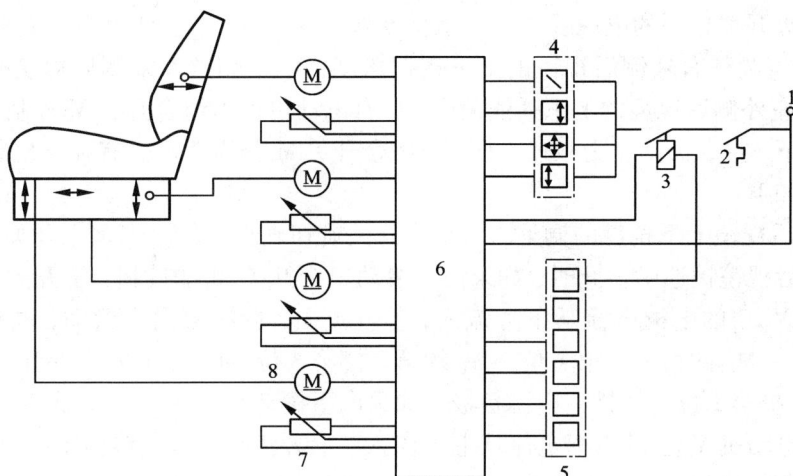

图 6 – 17 有存储功能的电动座椅系统示意

1—接蓄电池；2—热过载保护；3—主继电器；4—手动调整开关；
5—存储器操作开关；6—控制单元；7—位置传感器；8—电动机

6.2.3 电动后视镜及防目眩后视镜

1.电动后视镜的作用、组成及基本工作原理

（1）作用

电动后视镜可以使驾驶人通过电动机对后视镜的后视角度进行随意调节。

（2）组成

电动后视镜由调整开关、电动机、传动和执行机构等组成。

（3）工作原理

下面以桑塔纳 2000 轿车为例，介绍电动后视镜的基本工作原理。桑塔纳 2000 轿车电动后视镜的控制电路如图 6 – 18 所示。

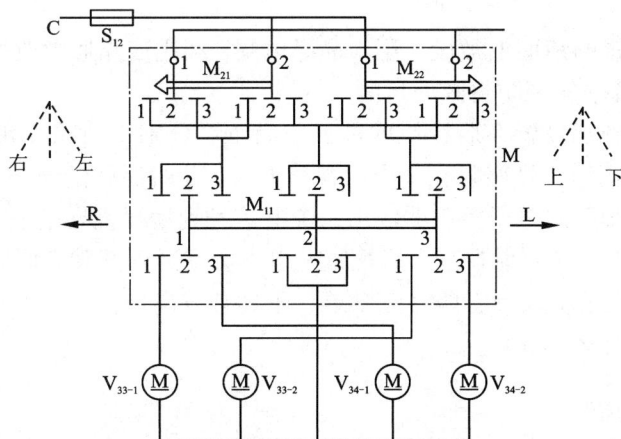

图 6 – 18 桑塔纳 2000 轿车电动后视镜控制电路

C 是受点火开关控制的电源线，3、1 是搭铁线。电动机 V_{33-1} 调整右外侧后视镜的左右摇摆角度；V_{33-2} 调整右外侧后视镜的上下摇摆角度；V_{34-1} 调整左外侧后视镜的左右摇摆角度；V_{34-2} 调整左外侧后视镜的上下摇摆角度，所有电动机均由组合开关 M 控制，该开关即可旋动，又可上下、左右拨动。为叙述方便，将组合开关 M 分为 3 个具有独立控制功能的子开关，调整方法如下：

①左外侧后视镜上下角度的调整。将组合开关旋钮转向 L（左）位置，开关 M_{11} 的第 3 位接通，左外侧后视镜被选中。此时，如果向上拨动组合开关 M 的旋钮，子开关 M_{22} 的第 1 位接通，电动机 V_{34-2} 的电枢电流从下方流入，上方流出，后视镜向上摆动，电路为：C 路电源→熔断器 S_{12}→M_{22} 的第 1 掷第 1 位→M_{11} 的第 2 掷第 3 位→电动机 V_{34-2}→M_{11} 的第 3 掷第 3 位→M_{22} 的第 2 掷第 1 位→搭铁→电源负极。如果向下拨动组合开关 M 的旋钮，子开关 M_{22} 的第 3 位接通，电动机 V_{34-2} 的电枢电流从上方流入、下方流出，后视镜向下摆动，电路为：C 路电源→熔断器 S_{12}→M_{22} 的第 1 掷第 3 位→M_{11} 的第 3 掷第 3 位→电动机 V_{34-2}→M_{11} 的第 2 掷第 3 位→M_{22} 的第 2 掷第 1 位→搭铁→电源负极。

②左外侧后视镜左右角度的调整。在组合开关旋钮处于 L（左）位置的前提下，向左拨动组合开关 M 的旋钮，子开关 M_{21} 的第 3 位接通，电动机 V_{34-1} 的电枢电流从下方流入，上方流出，电机旋转带动左外侧后视镜向左摆动，电路为：C 路电源→熔断器 S_{12}→M_{21} 的第 2 掷第 3 位→M_{11} 的第 2 掷第 3 位→电动机 V_{34-1}→M_{11} 的第 1 掷第 3 位→M_{21} 的第 1 掷第 3 位→搭铁→电源负极。当向右拨动组合开关 M 的旋钮时，子开关 M_{21} 的第 1 位接通，电动机 V_{34-1} 的电枢电流从上方流入、下方流出，电机旋转方向改变，从而带动左外侧后视镜向右摆动，电路为：C 路电源→熔断器 S_{12}→M_{21} 的第 2 掷第 1 位→M_{11} 的第 1 掷第 3 位→电动机 V_{34-1}→M_{11} 的第 2 掷第 3 位→M_{21} 的第 2 掷第 1 位→搭铁→电源负极。

同理，调整右外侧后视镜角度时，将组合开关 M 的旋钮旋至 R（右）位置，左、右拨动组合开关 M 的旋钮，可控制电动机 V_{33-1} 电枢电流的方向，带动右外侧后视镜左右摆动；上下拨动组合开关 M 的旋钮，可控制电动机 V_{33-2} 电枢电流的方向，带动右外侧后视镜上下摆动。

2. 防目眩后视镜

防目眩后视镜一般安装在车厢内，由一面特殊处理的镜子和两个光敏二极管及电子控制器组成。

在普通反射平面镜的镜面上敷设一层液晶导电层，利用液晶通电改变透光率（变色）的原理，就可以降低反射率，实现防目眩的目的。

两个光敏二极管分别设置在后视镜的前面及背面，分别接收汽车前面及后面射来的光线。当车后面跟随车辆的大灯照射在车内后视镜上时，此时后面的光强于前面的光，此反差被两个光敏二极管感知并向电子控制器输出一个电信号到后视镜导电层，使后视镜镜面电化层颜色变深，此时再强的光照射在车内后视镜上也不会反射到驾驶者眼睛上，不会晃眼。

目前，防目眩后视镜不仅具有防目眩功能，还具有方向指南、温度显示等功能，已成为中、高档轿车的标准配置。

6.2.4 电动门锁

1. 电动门锁的组成与类型

电动门锁可使驾驶员通过按钮或钥匙控制所有车门（包括行李箱门）的锁定和打开，使驾驶员的操作方便，并提高了安全性。电动门锁系统也有中控门锁，主要由门锁执行器、操纵机构、继电器及控制电路等组成。电动门锁一般还在各乘客车门处设有可打开各自车门的锁扣。有些电动门锁系统还设有车速感应锁定功能，当车速超过 10 km/h 时，各车门能自动锁定，以确保行车安全。

电动门锁的执行器有多种结构形式，常见的有电动机式和电磁线圈式两大类。电动机式门锁执行器通过控制电动机的正反转来实现门锁的锁定和打开动作。电磁线圈式电动门锁执行器有单线圈和双线圈两种，双线圈电动门锁执行器的结构如图 6 – 19 所示，它是通过对开锁线圈和锁门线圈的通电控制，产生不同方向的电磁吸引力，使衔铁作相应的移动，再经门锁连接杆驱动门锁机构的开和关；单线圈电动门锁执行器的开锁和锁止动作是通过控制线圈电流方向实现的。

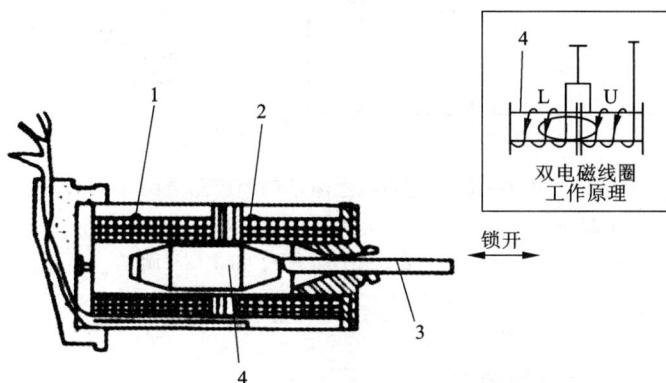

图 6 – 19　电磁线圈式电动门锁执行器
1—锁门线圈；2—开锁线圈；3—门锁机构连接杆；4—衔铁

2. 电动门锁的工作原理

不同车型其电动门锁的控制功能、门锁执行器不尽相同，其电动门锁控制电路也不不同。采用电磁线圈式门锁执行器的电动门锁控制电路举例如图 6 – 20 所示。

当驾驶员按下其车门锁扣或用钥匙锁门时，锁门开关 5 闭合，三极管 V_1 有正向偏压而导通，V_2 随之导通，锁门继电器线圈 L_1 通电，其触点 K_1 被吸到 ON 位置。此时电磁线圈的电流通路为：蓄电池正极→控制电路①端子→锁门继电器 K_1 常开触点（ON）→控制电路②端子→电磁线圈→控制电路③端子→开门继电器 K_2 常闭触点（OFF）→控制电路④端子→搭铁。由于电磁线圈正向通电，电磁吸力拉下车门锁扣杠杆，锁定车门。在锁门开关接通的瞬间，蓄电池就向电容 C_1 充电，待充电结束时，V_1 失去正向偏压而截止，V_2 随之截止，L_1 断电，K_1 回到常闭（OFF）位置，门锁电磁线圈断电。

当驾驶员拉起其车门锁扣或用钥匙开门时，开锁开关闭合，开锁继电器线圈 L_2 通电，其触点 K_2 被吸到 ON 位置。此时电磁线圈的电流通路为：蓄电池正极→控制电路①端子→锁门继电器 K_2 常开触点（ON）→控制电路③端子→电磁线圈→控制电路②端子→锁门继电器 K_1 闭触点（OFF）→控制电路④端子→搭铁。由于电磁线圈反向通电，电磁吸力拉起车门锁扣杠杆，车门锁被打开。

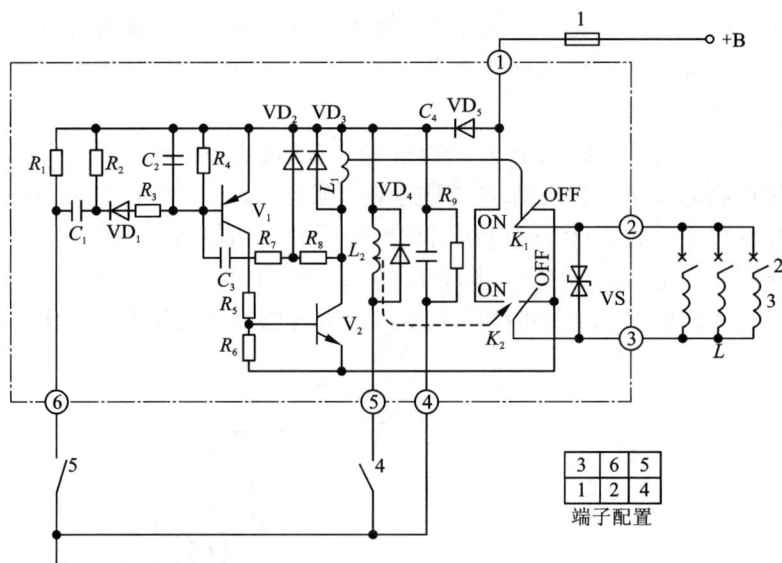

图 6 - 20　电磁线圈电动门锁控制电路

1—熔断器；2—断路器；3—电磁线圈；4—开锁开关；5—锁门开关；
L_1—锁门继电器线圈；L_2—开门继电器线圈

3. 中央门锁

中央门锁系统：当驾驶员侧的车门锁住或打开时，其他几个门（包括后车门或行李仓）都能同时自动锁住或打开，而不必像过去必须对各个们进行单独操作，同时乘客仍可利用车门的机械式弹簧锁开关车门。因此使用十分方便和安全，在各类汽车特别是轿车上得到广泛的应用。

（1）中央门锁组成

中央门锁一般由门锁执行器（闭锁器）、连杆操纵机构、控制器和控制开关等组成，如图 6 - 21 所示。

（2）门锁执行器

门锁执行器用于拨动车门门锁装置的锁扣，使门开锁或闭锁，常用的有电磁式和电机式两种。图 6 - 22 所示为双线圈电磁式门锁执行器结构原理，分别对门锁线圈和开门线圈进行

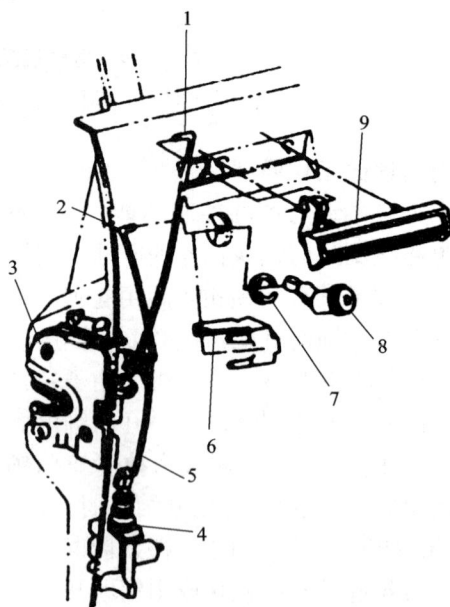

图 6 - 21　中央门锁系统的组成

1—外门手把 - 门锁连杆；2—锁芯 - 门锁连杆；3—门锁总成；
4—门锁电动机；5—电动机 - 门锁连杆；6—锁芯定位架；
7—垫圈；8—锁芯；9—外门锁手把

通电即可使门闭锁和开锁。图 6 – 23 所示为电机式门锁执行器结构,它由双向永磁电动机以及齿轮和齿条等组成,电机旋转带动齿条伸出或缩回完成开锁或闭锁动作。

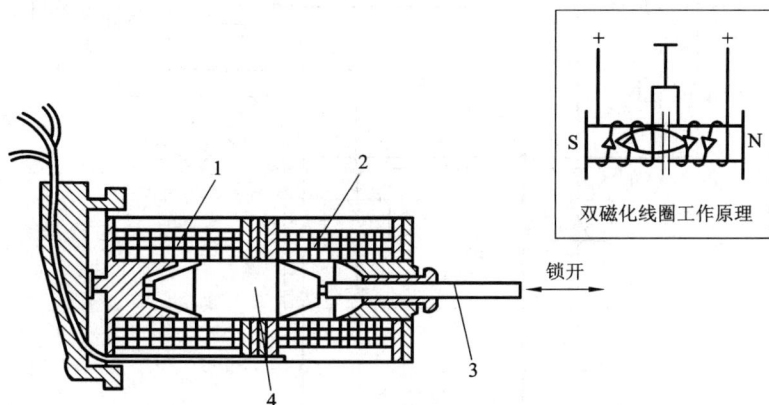

图 6 – 22 双线圈电磁式门锁执行器

1—锁门线圈;2—开门线圈;3—连接门锁机构;4—柱塞

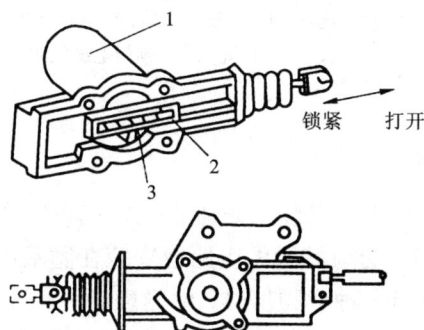

图 6 – 23 电机式门锁执行器

1—电机;2—齿条门线圈;3—小齿轮

(3)中央门锁的工作原理

图 6 – 24 是利用电容器充放电特性的中央门锁的电路图。转动车钥匙开门时,开关 2 与两个 10 μF 的电容触点接触,电容放电,电流通过开门继电器 6 使相应的触点闭合,蓄电池电源经过热敏断路器 4,开门继电器 6 触点闭合,使开门磁化线圈 10 通电,车门处于打开状态;当转动车钥匙锁门时,开关 2 转到锁门位置,这时锁门继电器 5 工作,其触点闭合,锁门磁化线圈 9 通电,车门处于锁止状态。无论车门是锁还是开,电容器放完电后,车门仍保持原有状态。

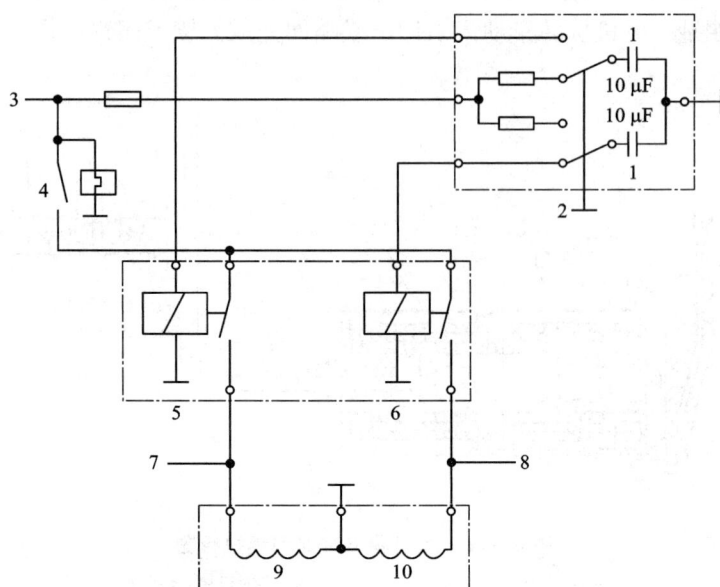

图 6 – 24 电容控制的中央门锁系统电路

1—电容器；2—开关；3—接蓄电池；4—热敏断路器；5—锁门继电器；6—开门继电器；
7—接其他车门(锁)；8—接其他车门(开)；9—锁门电磁线圈；10—开门电磁线圈

6.2.5 电动防盗装置

为防止汽车被盗，现代汽车大多安装了防盗系统。汽车防盗装置的任务，必须达到使偷盗者放弃偷盗汽车的企图。理想防盗装置的电路应安装在隐蔽的地方，当偷盗者一进入汽车或企图发动汽车时，汽车应发出一种音频信号，给偷盗者一种心理上的冲击。

现代汽车流行的各种防盗装置款式繁多，不胜枚举，下面仅介绍其中一部分。

1. 燃油关断装置

燃油关断装置可安装在供油系统的任何部位，一般安装在引擎罩下的输油管路，只要将它锁闭，发动机因缺油便不能启动。

2. 蓄电池接线柱关断装置

此装置安装在蓄电池旁，只须转动旋钮，车上的电系全被切断。此装置的安装和使用十分方便。

3. 点火关断装置

此装置须附设在键板上输入四个正确密码，发动机才可启动。即使被人割断其线路，启动仍然失灵，它还会发出红色的光，从而起到阻吓作用。

4. 闪亮警告系统

一般都在汽车仪表板上装有发光二极管，它不但可让车主知道此系统的工作状态，并且对窃贼也会起到阻吓作用。

5. 安全锁扣

通常使用一种棒状的高碳合金钢锁扣，一端固定于制动踏板，另一端扣在方向盘上。它十分坚固，可抵抗锤、锯之类的破坏。

6. 套索式安全锁

套索式安全锁其主要功能是保护车上的视听器材。这种简单的手扣把音响系统扣锁在方向盘上，若无锁钥匙，是无法将它拿走的，当然也无法把汽车开走。

7. 电子警报系统

电子警报系统不但可以发出阻吓性信号，而且一旦有人擅闯车内，还可以向远处的车主发出警报。其方法是，当车门、行李箱或引擎罩被人强行打开时，或者车上传感器探测出玻璃打破时，车主随身携带的传呼机便会发出信号。

另一种电子报警系统更为复杂，配备四按钮/四路遥控器：第一按钮控制系统的开关，并可控制电动车门锁的打开或锁上；第二按钮控制启动；第三按钮控制电动车窗开关；第四按钮控制行李箱的开锁等。

8. 声控防盗装置

最近，德国图林根的 ABC 公司研制出一种声控汽车防盗装置。这种装置名叫"伏卡尔"，主要由电子控制器、小型麦克风以及安装于车轮后轴的磁阀等组成。

在实际安装前，技术人员要先使"伏卡尔"与车主取得协调。采用的办法是：如五口之家，让每个家庭成员分别发出同一个密码口令，然后取其均衡值和相关数据编制成程序输入该装置，这样，它就能十分准确地区分各种声音之间的细微差别。经实际试用表明"伏卡尔"效果十分好。即使是惯偷在取下电子控制器后，合上点火开关，汽车仍然动不了。因为装在车轮后轴的磁阀在没有接到规定的启动口令时，它依旧处于关闭状态。油箱内燃油也不会进入化油器，当然，汽车也就无法盗走。该产品已正式定型，并投入批量生产。

6.3　汽车低温启动预热装置

在低温和寒冷的冬季，汽车发动机的机油黏度增高，使启动阻力矩增大；蓄电池也因低温内部增大而启动性能下降；进气温度低，压缩后不易达到燃料的自燃温度。为使发动机低温启动容易，一些柴油发动机设置了低温启动预热装置。柴油发动机的低温预热装置有进气加热装置、油底壳加热装置、电动机油泵装置、蓄电池加热装置和缸体缸盖加热装置等，使用最多的是进气加热装置。

6.3.1　进气加热装置的结构与类型

根据柴油机的功率、工作环境及用途的不同，所用的进气加热装置的结构类型也不同，柴油机所使用的进气加热装置有电阻丝加热式和火焰加热式两大类。电热塞和电网式预热器都由电阻丝加热进气。火焰加热进气的有热胀式火焰预热器、电磁式火焰预热器、压力雾化火焰预热器等。

1. 电热塞式预热器

电热塞有内装式和外漏式两种，内装式电热塞的结构如图 6 – 25 所示。每个缸配有一个电热塞，一般安装在气缸盖处。在启动发动机以前，接通电热塞电路，电阻丝很快使发热体钢套烧红，使燃烧室内空气被加热，以利于发动机启动。

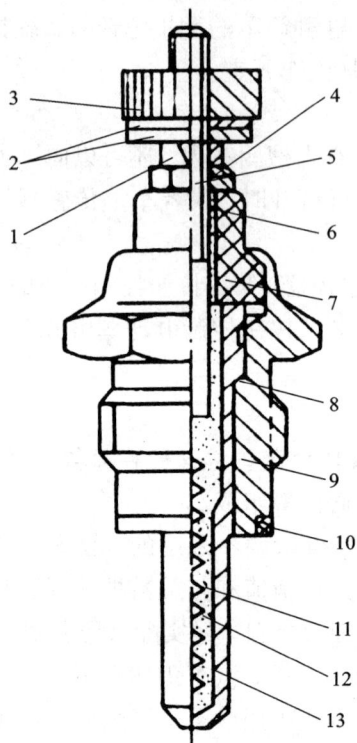

图 6-25　电阻丝内装式电热塞

1—弹簧垫圈；2—压紧垫圈；3—压紧螺母；4—固定螺母；
5—中心螺钉；6—胶合剂；7—绝缘体；8—垫圈；9—外壳；
10—密封垫圈；11—填充剂；12—电阻丝；13—发热体钢套

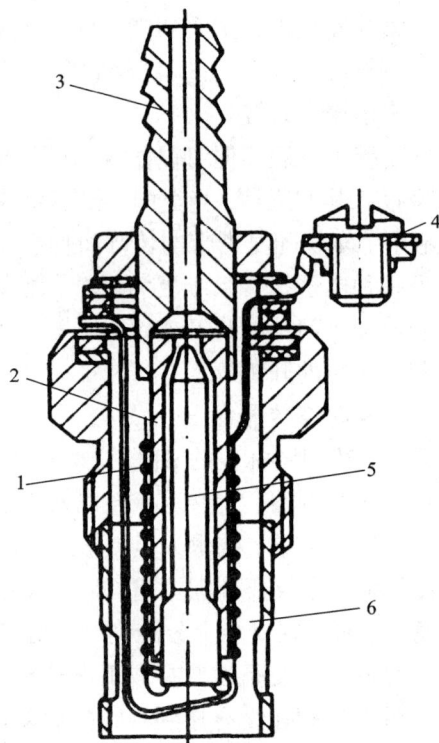

图 6-26　热胀式电火焰预热器

1—电热丝；2—阀体；3—油管接头；
4—接线螺钉；5—阀芯；6—稳焰罩

2. 电网式预热器

电网式预热器运用于中、小功率的柴油机上。电网式预热器将电热丝烧成网状固定在一个片形方框内，然后装入进气支管的管口处。低温启动前接通预热器电路后，电热丝发热，将经过电阻丝的空气加热。

3. 热胀式电火焰预热器

热胀式电火焰预热器的结构如图 6-26 所示。阀体 2 具有较高的热胀系数，其外表绝缘，并绕有电热丝 1，阀芯 5 的锥形端在预热器不工作时将由管接头的进油孔堵住。接通预热器电路后，电热丝通电发热，并加热阀体，使阀体受热伸长，带动阀芯移动，阀芯锥形端离开进油孔，燃油便流入阀体内腔，并受热汽化后，被炽热的电热丝点燃而生成火焰，并从阀体的内腔喷出，加热进气。

启动后关闭预热器电路时，电热丝冷却，阀体也变收缩，阀芯锥形端堵住进油孔而停止燃油的流入，火焰熄灭，预热终止。

4. 电磁式火焰预热器

电磁式火焰预热器的结构如图 6-27 所示。它安装在进气支管上，不工作时，弹簧 9 将阀门8紧紧压在阀座孔上，将油孔11堵住。启动前，接通预热器电路时，电热丝14和电磁线圈2通电，线圈产生的磁力吸引动铁3向下移动，并顶开阀门8，油箱7内的燃油便从阀门8经油孔留到炽热的电热丝上而被点燃，火焰从稳焰罩13喷出，加热进气支管中的冷空气。

6.3.2　进气加热装置控制电路

1. 手动操纵的进气预热控制电路

由驾驶员手动操纵的进气预热控制电路如图6-28所示。

当气温低时，驾驶员将开关拨至1挡（预热挡），各进气预热器通电时产生热量，加热周围的空气。与预热器串联的指示灯这时也亮起，指示进气预热装置在通电状态。一般的预热时间约为30 s，预热后，驾驶员将开关置于2挡（启动挡），同时接通进气预热器和启动电路。发动机启动后，则立刻使开关回至"0"位，使起发动机和预热器迅速断电停止工作。

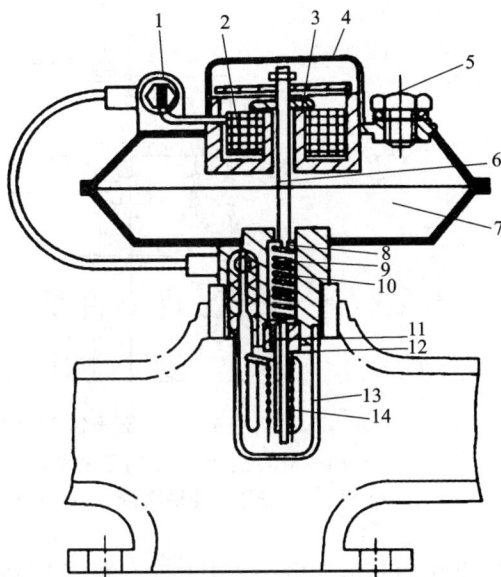

图6-27　电磁式火焰预热器

1—接线柱；2—线圈；3—动铁；4—盖；5—加油口螺塞；
6—阀杆；7—贮油箱；8—阀门；9—弹簧；10—预热器外壳；
11—油孔；12—支承杆；13—稳焰罩；14—电热丝

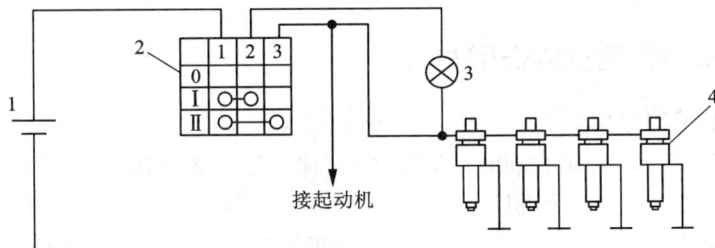

图6-28　手动操作的进气预热控制电路
1—蓄电池；2—启动/预热开关；3—预热指示灯；4—预热器

2. 自动定时控制的进气预热控制电路

具有温度自动控制和预热定时功能的进气预热控制电路举例如图6-29所示。

发动机冷却液温度低于0℃时，温度开关低于闭合状态。驾驶员接通开关（ON），预热定时器使预热塞继电器线圈通电，其触点闭合，接通预热塞电路，预热塞通电加热周围空气。这时，预热指示灯亮起，以示预热器处于预热工作状态。当预热指示灯熄灭时（约3.5 s以后），表示可以启动，驾驶员将开关拨至ST挡，接通启动电路。这时，预热塞继续通电加热进气，使发动机顺利启动。在开关拨至ST挡18 s后，定时器可使预热塞电路自动断电，停止加热进气。

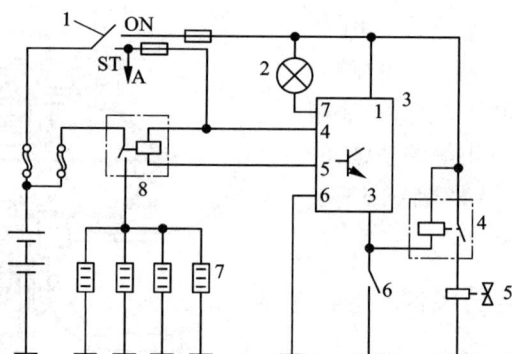

图 6-29　五十铃 N 系列汽车进气预热控制电路

1—预热/启动开关；2—预热指示灯；3—预热定时器；4—电磁阀继电器；

5—预热电磁阀；6—温度开关；7—电热塞；8—预热塞继电器

发动机冷却液温度高于 0℃ 时，温度开关处于断开状态。驾驶员接通开关（ON 挡或 ST 挡）时，预热定时器不会使预热塞继电器线圈通电，预热塞不会工作。这时，预热指示灯会亮起约 0.3 s 后熄灭。

预热电磁阀安装于喷油泵的溢流管路，在冷却液温度低于 0℃ 时启动，预热电磁阀通电关闭，切断溢油回路，提高喷油压力，以利于启动。

6.4　汽车空调系统

6.4.1　汽车空调系统的作用与分类

1.汽车空调系统的作用

空调是空气调节（air conditioning，A/C）的简称，其含义是指在封闭的空间内，对温度、湿度及空气的清洁度进行调节控制。

空调是汽车现代化的标志之一，现代汽车空调的基本功能是在任何气候和行驶条件下，都能改善驾驶人的工作条件以提高乘车人员的舒适性。由于汽车空调的调节对象是车内的人，故偏重于人的舒适性要求。

舒适性是由人对车内的温度、湿度、空气流速、含氧量、有害气体含量、噪声、压力、气味、灰尘、细菌等参数指标的感觉和反应决定的。

现代汽车空调就是将车内空间的环境调整到对人体最适宜的状态，创造良好的劳动条件和工作环境，以提高驾驶人的劳动生产率和确保行车安全。

衡量汽车空调质量的指标主要有温度、湿度、空气流速和空气清洁度四个。

舒适性环境参数见表 6-1。

表6-1　舒适性环境参数

项目 范围	温度		相对湿度 /%	换气量 /%	风速 /(m·s⁻¹)	CO_2 /%	CO /%	加速度 /(m·s⁻²)	振动 /mm	噪声 /dB
	冬	夏								
舒适	16~18	22~28	50~70	20~30	0.075~0.2	<0.03	<0.01	<3	<0.2	<45
不舒适	0~14	30~35	15~30, 90~95	5~10	<0.075, >0.3	>0.03	>0.015	>3	>2	>65
有害	<0	>43	<15, >95	<5	>0.4	>10	>0.03	>4	>15	>120

2.汽车空调系统的分类

（1）按空调的功能分类

按功能空调可分为单一功能型空调、冷暖一体型空调两种。

①单一功能型空调。单一功能型空调的制冷系统、采暖系统、通风系统各自安装，单独操作，互不干涉，多用在大型客车、载货汽车和加装冷风装置的轿车上。

②冷暖一体型空调。冷暖一体型空调（图6-30）的制冷、采暖和通风共用一台风及一个风道，冷风、暖风和通风在同一控制板上进行控制。工作时又可分为冷、暖风分别工作的组合式，冷、暖风可同时工作的混合调湿式两种。混合调湿式结构紧凑，易调温，操作方便，多用于轿车上。

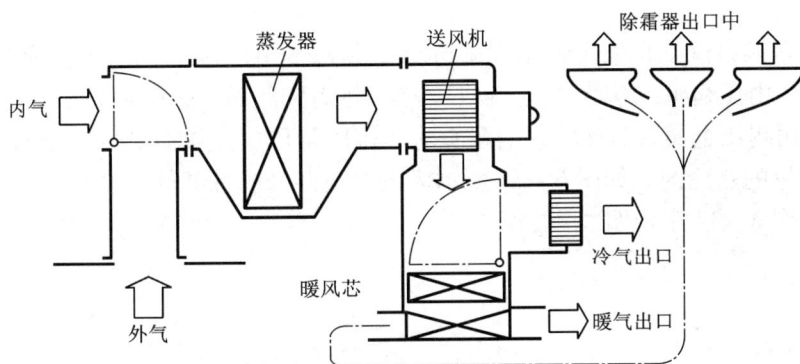

图6-30　冷暖一体型示意图

（2）按驱动方式分类

按驱动方式可分为独立式空调、非独立式空调两类。

①独立式空调。独立式空调用一台专用空调发动机来驱动制冷压缩机，制冷量大、工作稳定，但成本高、体积及质量大，为此多用于大、中型客车。

②非独立式空调。非独立式空调由汽车发动机直接驱动制冷压缩机，制冷性能受汽车发动机工作状况的影响，工作稳定性较差，低速时制冷量不足，高速时制冷量过量，影响汽车发动机的动力性，为此多用于小型客车和轿车上。

6.4.2　汽车空调系统的组成及制冷原理

1.汽车空调系统的基本组成

汽车空调系统一般包括冷气装置、采暖装置和通风换气装置，在有些豪华型客车和轿车上还装有专门的空气净化装置和加湿装置。有些汽车空调系统仅为适应热带地区或寒带地区的特点以及为简化结构、降低成本，而只设有冷气装置或采暖通风装置。

冷气装置主要用于夏季车内空气的降温除湿；采暖装置用于车内提供暖气以及用于风窗玻璃的除霜除雾；通风装置则可对车内进行强制性换气，并使车内空气保持循环流动。

在大、中型客车上，上述各装置通常独立安装并可单独使用。如在车顶上安装两个或三个独立的强制换气扇用于车内通风换气，冬季用独立的燃油燃烧式加热器为车内供暖。而夏季则用由专门的副发动机(空调发动机)驱动的独立式冷空气系统为车内提供冷气。

在小型客车和轿车上，则将上述各装置有机地结合起来，组成同时具有采暖、通风、降温除湿、风窗玻璃除霜除雾等功能的冷暖一体化空调系统(称全空调系统)。这种空调系统冷、暖、通风合用一台鼓风机和一套统一的操纵机构，采用冷暖混合式调温方式和多种功能的送风口，使得整个空调系统总成数量减少，占用空间小，安装布置方便，且操作和调控简单，温湿度调节精度高，出风分布均匀，容易实现空调系统自动化控制。

2.汽车空调制冷原理

制冷即空调系统为获得冷空气而制造和维持必要的冷源(低于环境温度的场所或物体)的过程。

目前汽车空调系统都是采用新型无氟环保型制冷剂 R134a 为制冷剂的蒸气压缩式制冷循环系统，主要由压缩机、冷凝器、贮液干燥器、热力膨胀阀(或节流孔管)和蒸发器等部件组成，各部件用耐压金属管道或特制的耐氟耐压橡胶管依次连接而形成一个封闭的系统，系统内充有一定量的制冷剂。如图 6 – 31 所示为汽车空调系统各部件及其在轿车上的布置，其制冷原理可由图 6 – 32 来说明。

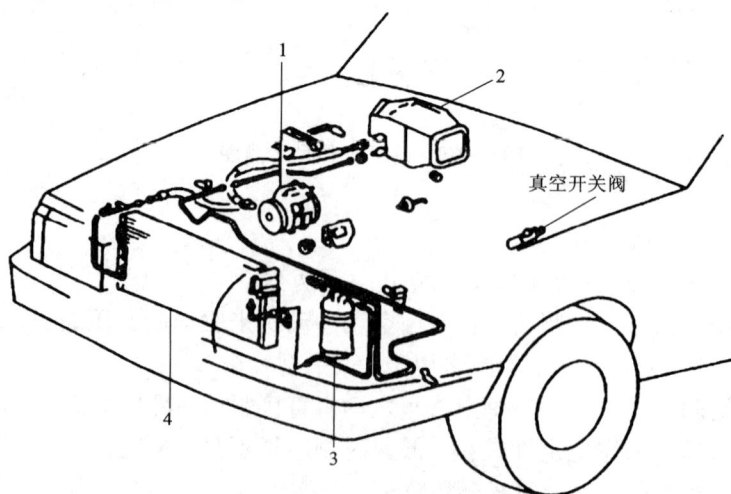

真空开关阀

图 6 – 31　轿车制冷系统各部件及布置

1—压缩机；2—蒸发器总成(包括蒸发器和膨胀阀)；3—贮液干燥器；4—冷凝器

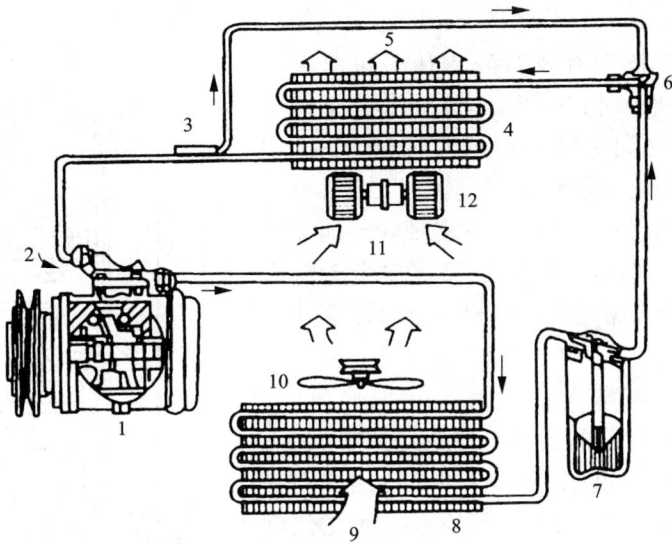

图6-32 汽车空调蒸气压缩式制冷循环原理

压缩机由发动机曲轴皮带轮驱动旋转,将蒸发器中因吸热而汽化的低压制冷剂蒸气吸入后压缩成为温度约为70℃、压力为1.3～1.5 MPa的高温高压制冷剂气体,经高压管送入冷凝器8,经冷凝器冷却时高温高压的制冷剂气体冷凝温度为40～50℃、压力为1.3～1.5 MPa的高压制冷剂液体后送入贮液干燥器7,在贮液干燥器中除去制冷剂中的水分和杂质,然后经高压液体管道送入热力膨胀阀6,经热力膨胀阀节流膨胀变为压力0.15～0.3 MPa、温度为1～4℃的低温低压液体制冷剂后进入蒸发器,该低温低压的液体制冷剂便通过蒸发器壁面吸收蒸发器及其周围空气的热量而沸腾汽化,使蒸发器表面及其周围空气的温度降低,当鼓风机12将车外空气或车内空气强制吹过蒸发器表面时,空气便被蒸发器冷却而变为冷气送进车厢内,在蒸发器内吸热汽化后的制冷剂蒸气再次被压缩机吸入,然后重复上述过程。制冷剂在制冷系统中不断循环,便可使蒸发器保持很低的温度而用于车内空气的降温除湿。

6.4.3 空调制冷系统的调控装置

为保证汽车空调系统,特别是制冷系统的正常、安全、可靠的工作,以及对其工作状况进行必要的调整和控制,以满足车内所要求的温湿度条件,在汽车空调制冷系统中还具有以下必要的调控部件。

1. 电磁离合器

电磁离合器的作用是根据需要接通和断开发动机与压缩机之间的动力传递,它是汽车空调控制系统中最重要的部件之一,受温度控制器,空调开关、空调放大器、压力开关等元器件的控制。

电磁离合器一般安装在压缩机前端而成为压缩机总成的一部分,主要由电磁线圈、皮带轮、压盘、轴承等零部件组成,如图6-33所示。皮带轮通过皮带由发动机曲轴前端的皮带轮驱动；压盘通过三个片簧或橡胶弹簧与压盘轮毂相连接，压盘轮毂则通过一个平键与压缩机前端的伸出轴相连接；电磁线圈固定在皮带轮内压缩机前端盖上。当电磁垫圈不通电时，在三个片簧的作用下使压盘与皮带轮外端面之间保持一定的间隙（0.4～1.0 mm），皮带轮在曲轴皮带带动下而空转，压缩机不工作；当电磁线圈引出线；通电时，在皮带轮外端面产生很强的电磁吸力，将压盘紧紧地吸在皮带轮端面上；皮带轮便通过压盘带动压缩机轴一起转动而使压缩机工作。

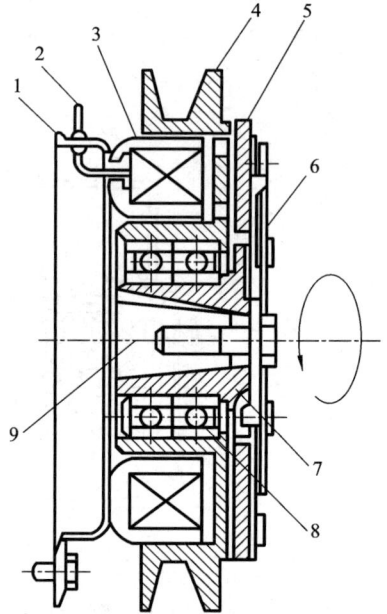

图 6-33　电磁离合器结构

1—压缩机前端盖；2—电磁线圈；3—电磁线圈；
4—皮带；5—压盘；6—片簧；
7—压盘轮毂；8—轴承；9—压缩机轴

2. 蒸发器温度控制器

为了充分发挥蒸发器的最大冷却能力，同时又不致造成蒸发器表面的冷凝水（除湿水）结冰结霜而堵塞蒸发器换热器片间的空气通道，蒸发器表面的温度应控制在 1～4℃。蒸发器温度控制器（简称温控器）的作用是根据蒸发器表面温度的高低接通和断开电磁离合器，控制压缩机的开停，而使蒸发器表面的温度保持在上述温度范围之内。常用的温控器有机械波纹管式和以热敏电阻为温度传感器的电子式两种。

（1）机械波纹管式温控器

如图 6-34 所示，机械波纹管式温控器主要由感温管、波纹管、温度调节凸轮、弹簧、触点等组成。在感温管内充有制冷剂饱和液体，一端与温控器内的波纹伸缩管相连通，另一端则插入蒸发器的盘管翅片内 20～25 mm。当蒸发器温度升高或降低时，感温管内部制冷剂押题膨胀或收缩使波纹伸缩管改变，通过与它相连的传动杠杆放大机构使触点闭合或断开来控制电磁离合器线圈电源的通断，可使蒸发器温度控制在调定的温度范围内。旋动调节凸轮可改变弹簧的预紧力，从而改变蒸发器的温度调节范围。

（2）热敏电阻式电子温控器

热敏电阻式电子温控器是利用热敏电阻的负温度特性（即温度升高、电阻值减小；温度下降，则电阻值增加），以热敏电阻为蒸发器温度传感器，配以相应的电子比较放大电路、电磁离合器继电器等器件组成的电子温控装置。它具有反应迅速、控制精度高等优点。

3. 怠速提升装置

由汽车主发动机驱动的空调系统（称为非独立式汽车空调系统）压缩机工作时要消耗一定的发动机功率（3～7.5 kW）。当发动机转速较低时（如汽车低速行驶或发动机怠速工作时），发动机输出功率较小，若接通空调制冷压缩机，发动机则会因负荷突然增加而使其转速大幅度下降，这将造成发动机超负荷工作而过热或运转不稳甚至熄火；空调系统也因压缩机转速过低使制冷量不足。怠速提升装置可在发动机处于怠速工况或车速较低的情况下使用空调时，发动机电脑在接收到空调开关信号后，通过发动机的怠速控制装置（如怠速控制阀等）自动提高发动机的怠速转速，使发动机输出足够的功率来驱动空调制冷压缩机。

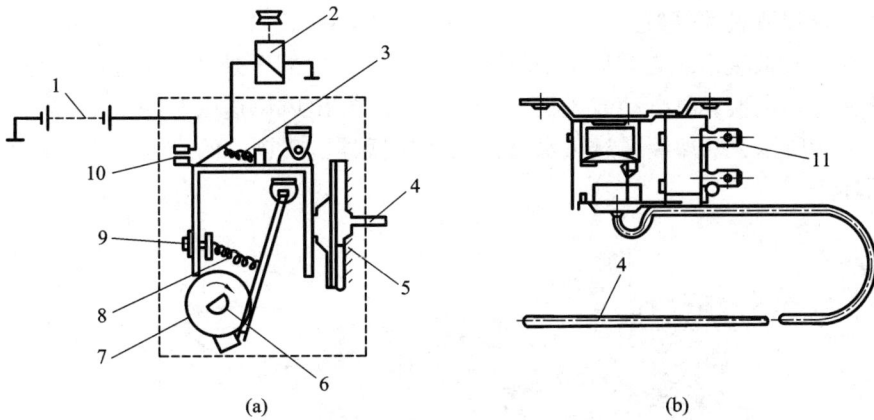

图 6 –34 机械波纹管式温控器

(a)原理图;(b)外形图

1—蓄电池;2—电磁离合器;3—弹簧;4—感温管;5—波纹伸缩管;6—转轴;
7—温度调节凸轮;8—弹簧;9—调整螺钉;10—触点;11—接线插头

4. 压力开关

压力开关也称制冷系统压力继电器,分为高压开关,低压开关和高、低压双向复合开关三种,一般安装在空调制冷系统高压管上。当制冷系统工作压力异常(过高或过低)时,它便自动切断电磁离合器电路,使压缩机停止运转或接通冷凝风扇高速挡开关,使冷凝风扇高速运转,从而保护制冷系统。

高压开关有触点常闭型和触点常开型两种,触点常闭型用于当制冷系统压力过高时中断压缩机的工作,其触点跳开压力为 2.1 ~ 2.8 MPa,恢复闭合的压力约为 1.9 MPa。触点常开型则用与当制冷系统压力升高至一定程度时,接通冷凝风扇高速挡电路以加强冷凝器的散热效果,如奥迪 100 型轿车的常开型高压开关其触点闭合压力为 1.58 ±0.17 MPa,断开压力为 1.35 ±0.17 MPa。

低压开关也称制冷剂泄露检测开关,其作用是在制冷系统严重缺少制冷剂,使系统高压侧压力低于 0.2 MPa 时,低压开关动作切断电磁离合器电路使压缩机无法运转,以防止压缩机在没有润滑保障的情况下运转而损坏(由于车用小型压缩机是靠制冷剂将润滑油带入各润滑部位的)。

高低压双向复合开关则同时具有高压开关和低压开关的双重功能。

5. 水温开关

水温开关的作用是防止发动机在过热的情况下使用空调。一般安装在发动机冷却水管路上,当水温超过某一规定值(如 106℃)时,穿断开使压缩机停止运转,水温下降后开关自动回复闭合状态。

6.4.4 空调系统的采暖系统

采暖系统是一种将空气送入热交换器(又称为加热器),同时吸入某种热源的热量,以提高空气温度的装置。按使用热源的不同可分为发动机冷却液采暖系统、发动机废弃采暖系统和独立热源式采暖系统。

1.发动机冷却液采暖系统

发动机冷却液采暖系统在采暖时,将送入热交换器中的车外或车内空气,与升温后的发动机冷却液进行热交换,由电动鼓风机将升温的空气经出风口送入车厢。

如图6-35所示,冷却液通过热水阀流入热交换器,散热后的冷却液再流回水泵参与发动机冷却循环。

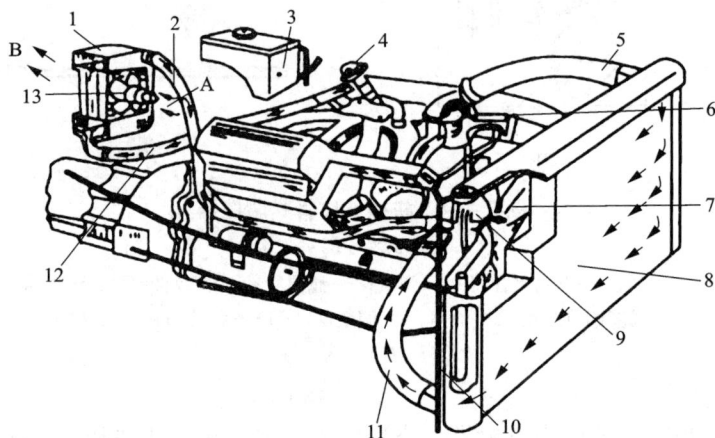

图6-35 发动机冷却液采暖式暖风系统

1—加热器芯;2—加热器出水管;3—膨胀水箱;4—冷却液控制阀;5—散热器进水管;6—恒温器;
7—风扇;8—散热器;9—水泵;10—散热器溢流管;11—散热器出水管;12—加热器进水管;13—加热器风机;
A—冷空气;B—热空气

冷却液控制阀(亦称热水阀,图6-36)对通过热交换器的冷却液流量进行调节,而热交换器则将冷却液的热量传给空气,被加热的空气在电动鼓风机的作用下吹入车内(图6-37)。

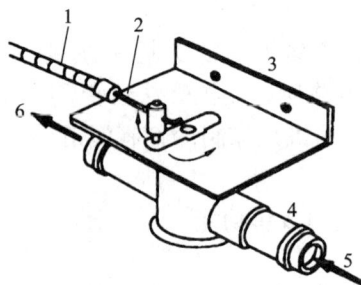

图6-36 钢索式冷却液控制阀(热水阀)

1—保护层;2—钢索;3—装配支架;4—阀门;
5—来自发动机的冷却液;6—去加热器芯的冷却液

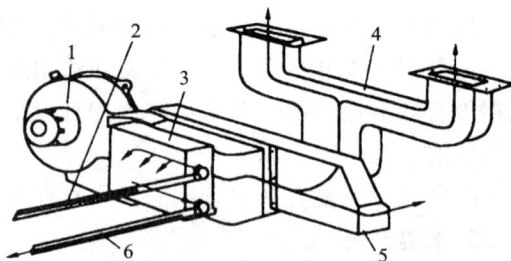

图6-37 典型发动机冷却液采暖式暖风系统的布置

1—电动鼓风机;2—热水供应软管;
3—加热器芯;4—挡风玻璃除霜器管道;
5—加热器底板出风口;6—热水返回软管

热交换器的结构有管片式、管带式和带状蜂窝式等,一般由传热系数很高的黄铜制造而成。电动鼓风机多为离心式叶片鼓风机,具有高、中、低三挡转速,可以调节换气强度,一般与空调制冷系统送风共用。

这种采暖系统没有独立的热源,采暖冷却液的流量受发动机冷却液泵(水泵)工作状况的限制,还与发动机的热状态有关,这些致使其采暖能力不高,在大、中型客车上很少采用。

该系统除了供车内取暖外,还可对风窗玻璃进行除霜。当不进行采暖时,也可以起到强制通风的作用。

2. 发动机废弃采暖系统

发动机废气采暖系统是利用装在排气管道上的特殊热交换器,实现高温废气与低温空气的热交换,把产生的暖风送入车厢,供采暖与风窗玻璃除霜之用。

这种废气采暖系统的热交换器效率很低,结构复杂,对采暖系统密封性要求也很高且安全性差,故已被淘汰。

3. 独立热源式采暖系统

独立热源式采暖系统是专门利用汽油、煤油、柴油等作为燃料,使其在燃烧装置中燃烧产生热量,利用空气浴燃烧装置进行热交换,使空气升温。

这种采暖系统的优点是不受汽车使用情况的影响,而且采暖迅速。缺点是需要复杂的燃烧装置、送风装置,还要消耗燃料。

独立热源式采暖系统一般用于大、中型客车上,或用与严寒地区只靠冷却液热量还不足以采暖的轿车上。

6.4.5　空调系统的空气调节原理

1. 汽车空调基本控制元件

(1)电磁离合器

一般轿车空调系统的压缩机是由该车发动机通过电磁离合器来驱动的。电磁离合器可使发动机与压缩机分离,而在需要使用空调设备时,电磁离合器又使发动机与压缩机结合,传递动力。电磁离合器安装在压缩机主轴伸出端。

如图 6 - 38 所示,压缩机的皮带轮由轴承支承在壳体前段,在电磁线圈没有通电时,压盘与皮带轮之间保持一定的间隙而分离,此时输入轴(压缩机主轴)不转,压缩机不工作。

当电磁线圈通电时,产生磁场,将压盘吸附在皮带轮上,皮带轮通过压盘带动输入轴旋转,压缩机工作。

(2)温度控制器

温度控制器又称恒温开关,是汽车空调系统中温度控制的一种开关元件,可用于检测车室内温度,并使其稳定在一定范围内。温度控制器可分为机械压力式和电子式两种。

1)机械压力式温度控制器

机械压力式温控器主要是利用波纹管的伸长或缩短来接通或断开触点,从而切断汽车空调压缩机的动力。其感温受压元件主要由感温毛细管和波纹管构成,其内部填充有感温制冷剂,感温毛细管一般放在蒸发器冷风吹出处,用以感受蒸发器温度。温控器利用感温毛细管内制冷剂的温度变化,引起波纹管内压力变化,从而使波纹管伸长或缩短进而达到控制的目的。

这种温控器的调节机构主要由凸轮、凸轮轴、温度调节螺钉等组成,其作用是使温控器能在最低至最高温度范围内的任一点温度点控制动作。温控器的停点是根据调节轴给定位置

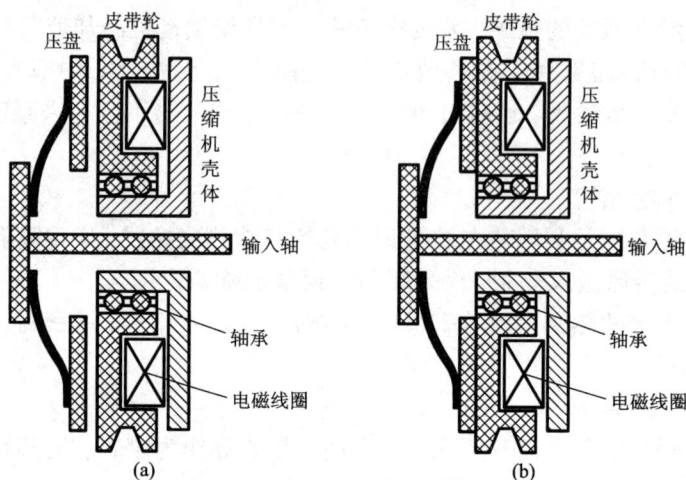

图 6 – 38   电磁离合器

(a)电磁线圈不通电，离合器分离，压缩机不工作；(b)电磁线圈通电，离合器吸合，压缩机工作

的变化而变化，开点和停点的温差基本上是恒定的。温控器的触点开闭机构主要由触点、弹簧、杠杆等组成。温控器通过触点的断开和闭合，来切断或接通压缩机的电磁离合器电路。

图 6 – 39 所示为机械压力式温度控制器结构。波纹管 2 和充满制冷剂的感温毛细管 1 相连，毛细管感温元件置于蒸发器冷风通过的位置。当蒸发器温度变化时，毛细管中的制冷剂温度也随之变化，对应的压力也发生变化。

温度升高，压力就增大，推动波纹管中膜片运动，进而推动机械杠杆机构是触点 7 闭合，电磁离合器线圈 9 通电，压缩机旋转，制冷系统开始制冷。如果车内温度降到设定的温度以下，膜片向相反的方向运动（收缩），弹簧帮助复位，使触点 7 断开，电磁离合器线圈 9 断电，压缩机停止运转，制冷系统停止制冷。

温度调节螺钉 6 可以改变温控器的温度设定值，旋转凸轮 4 的旋钮，可以调整温度的高低。

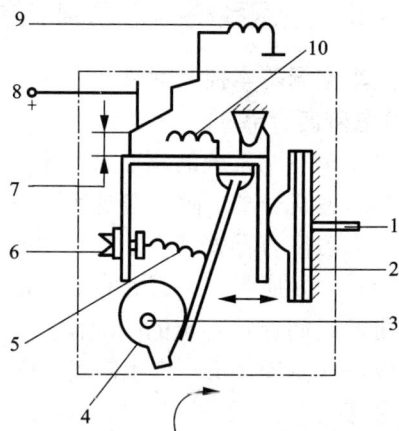

图 6 – 39   机械压力式温控器结构图

1—感温毛细管；2—波纹管；
3—凸轮轴（外接手动温度调节旋钮）；4—凸轮；
5—调节弹簧；6—温度调节螺钉；7—触点；8—电源；
9—电磁离合器线圈；10—支承弹簧

2）电子式温度控制器

电子式温控器的感温原件是热敏电阻，装在蒸发器的外侧正面或其他需要感温的部位，用以检测蒸发器的出风温度。热敏电阻用导线与晶体管电子电路相连，由于温度变化使热敏电阻的电阻值发生变化，从而控制电路的接通或断开。

电子式温控器一般采用负温度系数的热敏电阻，即温度升高，组织下降；温度降低，阻值上升。热敏电阻将温度变化转换成电阻变化，即转换成电压变化。

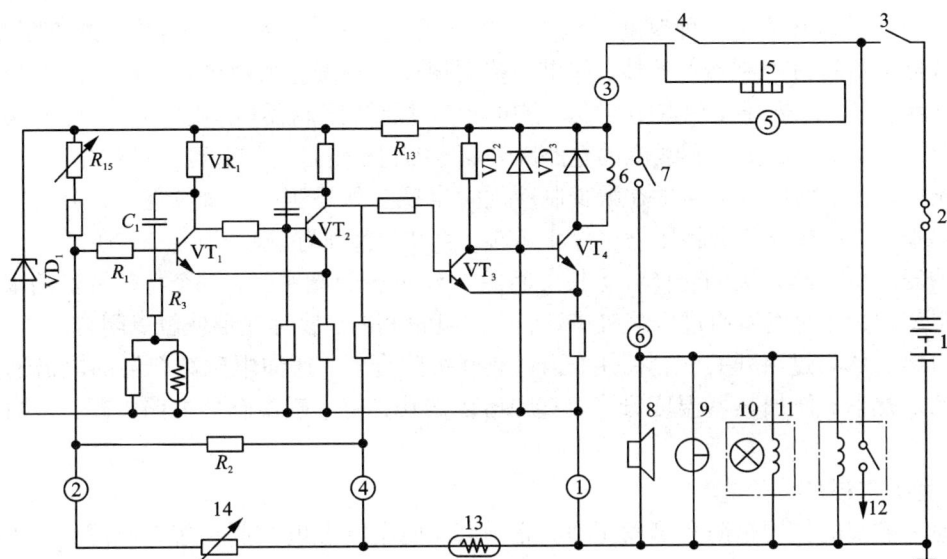

图 6 – 40 电子式温控器电路

1—蓄电池；2—熔断器；3—点火开关；4—空调开关；5—压力开关；6—电磁线圈；7—触点；8—电磁离合器；
9—空调工况指示灯；10—真空开关阀；11—冷凝器风扇继电器；12—通往冷凝器风扇电机；
13—热敏电阻；14—可变温度控制电阻器；15—调温电阻；①～⑥—放大器接点

将热敏电阻的电压变化信号放大后，便可驱动控制电磁离合器的继电器动作，达到对车室内温度控制的目的。对车室内温度高低的调整是靠条纹电阻来调节的。

图 6 – 40 所示为电子式温控器电路图。当空调系统开始工作时，空调开关接通，来自蓄电池 1 的电流经空调开关 4→R_{13}→R_{15} 和 R_1→VT_1 的基极。

此时，车内温度高时，热敏电阻 R_{13} 阻值小，基极电位高，使 VT_1 导通，VT_2、VT_3、VT_4 也相继导通，电流由蓄电池 1→空调开关 4→电磁线圈 6→VT_4→搭铁。因为电磁线圈 6 有电流通过，继电器的触点 7 闭合，电磁离合器 8 通电，压缩机开始工作。

当车内温度下降到低于调定值时，即蒸发器出风口温度低于规定值，热敏电阻 13 的阻值增大，使 VT_1 的基极电位降低，这时 VT_1、VT_2、VT_3、VT_4 均截止，使继电器电磁线圈 6 中无电流通过，触点 7 断开，电磁离合器 8 因断电与压缩机分离，压缩机停止工作。

这时蒸发器表面温度又要上升，负温度系数的热敏电阻又减小到一定值，重新使 VT1～VT4 导通，继电器触点 7 又闭合，电磁离合器吸合使压缩机工作，重复以上过程可使车内温度稳定在所要求的范围内。

（3）过热开关和热力熔断器

过热开关（图 6 – 41）安装在压缩机缸体后侧、高

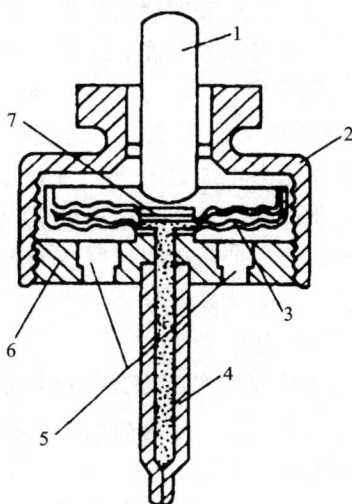

图 6 – 41 过热开关结构

1—接线柱；2—壳体；
3—膜片总成；4—感应管；5—底座孔；
6—膜片底座；7—动触点

187

压管出口处。过热开关是一种温度 - 压力感应开关，在正常情况下过热开关处于断开状态，电磁离合器电流流过限制器的熔体，如果系统出现过热情况，当过热开关检测到系统处于高温、低压状态时，过热开关触点闭合，又有电流流过热流限制器（电流增大），合成热量会使熔体熔化，压缩机电磁离合器线圈的电路断开，压缩机停止工作，起到保护作用。

系统的高温、低压状态通常在缺少制冷剂时出现。如果压缩机继续运转，会因缺少润滑油而过热损坏，过热开关会将压缩机停止运转，直到故障排除。

保护压缩机过热开关的壳体和盖板之间用"○"形密封圈密封，一个特殊成形的限位圈把开关固定就位，并使壳体通过压缩机搭铁，当温度过高时，膜片变形使触点闭合。

热力熔断器与过热开关配合使用，当过热开关闭合时，通向电磁离合器的电流通过热力熔断器的加热器，使加热器温度升高，直到熔体熔化，使电磁离合器电路中断，压缩机停止运转。

（4）旁通电磁阀

旁通电磁阀的作用是防止蒸发压力异常下降，使车内温度控制在规定范围内，防止蒸发器结霜。

图 6 - 42 所示为旁通电磁阀结构。它是借助电磁线圈使阀杆升降而将阀开启或关闭的，电流一旦通入电磁线圈，阀杆即被电磁力吸引上升，阀门开启；切断电流，电磁力消失，阀杆在重力作用下落座门，阀被关闭。

旁通电磁阀一般装在储液干燥器和压缩机进气口之间，当压缩机转速升高时，其进气压力降低，蒸发压力也随之降到其规定值以下，蒸发器易结霜，这时控制电路使旁通电磁阀开启，一部分高温、高压的制冷剂气体直接吸入压缩机，压缩机吸气压力上升，蒸发压力也随之上升，当上升到一定值时，控制电路又使旁通电磁阀关闭。这种过程不断循环，使压缩机进气压力稳定在规定范围内，以防蒸发器结霜。

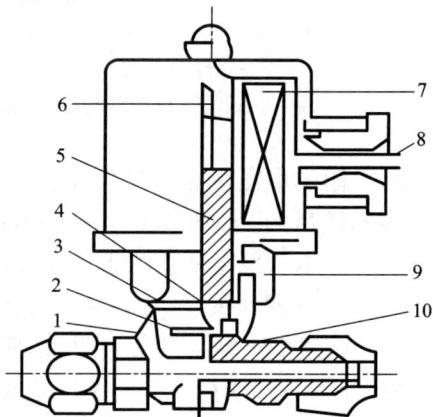

图 6 - 42　旁通电磁阀结构

1—阀体；2—主阀；3—阀座；4—针阀；
5—可动片；6—回位弹簧；7—线圈；8—配线；
9—防松螺母；10—主阀阀座

（5）压力开关

为了确保汽车制冷系统运行安全，汽车空调设有压力开关电路。压力开关也称压力继电器或压力控制器，分为高压开关和低压开关两种，分别安装在制冷系统高压管路或低压管路上，如图 6 - 43 所示。

当制冷系统由于某种原因而导致管路内制冷剂压力出现异常时，压力开关便会自动切断电磁离合器电路而使压缩机停止工作，保护制冷系统不损坏。

1）高压开关

高压开关一般安装在空调制冷系统高压管路上或储液干燥器上（图 6 - 44），用来防止系统压力过高而使压缩机过载或系统管路损坏。高压开关有常闭触点型和常开触点型两种。

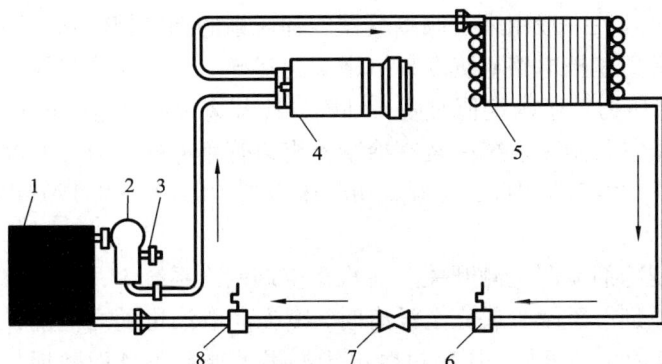

图6-43　压力开关的位置

1—蒸发器；2—集液器；3—低压开关；4—压缩机；5—冷凝器；

6—高压侧高压开关；7—节流装置；8—低压侧高压开关

图6-45所示为常闭触点型高压开关，其安装位置见图6-46，其触点串联在压缩机电磁离合器线圈电路中，压力导入口则直接或通过毛细管连接在高压管路上。

当制冷系统高压管路内压力正常时，高压开关内触点始终处于闭合状态，压缩机正常工作。当由于某种原因高压管路内压力超过规定值时，在制冷剂高压作用下触点断开切断电磁离合器电路，压缩机停止工作，从而避免高压管路压力进一步升高。

当高压管路的压力恢复正常值时，触点自动闭合，压缩机又重新工作。高压开关的切断压力和触点恢复闭合的压力因车型而异。一般触点切断压力在 $2.1 \sim 3.0$ MPa 范围内，恢复闭合的压力为 $1.6 \sim 1.9$ MPa。如奥迪100型轿车高压开关的切断压力为 (2.9 ± 0.14) MPa，恢复压力为 (1.4 ± 0.3) MPa。

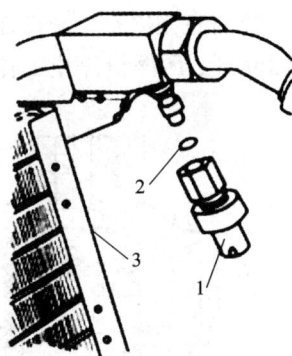

图6-44　高压开关的安装位置

1—高压开关；2—"○"形圈；3—冷凝器

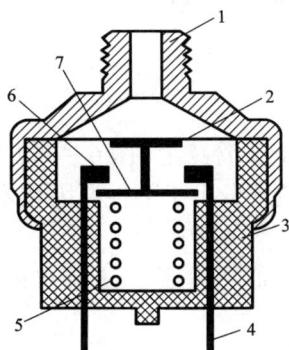

图6-45　高压开关的结构

1—接头；2—膜片；3—外壳；4—接线柱；

5—弹簧；6—固定触点；7—活动触点

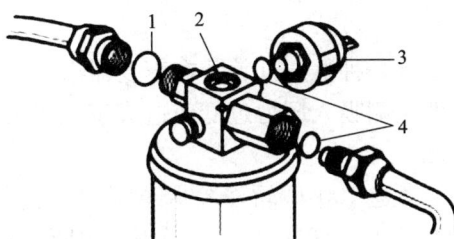

图6-46　常闭触点型高压开关的安装位置

1、4—"O"形圈；2—视液镜；3—高压开关

常开触点型高压开关一般用来控制冷凝器冷却风扇的高速挡电路。当压力超过某一规定值时，自动接通风扇高速挡电路，使冷却风扇高速运转，以加强冷凝器的冷却能力，降低冷凝温度和压力，而当压力低于规定值时则自动断开冷却风扇的高速挡电路。

奥迪100型轿车空调制冷系统中装在冷凝器出口管路上的压力开关即为常开触点型高压开关，其触点闭合压力为 1.5 MPa，而触点切断压力则为(1.34 ± 0.17) MPa。

2) 低压开关

低压开关也称制冷剂泄漏检测开关。在汽车空调制冷系统中，因制冷剂泄漏或其他原因造成制冷系统中制冷剂严重缺少或完全没有时，冷冻润滑油也随之泄漏，这样系统的润滑油便会不足，如果继续使用压缩机，压缩机会由于润滑油循环不良而磨损加剧，甚至烧坏。低压开关则可以起到在制冷系统缺少制冷剂时压缩机停止运转，从而保护压缩机免于损坏的作用。

低压开关的结构如图 6-47 所示，它安装在冷凝器与膨胀阀之间的高压管路上或储液干燥器上，其触点同样串联在电磁离合器电路中。当制冷系统高压侧的压力高于 0.21 MPa 时，说明系统内有制冷剂，触点保持闭合，而当系统高压侧压力低于 0.21 MPa 时，触点在弹簧作用下而断开，压缩机停止工作。

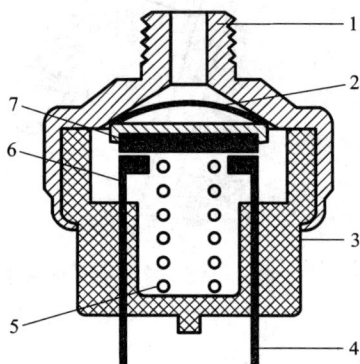

图 6-47 低压开关的结构

1—接头；2—膜片；3—外壳；4—接线柱；
5—弹簧；6—固定触点；7—活动触点

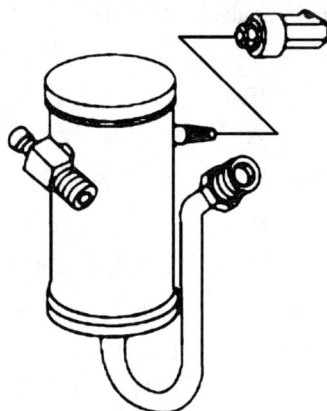

图 6-48 低压开关的安装位置

还有一种低压开关装在蒸发器出口至压缩机吸入侧的低压管路上(图 6-48)，其作用是防止低压侧吸入压力过低而造成蒸发器结霜、膨胀阀或节流孔管由于某种原因堵塞造成的压力过低。

如奥迪100型轿车空调装在蒸发器出口处管路上的低压开关，其触点断开压力为(0.09 ± 0.01) MPa，触点闭合压力则为(0.26 ± 0.03) MPa。

3) 高低压组合开关

高低压组合开关即将上述两种开关的结构和功能组合成一体，起双重保护作用。常见的空调压力开关实物照片如图 6-49 所示。

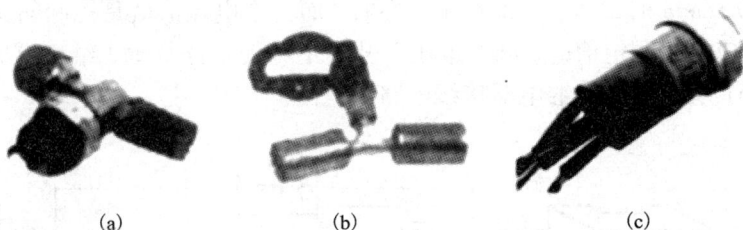

(a)　　　　　　(b)　　　　　　(c)

图 6 - 49　常见的空调压力开关实物

4）高压卸压阀

高压卸压阀一般安装在压缩机排气口处。当制冷系统压力过高超过 3.5 MPa 时，卸压阀打开，使制冷剂逸出而卸压；当压力降至 3.5 MPa 以下时，卸压阀会自动关闭，以确保制冷系统的正常工作。奥迪 100 型轿车上的压缩机就装有卸压阀。

（6）转速控制装置

对于由主发动机直接驱动的非独立式汽车空调，如轿车、货车空调等，空调运行对汽车行驶性能有一定的影响。如汽车怠速行驶时，启动空调会使发动机转速降低，发动机过热，甚至引起发动机熄火；高速行驶时，会因压缩机运转而影响超车能力。因此，在汽车空调上需要安装一些车速控制装置，如怠速继电器、怠速提升装置、加速切断器等。

其中怠速继电器的功能是当发动机处于怠速工况时，自动切断电磁离合器电路，停止空调压缩机的工作，稳定发动机怠速工况。

图 6 - 50 所示为怠速继电器电路。怠速继电器电路是利用点火线圈的电脉冲信号作为转速控制信号，并将信号输入到怠速继电器的电路中。

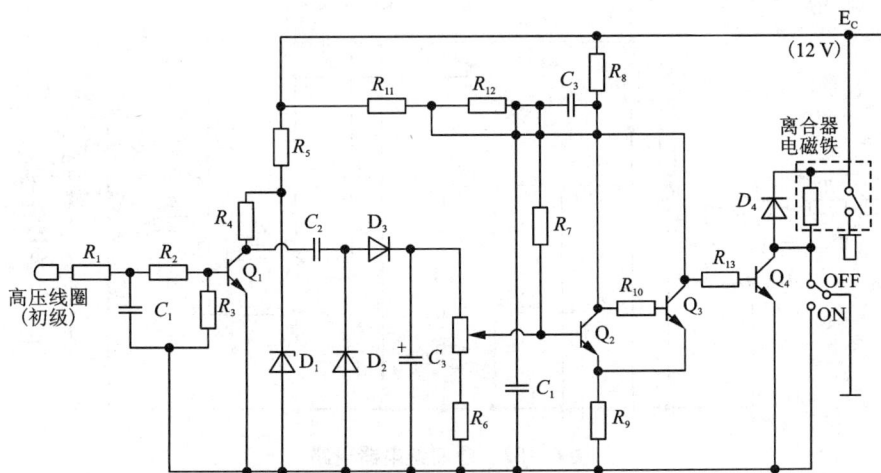

图 6 - 50　怠速继电器电路

汽车发动机在慢速、中速、高速行驶时，点火线圈的电流值也相应地呈正比变化。当发动机转速在 1000 r/min 时，其电流值在 4 A 左右，而这个电流值就是控制的调整值。

当发动机转速低于调定值时，脉冲电压上升到足以使电路导通，继电器吸合，压缩机开始工作。图 6 – 51 所示为怠速继电器接线电路示意图。

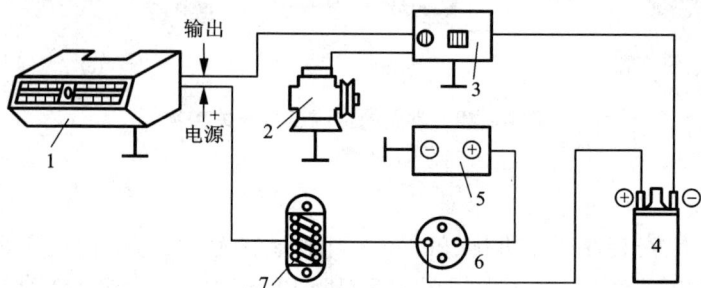

图 6 – 51　怠速继电器接线电路

1—蒸发器；2—压缩机；3—怠速继电器；4—点火线圈；5—蓄电池；6—点火开关；7—熔断器

6.4.6　自动空调控制系统

1. 自动空调控制系统的组成

自动空调主要由冷风、暖风、送风、操作和控制等部分组成。控制系统的组成如图 6 – 52 所示，主要由三个部分构成，即各种输入信号电路、微电脑构成的电子控制系统和各种执行机构。

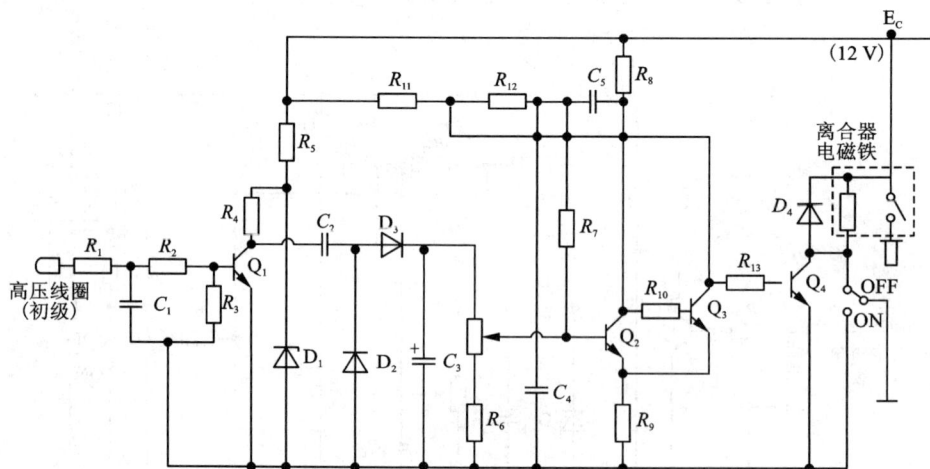

图 6 – 52　怠速继电器电路

自动空调控制系统具体结构组成和元器件的布置图如 6 – 53 所示。

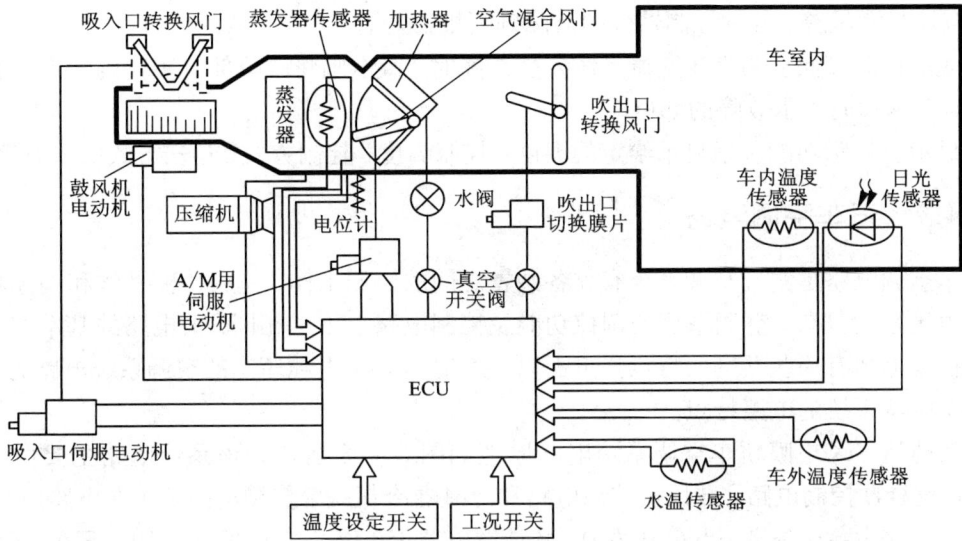

图 6－53　自动空调控制系统结构组成和元器件的布置

2. 自动空调系统的功能

自动空调系统功能丰富，不但能自动控制空气质量，还可以进行故障自诊断(图 6－54)。

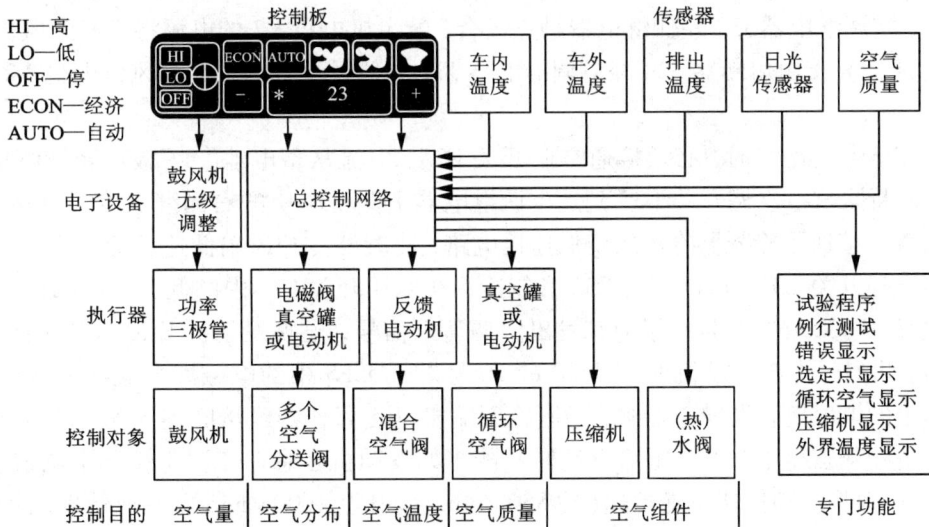

图 6－54　自动空调系统的功能

　　①空调控制。空调控制功能包括温度自动空气控制、风量控制、运转方式给定的自动控制、换气量控制等，满足车内乘员对舒适性的要求。

　　②节能控制。节能控制功能包括压缩机运转控制、换气量的最适宜控制以及随温度变化的换气切换、自动转入经济运行模式、根据车内外温度自动切断压缩机电源等。

③故障、安全报警。故障、安全报警功能包括制冷剂不足报警、制冷压力过高或过低报警、离合器打滑报警、各种控制器件的故障判断报警灯。

④故障诊断存储。当汽车空调系统发生故障时，微电脑将故障部位用代码的形式存储起来，在需要修理时指示故障的部位。

⑤显示。显示功能包括显示给定的温度、控制温度、控制方式、运转方式的状态等。

6.4.7　汽车空调电路

汽车空调电路是实现空调系统有关各装置之间的协调工作，完成各种操作和调控功能的保证。由于车型复杂，空调系统的调控功能及控制电路也不尽相同，但电路的基本控制原理在一定程度上却有一些共同的特点。下面以一汽捷达 GiX 电喷轿车的空调系统电路为例，来说明轿车空调系统的电路特点。

一汽捷达 GiX 电喷轿车空调系统电路原理如图 6 – 58 所示。该系统电路主要由电源电路、电磁离合器控制电路、鼓风机控制电路和冷凝器冷却风扇控制电路等主要电路所组成。

电源电路由蓄电池 A、点火开关 D、减荷继电器 J59 以及熔断器 S6、S19、S25、S28 和空调主继电器 J32 组成。当点火开关 D 断开（off 挡）或启动挡（ST）时，减荷继电器不通电，触点断开而使空调系统的供电线路"X"号线无电，空调无法启动运行。当开关 D 接通（即处于 ON 挡）时减荷继电器，触点闭合，"X"号线通电，鼓风机电机 V2 的供电回路接通，鼓风机可由鼓风机 E9 控制下运转进行强制通风换气或送出暖气。鼓风机开关 E9 在不同的挡位时，鼓风机电机 V2 的供电回路串入的调速电阻个数也不同，从而可得到不同的送风速度。当 E9 在第 4 挡时，空调继电器 J32 左侧继电器触点吸合，鼓风机电机 V2 的电源将不经鼓风机调速电阻 N23 降压而直接由熔断器 S28 经空调继电器 J32 左侧继电器供电，鼓风机电机 V2 以最高速运转。

夏季需要获得冷气时，必须接通空调开关 E35，电流从蓄电池" + "极经减荷继电器 J59 的触点、熔断器 S6、空调开关 E35 到达空调继电器 J32，J32 中的右侧继电器两对触点吸合，其中一对触点接通了冷凝器冷却风扇低速挡电路，冷凝器冷却风扇低速运行，另一对触点则经蒸发器温控开关 E31、环境开关 E33 和制冷系统双压开关 F73 中的低压开关（2bar）到达电喷发动机 ECU J220 的 28 号端子向其发出空调请求信号，电喷发动机 ECU J220 接到空调请求信号后，将通过电喷发动机 ECU J220 的 76 号端子 J555 中的电磁离合器继电器控制端搭铁，J555 中的电磁离合器继电器吸合，制冷压缩机电磁离合器经熔断器 S25、J555 中的电磁离合器继电器触点得电吸合，压缩机运转制冷。如发动机在怠速工况下接到空调请求信号，发动机 ECU 则将发动机从正常怠速（约 850r/min）提升至 1000r/min 左右而使发动机有足够的动力驱动压缩机的工作；如发动机 ECU 在全负荷工况（节气门全开）下接到空调请求信号，发动机 ECU 将断开 J555 中的电磁离合器继电器控制端的搭铁，使制冷压缩机停止工作，以保证发动机有足够的动力进行超车，待发动机回到部分负荷后，发动机 ECU 将再次接通 J555 中的电磁离合器继电器，使制冷压缩机重新进入工作状态。

环境温度开关 E33、蒸发器温控开关 E31 以及制冷系统双压开关 F73 中的低压开关串联在空调请求信号回路中，当环境温度低于 5℃时或蒸发器温度低于调定温度（1℃）或当制冷系统严重缺少制冷剂而使系统高压侧压力低于 0.2 MPa（2bar）时，上述各开关都将断开使发

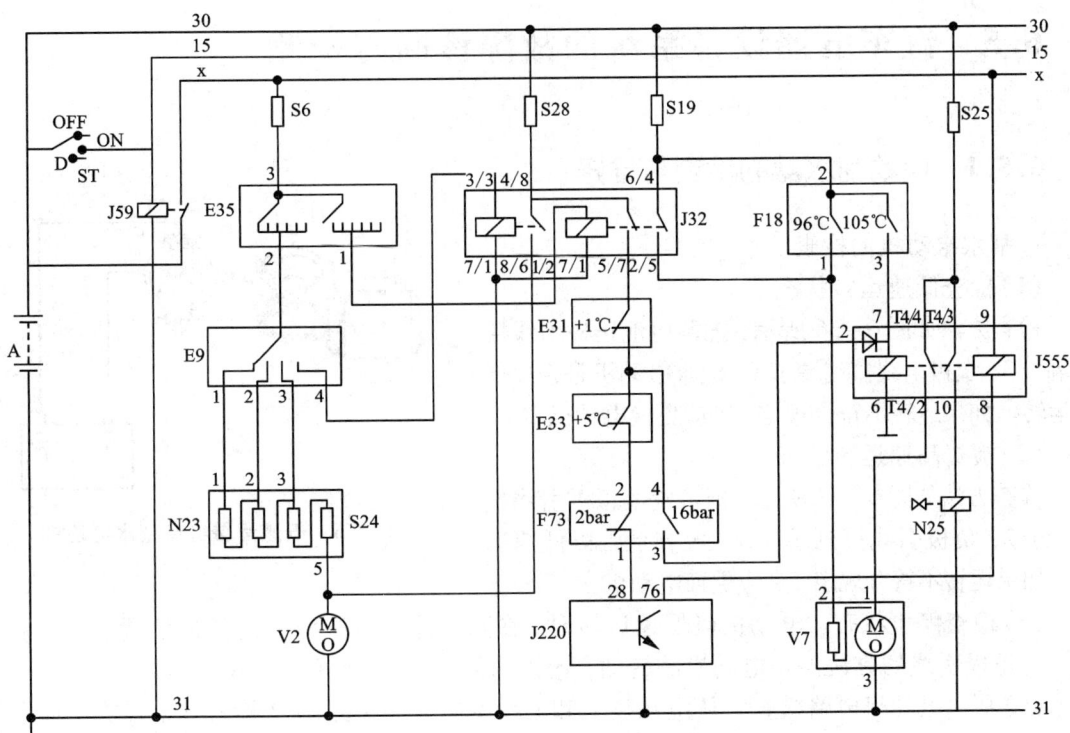

图 6-55　一汽捷达 GiX 电喷轿车空调系统电路

A—蓄电池；D—点火开关；J59—减荷继电器；S6、S19、S25、S28—熔断器；J32—空调继电器；

J220—电喷发动机 ECU；E9—鼓风机开关；E31—蒸发器温控开关；E33—环境温度开关；E35—空调 A/C 开关；

F18—冷凝器冷却风扇温控开关；F73—制冷系统双压开关（2bar 与 16bar）；

J555—冷凝器冷却风扇高速挡及电磁离合器继电器；N23—鼓风机调速电阻；

V2—鼓风机电机；V7—冷凝器冷却风扇电机；N25—电磁离合器

动机 ECU 无法得到空调请求信号，制冷压缩机将停止工作，以防止制冷系统在环境温度过低时润滑条件不良的情况下工作或防止蒸发器温度低于 0℃ 时结霜和结冰后堵塞空气通道而无法获得足够的冷气，或防止制冷系统严重缺少制冷剂而使系统高压侧压力低于 2bar 时压缩机空转。

当制冷系统高压侧压力高于 1.6 MPa（16bar）时，制冷系统双压开关 F73 中的高压开关触点接通，继电器 J555 中的冷凝器冷却风扇高速挡继电器触点吸合，冷却风扇 V7 的低速电阻 R 被短接，冷却风扇 V7 高速运转以加强冷凝器和发动机的冷却强度。

减荷继电器 J59 的作用是当点火开关在启动挡（ST 挡）时，中断空调系统及其附属电器的工作，以保证发动机启动时有足够的电流，当启动结束将自动接通空调系统的工作。

6.5　汽车电器设备系统的故障诊断与检测

6.5.1　电动刮水器的检测与维修

1.刮水电动机的检查

（1）检查低速运转状态

检查方法如图6-56所示，把蓄电池正极引线接到端子3，负极引线接到端子1，检查电动机是否以低速运转。如果运转不符合规定，则应更换电动机。

（2）检查高速运转状态

检查方法如图6-57所示，把蓄电池正极引线接到端子2，负极引线接到端子1，检查是否以低速运转。如果运转不符合规定，则应更换电动机。

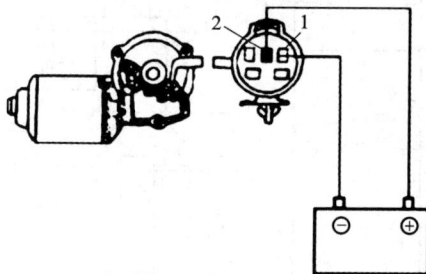

图6-56　低速运转检查刮水电动机

（3）检查停止状态。电动机以低速运转时，在除了停止位置以外的任何位置，用拆下端子3的正极引线的方法停止电动机的转动，连接端子3和4，如图6-58所示。

（4）刮水电动机电路检查。从电动机上卸下线束插头，按表6-2检查线束插头。如果不符合规定，则须检查连接器到其他零件的电路。

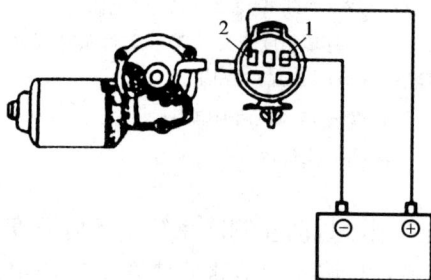

图6-57　高速运转检查刮水电动机

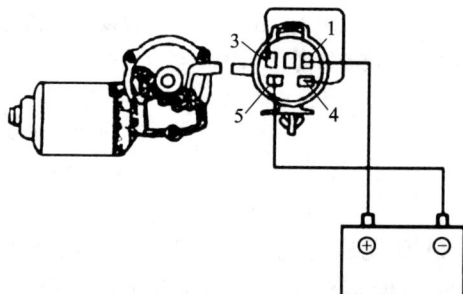

图6-58　停止位置检查刮水电动机

表6-2　刮水电动机电路检查

插头图	检查项目	检查连接	条件		规定数值
	导通	1-地	不变		导通
	电压	5-地	点火开关	LOCK 或 ACC	无电压
				ON	蓄电池电压
		3-地	电刮开关位置（点火开关接通）	LOW 和 MIST	蓄电池电压
				OFF 或 INT,HIGH	无电压
		2-地	刮水开关位置（点火开关接通）	HIGH 和 MIST	蓄电池电压
				OFF 或 INT, LOW	无电压

2. 刮水转角电动机的检查

(1)在 INT(间歇)和 LOW(低速)位置的检查

①将点火开关位置 ON 位置和刮水开关置 INT(间歇)或 LOW(低速)位置。

②将点火开关置 LOCK(锁住)或 ACC 位置。

③卸下刮水转角电动机插头,检查电动机侧端子的导通情况,见表6-3。

表6-3　刮水器角度电动机检查

开关位置 ＼ 端子	1	2	3	4
INT或LOW	○———————○———————————○			
HIGH	○——————————————○			
STOP	○——————————————○———○			

(2)在 HIGH(高速)位置的检查

①将点火开关位置 ON 位置和刮水开关置 HIGH 位置。

②将点火开关转到 LOCK(锁住)或 ACC 位置。

③卸下刮水转角电动机插头,检查电动机侧端子1与3应导通,见表6-3。

(3)在 STOP(停止)位置检查停止

①将点火开关位置 ON 位置和刮水开关置 OFF 位置。

②将点火开关转到 OFF 位置。

③卸下刮水转角电动机插头,检查电动机侧端子1、3和4应导通,见表6-3。

(4)电动机的检查。以上检查,若有一项不符合要求,则应更换电动机。

①蓄电池正极引线接到转角电动机插头端子3,负极引线接到端子1,检查电动机是否顺时针旋转。

②调换极性,检查电动机是否逆时针旋转。如果动作不符合规定,则应更换电动机。

3. 刮水器和喷水器开关的检查

(1)检查各端子的导通

检查各端子的导通情况见表6-4。如果不符表6-4中的规定,则应更换开关。

表6-4　刮水和喷水开关端子之间导通情况

开关位置			4	7	13	18	8	12	16	9
雨刮	OFF	OFF	○	○						
		MIST		○		○				
	INT (间歇)	OFF	○	○				○	○	
		MIST		○		○		○	○	
	LOW (低速)	OFF		○	○					
		MIST		○		○				
	HIGH (高速)	OFF			○	○		○	○	
		MIST		○	○	○		○	○	
喷水	OFF									
	ON						○		○	

（2）检查端子 6 和 14 之间的电阻

当刮水器开关在 INT（间歇）、低速位置时，其阻值为 50 kΩ；而刮水开关，在 INT（间歇）、快速位置时，其阻值应小于 10 kΩ。否则应更换开关。

（3）开关线路检查

带刮水器的开关线路检查。其检查方法是：卸下刮水开关和刮水继电器的插头，检查线束侧插头，如表 6-5 所示。刮水开关线束侧插头为"A"，刮水继电器线束侧插头为"B"。如果线路端子导通情况不符合规定，则应检查连接到其他零件的线路。

表 6-5　带刮水器的继电器的开关线路检查

插头图	项目	试验连接	条件		规定数值
A 1 2 3 4 5 ▢ 6 7 8 9 10 11 12 ▯ 13 14 15 16 17 ▯ 18 19 20 B 1 2 ▯ 3 4 5 6 7 8 9 10	电压	A18-地	点火开关位置	LOCK	无电压
				ON	蓄电池电压
	导通	A-16 地	不变		导通
		A8-B10	不变		导通
		A12-B4	不变		导通
		A4-B5	不变		导通
		A14-B8	不变		导通
		A6-B3	不变		导通

4. 带刮水继电器的检查

参考带刮水器继电器的控制电路（图 6-59）进行检查，具体检查方法如下。

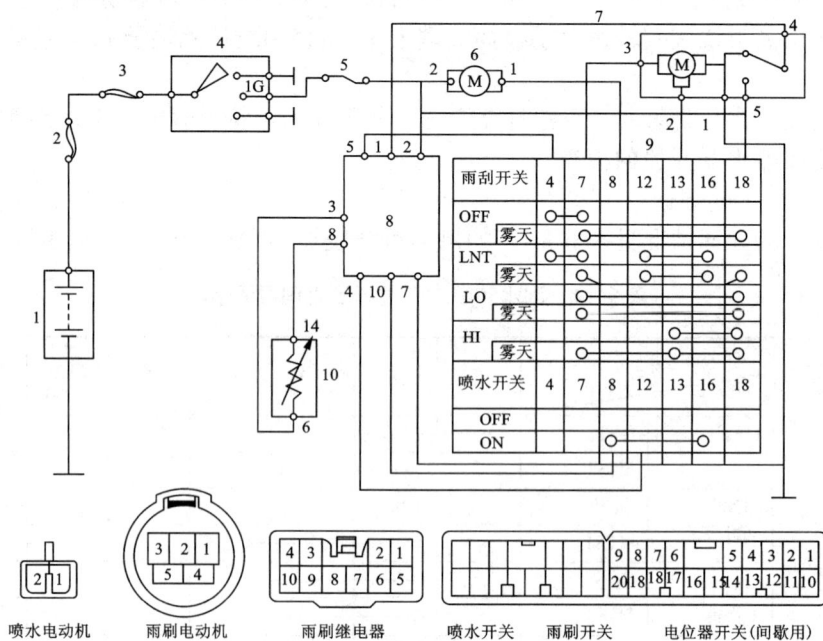

图 6-59　带刮水器继电器的控制电路

1—蓄电池；2—易熔导线（ALT）；3—易熔导线（AMI）；4—点火开关；5—刮水熔断丝（WIPER）；
6—喷水电动机；7—刮水电动机；8—刮水继电器；9—刮水开关；10—调速开关（间歇位置）

（1）检查导通情况

端子 1 和端子 2 之间不应导通；端子 1 和端子 5 之间应导通。否则，应更换继电器。

（2）检查间歇操纵

①蓄电池正极引线接到端子 2 上，负极引线接到端子 7 上。

②电压表的正表笔接到端子 5 上，负表笔接到端子 7 上，检查端子间应无电压。

③蓄电池负极引线在接到端子 4 上，间歇电压应变化应如图 6-60 所示。

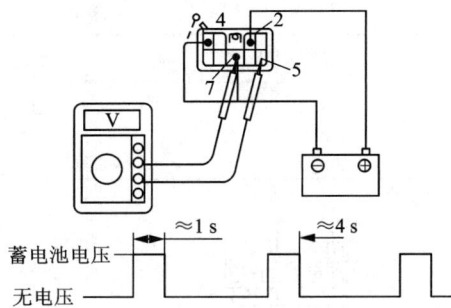

图 6-60　间歇电压变化（一）

④再连接端子 3 和端子 8，间歇电压变化应如图 6-61 所示。

（3）喷水时刮水联动的检查

如图 6-62 所示，把蓄电池负极与接头 10 接通，万用表的电压从 0 V 很快升到 12 V，若切断接头 10，大约 2.5 s 后万用表电压应从 12 V 降到 0 V。

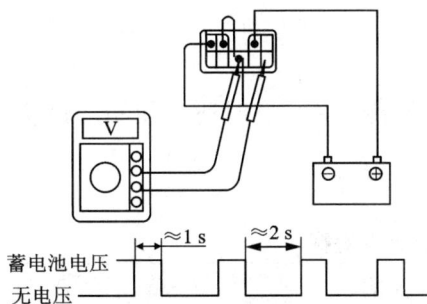

图 6-61　间歇电压变化（二）

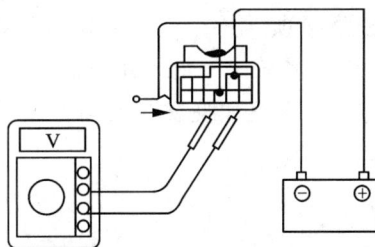

图 6-62　喷水时刮水联动的检查

如果线束电路不符合表 6-22 的规定，应检查线束或电源。

5. 喷水器控制系统主要部件的故障检查

（1）喷水器电动机的检查

参考带刮水继电器的控制电路图 6-62 和表 6-6 进行。

将蓄电池正极引线接到喷水电动机插头的端子 2 上，负极引线接到端子 1 上，检查电动机应正常转动；否则应更换电动机。

（2）线路检查

卸下喷水电动机上的插头，检查线束侧插头。接通喷水开关，端子 1 和端子 2 之间的电压应为蓄电池电压。

表 6 - 6 刮水继电器线路检查

插头图	项目	试验连接	条件		规定数值
	电压	A2 - 地	点火开关位置	LOCK	无电压
				ON	蓄电池电压
	导通	A3 - B6	不变		导通
		A4 - B12	不变		导通
		A5 - B4	不变		导通
		A8 - B14	不变		导通
		A10 - B8	不变		导通
		A10 - 地	不变		导通

6.5.2 汽车空调的正确使用与检查保养

6.5.2.1 汽车空调的正确使用

1. 注意事项

（1）确保系统中不混入水汽、空气和脏物

若空气、水汽和脏物混入制冷系统，不仅会影响制冷效率，有时还会使制冷设备损坏，影响见表 6 - 7。

表 6 - 7 制冷系统中的异物及其影响

制冷系统中的异物	影响
水汽	压缩机气门结冰；膨胀阀发生"冰堵"，紧闭不开；变成盐酸和硝酸；腐蚀生锈
空气	造成高温高压；使制冷剂不稳定；使润滑油变质；使轴承易损坏
脏物	堵住滤网，变成酸性物；腐蚀零件
其他油类	形成蜡或渣，堵住滤网；润滑不好；使润滑油变质
金属屑	卡住或粘住所有的活动零件
酒精	腐蚀锌和铝；铜片起麻点；使制冷剂变质；影响制冷效果，冷风不冷

（2）防止腐蚀

要防止制冷装置生锈及化学变化的侵蚀，这些现象会使气门、活塞、活塞环、轴承等受到腐蚀，若遇到了高温、高压，腐蚀会加剧。

（3）防止高温、高压

在正常的运转情况下，压缩机的温度是不会高的。如果冷凝器堵塞，压缩机的温度会越来越高，温度高使气体发生膨胀，产生高温、高压两个因素互为因果，形成恶性循环。

此外，如果冷凝器由于某种原因通风不好，热量散布出去，也会增加压缩机的负荷，使压缩机温度升高。高温会使制冷剂橡胶软管变脆，压缩机磨损加剧，是腐蚀机件的化学变化加速,机件容易损坏。同时,高温的气体压力大,由高温引起的变脆的软管很容易爆破,由于压缩机内部压力超过正常范围,压缩机的气门容易产生变形而影响密封。

（4）保护好控制系统

制冷系统中的风管、控制风向的阀门、电磁离合器等,每一步零件的失灵,都会影响制冷装置的正常运转。所以控制系统的风管、开关等部件,都要保护好,才能使制冷装置正常工作。

2. 正确使用

空调使用时应注意以下几点:

①启动发动机时,空调开关应处于关闭位置,发动机熄火后,也应关闭空调,以免蓄电池油量耗尽。

②夏季应避免直接在阳光下停车暴晒,尽可能把车停在树荫处,在长时间停车后车厢内温度很高的情况下,应先开窗通风,及用风扇将车内热空气赶出车厢,再开空调,开空调后车厢门窗应关闭,以降低热负荷。

③不适用空调的季节,应经常开动压缩机,避免压缩机轴封处因缺油而泄漏,也避免转轴因缺油而咬死。一般一个月应运转一两次,每次 10 min 左右。冬季气温过低时,可将保护开关电路电线短路,待保养完毕,再将电路恢复原样。

④长距离上坡行驶,应暂时关闭空调,以免水箱"开锅"。超车时,若本车空调无超速自动停转装置,则应关闭空调。

⑤使用空调时,若风机开在低速挡,则冷风温度开关不宜调得过低。否则易使蒸发器结霜,产生风阻,而且容易出现压缩机液击现象。

⑥在空调运行时,若听到空调装置有异常响声,如压缩机响、风机响、管子爆裂等,应立即关闭空调,并及时请专业维修人员检修。

6.5.2.2　汽车空调的检查保养

1. 主要检修内容和方法

为了保证空调系统正常运行,可进行下列常规检查工作。检查时应将汽车停放在通风良好的场地上,如果需要开动压缩机,则应保持压缩机转速为 2000 r/min 左右,空调风机开最高速,车内空气为内循环。制冷的高压部分温度是很高的,注意不要烫伤,检查时汽车附近不能有明火。

（1）主要检查和保养内容

主要检查和保养内容如下:

①制冷剂是否存在泄漏。

②制冷量是否正常。

③各控制元件工作室是否正常,电路是否能接通。

④冷凝器是否通畅,有没有明显的污垢、杂物。

⑤制冷软管是否正常,各连接处是否牢靠。

⑥压缩机皮带张力是否正常。

⑦系统运行时是否有异常响声和异味。

（2）主要检查方法

汽车空调系统的主要检查方法包括用手感检查各部分温度是否正常,用肉眼检查泄漏部位及表面情况,从视液镜（观察窗口）判断系统状况,用断开和结合电路方法检查电器部件,用耳听和鼻嗅的方法检查是否有异常响声和气味等。

1）用手感检查温度

用手触摸空调系统管路及各部件，检查表面温度。正常情况下，低压管路是低温状态，高压管路是高温状态。

①高压区。从压缩机出口→冷凝器→储液干燥器→膨胀阀进口处，这一部分是制冷系统的高压区，这部分温度高，温度是很高的，手摸时应该特别小心，避免烫伤。如果在其中一部分（如在冷凝器表面）发现有特别热的部位，则说明此部分有问题，散热不好。如果某一部位（如膨胀阀入口处）特别凉或者结霜，也说明此部分有问题，可能是堵塞。储液干燥器进出口之间若有明显温差，则说明此处有堵塞，或者制冷剂量不正常。

②低压区。从膨胀阀出口→蒸发器→压缩机出口处，这部分低压区部件表面应该是冰凉的，但膨胀阀处不应发生霜冻现象。

③压缩机高低压侧。高低压侧之间应该有明显温差，若没有则说明几乎没有制冷剂，系统有明显泄漏。

2）有肉眼检查渗漏部位

所有连接部位或冷凝器表面一旦出现油渍，就说明此处有制冷剂渗漏。但压缩机前轴处漏油，有可能是轴承漏油，应区别对待。一旦发现渗漏，应尽快采取措施修理，也可用较浓的肥皂水涂在可疑之处，观察是否有气泡现象。

重点检查渗漏的部位如下：

①各个管道接头及阀门连接处。

②全部软管，尤其在管接头附近察看是否有鼓包、裂纹、油渍。

③压缩机轴封、前后盖板、密封垫、检修阀等处。

④冷凝器表面被刮坏、压扁、碰伤处。

⑤蒸发器表面被刮坏、压扁、碰伤处。

⑥膨胀阀的进出口连接处，膜片周边焊接处以及感温包与膜片焊接处。

⑦储液干燥器的易熔安全塞、视液镜（检视窗）、高低压阀连接处。

⑧歧管压力表（如果安装的话）的连接头、手动阀及软管处。

3）从视液镜判断系统工况

视液镜大多安装在储液干燥器上，个别也有安装在储液干燥器到膨胀阀之间或冷凝器到储液干燥器之间的管路上。从视液镜判断工况要在发动机运转、空调工作时才能进行。

从视液镜中看到的制冷剂情况如图 6 - 63 所示。

①清晰、无气泡，说明制冷剂适量。过多或完全漏光，可用交替开、关压缩机的办法检查。若开、关压缩机的瞬间制冷剂起泡沫，接着就变澄清，说明制冷剂适量；如果开、关压缩机从视液镜内看不到变化，而且出风口不冷，压缩机进出口之间没有温差，说明制冷剂漏光；若出风口不够冷，而且关闭压缩机后无气泡、无流动，说明制冷剂过多。

②偶尔出现气泡，并且时而伴有膨胀阀结霜，说明系统中有水分；若无膨胀阀结霜现象可能是制冷剂略缺少或有空气。

③有气泡且泡沫不断流过，说明制冷剂不足。如果泡沫很多，可能有空气。若判断为制冷剂不足，则要查明原因，不要随便补充制冷剂。由于胶管一年可能有 100～200 g 的制冷剂自然泄露，若使用两年后发现制冷剂不足可以判断为胶管自然泄漏。

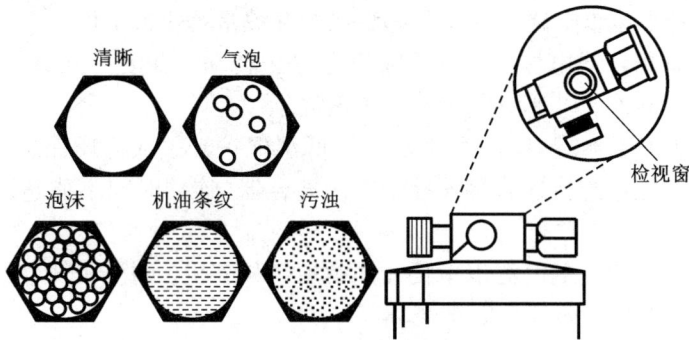

图 6 – 63　视液镜(检视窗)迹象

④有长串油渍,观察孔的玻璃上有条纹的油渍,说明润滑油量过多。此时应想办法从系统内释放一些润滑油,再加入适量的制冷剂。若玻璃上留下的油渍是黑色的或有其他杂物,则说明系统内的润滑油变质、污浊,必须清洗制冷系统。

2.各制冷部件及控制机的检查

(1)检查压缩机

启动压缩机,进行下列检查:

①如果听到异响,说明压缩机的轴承、阀片、活塞环或其他部件有可能损坏,或润滑油量过少。

②用手摸压缩机缸体(高压侧很烫,小心),如果进出口两端有明显温差,说明工作正常;如果温差不明显,可能是制冷剂泄漏或阀片密封不严。

③如果有剧烈振动,可能皮带太紧,皮带轮偏斜,电磁离合器过放松或制冷剂过多。

(2)检查换热器表面并进行清洗

①检查蒸发器通道及冷凝器表面以及冷凝器与发动机散热器之间是否有碎片、杂物、泥污,要注意清理,小心清洗。

②冷凝器可用软长毛刷沾水轻轻地刷洗,但不要用蒸气冲洗。换热器表面,尤其是冷凝器表面要经常清洗。

③检查冷凝器表面是否有脱漆现象,注意及时补漆,以免锈蚀。

④蒸发器表面不能用水清洗,可用压缩机空气冲洗,如果翘片弯曲,可用尖嘴钳小心地扳直。

(3)检查储液干燥器

①用手摸储液干燥器进出管,并观察视液镜,如果进口很烫,而且出口管温度接近气温,从视液镜中看不到或很少有制冷剂流过,或者制冷剂很混浊、有杂质,则可能储液干燥器中的滤网堵了,或是干燥剂已经松散并堵住出口。

②检查易熔塞是否熔化,各接头是否有油渍。

③检查视液镜是否有裂纹,周围是否有油渍。

(4)检查制冷软管

看软管是否有裂纹、鼓包、油渍,是否老化,是否会碰到尖锐物、热源与运动部件。

（5）检查电磁离合器及低温保护开关

断开和接通电路，检查电磁离合器及低温保护开关是否正常工作。

①小心断开电磁离合器电源，此时压缩机会停止转动，再接上电源，压缩机立即转动，这样短时间结合实验几次，以证明离合器工作正常。

②天冷时，若压缩机不能启动，可能是由于低温保护开关或低压保护开关起作用，可将保护开关短路或将蓄电池连接线直接连接到电磁离合器（连接时间不能超过 5 s）。若压缩机仍不转动，则说明离合器有故障。

③在低温保护开关规定的气温以下仍能正常启动压缩机，则说明低温保护开关有故障。

④若有焦味，可能是电磁离合器被烧坏。

（6）检查感温包保温层

检查膨胀阀感温包与蒸发器出口管路是否贴紧，隔热保护层是否包扎牢固。

（7）检查换热器壳体

检查蒸发器壳体有无缝隙，冷凝器导风罩是否完好，冷凝器与发动机散热器（水箱）之间距离是否合理，蒸发器箱体内是否有杂质。

（8）检查电线连接

检查电线接头是否正常，连接是否可靠。

（9）检查压缩机皮带盘及连接皮带

①检查皮带张紧力是否适宜，表面是否完好，配对的皮带盘是否在同一平面。皮带新装上时正好，运转一段时间会抻长，因此需要两次长进。皮带过紧会使皮带磨损，并导致有关总成的轴承损坏，过松则会使转速降低，制冷量、冷却风扇风量不足。

②若用一般三角皮带，新装上的皮带张紧力应为 40 ~ 50 N，运转后张紧力应为 25 N 左右。

③齿形皮带的张紧力若不足，将会降低齿形皮带的可靠性。但张紧力过大皮带会发出"吱、吱"的啸叫声，一般调整在 15 ~ 18 N 比较合适。

调整齿形皮带张紧力的办法是：把齿形皮带张紧后直到听到啸叫声，然后逐渐减小张紧力直到啸叫声消失为止。

④保证皮带在同一平面内运转时非常重要的，可用加减垫片的方法调整轴向位置。

（10）检查风机

检查风机工作时是否有异常声响，是否有异物塞住叶轮，是否碰到其他部件，尤其要检查冷凝器风扇电机的轴承是否缺油、咬住，压缩机运转时，冷凝器辅助风扇是否同步转动。

（11）定期检查压缩机油面

压缩机有视油镜，可用来察看油面是否在标志线以上。在侧面有放油塞，可略松开放油塞，如果有油流出就是油量正好；若没有油流出，则需要添加润滑油；如果有油尺，根据说明书规定用油尺检查。

6.5.3　汽车空调系统的故障诊断

汽车空调系统的故障包括暖风系统的故障、制冷系统的故障、通风系统的故障等，其中暖风和通风系统的故障主要表现为无暖风或暖风不足，检查时只需检查风道是否堵塞，暖风水路是否正常，风道中各种风门工作是否正常，故障部位比较直观，此处不再赘述。制冷系统的故障较为复杂，下面主要介绍制冷系统的检修与故障诊断。

6.5.3.1　使用歧管压力计进行空调系统故障诊断

利用歧管压力计测量制冷系统高、低压侧的压力，根据所测的压力值来判断故障的性质与其所在的部位。将歧管压力计的高、低压管接头分别接至压缩机的高、低压阀上。在压缩机静止和运转这两种状态下，根据压力表的读数分析制冷系统故障。

（1）压缩机静止状态检查

压缩机处于静止状态时，长时间停机（即停机时间超过 10 h 以上），压缩机的高、低压应为同一数值，此数值称为平衡压力。平衡压力的大小与环境温度有关，如图 6 - 64 所示。

①平衡压力过高，一般是由于制冷剂量过多造成的，只须放出一部分制冷剂，使平衡压力达到标准即可。

②平衡压力过低，一般是由于制冷剂量不足造成的，只须充注一部分制冷剂，使平衡压力达到标准即可。

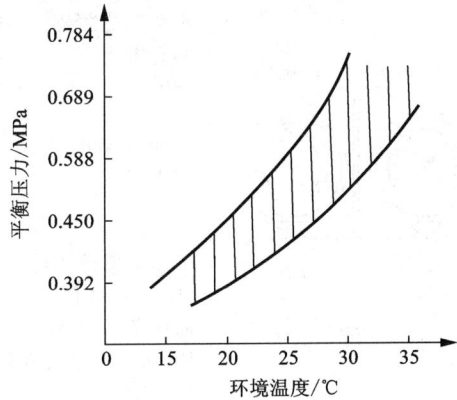

图 6 - 64　平衡压力的大小与环境温度的关系

③没有平衡压力，即高低压表显示的压力不相等，说明系统内有堵塞，应分别检查膨胀阀、储液干燥器及管路部分。

（2）压缩机运转状态检查

压缩机处于运转状态时，将开设定在"内循环"状态，空气进口处的温度为 30 ~ 35℃，鼓风机控制开关位于"最冷位置"，发动机转速控制在 1500 ~ 2000 r/min，启动空调压缩机运转（但压缩机工作时间不能超过半分钟，否则会损坏压力表，严重时会造成事故），读取压力表示值。

①制冷系统正常时，歧管压力计的读数，高压侧为 1.422 ~ 1.471 MPa，低压侧为 0.147 ~ 0.196 MPa，如图 6 - 65 测量组所示。

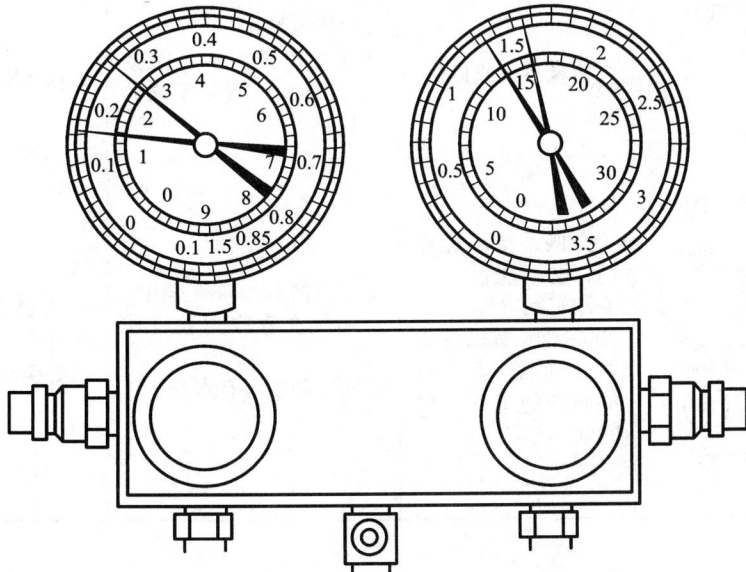

图 6 - 65　测量组

②压缩机排出口与吸入口的高、低压数值异常，其故障原因及排除方法见表6-8。

表6-8　汽车空调系统常见故障诊断及排除

模具提示	故障现象	可能原因	故障排除
高压与低压侧压力均过高	水泼到冷凝器上,压力立即下降	制冷循环中,制冷剂过量加注	减少制冷剂直至获得规定的压力
	冷却风扇的抽吸能力不足	冷凝器冷却效果不良:①冷凝器散热片卡滞②冷却风扇的旋转不正确	①清洗冷凝器②如果需要,检查并修理冷却风扇
	①压力管路不冷②压缩机停止后,低压值很快降低约196 kPa,然后在缓慢下降	①冷凝器热交换不良(压缩机停止工作后,低压下降过慢)②制冷循环中有空气	反复抽气并对系统重新加注
高压与低压侧压力均过低	膨胀阀的进出口间有巨大温度差异,而阀本身结霜	膨胀阀关闭得比规定的值多一点①膨胀阀调整不正确②温度阀故障③出口和进口可能被阻塞	①用压缩空气吹除异物②检查压缩机润滑油有无杂质
	低压管接头附近区域的温度明显低于蒸发器出口附件区域的温度	低压管被阻塞或压扁	①检查并修理失效零件②检查压缩机润滑油有无杂质
	气流量不足或过低	①蒸发器结冰②压缩机排出量不能变化(压缩机行程处于最大行程)	更换压缩机
低压侧压力有时呈负值	①空调系统不起作用,也不能循环的冷却车厢空气②关闭压缩机并重新开动后,系统只能固定的工作一段时间	①制冷剂不能循环排出②潮气在膨胀阀进口处冻结③制冷剂中混有水分	①从制冷剂中除去水分或更换制冷剂②更换储液干燥器

续表 6 – 8

模具提示	故障现象	可能原因	故障排除
低压侧压力呈负值	储液干燥器或膨胀阀管的前、后侧结霜或结露水	①高压侧被关死，制冷剂不流动 ②膨胀阀或储液干燥器结霜	系统停歇后重新开动，核实问题是否由水或异物造成 ①若问题是由水造成的，则从制冷剂中除去水分或更换制冷剂 ②若问题是由异物造成的，则拆下膨胀阀并用压缩空气将这些异物吹掉 ③若上述措施均不奏效，则更换膨胀阀 ④更换储液干燥器 ⑤检查压缩机润滑油有无杂质
高压与低压侧压力均过高	发动机趋于过热	发动机冷却系统故障	检查修理发动机冷却系统
	①低压管接头附近区域的温度明显低于蒸发器出口附近区域的温度 ②板上有时结霜	①过多的液体制冷剂在低压侧 ②制冷剂流量排除过多 ③膨胀阀调整不正确	更换膨胀阀
高压侧压力过高而低压侧压力过低	冷凝器上部和高压侧偏热，而储液干燥器并不热	压缩机和冷凝器之间的高压管或高压元件设备阻塞或被压扁	①检查、修理或更换失效件 ②检查压缩机润滑油有无杂质
高压侧压力过低而低压侧压力过高	压缩机停止工作后，高低压侧的压力很快相等	①压缩机压缩功能不正常 ②压缩机内部密封装置损坏	更换压缩机
	高低压侧的温度无差异	压缩机排量不能变化（压缩机行程处于最大行程）	更换压缩机

续表 6 – 8

模具提示	故障现象	可能原因	故障排除
高压与低压侧压力均过低 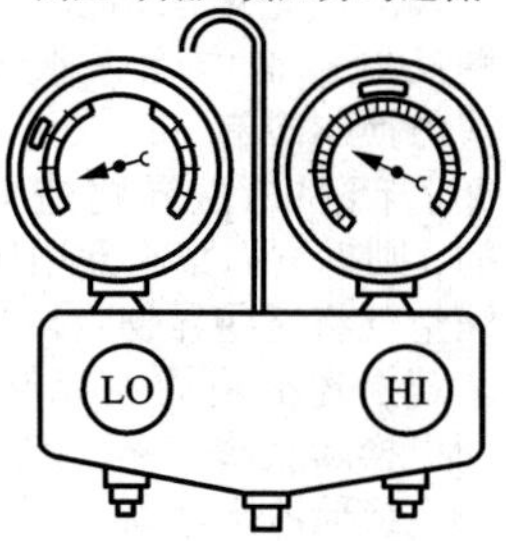 （LO　HI 压力表图）	①储液干燥器进出口间的温度差很大，出口温度很低 ②储液干燥器进口和膨胀阀上结霜	储液干燥器内部少量堵塞	①更换储液干燥器 ②检查压缩机内润滑油有无杂质
	①与储液干燥器附近温度相比，膨胀阀的温度极低 ②膨胀阀的进口可能结霜 ③高压侧内部出现温度差异	储液干燥器和膨胀阀间的高压管路被堵塞	①检查并修理失效件 ②检查压缩机润滑油有无杂质

6.5.3.2　汽车空调系统部件的检修

汽车空调系统部件的检修主要包括压缩机检修、冷凝器和蒸发器检修、储液干燥器检修、膨胀阀检修等。

1. 压缩机检修

空调压缩机出现故障后，除个别故障不用拆卸压缩机就车检修外，大多数情况下需要拆下压缩机进行修理。

（1）压缩机的拆卸

①压缩机拆卸要求。拆卸时要熟悉压缩机结构，拆下的零件应按部件分类摆放，以免搞乱；压出或打出轴套和销子时，应先辨明方向，然后再操作，一般用木槌敲打，以免打坏零件表面；拆卸零件时不要用力过猛，以免损伤零件；拆卸形状和尺寸相同的零件时，需要做好记号，以防装错；拆卸的零件用冷冻润滑油清洗时用软毛刷，不能用碎布纱头擦洗零件，以防脏物进入。

②压缩机拆卸步骤。拆除电磁离合器连接导线；从制冷系统中排除制冷剂，在压缩机吸、排气口处接一软管，软管和压缩机吸、排气口应加盖，以免灰尘和水汽进入系统内。拆除压缩机驱动皮带，从托架上卸下压缩机固定螺栓和压缩机，再将压缩机装在一个固定支架上，支架装夹在台虎钳上；排出压缩机内的润滑油，用量筒测量出油量，并检查油色是否正常、油内是否混有杂质。

（2）电磁离合器的检修

1）电磁离合器的拆卸步骤

①如图 6 – 66 所示，将 Y 形夹具的 3 个定位销插进离合器盘上的 3 个孔中，固定离合器的驱动盘，用套筒扳手拆下主轴上六角锁紧螺母。

②锁紧螺母拆除后，用一专用拉器拆下压板，并用卡簧钳拆下卡簧，如图 6 – 67 所示。

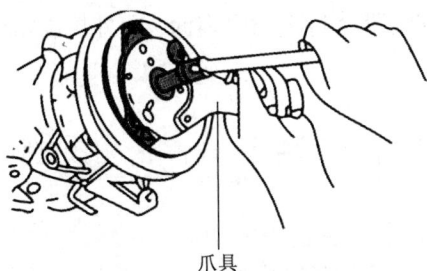

图 6-66　卸下主轴上的六角锁紧螺母

图 6-67　用卡簧钳拆卸内卡簧

③用拉拔工具拆卸离合器驱动盘，将压缩机带轮和轴承拔出来。

④拆下键和垫片。安装时垫片可用来调整驱动盘和摩擦板之间的间隙。

⑤用旋具拆下电磁线圈安装螺钉，卸下电磁线圈。

2）电磁离合器的检查

①检查离合器从动盘的摩擦表面是否由于过热和打滑而引起刮痕，是否发生翘曲变形，若从动盘有刮痕、损伤或变形，应更换带轮总成。另外，摩擦表面上的油污和脏物应用清洁剂擦洗净。

②检查离合器轴承有无松动或损坏，损坏的轴承必须更换，可用轴承取出爪，从主轴上将轴承取出，并换上同规格的新轴承。

③用万用表检查电磁离合器线圈是否短路或断路，若发生短路或断路故障，应更换线圈。

④电磁离合器检查完毕后，按拆卸时相反的步骤装配。装好后检查离合器的从动盘和主动盘以及带轮部件是否能自由转动，并检查从动盘和主动盘之间的间隙，其间隙应为 0.3 ~ 0.6 mm。

（3）空调压缩机轴封的检修

1）压缩机轴封的拆卸。

①拆下离合器驱动盘，如图 6-68 所示。

②使用卡环钳，取下密封座卡环，如图 6-69 所示。

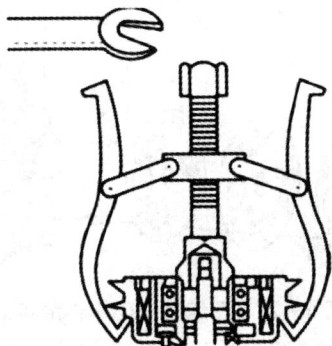

图 6-68　拆卸离合器驱动盘

图 6-69　取出密封座卡环

③使用密封拆卸工具，伸入到密封座的位置，使其锁紧密封座的内表面，向外拉出密封座。

④用钩子取出密封件上的"O"形密封圈。

2)压缩机轴封的修理与安装

①检查油封摩擦表面是否良好以及石墨环是否磨损，拆下的轴封不能再用，必须更换新件。

②用清洁的冷冻润滑油清洗压缩机密封部位。

③用清洁的冷冻润滑油涂抹"O"形密封圈，并将其装入密封沟槽中。

④用清洁的冷冻润滑油涂抹轴封座，并将其细心地压入安装孔中。

⑤安装卡环和油封盖

⑥重新装上离合器。

(4)空调压缩机阀板和阀片的检修

轿车空调压缩机因要求小型化、结构紧凑，故多采用簧片阀，其厚度只有 0.16 ~ 0.30 mm。阀片发生变形后与阀板贴合面不严，会造成制冷剂泄漏，使压缩机排气量减少，引起制冷量下降；阀片损坏后，与阀板不能很好贴合，将会引起压缩机不能压缩制冷剂气体；簧片阀还可能发生局部折断，使高、低压气体串通，制冷效果下降，以致不能制冷。

压缩机阀片最容易发生破裂、碳化、凸凹不平或阀片热处理不好引起质量问题。阀片的固定螺丝松动或断裂也可能使阀片损坏，阀片破损必须更换新阀片。若阀片只有锈蚀和碳化而没有新的阀片可更换时，可进行研磨。手工研磨时用力要均匀，采用"8"字形研磨，不要只在一个方向或一个位置上研磨，必须不断地改变研磨的位置和方向。研磨平整后应进行清洗，使阀片保持清洁平整。凡属积炭的阀片、阀板，只要采取上述的研磨方法除去积炭即可。检修完毕后，还应检查阀片的气密性。

(5)压缩机内部零部件的检修

1)压缩机内部零部件的拆卸

①将压缩机从发动机上卸下，并安装在专用夹具上。

②取下离合器压板、带轮、离合器线圈及轴等。

③从放油孔放出压缩机内的润滑油，用量筒测量出油量。

④用内六角扳手松开端盖上的所有螺栓，然后取下螺栓，如图 6 - 70 所示。

⑤用木锤轻轻地敲击端盖凸缘，将其从压缩机上分开。当压缩机的前、后盖打开后，即可容易地抽出其活塞等部件，如图 6 - 71 所示。

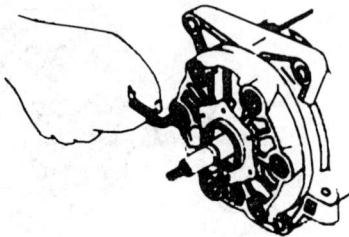

图 6 - 70 卸下端盖上的螺纹

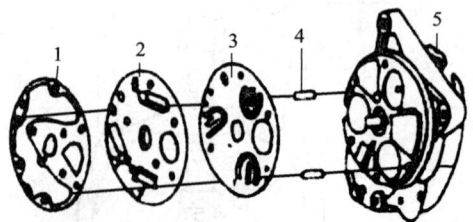

图 6 - 71 压缩机内部零件的拆卸
1—排气阀片；2—阀板；3—吸气片阀；
4—阀定位销；5—缸体

⑥取下汽缸盖、"O"形密封圈、簧片阀板。

⑦取出内部的活塞组件和轴承等。

2）压缩机内部零部件的修理与安装

①检查压缩机活塞和汽缸。若活塞和汽缸有拉毛现象，则必须更换压缩机。

②检查压缩机轴承。若有损坏，则应更换。

③检查压缩机阀片和阀板。阀板可以用油石打磨平整，阀片、缸垫和"O"形密封圈损坏，则需更换。

④装配时所有零部件都要清洁干净，油的通路须畅通，并在各摩擦部位涂上冷冻润滑油。

⑤所有接合面须清洁干净，并在垫上涂上冷冻润滑油，均匀地压紧螺栓，装上前后盖板。

⑥用手转动压缩机，检查其运转是否顺利。

（6）压缩机维修后的性能检查

①压缩机内部泄漏检查。将压缩机安装在工作台上，在压缩机吸、排气检修阀上装上歧管压力计，并关闭手动高、低压阀，再用手转动压缩机主轴，每秒钟转一圈，共转 10 圈，然后打开手动高压阀，高压表的压力应大于 0.345 MPa 或更大，若压力小于 0.310 MPa，则说明压缩机内部有泄漏，须重新修理或更换阀片、阀板和缸垫。

②压缩机外部泄漏检查。从压缩机吸入端注少量制冷剂，然后用手转动其主轴，用检漏仪检查油封、端盖、吸排气阀口等处有无泄漏。若有泄漏，须拆卸重新修理；若无泄漏，可装回发动机。

（7）空调惰轮轴承的更换

图 6-72 所示为轿车空调惰轮安装位置，空调系统使用惰轮主要是调整压缩机传动带的松紧度，防止压缩机传动带而产生噪声和损坏。只要启动发动机，惰轮就转动，而惰轮轴承是最容易磨损的部件，若惰轮轴承损坏，当空调系统工作时，会有明显的噪声。损坏的轴承必须进行更换，其更换方法如下。

①卸下传动带和惰轮支撑轴。

②卸下轴承锁紧螺母和弹性挡圈，拉出旧轴承。

③更换新轴承，在轴承座上涂抹润滑油并压紧新轴承。

④重新装上惰轮组件，并调整压缩机传动带松紧度。

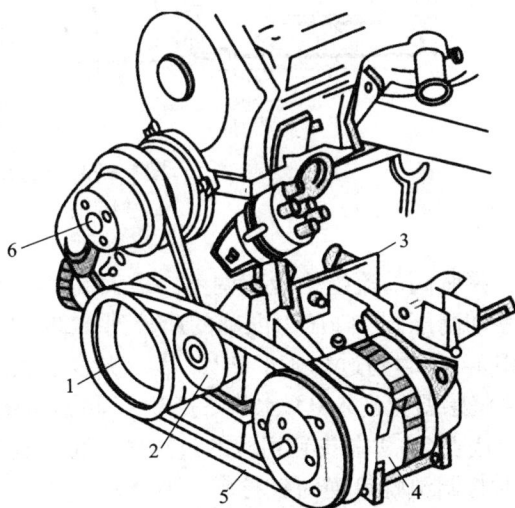

图 6-73　轿车空调惰轮安装位置
1—曲轴带轮；2—惰轮；3—压缩机托架；
4—压缩机；5—传送带；6—风扇轮

2. 储液干燥器的检修

储液干燥器主要用来储存多余的制冷剂，吸附系统内的水分，过滤系统内的杂质或脏物，保证系统正常工作。一旦储液干燥器吸附水分达到饱和状态和滤网被脏物堵塞，就必须更换新件，具体更换方法如下：

①排除系统内部制冷剂。

②拆下储液干燥器，为防止潮气进入系统内，应用堵头塞住储液干燥器两端连接管口。

③更换新的干燥过滤器，并向压缩机内添加 10 ~ 20 mL 的冷冻润滑油。

④最后对制冷系统检漏、抽真空、充注制冷剂。

3. 热力膨胀阀的检修

（1）热力膨胀阀的检验

①将膨胀阀从制冷系统中卸下来，按如图 6 - 73（a）所示将歧管压力计与制冷剂罐、膨胀阀连接起来。

②将膨胀阀的感温包浸在可调水温的窗口容器中，关闭歧管压力计的手动低压阀，然后旋转注入手柄，使针阀刺破制冷剂罐上的密封垫并将管路中的空气排除。

③开启歧管压力计上的手动高压阀，并将高压侧压力调至 0.49 MPa，在读取低压表读数的同时，测量水温。

④将两个实测值与膨胀阀的压力和温度曲线相比较，其交点应落在如图 6 - 73（b）所示的两条曲线之间，否则，应对膨胀阀进行调整或更换。

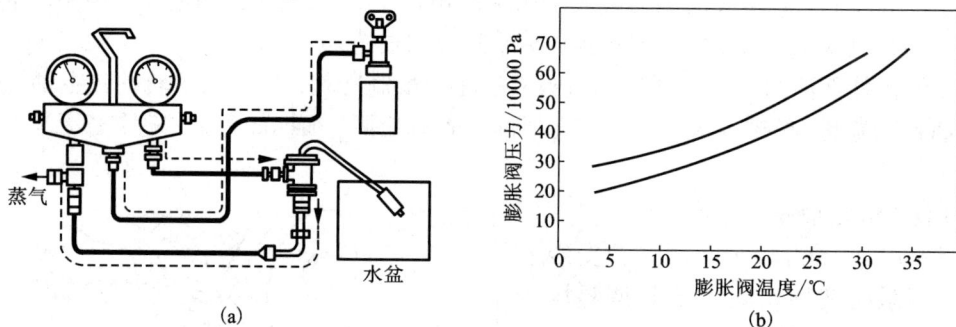

图 6 - 73　热力膨胀阀的检验

（a）连接图；（b）压力与温度关系图

⑤膨胀阀的流量检验和调整。最大流量检验：将感温包浸入温度为 52℃ 的保温水箱内，打开手动高压阀，降压力准确的调整到 0.392 MPa，读低压表读数，最大压力应为 0.245 ~ 0.314 MPa。压力超过 0.314 MPa，表示开度过大；不足 0.245 MPa，表示开度过小。最小流量检验：将感温包进入 0℃ 水中，打开手动高压阀，精确地调整到压力位 0.392 MPa，读低压表读数，从表 6 - 9 中找到相应的过热度，低压值应该在表中规定之内为正常。膨胀阀的调整：调整时将调整螺钉逆时针拧转，弹簧弹力增大，流量减小；将调整螺钉顺时针拧转，弹簧弹力减弱，流量增加。一般讲调整螺钉拧一圈，其过热度变化约 1℃。

表 6 - 9　膨胀阀过热度与表压得关系

过热度/℃	5	6	7	8	9
表压/MPa	0.162 ~ 0.183	0.156 ~ 0.178	0.151 ~ 0.172	0.148 ~ 0.169	0.142 ~ 0.163
过热度/℃	10	11	12	13	14
表压/MPa	0.137 ~ 0.158	0.133 ~ 0.155	0.127 ~ 0.148	0.123 ~ 0.144	0.120 ~ 0.140

（2）热力膨胀阀的维修

①排除系统内的制冷剂，卸下膨胀阀，更换储液干燥器。

②拧下调整螺母，并记住转动的圈数。因为重新装配时，要转动同样的圈数才能保证制冷剂在蒸发器上的过热度。

③拆下弹簧、阀座、阀门和推杆，并检查其是否损坏。

④取出膨胀阀进口处过滤网，并清除其脏物。

⑤用冷冻润滑油清洗所有零部件，并吹干净。

⑥按语拆卸相反的顺序装配膨胀阀。

4. 冷凝器的检修

（1）冷凝器的检查

①用检漏仪检查冷凝器泄漏情况。

②检查冷凝器管内脏堵或管外弯瘪情况。若发现压缩机排气压力过高，不能正常制冷，管外有结霜现象，说明管内脏或管外弯瘪。

③冷凝器管外及翅片表面有污垢、残渣等，会使其散热不良。

（2）冷凝器的拆卸

①慢慢地从系统中排除制冷剂。

②将液态制冷剂管从冷凝器进、出口螺纹接头上拆下来。

③拆卸冷凝器，拧下连接螺栓，取出衬垫。

（3）冷凝器的维修

①冷凝器由于碰撞或振动而破损，应卸下冷凝器进行焊接修补，无法修理，换用同规格的冷凝器，并向压缩机补充 40～50 MPa 冷冻润滑油。

②冷凝器散热翅片若歪曲变形，可用镊子校正散热翅片。

③冷凝器内脏、堵，应拆开冷凝器出口和进口接头，用高压氮吹洗，冲出脏物。

④冷凝器表面积灰，通风受阻，用软毛刷表面灰尘或用吸尘器吸除灰尘。

⑤冷凝器接头处泄漏，更换接头，并重新进行检漏试压。

⑥若是冷凝器风机故障，可不必拆卸冷凝器，应修理风机。

5. 蒸发器的检修

（1）蒸发器的检查

①检查蒸发器是否损坏。

②用检漏仪检查其是否泄漏。

③观察排泄管路是否洁净、畅通。

④观察蒸发器外表面是否有积垢、异物。

（2）蒸发器的拆卸

①拆下蓄电池的连接电线。

②慢慢地从系统中放出制冷剂。

③将制冷剂软管分别从蒸发器的进口和出口接头螺纹上卸下来，并立即盖住开口部位，以防潮气进入系统内部。

（3）蒸发器的维修

①清除蒸发器外表面积垢、异物。

②若蒸发器有泄漏,应进行焊补;无法焊补时应更换蒸发器总成,并向压缩机补充40~50 Mlde冷冻润滑油。

③清洁排泄管路,并清除积聚在底板上的水分。

④若蒸发器风机有故障,应检修风机。

6.5.4 汽车其他辅助电器设备的检测

1. 电动车窗的检测

电动车窗常见的故障有:所有车窗均不能升降、部分车窗不能升降或只能一个方向运动。

(1)所有车窗均不能升降

主要故障原因:熔断器断路;连接导线断路;有关继电器、开关损坏;电动机损坏;搭铁点锈蚀、松动。

诊断步骤:首先检查熔断器是否断路。若熔断器良好,则应将点火开关接通,检查有关继电器和开关火线接线柱上的电压是否正常,电压为零,应检查电源电路;电压正常,则应检查搭铁线是否良好。搭铁不良时,应清洁、紧固搭铁线;若搭铁良好,应对继电器、开关和电动机进行检测。

(2)部分车窗不能升降或只能一个方向运动。

主要故障原因:该车窗按键开关损坏;该车窗电机损坏;连接导线断路;安全开关故障。

诊断步骤:如果车窗不能升降,首先检查安全开关是否工作,该车窗的按键开关工作是否正常,在通电检查该车窗的电机正反转是否运转稳定。若有故障,应检修或更换新件;若正常,则应检修连接导线。如果车窗只能朝一个方向运动,一般是按键开关故障或部分导线断路或接错所致。可以先检查导线连接是否正常,在检修开关。

2. 中央门锁的检测

各个车型的中控门锁电路区别较大,因此在进行检修时要结合具体的维修手册进行,检修的方法和检修部位基本相似。

(1)故障检查的注意事项

无论中央门锁系统出现什么故障,应先通过检查,使故障可能存在的部位缩小到一定范围以内,然后再拆下车门内饰,露出门锁机构。最好先将拨动门锁开关后的情况列出图表,然后和维修书册中的故障诊断图表相对照,以便分析故障原因和部位。

在测试电路前,应结合故障诊断图表。先弄清线路图,然后再试加蓄电池电压或用电阻表测量。如果盲目地测试,就会损坏昂贵电子元件。对于那些由集成电路片组成的器件,测试时应更小心。

(2)电动中央门锁控制系统检查流程

图6-74是结合图6-75所示(驾驶员通过其侧面开关可控制4个车门门锁的电路图)系统全部门锁不能工作的故障为例,给出的诊断测试门锁工作的流程图,其故障原因可能是继电器无电流输入、开关失灵或继电器损坏。

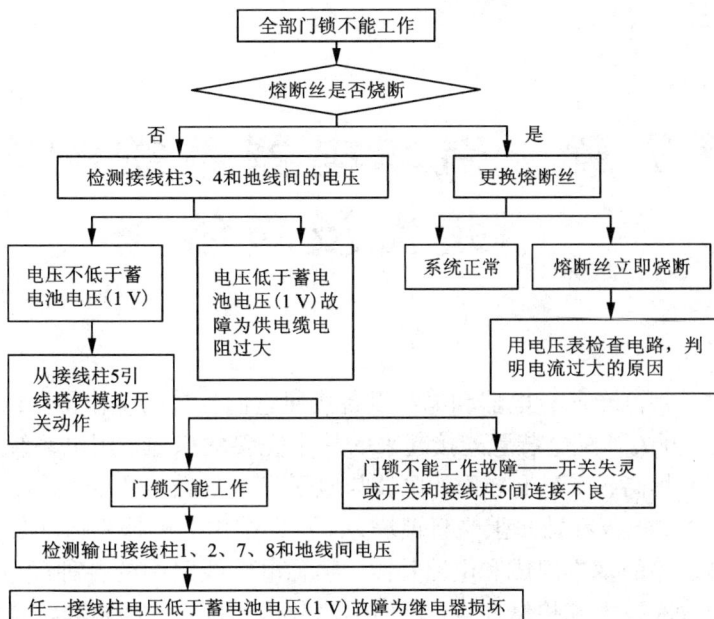

图 6 – 74　全部门锁不能工作的故障诊断测试流程图

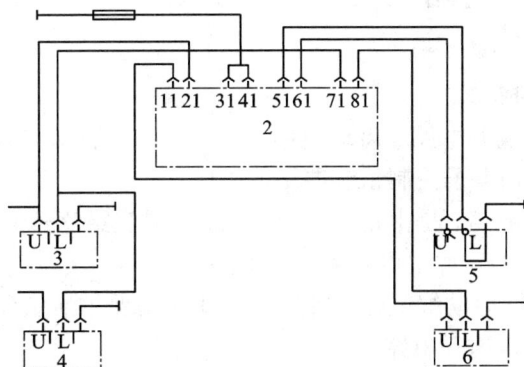

图 6 – 75　中央门锁系统电路图

1—接点火线圈开关继电器；2—门锁继电器；3—电磁线圈（前）；
4—电磁线圈（后）；5—门锁开关（前）；6—门锁开关（后）

思考题

1. 简述间歇式电动刮水器的工作原理。
2. 简述电动车窗的结构组成及各部分的作用。
3. 简述调整电动后视镜的原理。
4. 汽车空调制冷的原理是什么？
5. 简述图 6 – 58 所示的空调系统电路如何工作的。
6. 如何对电动刮水器进行检查？
7. 如何用手感法检查汽车空调系统是否正常？

第7章 汽车电器系统配电装置及总线路

汽车电器线路是将汽车所有电器和电子设备按照它们各自的工作特性以及相互间的内在联系，用各种导线、开关等配电装置连接起来的一个完整的供电、用电系统。随着汽车结构的改进与性能的不断提高，汽车上装用的电器与电子设备的数量不断增加，尤其是车用电子设备和电子控制装置，不仅在数量上与日俱增，而且在结构上也越来越复杂。

了解汽车电器线路的基本组成和电路特点，熟悉电器线路中的各种配电器件，对掌握汽车电器系统的故障诊断技术和检修要点，进而迅速分析和排除故障是非常重要的。

7.1 汽车电器线路的组成和特点

1. 汽车电器线路的组成

汽车电器线路通常由电源电路、启动电路、点火电路、照明与灯光信号电路、仪表信息系统电路、辅助装置电路和电子控制系统电路等组成。

电源电路也称为充电电路，是由蓄电池、发电机、调节器及充电指示装置等组成的电路。电能分配(配电)及电路保护器件也可归入这一电路内。

启动电路是由启动机、启动继电器、启动开关及启动保护装置组成的电路，也可将启动预热装置及其控制电路列入这一电路。

点火电路是汽油发动机特有的电路，由点火线圈、分电器、电子点火控制器、火花塞及点火开关组成的电路。

照明与灯光信号装置电路是由前照灯、雾灯、示宽灯、转向灯、制动灯、倒车灯、车内照明灯及控制继电器和开关组成的电路。

仪表信息系统电路是由仪表及其传感器、各种报警指示灯及控制器组成的电路。

辅助电器装置电路是为提高车辆安全性、舒适性等而设置的各种电器装置组成的电路。辅助电器装置的种类随车型不同而有所差异，汽车档次越高，辅助电器装置便愈完善。一般包括风窗刮水及清洗装置、风窗除霜(除雾)装置、空调装置及音响装置等。较高级车型上还装有车窗电动举升装置、电控门锁、电动座椅调节装置和电动遥控后视镜等。

2. 汽车电器线路的特点

汽车总线路，由于各种车型的结构形式、电器设备的数量、安装位置、接线方法不同而各有差异。但其线路一般都遵循以下基本原则：

①低压直流。电压有 6 V、12 V、24 V 三种，以 12 V 和 24 V 为多，由于蓄电池充放电均

为直流电,所以汽车上采用直流电。

②并联单线。汽车上的用电设备都是并联的。汽车发动机、底盘等金属体为各种电器的公共并联支路一端,而另一端是用电设备到电源的一条导线,故称为并联单线。

接成并联电路,能发挥两个电源的优越性,能满足蓄电池工作的要求,能使任何一个用电设备的启用、停止非常方便,能保证每个用电器正常工作而互不干扰,能限制电路的故障范围,便于电器设备的独立拆装、排除故障和维护保养。但仍有少数电器设备与某一电路接成串联,如闪光器串接在转向灯电路中,电源稳压器串联于油压表和燃油表电路内等。

③负极搭铁。我国规定,汽车电器系统统一采用电源负极搭铁。负极搭铁对火花塞点火有利,对车架金属的化学腐蚀较轻,对无线电干扰小。

④电流表串联在电源电路中,能反映蓄电池充放电的情况。因启动机工作时间短、电流大,所以启动机电流不经过电流表。

⑤为防止短路而烧坏线束和用电设备,汽车上大部分用电设备都装有保护装置。

⑥汽车线路有共同的布局。无论哪一种类型、哪一个国家生产的汽车,各种电器设备均按其用途安装于相同的位置,从而形成了汽车电器线路的走向和布局的共性。

⑦汽车线路有颜色和编号特征。汽车电器设备虽然采用单线制,但线路还是很多。为便于连接区别,汽车所用的低压线,必须采用不同颜色的单色或双色导线,并在每根导线上编号。

⑧为不使全车电线零乱,以便安装和保护导线的绝缘,应将导线做成线束。一辆汽车可以有多个线束。

⑨汽车电器线路由各独立电系组成。

7.2　汽车电器配电器件

汽车电器线路的配电器件主要包括电路的连接器件、控制器件、保护器件和中央配电盒等。

7.2.1　电路连接器件

电路的连接器件包括导线、线束和连接器。

1. 导线

汽车电器系统所用的导线有低压导线、屏蔽导线和高压点火线三种,如图 7 – 1 所示。

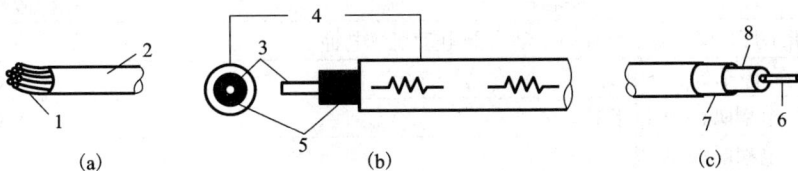

图 7 – 1　各种导线结构

(a)低压导线;(b)高压点火线;(c)屏蔽导线

1、3、6—线芯;2、4、8—绝缘外皮;5—橡胶绝缘体;7—外导体(屏蔽层)

（1）低压导线

低压导线中又有普通导线、启动电缆和蓄电池搭铁电缆之分。

①普通低压导线为铜质多丝软线，根据外皮绝缘包层的材料不同又分为 QVR 型（聚氯乙烯绝缘包层）和 QFR 型（聚氯乙烯—定氰复合绝缘包层）两种。

导线截面的选择：导线的截面需要根据用电设备的工作电流进行选择。但是对功率很小的电器，仅根据工作电流的大小来选择导线，其截面太小、机械强度差、易于折断，因此汽车电系中所用的导线截面不得小于 $0.5~mm^2$。汽车用低压导线的结构与规格见表 7 – 1，其允许载流量见表 7 – 2。汽车 12 V 电系主要电路导线截面的推荐值见表 7 – 3。

表 7 – 1　汽车用低压导线的结构与规格

标称截面 /mm²	线芯结构		绝缘层标称厚度/mm	电线最大外径
	根数	单根直径/mm		
0.5			0.6	2.2
0.6			0.6	2.3
0.8	7	0.39	0.6	2.5
1.0	7	0.43	0.6	2.6
1.5	17	0.52	0.6	2.9
2.5	19	0.41	0.8	3.8
4	19	0.52	0.8	4.4
6	19	0.64	0.9	5.2
8	19	0.74	0.9	5.7
10	49	0.52	1.0	6.9
16	49	0.64	1.0	8.0
25	98	0.58	1.2	10.3
35	133	0.58	1.2	11.3
50	133	0.68	1.4	13.3

表 7 – 2　汽车用低压导线允许载流量

导线标称截面/mm²	0.5	0.8	1.0	1.5	2.5	3.0	4.0	6.0	10	13
允许载流量/A			11	14	20	22	25	35	50	60

表 7 – 3　汽车 12 V 电系主要电路导线截面的推荐值

电路名称	标称截面/mm²
尾灯、顶灯、指示灯、仪表灯、牌照灯、刮水器电动机、电钟	0.5
转向灯、制动灯、停车灯、分电器	0.8
前照灯的近光、电喇叭（3 A 以下）	1.0
前照灯的远光、电喇叭（3 A 以上）	1.5
其他 5 A 以上的电路	1.5 ~ 4
电热塞	4 ~ 6
电源线	4 ~ 25
启动电路	16 ~ 95

汽车用低压导线的颜色与代号：随着汽车电器的增多，导线数量也不断增加，为了便于维修，低压导线常以不同的颜色加以区分，其中截面积在 4 mm² 以上的采用单色，而 4 mm² 以下的均采用双色。

汽车用低压导线的颜色与代号见表 7-4。汽车电系各系统的主色见表 7-5。

表 7-4 汽车用低压导线的颜色与代号

导线颜色	黑色	白色	红色	绿色	黄色	棕色	蓝色	灰色	紫色	橙色
代号	B	W	R	G	Y	Br	Bl	Gr	V	O

表 7-5 汽车电器系统各系统主色

序号	系统名称	主色	颜色代号
1	电源系统	红色	R
2	点火、启动系统	白色	W
3	雾灯	蓝色	Bl
4	灯光、信号系统	绿色	G
5	防空灯及车身内部照明系统	黄色	Y
6	仪表、报警系统、喇叭系统	棕色	Br
7	收音机、电钟、点烟器等辅助系统	紫色	V
8	各种辅助电动机及电器操纵系统	灰色	Gr
9	搭铁线	黑色	B

在汽车电器设备的电路图中，导线上一般都标注有表示导线截面积和颜色的符号，常用的表示方法如下：如 1.5RW，其中数字 1.5 表示导线的截面积为 1.5 mm²，第一个字母 R 表示导线的主色为红色，第二个字母 W 表示导线的辅助色（即呈轴向条状或螺旋状的颜色）为白色。

②启动电缆线用来连接蓄电池与启动机开关的主接线柱，截面有 25 mm²、35 mm²、50 mm²、70 mm² 等多种规格，允许电流达 500~1000 A。为了保证启动机正常工作，并发出足够的功率，要求在线路上每 100 A 的电流电压降不得超过 0.1~0.15 V。

③蓄电池的搭铁电缆线是由铜丝编织而成的扁形软铜线，国产汽车常用的搭铁线长度有 300 mm、450 mm、60 mm 和 760 mm 四种。

（2）屏蔽导线

屏蔽导线也称铠装电缆，主要用作各种传感器和电子控制装置的信号线等。这种导线内只有电压很低的微弱信号电流通过，为了不受外界的电磁感应干扰（或火花塞点火时，电器开关开闭时产生的干扰），在其线芯外除了有一层绝缘材料之外，还覆有一层屏蔽用的导体，最外层为保护用外皮。

（3）高压点火线

高压点火线是用来传送点火电压，由于工作电压很高（一般在 15 kV 以上），电流较小，因此高压导线的绝缘包层很厚，耐压性能好，但线芯截面积很小。

国产汽车用高压点火线有铜芯线和阻尼线两种，其型号或规格见表7-6。为了衰减火花塞产生的电磁波干扰，目前已广泛使用高压阻尼点火线。高压阻尼点火线的制造方法和结构有多种，常用的有金属阻丝式和塑料芯导线式。

表7-6　高压点火线的型号和规格

型号	名称	线芯结构		标称外径/mm
		根数	单线直径/mm	
QGV	铜芯聚氯乙烯绝缘高压点火线	7	0.39	7.0±0.3
QGXV	铜芯橡皮绝缘聚氯乙烯护套高压点火线			
QGX	铜芯橡皮绝缘氯丁橡胶护套高压点火线			
QG	全塑料高压阻尼点火线	1	2.3	

注：QG全塑料高压阻尼点火线，线芯为聚氯乙烯加炭黑及其他辅料混炼塑料经注塑成形。

金属阻丝式高压阻尼点火线又有金属阻丝线芯式和金属阻丝线绕电阻式两种。金属阻丝线芯式高压阻尼点火线是由金属电阻丝绕在绝缘线束上，外包绝缘体制成阻尼线；金属丝绕电阻式高压阻尼点火线是由电阻丝绕在耐高温的绝缘体上制成电阻，再与不同形式的绝缘套构成。

塑料芯导线式高压阻尼点火线是用塑料和橡胶制成直径为2 mm的电阻线芯，在其外面紧紧地包裹着玻璃纤维，外面再包有高压PVC塑料或橡胶等绝缘体，电阻值一般在6~25 kΩ/m，这种结构形式，制造过程易于自动化，成本低且可制成高阻值线芯。

2.线束

汽车上的全车线路(除高压线以外)为了不零乱且安装方便和保护导线的绝缘，一般都将同路的不同规格的导线用棉纱编织或用薄聚氯乙烯袋半叠缠绕包扎成束，称为线束。一辆汽车可以有多个线束。

线束在汽车电器中占有重要位置，尤其是近年来，随着汽车电器与电子设备的增多，线束总成的结构与电路也越来越复杂，因此对线束的结构、功能、适用性及可靠性都提出了更高的要求。

现代汽车的线束总成由包扎成束的导线、端子、插接器及护套等组成。安装线束的注意事项：

①线束应用卡簧或绊钉固定，以免松动磨坏。

②线束不可拉得过紧，尤其在拐弯处要注意，在绕过锐角或穿过金属孔时，应用橡皮或套管保护，否则容易磨坏线束而发生短路、搭铁故障，并有烧毁全车线束，酿成火灾的危险。

③连接电器时，应根据插接器的规格以及导线的颜色或接头处套管的颜色，分别接于电器上，若不易辨别导线的头尾时，一般可用试灯区分，最好不用刮火法。

3.连接器

连接器用于线束之间的联络，以便于线束的布置、拆装和线路维修。目前插接线连接器(简称插接器)，因其连接可靠、检修电路方便而被广泛使用，特别是在一些高档车型的电线束总成中,插接器用量很大。插接器的种类很多,可供连接几条到数十条线路用,有圆柱体、长方体、正方体等不同形体。

插接器的接插件由阴阳两部分组成,分别称插座和插头。图 7 - 2 所示为一种插接件的结构图。

插座和插头均由接头(端子)和护套(外壳)组成。接头由表面镀锡(镀银)的黄铜制成,采用冷铆压合与导线挤压在一起,有柱状(针状)和片状两种;护套由塑料或橡胶制成,设有多个孔位,用以放置导线接头。导线接头上带有倒刺,当嵌入护套后自动锁止;护套的一侧带有锁止装置,当插头与插座结合后自行锁止,防止使用中自动脱开,保证线路连接的可靠性(注意:在检查或更换线路器件时如要分开插接器,必须先打开锁止装置,切不可强行拉动导线)。

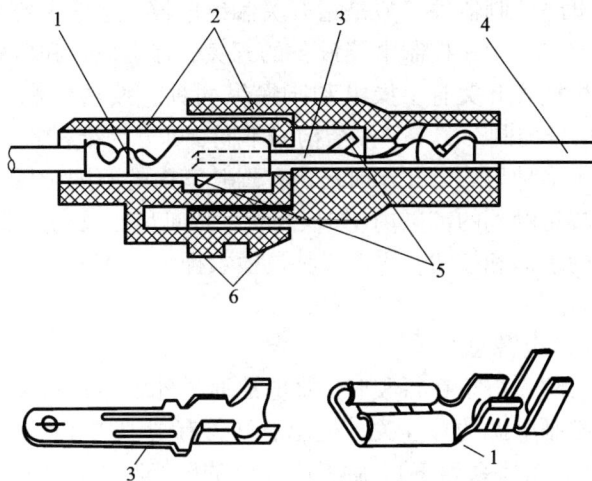

图 7 - 2　插接件的结构图

1—插座;2—护套;3—插头;
4—导线;5—倒刺;6—锁止机构

插接器的连接,有的是配线插座和配线插头相连,也有将配线插头或插座与装在器件上的插接器相连接的。为了便于拆装和避免装配和安装中出现差错,插接器除可制成不同的规格、型号和不同的形体外,还用不同的颜色进行区分,这样不仅装拆方便而且不会出现差错。如图 7 - 3 所示为插接器的几种形式。

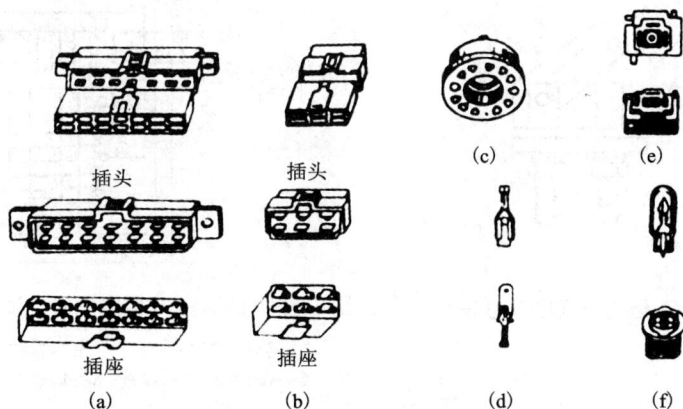

图 7 - 3　插接器的几种形式

7.2.2　电路控制器件

电路控制器件一般是指开关和继电器，这里主要介绍开关。

汽车上用来控制电器设备的开关，有机械式和电磁式两类。

机械式开关有手操纵和脚操纵两种。按功能和用途不同，可分为电源开关、照明灯开关、信号控制开关等；按结构的不同，可分为推杆式、顶杆式、旋转式、扳柄式、按钮式和组合式等多种形式，可分别安装在驾驶室内的不同位置。驾驶员经常使用的开关应安装在驾驶员手脚易触到的范围内（如仪表板、转向盘处及离合器踏板旁），并且要设计得足够坚固，有较大的手柄和按钮，便于驾驶员摸索操纵，从而保证行车中驾驶员的视线经常集中于前进的方向。

（1）电源总开关

为防止汽车在行驶时，蓄电池通过外电路自行漏电，在有些汽车蓄电池火线或搭铁线上装有控制电源的总开关。电源总开关有闸刀式和电磁式两种。前者靠手动来接通或切断电源电路（如东风系列车），后者则靠电的磁场吸力作用来实现。

①闸刀式电源总开关：由手柄、外壳和刀形触头等构成，图7－4所示为国产JK861型闸刀式电源总开关，可安装在驾驶员便于操作，但又不易误操作的部位，使用时只需要将操作手柄向下按至图中虚线所示位置，汽车电源即可接通。向上扳起手柄，则电源断开。

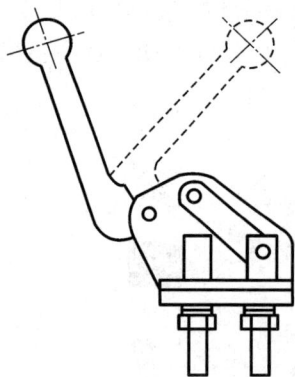

图7－4　国产JK861型闸刀式电源总开关

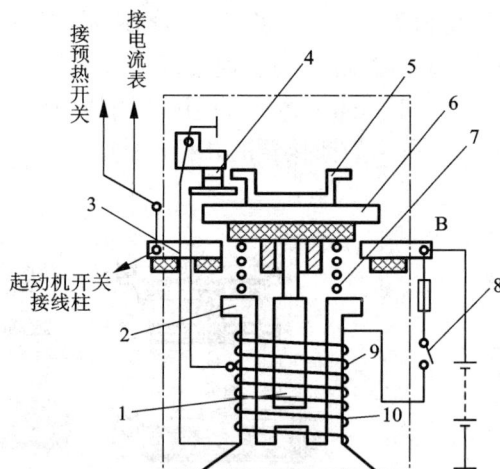

图7－5　TKL－20型电磁式电源总开关的结构原理

1—钢柱；2—铁芯；3—静触点；4—触点；5—触动器；
6—接触桥；7—弹簧；8—启动开关；9、10—线圈

②电磁式电源总开关：这种电源总开关也称蓄电池继电器，同时利用点火开关控制其电磁线圈电路的通断，再由电磁线圈控制电源电路的通断。图7－5所示为TKL—20型电磁式电源总开关的结构原理，由铁芯2、钢柱1、接触桥6、触点3、4和线圈9、10等组成。电源总开关的接通或断开，是通过启动开关操纵的。当启动开关8接通电路时，电流由蓄电池正极→蓄电池开关接线柱B→启动开关8→线圈9→触点4→搭铁→蓄电池负极（此时线圈10

被触点 4 短路)。由于线圈 9 的电阻(约 4.5 Ω)很小,电流较大,产生很强的电磁吸力,吸动钢柱 1,使接触桥 6 压缩弹簧 7 向下移动,接触桥 6 便与静触点 3 接触,接通主电路。同时与接触桥固定为一体的触动器 5 将触点 4 断开,于是电流便经过线圈 9、10(电阻 70.5 Ω)回到蓄电池。电路中增加了 70.5 Ω 的电阻,使电流显著下降。但由于线圈 10 的匝数较多,因而电磁吸力仍能保证接触桥与静触点接触良好,所有用电设备均能投入工作。

当将启动开关断开时,线圈 9、10 中的电流被切断,弹簧 7 便推开接触桥,使之与静触点脱离,从而切断主电路。此时即使是用电设备搭铁,蓄电池也不对之供电。使用时应注意,发动机正常运转后,不可将启动开关断开,否则将切断蓄电池电路,影响发电机正常工作。

(2)点火开关

点火开关主要用来控制常用电器的电源电路和点火电路,另外还控制发电机磁场电路、仪表电路、预热、启动电路以及一些辅助电器等,一般都是具有自动复位启动挡位的多挡开关并配有钥匙以备停车时锁住。图 7-6 所示为 JK460 型点火开关。

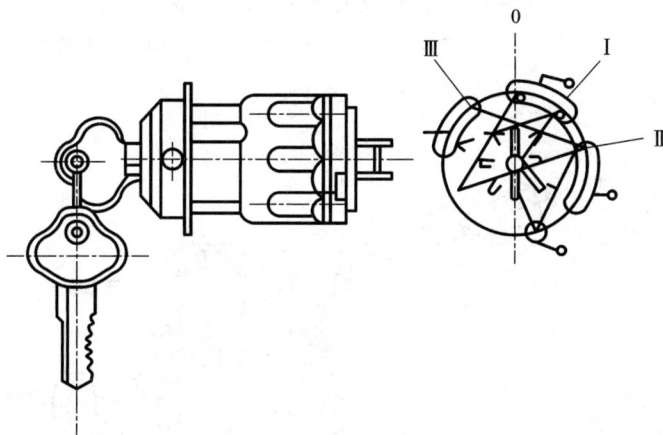

图 7-6　JK460 型点火开关

常用的点火开关多为三挡位、四挡位或五挡位。三挡位点火开关有"OFF"(断)或"LOCK"(锁住方向盘)、"ON"(通)和"ST"(启动)3 个挡位;四挡位点火开关则在"OFF"和"ON"之间增加了一个"ACC"(专用辅助电器,如收音机、点烟器)挡;而五挡位点火开关则在"ON"和"ST"之间加了一挡"HAET"(预热)挡,用于柴油机发动机冷车启动前的预热。点火开关在电路图上通常采用触刀挡位图法和表格法来表示,图 7-7 所示为五挡位点火开关的三种表示方法。

(3)组合开关

组合开关是将各种不同功能的电器开关在一个组合体内的多功能开关,安装在汽车的转向柱上,能够对转向信号灯、远近变光、超车信号、灯光、喇叭按钮、刮水器、洗涤器等常用的电器进行独立控制,具有操作灵活,使用方便的特点,因此在各种类型的车上广泛使用。图 7-8 所示为国产轻型汽车所采用的 JK301 型组合开关,它具有变光开关、转向灯开关、危险报警灯开关、超车信号开关、刮水器开关、洗涤器开关和喇叭电刷等功能。如图 7-9 所示为插接器结构、内部线路及挡位表。

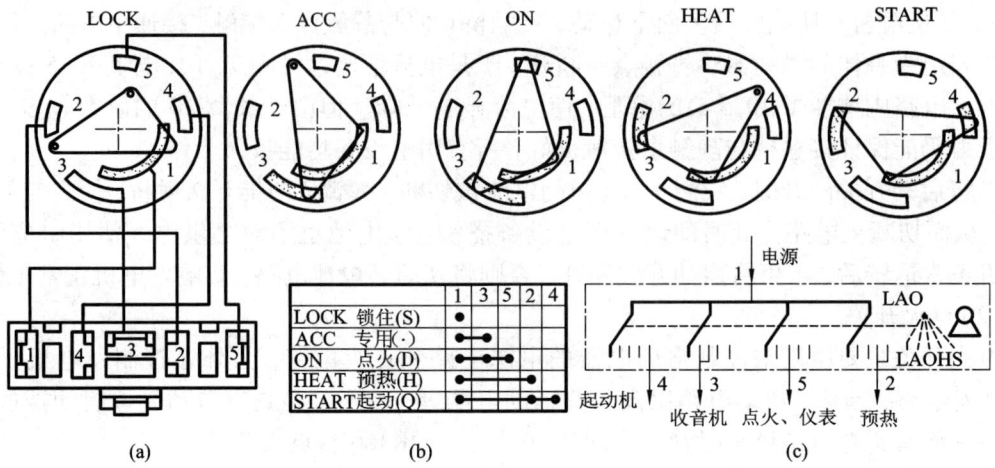

图 7-7　五挡位点火开关的三种表达方法

(a)五挡位点火开关簧片各挡位置；(b)表格法；(c)触刀挡位图法

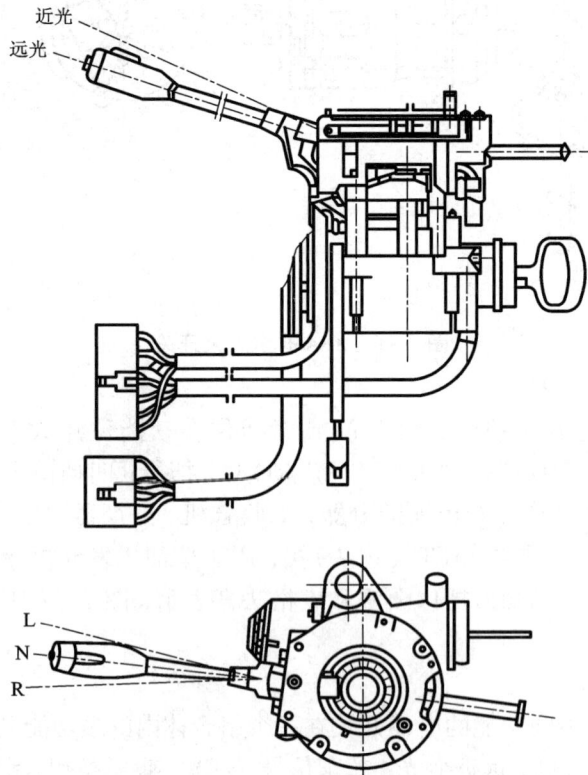

图 7-8　国产轻型汽车所用的 JK310 型组合开关

(a)

(b)

(c)

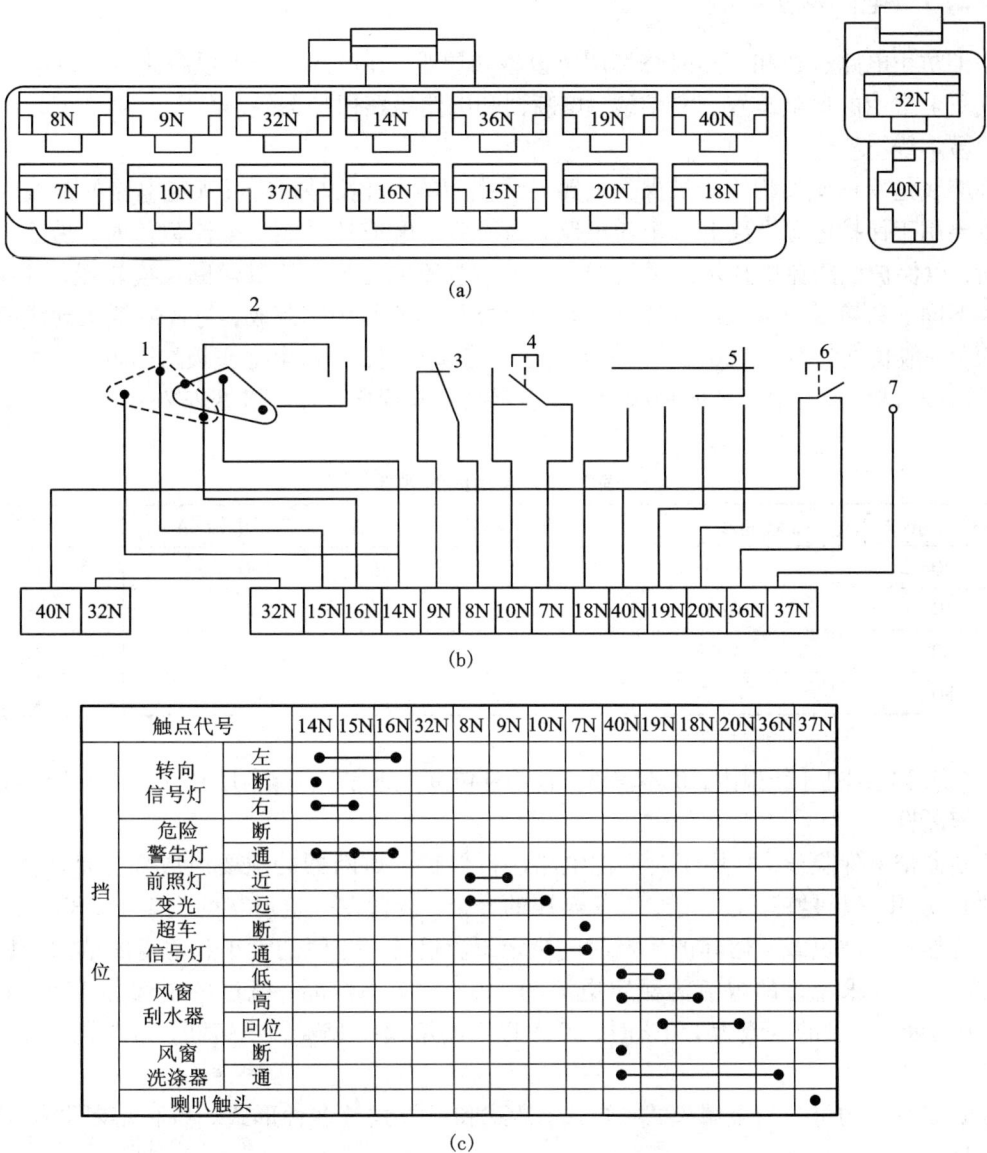

图 7 – 9 JK301 型组合开关插接器结构，内部线路及挡位表
1—危险警告开关；2—转向灯开关；3—前照灯变光开关；4—超车灯开关；
5—刮水器开关；6—洗涤器按钮；7—喇叭按钮

（4）其他类型开关

除上述点火开关、组合开关外，汽车电器系统中大量采用的开关类型还有推拉式开关、旋转式开关、扳柄式开关、翘板式开关、顶杆式开关及按钮式开关等。可用来控制汽车的车灯、室内顶灯、雾灯、暖风机及变光等。

7.2.3 电路保护器件

为了防止电路过载和短路时烧坏用电设备和导线,在电源与用电设备之间串联有保险装置。汽车上常用的保险装置有易熔线、熔断器和电路短路保护器等。

1. 易熔线

易熔线是一种截面积小于被保护电路导线截面的、可长时间通过额定电流的铜线或合金导线主要用于保护电源电路和大电流电路,当线路中电流超过额定电流数倍时,易熔线将首先熔断,以保护线路免遭损坏。易熔线与一般熔丝不同之处在于其熔断反应较慢,且导线的形式也不同。易熔线由多股绞合线外包耐热性能好的绝缘护套制成,与普通低压导线相比更为柔软,一般长度为 50~200 mm。通常接在电路起始端,即蓄电池正极端附近。

易熔线有棕、绿、红、黑四种颜色,以表示其不同规格,其规格见表 7-6。

表 7-6 易熔线的规格

标称容量/A	截面积/mm²	额定电流/A	5 s 熔断电流/A	颜色
20	0.3	13	150	棕
40	0.5	20	200	绿
60	0.85	25	250	红
80	1.25	33	300	黑

易熔线不能绑扎于线束内,也不得被其他物件包裹。通常以其颜色区分其负载能力(容量)。

2. 熔断器

熔断器俗称保险丝,常用于对局部电路进行保护。熔断器的主要组成部分是熔体(熔片或熔丝),所用材料是锌、锡、铅、铜等金属的合金,装置在一定形状的支架上。熔体能承受额定电流的长时间负载。熔体的熔断时间决定于流过的电流值的大小和本身的结构参数。汽车用熔断器,要求流过的电流为额定电流的 110% 时,不熔断;流过的电流为 135% 时,在 60 s 以内熔断;流过的电流为 150% 时,20 A 以内的熔丝在 15 s 以内熔断,30 A 的熔丝在 30 s 内熔断。

熔断器按结构可分为金属丝式、管式、片式和平板式等多种形式。各种熔断器额定电流的规格见表 7-7。

表 7-7 各种熔断器额定电流的规格

形式	额定电流/A					
玻璃管式	2　3　5　7.5　10　15　20　25　30　40					
瓷芯式	5　8　16　20　25					
片式	2(无色)　3(紫色)　5(棕色)　7.5(褐色)　10(红色)　15(浅黄色)　25(白色)　30(绿色)					
金属丝式(直径/mm)	3(0.11)　7.5(0.2)　10(0.25)　15(0.3)　20(0.35)　25(0.4)　30(0.47)					
平板式(厚度/mm)	20(0.2)　45(0.4)　60(0.6)　80(0.8)					

为了便于检查和更换熔断器，汽车上常将各电路的熔断器集中安装在一起，形成一个保护数条至数十条的熔断器盒。熔断器烧断后，必须更换相同规格的熔断器，不能用大于原规格的熔断器代替，更不能用铜丝或导线代替。

3. 电路断路保护器

电路断路保护器简称电路断路器，常用于保护较大容量的电器设备。与易熔线和熔断器相比，其特点是可重复使用。它的基本组成是一对受热敏双金属片控制的触点，当电路发生过载或短路故障时，超过额定电流数倍的电流，使双金属片受热变形，触点断开，自动切断电路，以保护电器设备或线路。电路断路器按其恢复形式不同，可分为手揿复位式与自动复位式。

（1）手揿复位式电路断电器

手揿复位式电路断电器结构如图7－10所示，其中双金属片3由两片线膨胀系数不同的金属材料制成，当负载电流超过限制值时，双金属片受热变形，向上弯曲，使触点分离，切断电路。若要重新接通电路，必须按一下按钮5，使双金属受压复位，方可继续工作。如果限制电流值不符合要求，需要调整时，只要旋松螺母10，调节螺钉11，从而改变双金属片的挠度即可。

（2）双金属片自动复位式电路断电器

双金属片自动复位式电路断电器结构如图7－11所示，其特点是在电路断路双金属片冷却后，会使触点重新闭合而接通电路，这种形式的断路器目前在国产汽车等光线路中有所应用，国外汽车上常用于刮水电动机、门窗玻璃升降电动机的电路中。

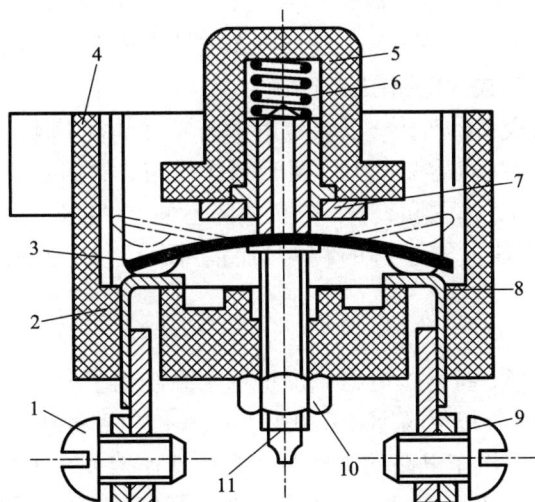

图7－10　手揿复位式电路断电器结构

1，10—接线柱；2，8—静接线柱；3—双金属片动触点；4—绝缘外套；5—按钮；
6—弹簧；7—复位线圈；9—锁紧螺钉；11—调整螺钉

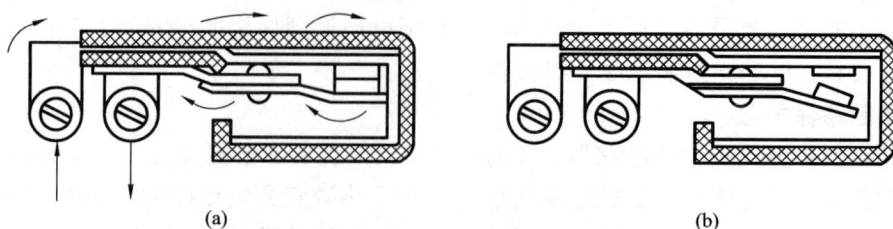

图 7 – 11　自动复位式电路断电器结构

(a)触点闭合；(b)触点分开

7.3　汽车电路的表达及分析方法

7.3.1　汽车电路表达方法

随着汽车工业的迅速发展，汽车的性能逐渐提高、汽车电器也日渐增多，结构也日趋复杂。与此相适应，汽车电路图的表达方法也在发生变革。汽车电路图区域简化、规范化已是当今世界各国汽车电路图表达方法的总趋势。

汽车电路图的基本表达方法有线路图、原理图和线束图三种。

1. 线路图

线路图是传统的汽车电路表达方法，是把汽车电器在汽车上的实际位置用线从电源到开关至搭铁——连接起来所构成的电路图。

线路图的优点是电器设备的外形、安装位置都与实际情况基本一致，因此可以循线跟踪的查线，导线中间的分支、接点容易找到，便于制作线束，故仍有不少厂家沿用。缺点是线路图中线束密集、纵横交错、读图和查找、分析故障不便，并且随着日益增多的电器设备，几乎无法在一张图上表示出各电器设备的相对位置。图 7 – 12 为东风 EQ1090 型汽车的线路图。

2. 原理图

原理图是用简明的图形、符号按电路原理将每个系统由上到下合理地连接起来，再将每个系统排列起来而成。图 7 – 13 为东风 EQ1090 型汽车的电路原理图。

汽车电路原理图以表达汽车电路的工作原理和相互连接关系为重点，不讲究电器设备的形状、位置和导线的走向等实际情况，对线路图做了高度的简化，因此图面清晰、电路简单明了，通俗易懂、电路连接和控制关系清楚，对了解汽车电器设备的工作原理和迅速分析排除电器系统的故障十分有利。电路原理图是参考原车线路图、相关资料和实物改画成的。这样各个系统由主到次、由表及里、由上到下合理排列，然后再将各个系统连接起来，使电路原理变得简明扼要、准确清晰。各电器的电流路线看起来十分清楚，各局部电路的工作原理一目了然。电路原理图可由原车的线路图改画而成。

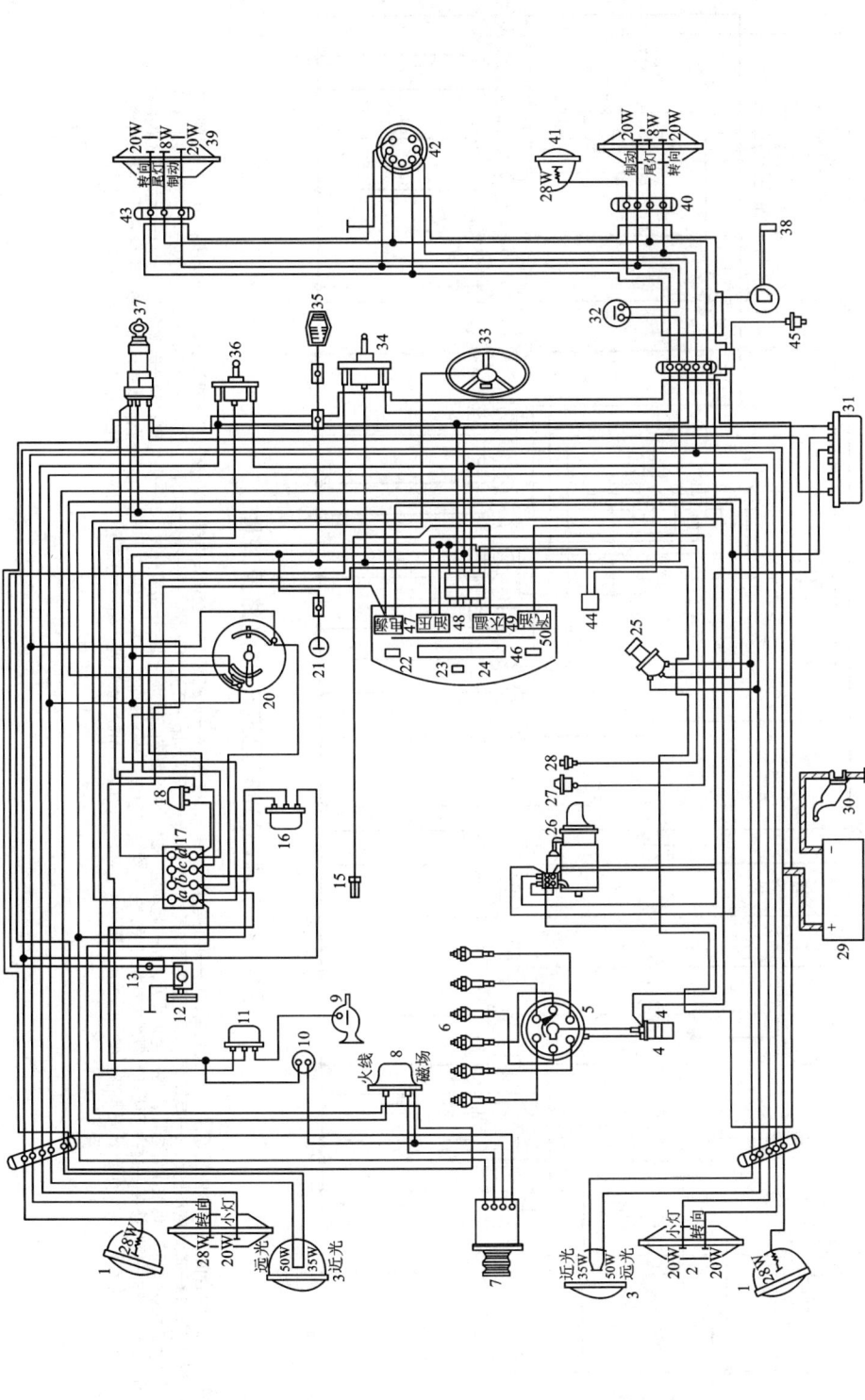

图7-12　东风EQ1090型汽车的线路图

1—前喇叭；2—组合前灯；3—前照灯；4—点火线圈；4a—附加电阻线；5—分电器；6—火花塞；7—交流发电机；8—交流发电机调节器；9—喇叭；10—工作灯插座；11—喇叭继电器；12—暖风电动机；13—接线管；14—五线接线板；15—水温传感器；16—灯光继电器；17—熔断丝盒；17a～d—熔断丝；18—闪光器；20—车灯开关；21—发动机罩下灯；22—左右转向指示灯；23—低油压警告灯；24—车速里程表；25—变光开关；26—起动机；27—油压表传感器；28—低油压表传感器；29—蓄电池；30—电源总开关；31—起动及复合继电器；32—喇叭按钮；33—后照灯；34—后照灯和暖风电动机开关；35—驾驶室顶灯；37—点火开关；38—燃油表传感器；39—组合尾灯；40—四线接线板；41—后照灯；42—挂车插座；43—三线接线板；44—低气压报警蜂鸣器；45—低气压报警开关；46—仪表盘；47—电流表；48—油压表；49—水温表；50—燃油表

229

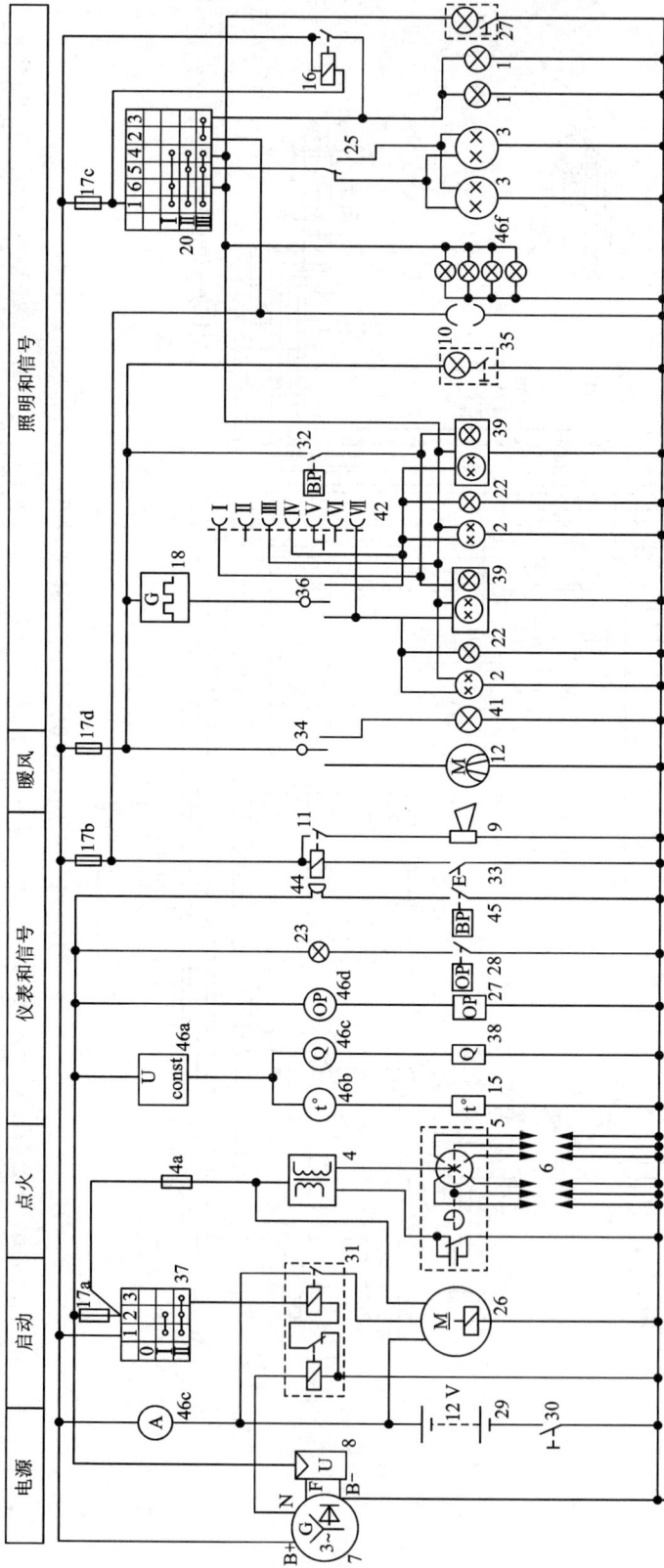

图7-13 东风EQ1090型汽车的电路原理图

1—前侧灯；2—组合前灯；3—前照灯；4—点火花塞；5—分电器；6—火花塞；7—交流发电机；8—交流发电机调节器；9—喇叭；10—工作灯插座；11—喇叭继电器；12—暖风电动机；13—接线板；14—五线接线板；15—水温传感器；16—灯光继电器；17—灯光开关；17a—d—灯光继电器；18—闪光继电器；20—车灯开关；22—左右转向指示灯；23—低油压警告灯；25—变光开关；26—起动机；27—油压表传感器28—低油压报警开关；29—蓄电池；30—电源总开关；31—起动复合继电器；32—驾驶室顶灯；33—喇叭按钮；34—后照灯和暖风电动机开关；35—驾驶室顶灯；36—转向表传感器；37—点火开关；38—燃油表传感器；39—组合尾灯；41—后照灯；42—挂车插座；44—低气压报警开关；45—低气压报警开关；46a—稳压器；46b—水温表；46c—电流表；46d—油压表；46e—电流表；46f—仪表灯

3. 线束图

线束图是根据汽车线束在汽车上的布置、分段以及各分支导线端口的具体连接情况而绘制的线路图,其重点反映的是已制成的线束外形,组成线束各导线的规格大小、长度和颜色,各分支导线端口所连接的电器设备的名称、连接端子和护套的具体型号,线束各主要部分的长度等,因此主要用于汽车线束的制作和较方便地连接电器设备。在有的车型线束图上还表示了各段线束在汽车上的具体布置情况,即所谓的汽车线束布置图,以便于在汽车上安装。图7-14是北京BJ2020N型汽车的线束图。

上述所介绍的汽车电路图的表达方法仅仅是对目前各种汽车电路图从表示方法上的简单归纳。由于各国有关汽车电路图绘制的技术标准、文字标准上的差异,使得各国各大汽车厂家在电路图的绘制、连接关系的表达、表示符号和文字标注等方面不尽相同。目前国内也没有比较完善的汽车电路图绘制技术标准,因此,各型号汽车的电路图的绘制尚不规范,特别是各种进口汽车的一些图形、符号还很不一致,有时候很难说是线路图、接线图还是原理图或线束图。但只要电路图对所要表达的内容,如电路原理、各电器设备和配电设备间的连接关系表达清楚,表示符号简明扼要,文字标注规范,电路图绘制简单并且有利于分析和阅读,就是好的表达方法。

7.3.2　汽车电路分析方法

正确识读和分析汽车电路图是了解整个电器系统的基本组成、工作原理、电路的结构特点以及各电器装置之间相互连接关系的主要途径,也是分析和判断汽车电器系统故障的主要依据,因此,掌握汽车电器电路图的正确识读和分析方法,对于广大汽车技术人员和汽车维修人员迅速分析汽车电器系统故障原因、准确查找故障所在、最终解决问题是十分重要的。

汽车电路图的一般识读和分析方法可归纳为以下几个方面:

①认识并记住我国以及进口车型采用的汽车电路图所用图形、符号(包括导线、端子和导线的连接装置、触点与开关、电器元件、仪表、传感器、电器设备和一些限定符号)的意义及表示各种布线配线走向的图形、符号,各种标记,字母等图注的含义,这是识读和分析汽车电路图首先应该了解的东西,否则识读汽车电路图就无从下手,更谈不上分析电路图了。由于汽车电路图的绘制尚不规范,特别是各种进口汽车的一些图形、符号还很不一致,应仔细对照图注和图形、符号,熟悉有关元器件名称及其在图中的位置、数量和接线情况。国产汽车电路图图形、符号及标记说明可参阅本书附录。

②应具备一定的电工电子技术基础知识,掌握直流电路、交流电路的一般规律,如电磁感应定律、整流滤波电路、稳压电路、晶体管放大电路、晶体管开关电路与可控硅电路等。

③掌握汽车电路中的各种元器件和单元电路的工作原理。

④一般对于比较规范的汽车电路图,其整个电路都是纵向排列的,同一系统的电路归纳在一起,在电路图中所占的篇幅基本上局限在某一范围内。

⑤对于一些汽车电路图由于仅给出的是线路图,电路图上线条密集、纵横交错,分析电路工作原理较为困难,可以参考有关资料和实物把原车线路图按系统改画成不同的单元电路原理图,这样各种电器的功能、线路十分清楚,看起来一目了然,阅读和分析将会较为方便。

⑥先从比较熟悉的车型入手,从简到繁,先易后难,整理归纳,逐步深入,以致触类旁通。

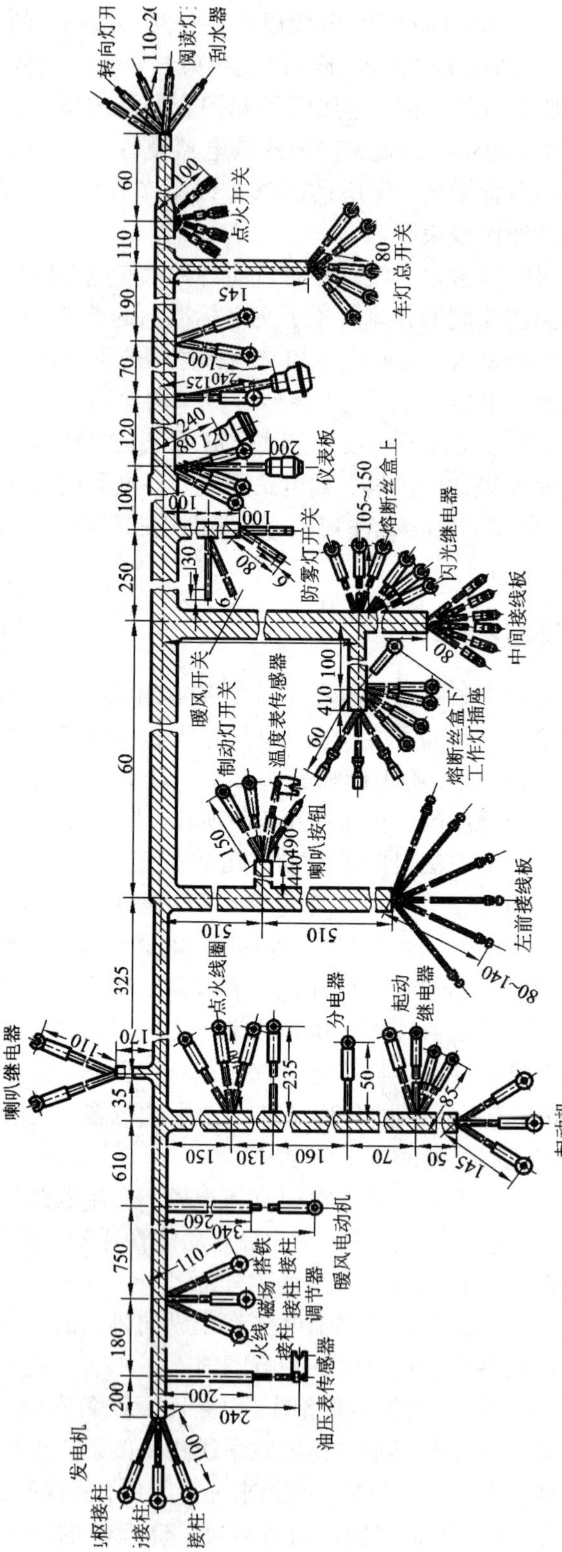

图7-14 北京BJ2020N型汽车的线束图

⑦回路是一个最基本、最重要同时也是最简单的概念，根据"回路原则"分析电路，任何一个电路都应是一个完整的电器回路。由于汽车电路的主要特点是单线制，各种电器相互并联，因此"回路原则"在汽车电路中的具体形式为：电流流向必须从电源正极出发，经熔断丝、开关、导线等到达用电设备，再经导线或搭铁回到同一电源的负极。也可逆着电路电流的方向，由于电源负极或搭铁开始，经用电设备、开关等回到电源正极。尤其对一些不太熟悉的电路，后者比前者更为方便。

在寻找回路时，以下两种做法事错误的：一是从电源正极出发，经某用电器或再经别的用电器，最后又回到同一电源的正极，由于电源的电位差仅存在于电源的正、负极之间，而电源的同一电极是等电位的，因而这种"从正到正"的路径将构不成真正意义上的电路回路，也不会产生电流。二是在汽车电路中，发电机和蓄电池都是电源，在寻找回路时，不能混为一谈。不能从一个电源的正极出发，经过若干用电设备，最后回到另一个电源的负极。这样将不会构成一个真正的回路。回路是指从一个电源正极出发，经过用电器，必须回到同一电源的负极。

⑧应掌握开关和继电器的作用并注意它们的初始状态。大多数电器或电子设备都是通过开关(包括电子开关)或继电器的不同状态而形成回路的，当开关或继电器的触点状态改变时，其所控制的电器装置或回路将改变，从而实现不同的控制功能。在汽车电路图中，各种开关、继电器都是初始状态画出的，即开关未接通，继电器线圈未通电，其触点处于原始状态，因此在读图或分析电路时不应按原始状态分析，否则很难理解电路的工作原理，而必须按电路中开关或继电器的工作状态进行分析。另外对于采用多挡开关或组合开关的电路，应注意蓄电池(或发电机)电流是通过什么途径到达这个开关的，中间是否经过其他开关或熔断丝，火线接在开关的哪个接线柱上；多挡开关共有几个挡位，开关内部有几个同时或分别动作的触刀，在每一挡位各接通或关断哪些电器，其作用和功能是什么；组合开关由哪些开关或按钮组合而成，各通过哪些触点或改变哪些回路，电路中哪些开关处于常通或短暂接通，哪些应先接通，哪些应后接通；哪些电器应单独工作，哪些应当同时工作，哪些电器应单独工作，哪些应当同时工作，哪些电器不允许同时接通等。

⑨汽车整车电路是由多个系统单元电路组成的，如电源系统、启动系统、点火系、照明系统、信号系统、电子控制系统等。由于汽车电路采用单线制，各电路负载相互并联以及两个电源也相互并联等特点，因此，这些系统单元电路基本上都是相对独立的，在分析汽车电路图时应充分利用汽车电路特点，把系统单元电路从整车电路图上分解出来，抓住特点把各个系统单元电路的结构和原理搞清楚了，理解整车电路也就容易了。整车电路可以按前面所述的组成汽车电器线路的各个系统单元电路逐一分析；对于各系统单元电路同样可以采取各个击破的办法进行识读。例如电子控制系统电路，就可以分成发动机电子控制系统、自动变速器电子控制系统、制动防抱死电子控制系统等电路；发动机电子控制系统又可分为燃油喷射控制、点火控制、排放控制等不同电路逐一进行阅读分析。另外还应注意，在对各系统单元进行分析的同时，还应注意各系统单元电路之间的相互关系和相互影响。

⑩在看汽车电路图时，一定要弄通某种型号的汽车电路，通过某个具体的例子，举一反三，互相比较，触类旁通，掌握汽车电路的一些共性的规律，再以这些共性为指导，了解其他型号的汽车电路，这样又可发现更多的共性，而且还可发现各种车型之间的差异。例如，掌握了解放牌汽车电路的特点，就可以大致了解东风、跃进等国产汽车电路的特点；掌握了日

产、三菱、丰田等汽车电路，就可以基本了解日本汽车电路的特点；掌握了桑塔纳轿车的电路，就可以了解奥迪、捷达等德国大众公司汽车电路的特点等。如此反复，不断积累，便可获得识读各种汽车电路图的能力。

⑪掌握电器装置在电路图中的布置。在电器系统中，各种继电器，还有多层多挡组合开关在电路图上表示时，有采用集中表示法和分开表示法两种。集中表示法是把一个电器装置的各组成部分，在图上集中(图上靠近画在一起)绘制的一种表示方法，集中表示法仅适用于较简单的电路。随着汽车电路日趋复杂，一个电器装置有较多的组成部分(如组合开关)，若集中画在一起，则容易引起线条往返和交叉线过多，造成识图困难。再如继电器的线圈和触点，有时绘制在一起，也易引起线条往返交叉线过多，造成识图困难。这时宜采取分开表示法，即把继电器的线圈、触点分别画在不同的电路中，用同一个文字符号或数字符号将分开部分联系起来。因此在看图时应注意区别。

7.4　汽车电器线路故障的检测与诊断

7.4.1　汽车电器系统故障类型、特点及原因

1.汽车电器系统故障类型和特点

汽车电器系统的故障按故障部位可分为电器设备故障和线路故障。电器设备故障是指电器设备因故障自身丧失原有机能，包括电器设备的机械损坏和烧毁、电子元件的击穿、老化、性能减退等。线路故障包括短路、断路、接线松脱、潮湿及腐蚀等导致的接触不良等。

电器系统故障按发生的时间长短可分为渐发性故障和突发性故障。前者一般是由零件运行中的摩擦与磨损引起的。如点火断电器凸轮磨损引起点火电器失常；后者大多由于电路的短路或断路所引起，如前照灯突然不亮。

电器系统故障按其对电器和电子设备功能影响的程度可分为破坏性故障和功能性故障。破坏性故障不经更换或彻底修理不能继续工作，如灯丝烧断、调节器集成电路击穿等；功能性故障经过调整或局部检修可以恢复其功能，如点火系断电器触点间隙过大或过小、调节器所限定的发电机电压过低或过高等。

2.汽车电器系统故障产生原因

汽车在不同的环境因素下常会引发不同的电路故障。严寒地带常因润滑油黏度成倍增加，启动阻力加大，导致蓄电池早期损坏；炎热地带汽车电器会因机件高温、塑料件和绝缘材料加快老化而使可靠性下降；酸雨、盐雾地区易使元器件腐蚀、漏电；多雨时节则因泥水引起锈蚀导致搭铁不良；道路不平使汽车震颤、冲击，造成电器、电子设备和线束的机械性破坏，如脱线、脱焊、线束磨破、触点抖动、接触不良等。

现代汽车电路故障的性质与其工作特点有关。一般电子元件对过电压和温度十分敏感，元件击穿，除过电压击穿外，还有过流、过热引起的热击穿，例如汽车电容器的损坏，大约85%是由于介质击穿造成的。电容器击穿时，又常常烧坏与其串联的电阻元件。元件击穿有时表现为短路形式，有时则表现为断路形式，由于过压、过流造成的击穿，常常是不可恢复。热稳定性差的问题，一般为元件质量问题，通常电子元件由于自身热稳定性差而导致类似于

击穿故障的"热短路"(或称"热穿透")现象,电解电容器在温度升高时漏电亦增加。

元件老化或性能退化也会导致许多方面的故障,如晶体管漏电增加、电容器容量减小、电阻的阻值变化、绝缘电阻绝缘性能下降、可调电阻的阻值不能连续变化及继电器触点烧蚀等。汽车电路中的各种继电器,如绝缘老化、线圈烧蚀、匝间短路、触点抖动等。

7.4.2　汽车电器线路故障检测与诊断方法

1. 直观法(外观检查法)

直观法检查是检修汽车电器系统故障最简单的方法,它不用任何仪器仪表,凭检维修人员的直观感觉来检查和排除故障。当汽车电系的某部分发生故障时,会出现冒烟、火花、异响、焦臭、高温等异常现象。通过人体的感觉器官—听、摸、闻、看,对汽车电器进行外观检查,进而判断出故障的所在部位。特别应注意各电器部件及导线是否固定牢靠,零部件是否完好无损,搭铁点是否紧固完好;各插件是否插紧;各接触点有无油污、锈蚀或烧损;导线表面有无油污与灰尘,导线绝缘层有无损伤、老化,导线的屏蔽有无断裂或擦伤;各熔断器、继电器是否齐备,安装是否牢固,额定值是否符合电路要求;各开关、按钮工作是否正常,有无发卡失灵现象等。直观检查法对于有一定经验的维修人员来说,不仅可以通过直观检查来发现一些明显的故障,而且还可以发现一些较为复杂的故障,从而大大提高了检修进度。

2. 搭铁试火法

搭铁试火法,即拆下用电设备的某一线头对汽车的金属部分(搭铁)碰试而产生火花来判断。这种方法比较简单,是广大的汽车电工经常使用的方法。搭铁试火法可分为直接搭铁和间接搭铁两种。

所谓直接搭铁,是未经过负载而直接搭铁产生强烈的火花。例如怀疑照明总开关至制动开关一段线路有故障,可拆下制动开关上的线头直接搭铁碰试,如出现强烈火花,说明这段线路正常,如火花弱,说明这段线路中某一线头接触不好或有脏污,若无火花出现,说明这段线路有断路。

所谓间接搭铁,是通过汽车电器的某一负载而搭铁产生微弱的火花来判断线路或负载的情况。例如将点火线圈低压侧搭铁,若火花微弱,说明这段线路正常,回路电流经过负载(点火线圈初级绕组)搭铁。若无火花,电路出现断路现象。

3. 断路法

此方法适合电路系统发生搭铁短路的故障。例如将灯接通时,电流表倒卡,表示后灯接线柱所接的某电路有搭铁故障,这时可采用断路法进行故障的排除,就是将后灯接线柱上的各灯线拆下,再分别触及后灯接线柱,触及时哪个线头火花大,则说明该电路有搭铁故障。

4. 短路法

用一根跨接导线将某段导线、某一电器开关或连接器两端短接后观察用电器的变化。例如对制动灯开关的检测,当踩下制动踏板时制动灯不亮,怀疑制动灯开关有问题,可将制动灯开关用一根跨接导线短路,如制动灯亮,则说明制动灯开关有问题。

5. 搭铁法(接地法)

用一根跨接导线一端接用电器的搭铁端,另一端接车体或线路中的搭铁线后观察用电器的工作情况变化。此方法主要用于检测用电器的搭铁回路是否是正常。使用搭铁法时须先供给所测用电器以电源,才能得出检测结果。例如喇叭不响时,为了判断喇叭有问题还是喇叭按钮及其相关搭铁回路有故障,便可用搭铁法加以判断。

6.替换法

替换法是利用器件的替换对可疑器件进行诊断的一种方法。这种方法比较直观,但受到一定条件的限制。首先必须有同样规格型号的备用件,其次,电路中的故障点要较少,否则这种替换过程将变得异常复杂。

7.试灯法

试灯法是利用试灯对电器线路故障进行诊断的一种方法,其优点是可迅速的判断电路中的短路、断路故障。试灯法又分为短路检测法和断路检测法两种方法。短路法主要用于检测线路中的断路故障,而断路法则主要用于检测线路中的短路故障。

断路检测法的测试原理如图 7 - 15 所示。当电路出现短路时,电路中的熔断器熔断后可自动切断电路。检查这一类故障时,可将试灯直接接入熔断器的位置,并按图中标准的序号①－②－③依次打开连接器,直到灯灭为止,便可迅速查找到线路中的短路。

短路检测法的测试原理如图 7 - 16 所示,当线路出现断路时,用电器无法工作。用一个汽车灯泡做试灯,检查汽车电器或电路有无故障。此方法特别适合不允许直接短路如带有电子元器件的电器装置。

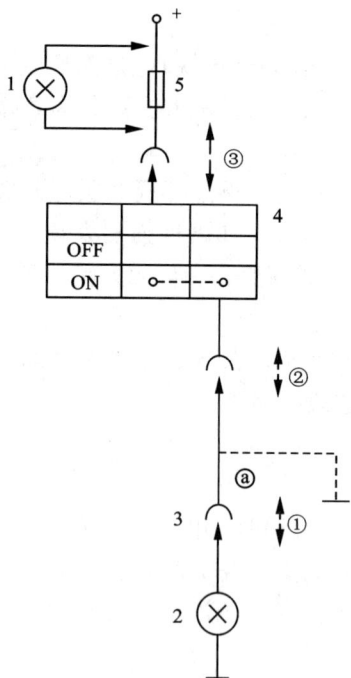

图 7 - 15　断路检测法

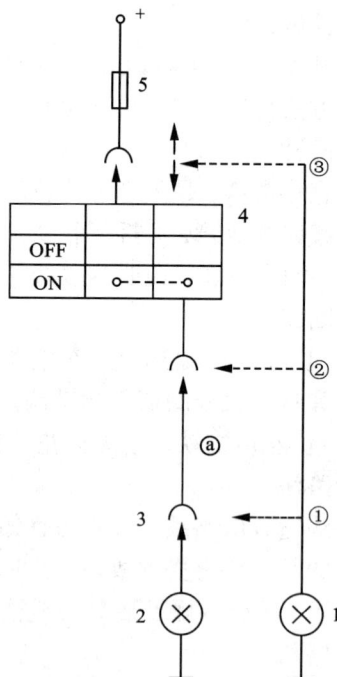

图 7 - 16　短路检测法

1—试灯;2—车灯;3—连接器;
4—车灯开关;5—熔断器

8.仪表测试法

仪表测试法是利用电子仪表(如万用表)对故障器件和电路直接进行测量,读取有关数据

（电阻、电流和电压等）后，判断电路及器件是否存在故障的一种检测方法。这种方法以安全、准确而长用，在现代汽车电路系统的故障诊断中，尤其对汽车电子控制系统的故障诊断，万万是必不可少的。但前提是要了解被检测器件的正常电阻值或正常工作时的电压（电流）值以及其变化规律等，例如用万用表电阻挡测量电子调节器的电源（＋）、磁场（F）与搭铁（－）之间所呈现的电阻值，就能判断该晶体管调节器是否存在故障。

9. 仪表法

利用汽车上的电流表、水温表、油压表及汽油等仪表指针走动的情况，判断故障的方法。一般，水温表、油压表、汽油表等只进行单项指标，所以也只能进行单项的故障判断。由于电流表接在整个电系的公共电路上，因此利用它可以判断仪表电路、灯系电路、点火系电路等的故障。

例如打开点火开关。电流表无指示，其他的仪表也无动作，说明故障出在蓄电池到电流表之间。若打开点火开关、接通启动机开关，电流表在 3~5 A 之间摆动，说明点火系低压电路工作正常；若电流表倒卡，说明电路有搭铁现象。

10. 导线颜色判断法

汽车线束及导线颜色各个国家制造厂都有规定和标准。如我国、日本等国的汽车电路中一般采用黑色为搭铁线，德国大众汽车公司采用棕色，沃尔公司则采用黄绿色为搭铁线。各个电器系统所用导线主色也有所不同，如日本车电路中灯光系统电路以红色为主色，绿色导线多用于仪表系统，白色线用于电源和启动系统，而安全气囊的线束颜色则普遍采用黄色等。掌握了这些基本规律后，对于快速查找和排除汽车线路故障十分有帮助的，在维修工作中应善于积累。

7.4.3 汽车电器系统的检修注意事项

汽车电器系统的检修注意事项有以下几点：

①拆卸和安装电器元件、换装配件或重新接线时，应先取下蓄电池搭铁线。待线路接好后打开相应的开关，用蓄电池搭铁线在蓄电池－桩头刮火试验，若火花特别强烈，说明线路有故障，待排除后再装好蓄电池搭铁线。如果程序不当，可能打开开关就会烧毁线路。

②拆卸蓄电池时，应先拆下负极接线；装上蓄电池时，则应最后连接负极接线柱。拆下或装上蓄电池时，应确保点火开关和其他开关都已断开，否则会导致半导体元器件的损坏。另外，安装蓄电池时应特别注意蓄电池的极性不可接反。

③检修汽车电器故障时，应先对该线路中最容易检测的部位以及最有可能出现故障的部位加以测试，应先排除了蓄电池、电源线、连接线及接线柱连接等部位，然后再去检查其他可能发生故障的部位。

④连接器的拆装首要先要解除闭锁，然后把连接器拔开，不允许在未解除闭锁的情况下用力拉导线，这样会损坏闭锁或连接导线。安装插接器时，应确保插头插接牢靠。

⑤靠近振动部件（如发动机）的线束应用卡子固定，并将松弛部分拉紧，以免由于振动造成线束与其他部件碰擦；紧挨尖锐金属部件的线束部分应用胶带缠好，以免磨破；安装固定零件时，应确保线束不被夹住或损坏。

⑥在检修传统汽车电器故障时，往往采用"试火"的办法逐一判断故障部位。在装有电子元件线路的汽车上，不允许使用这种方法。必须借助于一些仪表和工具，按照一定的方法进

行。否则，"试火"产生的过流，会给某些电路和元件带来意想不到的损害。

⑦在检修之前，应尽可能缩小故障范围，即在弄清线路工作原理的前提下，对相关线路（指共用一个熔断器、一个搭铁点或一个开关的相关线路，在电路图上一般都能查出）进行检查，如果相关线路工作正常，说明共同部分没问题，故障原因仅限于有问题的这一线路中；如果相关的几条线路同时出现故障，故障原因多半在熔断器或搭铁线上。

⑧熔断器熔断后首先应查明熔断的原因，大多数是因电流过载，而电流过载的原因则多数是因电系中短路现象造成的，应对共用该熔断器的每条线路进行检测找到短路处，排除故障，在采取防范措施后更换上相同规格的熔断器，且不要随意加大熔断器的容量。在查明熔断原因前，切不可盲目更换熔断器。熔断器支架与熔断器接触不良会产生电压降和发热现象，安装时要保证良好接触。

⑨查找故障时，应特别注意蓄电池的性能状况以及电器本身搭铁不良造成的故障。

⑩在遇到疑难线路故障时，要找到真正的故障部位时，不要随意改动原车线束，如剪断原车接线或另外接线等，这样易造成线路混乱，一旦再次发生故障将很难查找，给今后的维修带来困难。

⑪现代汽车电路（特别是电子电路）的检修，除要求检修人员具有一定的实际经验外，还要求具有一定的电工、电子学基础和分析电路原理及使用仪表工具的能力。

⑫要善于利用电路原理解释和分析故障。

思考题

1.汽车电器线路由哪几部分组成？具有哪些特点？

2.汽车在安装线束时有哪些注意事项？

3.汽车电路图的分析方法可归纳为哪几方面？

4.汽车电器线路故障检测与判断有哪些方法？

5.汽车电器系统检修时有哪些注意事项？

参考文献

［1］张春化，蹇小平.汽车电器与电路［M］.北京：人民邮电出版社，2003.

［2］蹇小平，麻友良.汽车电器与电子技术［M］.北京：人民交通出版社，2006.

［3］吕红明，吴钟鸣.汽车电器与电子技术［M］.北京：国防工业出版社，2012.

［4］凌永成，李淑英.汽车电器设备［M］.北京：北京大学出版社，2010.

［5］谢在玉，闫平.汽车电器设备实验与实习［M］.北京：北京大学出版社，2008.

［6］赵福堂.汽车电器与电子设备［M］.北京：北京理工大学出版社，2011.

［7］凌永成.汽车电器设备［M］.北京：北京大学出版社，2007.

［8］孙仁云，付百学.汽车电器与电子技术［M］.北京：机械工业出版社，2006.

［9］麻友良.汽车电路分析与故障检修［M］.北京：机械工业出版社，2006.

［10］曲金玉，崔振民.汽车电器与电子控制技术［M］.北京：北京大学出版社，2006.

［11］陈无畏.汽车车身电子与控制技术［M］.北京：机械工业出版社，2008.

［12］凌永成，于京诺.汽车电子控制技术［M］.北京：中国林业出版社，2006.

［13］李炎亮，高秀华，成凯.汽车电子技术［M］.北京：化学工业出版社，2005.

［14］迟瑞娟.汽车电子技术［M］.北京：国防工业出版社，2008.

［15］潘旭峰.现代汽车电子技术［M］.北京：北京理工大学出版社，1998.

［16］毛峰.汽车电器［M］.北京：机械工业出版社，2004.

［17］于明进.汽车电器设备构造与维修［M］.北京：高等教育出版社，2007.

［18］王遂双.现代汽车电器维修与使用［M］.北京：北京理工大学出版社，1998.

［19］舒华.汽车电器与电子技术［M］.北京：人民交通出版社，2004.

［20］高群钦.现代汽车电器设备原理与检修［M］.北京：电子工业出版社，2001.

［21］何丹娅.汽车电器与电子设备［M］.北京：人民交通出版社，2002.